举旗帜
聚民心
育新人
兴文化
展形象

习近平

广电蓝皮书

BLUE BOOK OF CHINA'S RADIO, FILM AND TELEVISION

中国广播电影电视发展报告（2019）

ANNUAL REPORT ON DEVELOPMENT OF CHINA'S RADIO, FILM AND TELEVISION

(2019)

国家广播电视总局发展研究中心　编著

主　编　祝燕南

副主编　杨明品（常务）　崔承浩

中国广播影视出版社

图书在版编目（CIP）数据

中国广播电影电视发展报告. 2019 / 国家广播电视总局发展研究中心编著. — 北京：中国广播影视出版社，2019. 8

ISBN 978-7-5043-8330-3

Ⅰ. ①中… Ⅱ. ①国… Ⅲ. ①广播事业—研究报告—中国—2019②电影事业—研究报告—中国—2019③电视事业—研究报告—中国—2019 Ⅳ. ①G229. 2

中国版本图书馆 CIP 数据核字（2019）第 181685 号

中国广播电影电视发展报告（2019）

国家广播电视总局发展研究中心 编著

责任编辑 王 佳
封面设计 嘉信一丁
责任校对 龚 晨

出版发行 中国广播影视出版社
电　　话 010-86093580 010-86093583
社　　址 北京市西城区真武庙二条 9 号
邮　　编 100045
网　　址 www. crtp. com. cn
微　　博 http：//weibo. com/crtp
电子信箱 crtp8@ sina. com

经　　销 全国各地新华书店
印　　刷 河北鑫兆源印刷有限公司

开　　本 710 毫米×1000 毫米 1/16
字　　数 370（千)字
印　　张 26. 5
版　　次 2019 年 8 月第 1 版 2019 年 8 月第 1 次印刷

书　　号 ISBN 978-7-5043-8330-3
定　　价 98. 00 元

（版权所有 翻印必究 · 印装有误 负责调换）

《中国广播电影电视发展报告（2019）》编辑委员会

主　任　聂辰席

副主任　高建民　范卫平　张宏森

委　员　王效杰　吴保安　余爱群　高长力　毛　羽　袁同楠
魏党军　杨　杰　许家奇　谢东晖　孟　冬　黄　炜
马　黎　桂本东　方　华　赵景春　黄晓兵　陶嘉庆
杨一曼　祝燕南　邹　峰　余　英　许秀中　刘　颖
李晓东　吕松山　赵　刚　杨　烁　李春良　游庆波
王　奕　王离湘　武鸿儒　李海渊　刘英魁　姜伯彦
王雪峰　刘向阳　曲福丛　王成胜　许云鹏　李已华
杨　晶　于秀芬　王建军　缪志红　卜　宇　张伟斌
吕建楚　陈　烨　庄保斌　聂庆义　李　强　曾祥辉
杨六华　曾光辉　李昌文　吕　芃　李宏伟　王仁海
邓务贵　郭　忠　张　严　吕焕斌　刘小毅　蔡伏青
张　虹　黄　宇　林光强　孔德明　刘　旗　牟丰京
李　酌　刘成安　耿　杰　杨茂林　李　涛　和亚宁
韩　辉　张晓峰　王福豹　胡劲涛　彭鸿嘉　康　坚
申红兴　周贤安　马宇桢　王杨宝　徐贵相　姚　兰
王子彬　代立民

主　编　祝燕南

副主编　杨明品（常务）　崔承浩

目　录

第一章　专题研究报告

第二章　发展报告

第三章 发展亮点报告

CONTENTS

Chapter I Theme Research

Chapter Ⅱ Development Report

Chapter Ⅲ Development Highlights Report

总报告

国家广播电视总局广播影视发展研究中心课题组

2018 年，全国广电系统深入学习宣传贯彻习近平新时代中国特色社会主义思想和党的十九大精神，围绕中心、服务大局，树牢“四个意识”，坚定“四个自信”，坚决做到“两个维护”，守正创新、主动有为。主题主线宣传声势更盛，创作生产精品更多，媒体融合速度更快，广电产业结构更加有效，意识形态工作责任制落实更加有力，广播电视和网络视听行业发展日益繁荣，以高质量发展更好地服务党和国家大局，满足人民群众对美好生活的期待。

在本书第一章中，刊载了中宣部副部长，国家广播电视总局党组书记、局长聂辰席同志的文章。文章以习近平新时代中国特色社会主义思想和党的十九大，十九届二中、三中全会精神为引领，全面总结了 2018 年广播电视工作，深入分析了当前广播电视工作面临的形势，明确了今后工作的新思路，对广播电视高质量发展和创新性发展作出周密部署。以此为纲，2019 年广电蓝皮书通过专题研究报告、发展报告、发展亮点报告，全面分析 2018 年以来广电改革发展进展，展望广电改革创新蓝图。在总报告中，我们提纲挈领地对 2018 年广电事业产业的新态势进行分析，对今后广电发展新形势新趋势加以研判。

一、2018年中国广播电视改革发展的新态势

（一）新闻舆论传播力引导力影响力公信力显著提升，广播电视内容生产取得新突破

一是牢牢把握正确方向，主题主线宣传声势更加强劲。全国广电系统深入宣传阐释习近平新时代中国特色社会主义思想和党的十九大精神，突出宣传庆祝改革开放40周年这条主线，推出一大批创新节目，强化广播电视媒体“头条”建设和新媒体“首页首屏首条”建设，涌现出《平“语”近人》《新时代学习大会》等理论节目，推动党的创新理论深入人心、落地生根。传统媒体和新媒体同频共振，推出“改革开放40年”“壮阔东方潮　奋进新时代”等多个专栏，全方位、多层次、全媒体开展重大主题宣传，始终让党的主张成为时代最强音。

二是加强创作扶持引导，涌现更多精品佳作。国家广播电视总局①加强创作规划引导和重点选题的跟踪指导，推动广播电视精品化创作，涌现了一批题材广泛、视野广阔、艺术表达新颖的现实题材电视剧，尤其是庆祝改革开放40周年展播剧成为突出亮点，《最美的青春》《大江大河》等一大批优秀电视剧以宏大的史诗叙事描绘40年天翻地覆的变化；涌现出《新中国从这里走来》《我们的四十年》等一批优秀纪录片，展现中国人民追求美好生活，实现中华民族伟大复兴中国梦的昂扬奋进；涌现出《可爱的中国》《丝路传奇之大海图》等一批优秀动画片，以及《年轻党员的朋友圈》《你的样子就是国的样子》等一批优秀公益广告。各类作品艺术品质显著提升，社会影响力不断增强。

三是传统文化创新表达，原创文化节目逐渐占据主导地位。全国各地广播电视台坚持“公益、文化、原创”方向，将中华文化元素与现代文艺

---

① 全书除特别标注外，国家广播电视总局、原国家新闻出版广电总局，均简称总局。各省（自治区、直辖市）广播电视局、原新闻出版广电局等广播电视行政管理部门，均简称省（区、市）广电局或省（区、市）局。

形态、民族精神和时代精神有机结合，文化类节目类型日渐丰富，在内涵和品质上也有了质的飞跃。《国家宝藏》《经典咏流传》《上新了·故宫》等节目把主流价值、文化自信与观众情感有效连接，中华优秀传统文化资源真正“活起来”“火起来”。一批中国原创节目模式走向国际市场，生动立体地向世界讲述中国故事，在世界上产生越来越大的影响，这是从买家到卖家、从引进到输出的华丽转身，广播电视国际影响力、竞争力明显增强。

（二）全面深化供给侧结构性改革，广电事业产业发展进入转型升级关键时期

一是对接国家战略，广播电视公共服务提质增效。全国广电系统继续深入实施直播卫星户户通、国家应急广播、广播电视节目无线数字化覆盖等重点惠民工程，主动对接国家战略，进一步发挥广电媒体和内容资源优势。坚持以基层特别是农村为重点，聚焦老少边穷地区、聚焦重点群体需求，特别是以对深度贫困县的应急广播设施建设为抓手，全面提高广播电视公共服务能力；更加强化科技创新，积极参与智慧城市、智慧社区、智慧乡村、智慧家庭建设，推动广播电视公共服务由户户通向人人通提升；大力聚焦精准扶贫，开展广告精准扶贫和加强脱贫攻坚宣传，有效提升广播电视公共服务能力水平和实效。

二是内容产业结构优化，网络视听产业持续高速发展。2018 年全国广播电视服务业总收入 6952.14 亿元，同比增长 14.53%，其中实际创收收入占到 81.12%，为 5639.61 亿元，同比增长 16.48%。国产电视剧现实题材占据绝对主流，纪录片、动画片现实题材作品比例不断提高。2018 年，网络视听行业市场规模达 2016.8 亿元，同比增长 39.1%，网络视听营收模式由广告等后向收入转为付费等前向收入特点更加明显，截至 2018 年年底，网络视听付费用户规模达 3.47 亿，同比增长 23.93%，付费用户群体不断扩大，消费习惯逐步形成。以短视频、网络直播为代表的网络视听新业态表现突出，整体发展质量提升。IPTV、互联网电视、网络视听节目服务等新媒体业务收入467.76亿元，同比增长68.47%。

三是广电广告产业加大创新经营力度，有线网络产业转型升级加快。面对市场格局变化带来的严峻挑战，各地广播电视机构创新广告经营，延伸平台的价值链，2018年全年广告收入1864.49亿元，同比增长12.91%。中央加强顶层设计，推动全国有线电视网络整合发展，全国有线网络整合工作加快推进。2018年有线电视实际用户为2.18亿户，与2017年相比基本持平。有线网络收入779.48亿元，下降趋势有所减缓，有线网络收入结构优化，智能终端用户、高清用户、4K视频点播等高附加值用户有所增加，有线网络服务进入加快转型升级、提质增效、创新发展的关键时期。

（三）大力实施“智慧广电”战略，广电科技创新与媒体融合取得新进展

一是“智慧广电”建设加快，成为广电发展新动力新引擎。2018年，总局把“智慧广电”建设作为新时代广播电视创新发展的战略选择，摆上更加重要的位置，进一步加大推进力度。制定出台《关于促进智慧广电发展的指导意见》，明确“智慧广电”建设的总体目标、重点任务、保障措施；在贵州召开全国“智慧广电”建设现场推进会，部署从打造“智慧广电”媒体、发展“智慧广电”网络、培育“智慧广电”生态、加强“智慧广电”监管四个方面发力的总体任务，统一思想、凝聚共识；批复设立的中国（贵州）智慧广电综合试验区，高标准高起点高速度全力推动广播电视与互联网、大数据、云计算、人工智能有机融合，为全国“智慧广电”发展积累丰富实践经验。

二是技术创新带动产业升级，广电高新科技应用更加深入。2018年，大数据、云计算、移动互联、人工智能、VR/AR、全息投影等技术在广电领域的应用更加广泛。总局主导建立了广播电视节目收视综合评价大数据系统、互联网视听节目搜索及分布式研判系统、移动互联网视听节目搜索及数据分析系统，更加适应当前多渠道、多样化视听内容消费新趋势，监管手段更加科学化。5G 技术为 4K、8K 超高清视频以及虚拟现实内容传输提供网络支撑，中央广播电视总台[①]已启动建设 5G 新媒体平台，并在 2019 年全国两会期间成功实现 4K 超高清视频集成制作。

三是媒体融合纵深推进，积极落实和助力县级融媒体中心建设。坚持一体化发展方向和移动优先策略，2018 年广电媒体的融合发展加快推进，中央和各地广电媒体因地制宜，从平台升级、流程再造、体制机制优化、人才队伍建设入手，打造出了一批各具特色的融媒体中心，并进入常态化运行。广电媒体通过自建或入驻第三方平台，拓展传播渠道，建立传播矩阵，融合传播力大幅提升，主流价值借助互联网、移动互联网扩展到更加广阔的空间。有调查显示，省级以上广电媒体的自建平台覆盖率和第三方平台入驻率都基本达到 90%以上。县级融媒体中心建设上升为国家决策，中央全面深化改革委员会审议通过《关于加强县级融媒体中心建设的意见》。在中宣部指导和牵头下，总局坚持标准先行，及时组织编制发布行业标准《县级融媒体中心建设规范》，以及《县级融媒体中心省级平台规范要求》《县级融媒体中心网络安全规范》《县级融媒体中心运行维护规范》《县级融媒体中心监测监管规范》。至此，县级融媒体中心 5 项标准规范已全部发布实施，县级融媒体中心标准体系基本建立，为全国县级融媒体中心建设提供了关键性、基础性技术指引。

（四）聚焦讲好中国故事，服务中国特色大国外交和“一带一路”倡议作用更加突出

一是大力实施重点工程，“走出去”广度与深度进一步扩大。总局升级实施“丝绸之路影视桥工程”“中非影视合作创新提升工程”“中国当代作品翻译工程（影视类）”等重大工程，鼓励扶持面向丝路沿线国家的影视精品译配，稳步推进面向沿线国家的广播电视落地覆盖。截至 2018 年年底，

① 全书除特别标注外，中央广播电视总台，均简称总台；中央广播电视总台中央电视台、中央人民广播电台、中国国际广播电台，分别简称央视、央广、国际台。各省（自治区、直辖市）广播电视台（集团），均简称省（区、市）台。

140多部电视剧在越南、巴基斯坦、土耳其、哈萨克斯坦等丝路沿线30多个国家主流媒体陆续播出，150多部影视作品在41个非洲国家的主流电视台播出。“电视中国剧场”目前已在30多个国家落地播出，进入主流媒体、到达主流人群。2018年，全新策划实施“影像中国—公共外交播映活动”，服务公共外交，提升活动影响，先后亮相葡萄牙、菲律宾并受到广泛欢迎。

二是积极举办主场活动，“走出去”影视文化产品聚焦展现当代中国形象。总局指导在法国戛纳秋季电视节设立中国联合展台，并首次举办电视节主宾国系列活动，积极向世界展示中国优质影视内容，分享中国影视最新发展成果。总局充分借力2018~2019中俄地方合作交流年、中非媒体合作论坛、中外高级别人文交流机制等平台，积极发挥广播电视重要作用，深化与俄罗斯、英国、欧盟、德国等务实合作。“走出去”影视产品加大了现实题材和中国梦网络视听内容，更加聚焦展现新时代中国形象和风貌；与此同时，中国影视内容机构“走出去”抱团出海趋势更加明显，协作能力进一步加强。

（五）以政治建设为统领，全面从严治党，阵地管理建设能力显著增强

一是加强党的建设和人才队伍建设，组织保障和人才支撑更加稳固。全国广电系统以习近平新时代中国特色社会主义思想为指导，坚持把党的政治建设摆在首位，持续整治“四风”问题，聚焦主责主业，党的建设取得新成效，全面从严治党向纵深发展。总局推动实施广播电视和网络视听行业领军人才和青年创新人才培养工程并遴选首批人才，全国广电系统进一步开展习近平新时代中国特色社会主义思想学习教育和马克思主义新闻观、文艺观培训，深入开展脚力、眼力、脑力、笔力实践活动，不断加大媒体人才培养力度。

二是各地广电机构改革顺利推进，聚焦广播电视管理职责更加突出。2018年，总局坚决贯彻党中央深化机构改革部署，完成新闻出版和电影机

构、人员、资产划转，扎实推进完成总局机构设置、职能配置、人员编制有关工作，实现了机构设置、职能配置的优化提升。改革后，总局更加聚焦广播电视和网络视听阵地管理、行业管理，更加聚焦高质量创新性发展，针对行业内追星炒星、泛娱乐化、高价片酬、收视率（点击率）造假等问题，出台相关政策进行重点治理，有效净化行业生态。为深入贯彻落实党中央国务院推进审批服务便民化改革部署，总局组建设立总局政务服务中心，总局 29 项行政许可事项全部进驻政务服务大厅，有效地提高了审批效率，极大地提高了总局行政审批服务便民化程度。各省级广播电视行政主管部门机构改革扎实推进，确保了导向安全、播出安全、网络安全，为广播电视事业发展奠定坚实基础。

二、当前中国广播电视发展的新形势

（一）维护意识形态安全是广电的头等大事

习近平总书记在 2019 年 1 月 21 日省部级主要领导干部坚持底线思维着力防范化解重大风险专题研讨班开班式上的重要讲话中，从维护国家安全的战略高度和全局视野，就防范化解意识形态等领域重大风险作出深刻分析、提出明确要求。提升广播电视和网络视听意识形态领域的风险防范化解能力，是贯彻落实习近平总书记重要讲话精神、切实维护中国政治安全的重要举措。当前，中国发展的内外部环境已发生较大变化。从国内看，新媒体环境下传播手段不断更新，多元社会舆论对中国主流意识形态安全造成一定冲击。从国际看，当今世界正处于百年未有之大变局，国际舆论斗争更加激烈，国际舆论格局总体依然“西强我弱”。面对既要守住阵地，又要发出中国声音的复杂局面，防范化解重大风险的任务与使命也更加艰巨。

广播电视和网络视听，事关政治安全和国家安全，一直是世界各国竞相抢占的意识形态主战场。提升广播电视和网络视听意识形态领域风险防范化解能力，必须打好“战略主动战”，严格落实意识形态工作责任制，把意识形态安全的要求落实到广播电视和网络视听机构、内容、产品、市场管理等各方面各环节，采用创新思路、政策与措施，形成层层履职尽责的工作格局，提高落实意识形态工作责任制的本领。必须始终保持意识形态无小事的警惕心警觉性守好阵地，通过强化责任落实、突出管理重点、提高管理水平，把好导向关、内容关、播出关、人员关、产品关，维护风清气正的舆论环境、市场环境，确保行业安全有序、持续健康发展。

（二）全面深化改革是推动广电高质量发展的重中之重

习近平总书记在2019年3月19日主持中央全面深化改革委员会第七次会议并发表重要讲话时表示，很多重大改革已经进入推进落实的关键时期，改革任务越是繁重，越要把稳方向、突出实效、全力攻坚。这为推进全面深化改革再出发指明了方向、提供了遵循。截至2018年年底，按照《深化党和国家机构改革方案》总体要求，总局机构改革工作已经完成，各省（区、市）广播电视行政管理部门的机构改革进入收官阶段。这场系统性、整体性、重构性改革落实到广电战线，有力地促进了思维僵化、信心缺失、管理水平低、创新能力不足等问题的解决，也为推动广电高质量发展提供了体制机制保障。

供给侧结构性改革是推动全面深化改革的重要着力点。2018年12月19日至21日举行的中央经济工作会议明确提出，“我国经济运行主要矛盾仍然是供给侧结构性的，必须坚持以供给侧结构性改革为主线不动摇，更多采取改革的办法，更多运用市场化、法治化手段，在‘巩固、增强、提升、畅通’八个字上下功夫”。当前，部分广电在发展中存在运营收入下降、节目制作成本不断提高、人才流失严重等现实矛盾与困境，有线电视网络全国整合发展推进较慢，用户规模效应难以体现，“全国一网”和全面转型升级已刻不容缓。这对推进广播电视结构性调整，减少文化产品无效和低端供给，扩大有效和中高端供给，增强广电供给结构对受众需求变化的适应性和灵活性，解决广电产品供给与受众需求不平衡不充分问题，以及推动广播电视产业升级具有重要意义。

（三）新一代信息技术是促进广电行业优化升级的重要抓手

习近平总书记强调，“以互联网、大数据、人工智能为代表的新一代信息技术日新月异”，“要推动互联网、大数据、人工智能和实体经济深度融合，加快制造业、农业、服务业数字化、网络化、智能化”。当前，新一轮科技革命和产业变革正重构全球创新版图、重塑全球经济结构。国家层面已出台多个相关发展促进政策，新一代信息技术不断催生的各类新应用新业务，持续推动各领域各行业业态重塑与格局调整。广电行业目前正处于传统增长动能衰减和转向高质量发展的过渡阶段，传统媒体技术体系已经无法适应时代发展要求，迫切需要在新技术领域练好内功，构建新的广电技术体系，为未来发展提供强大支撑和重要动力。

总局明确以实施“智慧广电”建设工程为着力点，推动广电实现全业务、全流程、全网络从数字化向智能化的战略转型，同时，广电领域也在提前布局，积极争取融入 5G 建设阵营，并在人工智能、工业互联网、物联网、超高清视频产业等领域进行探索试验。广电行业必须把握这一难得的“机遇窗口期”，进一步掌握核心领域前沿技术、产品和市场的新变化新趋势，优化行业产业链结构，不断推出新产品和新服务，唯此才能更好促进广电技术体系革新和重构，这将是行业优化升级的关键突破口。

（四）媒体深度融合发展是创新广电发展的有力推手

“推动媒体融合发展、建设全媒体成为我们面临的一项紧迫课题。”“要运用信息革命成果，推动媒体融合向纵深发展”，在中共中央政治局第十二次集体学习中，习近平总书记把脉媒体融合，着眼党的宣传思想工作全局和全媒体时代大势，明确提出了推动媒体融合向纵深发展的重大要求。此次会议按下了推动媒体深度融合的快进键，是新阶段推动媒体融合向纵深发展、巩固全党全国人民共同思想基础的总部署，对广电媒体融合向纵深发展意义重大。随着媒体融合纵深发展，广电已从技术、产品层面的升级进入了机构变革、生产流程再造、服务模式创新的深层次融合发展新阶段，这就要求广电行业具备与之相适应的生产观念和运营能力，也迫切需要着力于把握广电发展的方向导向、聚焦目标任务、紧盯主攻方向、强化技术支撑、创新体制机制等方面，为建设全媒体新格局创造良好的环境，推动广电高质量发展。

县级融媒体中心建设的部署正在落实。建设县级融媒体中心是有力破除当前地方广电媒体融合发展瓶颈，解决发展能力不足、体制机制滞后问题，以及打通基层宣传思想文化工作“最后一公里”的重要举措，意味着媒体深度融合发展的工作重点由中央深入地方、由中央和省级媒体延伸到基层媒体。这就要求广播电视积极落实和助力县级融媒体中心建设，重点在解放思想、创新体制机制、技术升级、流程再造、要素重组上寻求突破，在媒体融合纵深发展和县级融媒体中心建设中开拓发展新空间。

（五）专业化精品化是广播电视文艺发展的生命线

习近平总书记参加全国政协十三届二次会议的文化艺术界、社会科学界委员联组会发表重要讲话时强调坚定文化自信、把握时代脉搏、聆听时代声音，并提出“四个坚持”：“坚持与时代同步伐”“坚持以人民为中心”“坚持以精品奉献人民”“坚持用明德引领风尚”。广播电视文艺诞生于新中国成立之初，自改革开放以来经历了从复兴走向繁荣的历史进程，该讲话指明了文艺工作者今后的创作思路与努力方向，也对文化艺术界、社会科学界提出了更高标准。当前广电文艺发展过程中存在着唯市场、唯观众、唯娱乐等片面观点与论调，要正确处理好文艺作品的社会效益与经济效益，价值引导和满足观众需求的矛盾，在创作、制作、播出和运营等产业链各个环节进行专业化、系统化、生态化运作，统筹主创团队、制作机构、传播平台等形成合力，大力提升文艺创作专业化水平。行业主管部门对行业进行政策引导，不断激发创作精品化内容，并着力打造广电文艺精品力作，既要有“高原”更要攀“高峰”，扩大高质量的文艺精神产品供给，履职尽责，培根铸魂。

三、2019 年中国广播电视发展的新趋势

2019 年是新中国成立 70 周年，是全面建成小康社会、实现第一个百年奋斗目标的关键之年。对于广电来说，是爬坡过坎、转型升级的关键一年，更是做好庆祝新中国成立 70 周年宣传这一重大政治任务的大考之年。在以习近平同志为核心的党中央坚强领导下，全国广电系统以习近平新时代中国特色社会主义思想为指导，全面贯彻党的十九大和十九届二中、三中全会精神，树牢“四个意识”，坚定“四个自信”，坚决做到“两个维护”，自觉在思想上政治上行动上同以习近平同志为核心的党中央保持高度一致，以强烈的政治责任感和使命感推动广电工作强起来，更好地在围绕中心、服务大局中找到坐标、找准定位。我们研判，总体将呈现如下新趋势。

（一）管全局、重精准成为行业管理优化升级的主要路径

习近平总书记在 2019 年 3 月 16 日出版的第 6 期《求是》杂志刊发的署名文章《加快推动媒体融合发展　构建全媒体传播格局》中强调，“我多次说过，正能量是总要求，管得住是硬道理，现在还要加一条，用得好是真本事。”这为机构改革之后的广电行政管理部门，指明新时代广电行业管理的总体要求、根本原则。知责明责，方能履责尽责。总局和各地广电行政管理部门在把方向、抓导向，管阵地、强主体，深改革、促发展，重创新、谋未来方面聚焦精准发力，全面担负起行业管理的政治责任、领导责任、工作责任。具体来看，在引领全行业旗帜鲜明讲政治，牢牢把握正确的政治方向、舆论导向和价值取向的同时，主管部门将持续创新和优化管理理念、管理方式，行业管理主要呈现两大特征。

一是管理的整体性更加突出。如今，广电管理工作从管一隅向管一域，从管脚下向管行业转变，既“守阵地”又“拓疆土”，广播电视和网络视听业务延伸到哪里，管理就要覆盖到哪里。这种变化之下，对全局意识、统筹能力的要求格外高。“不谋全局者，不足谋一域”，接下来，主管部门将

不断践行和强化整体管理理念。第一，及时总结并全面推广成功经验。在更广维度实施对内容的结构化管理和宏观调控，引导广播电视和网络视听内容创作生产播出，为人民群众提供更丰富多样、更富有时代气息、格调积极健康的精神食粮。第二，强调“一盘棋”，与相关政府部门以及系统内部各部门各单位间的协同、联动将成为常态化管理机制，政策措施的可操作性和实效性明显增强。第三，狠抓落实，确保管理到位。各地广播电视主管部门将积极探索建立网台联动的有效管理机制，确保网上网下统一导向、统一标准、统一尺度的要求取得实质性进展，在各地细化标准、有效落实。

二是管理的精准性进一步加强。精准施策是治理体系和治理能力现代化的一个重要体现。总局和各地广电行政管理部门跳出管理理念和方式的路径依赖，抓住突出问题、根本问题，综合运用行政、经济、法律、科技等手段，精准把脉、精准定策、精准施策，科学化管理体系将逐步形成。第一，管理手段创新。总局自主研发的广播电视节目收视综合评价大数据系统已开通试运行，截至 2019 年 3 月，采集的电视用户数已经突破 7000 万户，预计随着 IPTV 规范接入和有线网络“全国一网”整合进程提速，2019 年将扩展至过亿级采集规模，这是从源头上解决收视调查领域突出问题的重要举措。以此为起点，广电落实国家大数据战略、创新行业管理、培育发展新动能、促进高质量发展就有了重要抓手。第二，规范化、精细化水平提升。实行规范化、精细化管理是科学管理的重要标准，广电行业管理也一直在朝这个方向加快推进。目前，通过直接出台政策法规或推动行业自律等多种形式，对公益广告、纪录片等节目的播放量，对影视明星参与的真人秀等综艺节目的播放时段、嘉宾构成，对演员片酬等，都设置了明确、量化的“红线”，下一步将延续这一管理思路，并在细化操作路径、完善工作机制、全面严格执行方面下足绣花针的功夫，确保管理有实效、见长效。

（二）广播电视和网络视听领域全面进入内容精品化时代

习近平总书记反复强调“内容为王”“内容建设为根本”“内容永远是

根本”。无论舆论生态、媒体格局、传播方式如何变化，无论广播电视和网络视听的内涵和外延如何变化，内容始终是核心竞争力。经过多年发展，创作生产更多无愧于时代的优秀作品的精品化道路已成为政府、行业和广大人民群众的普遍共识和共同选择。2019 年，从总局提出实施“新时代精品”工程来看，将进一步聚焦“推出更多同新时代相匹配的文化精品”，升级和加大引导力度。业界在日益健康有序的发展环境中，进一步把提高质量作为文艺作品的生命线，明确精品化是实现良性竞争的必由之路。人民群众从你播我看的受众，发展成面对海量内容拥有高度自主权的“挑剔”用户，对风格、品质、审美的要求越来越高，对高品质精神文化消费需求前所未有的高涨。三方合力之下，全面进入优质内容规模化、常态化的精品时代，是广电对新时代呼声的积极回应，更是遵从行业规律的大势所趋和量变到质变的水到渠成。

一是主题主线宣传创作迎来新高峰，凝心聚力彰显新时代担当。隆重庆祝新中国成立 70 周年，是 2019 年党和国家政治生活中的一件大事。党中央对宣传工作高度重视，全国广电行业自觉把开展庆祝新中国成立 70 周年宣传作为重大政治任务、工作主线、聚焦重点，在全社会营造共庆祖国华诞、共享伟大荣光、共铸复兴伟业的浓厚氛围。聚焦核心宣传，始终把深入宣传阐释习近平新时代中国特色社会主义思想放在首要位置；聚焦新时代中国特色社会主义、中国梦、社会主义核心价值观等重大主题宣传，把握时度效、创新推出一系列“铸魂魄、接地气、聚人气”的高质量报道、融媒体产品和文艺宣传作品。2019 年，总局和各地广电主管部门提前谋划，加强一体化统筹，传统媒体和视听新媒体同频共振，内宣外宣共同发力，新闻宣传与文艺宣传将协力用多样化多类型的优秀作品形成相互呼应的联动声势和高潮迭起的宣传态势，网上网下将形成全方位、多层次、多声部的立体传播矩阵，共同唱响礼赞新中国、奋斗新时代的昂扬旋律。

二是扎根本土、深植时代，一批新时代精品集中涌现。2019 年政府与行业共同在观念和手段结合上、内容和形式融合上推动深度创新，着力打造展示当代中国发展进步和当代中国人精彩生活，阐释中国精神、中国价值、中国力量的扛鼎之作，以精品奉献人民，用“好剧、好片”更好地培根铸魂、凝心聚力。主题创作“五个一”项目（一部电视剧、一部纪录片、一部动画片、一档广播电视节目、一部网络视听作品）的实施将带动各地紧盯重点选题，加强扶持服务，预计年内就将涌现一批反映新时代、体现本地特色、在全国有影响的优秀作品。在国际交流合作过程中，也会进一步加大现实题材精品内容的创作和“走出去”支持力度，更好地向世界展现真实、立体、全面的中国，提高国家文化软实力和中华文化影响力，促进民心相通、凝聚发展共识。

三是垂直细分领域的精品内容蓬勃发展，显著提升行业整体专业化水平。截至2018年年底，全国广播、电视综合人口覆盖率已达到98.94%、99.25%，网络视频、手机网络视频、网络短视频使用率也分别达到73.9%、72.2%、78.2%，网络视听节目用户中，超过3亿用户有付费收看节目的习惯。全媒体时代，如此庞大的受众基础之下，是对形式、渠道、消费场景以及内容本身的诉求都更加个性化的用户。预计将有更多的制作机构在垂直领域深耕，制作的节目、剧集、短视频的类型、题材都将更专业化，在细分内容领域逐渐独树一帜、形成自有品牌。长期来看，这是行业走出同质化竞争，实现专业化、高质量发展的关键一步。

（三）着力打造新型主体，全面深化改革精准发力

打铁还需自身硬，做好广电工作，关键在自身。习近平总书记强调，宣传思想工作的社会条件已大不一样了，有些做法过去有效，现在未必有效；有些过去不合时宜，现在却势在必行；有些过去不可逾越，现在则需要突破。广电行业把依靠全面深化改革推进供给侧结构性改革摆上重要位置，坚定改革信心，加快改革步伐，加大创新力度，用改革的办法破解发展中的问题，用改革的办法做强做优供给侧，完善制度机制供给，锤炼政治过硬的高素质专业人才队伍，打造新型主体，释放行业主体活力，巩固壮大主流舆论阵地，全面焕发广电事业产业发展新动能。

一是管理体制机制持续优化，为行业主体营造良好发展环境。深化“放管服”改革，深入推进政府职能和工作作风转变，总局在已试运行政务服务中心的基础上，2019 年进一步加快推进总局政务服务网上平台建设，网上平台建成后，将实现实体大厅、网上大厅线上线下协同服务，全面极大提高行政审批服务便民化程度。此外，机构改革后总局有关直属单位已明确了推进政务数据资源整合共享的职能，让政务信息多跑路，办事群众就可以少跑腿。这些举措都将有效为企业“松绑”、为市场“解绊”，激发市场活力。强化管理与服务结合的工作作风，主管部门将继续加大推进重大主题创作中对重点作品的跟踪指导服务，把服务的过程变成引导、把关的过程，为制作机构减少因对审查尺度不熟悉、理解不到位而带来的不确定性，提高工作效率。

二是培养具备高素质、真功夫的新型人才队伍成为发展要务。人才是新时代广电改革发展的第一资源。围绕党中央对新形势下宣传思想战线队伍建设提出的总要求，广电战线力争在增强脚力、眼力、脑力、笔力上当表率、做示范，打造一支政治过硬、本领高强、求实创新、能打胜仗的工作队伍。政府与行业携手推动下，当前存在的人才瓶颈 2019 年有望在多个维度取得突破。第一，政府部门、行业协会、龙头机构加大综合培训力度，更加旗帜鲜明地把政治建设放在首位，行业整体队伍的政治、业务、科技、文化素养持续提升，工作本领不断增强，更好适应新时代、新使命、新要求。第二，总局推动实施广播电视和网络视听行业领军人才和青年创新人才培养工程，地方广电行政部门、广电媒体也都积极对接、落实、配套建立健全各具特色、各有重点的人才引进、选拔、培养、使用、评价、激励保障措施。以人才项目工程为引领，广电高端人才培养和人才梯队建设方面逐步收获实效。第三，落实《关于鼓励引导人才向艰苦边远地区和基层一线流动的意见》精神，总局将通过举办支援帮扶类培训班、开展远程培训、支持对口支援省市“传帮带”等措施，进一步加大政策和资源的倾斜力度，艰苦边远地区、基层一线专业人才匮乏的困境将逐步得到缓解改善。

第四，基层人事管理制度改革创新实践进展顺畅，规范用工制度、档案式人才管理、“双通道”人才发展体系、“首席制”“工作室制”等用人机制、分类 KPI 绩效考核等激励机制、领军人才引进计划等人才流动机制，等等，这些成功经验在互学互鉴中进一步全国推开、不断完善，将为行业让各类人才引得进、留得住、用得好，激发人才创新创造活力提供制度保障。

三是新型主体打造全面提速，助推广播电视业务和服务的供给质量提升。2018 年，全国广播电视播出机构 2647 座，开办节目 4660 套，广播电视节目制作机构 18728 家，行业主体存在小弱散现象，规模化集约化专业化水平不高，总体竞争力不强。打造新型主流媒体、新型市场主体，是广电事业产业繁荣发展的关键。第一，调整优化结构、精办频率频道，提高资源利用效率。自 2018 年起，总局明确提出“鼓励精办频率频道”。2019 年伊始，上海广播电视台以东方卫视改版升级、频道优化调整、同质频道合并和内容精品整合引领供给侧结构性改革，并迅速收获收视和市场份额大幅提升的成效。风从东方起，相信在全国陆续会出现更多这样勇于自我革新，聚焦品牌化特色化专业化发展的成功案例。第二，加强分类指导，催生一批新型主流媒体。2018 年总局开展了做强做优地方台的大调研，2019 年年初，中央领导同志对做强做优广播电视台作出重要指示，适合不同层级、不同区域、不同发展阶段的地方广电媒体的分类指导方案呼之欲出，党和国家层面大力推动媒体融合纵深发展和县级融媒体中心建设。大多广电媒体的媒体融合相加阶段已基本完成，一体化发展方向明确，移动优先策略和立体传播矩阵的传播力影响力优势显现，广电机构在县级融媒体中心建设中发挥更大作用。如今，迎来了催化融合质变，放大一体效能的相融阶段，各种媒介资源、生产要素有效整合，媒体平台化发展进程加快，引发触及体制机制层面的深刻变革，一批具有强大影响力、竞争力的新型主流媒体将趁势而上、脱颖而出。习近平总书记指出，“网络空间已经成为人们生产生活的新空间，那就也应该成为我们党凝聚共识的新空间”。在政策支持和主管部门的有效引导下，网络视听也将向建成新型主流媒体目标大步进发，主流价值影响力版图不断扩大。第三，打造新型市场主体，成为广电产业发展的合格市场主体。2019 年 3 月，中国广播电视网络有限公司与中信集团、阿里巴巴分别签署战略合作框架协议，接下来中国广电将与各省级有线电视网络公司、两大战略投资者共同发起组建母子公司制的全国性股份公司，推动“全国一网”整合发展，并积极申请列入混合所有制改革试点单位，打造兼具国有企业实力与民营企业活力的新型所有制市场主体。此举将助力网台关系重构、形成合力，同时也为国有广电企业提供发展新范例，为深化广电体制改革积累新经验。对于民营企业的发展，国家也给了定心丸，广电部门将协同政府其他部门加大精准支持扶持力度，政策利好之下，不排除有符合文化科技企业要求的涉广电业务民营企业搭上科创板这列新车的可能，抢得发展壮大新机。

（四）“智慧广电”建设全面提速，锚定未来广电创新发展

“全媒体不断发展，出现了全程媒体、全息媒体、全员媒体、全效媒体，信息无处不在、无所不及、无人不用，导致舆论生态、媒体格局、传播方式发生深刻变化，新闻舆论工作面临新的挑战。”这是习近平总书记对全媒体时代的深入洞察，也为广电行业明确指出了全媒体时代发展所面临的诸多挑战，对此，我们已有深刻体验。抓创新就是抓发展、谋创新就是谋未来，行业能否紧跟时代转型升级，创新驱动是关键，“智慧广电”是目标。总局早在 2015 年就已提出“广播影视要把加快构建‘智慧广电’作为转型升级的重要目标”，2018 年进一步明确“智慧广电是广播电视行业一场全方位全局性的深刻革命”的战略定位，未来广电的发展蓝图、演进路径不断清晰，全系统全行业对“智慧广电”的认识理解不断深化。2019 年是业界普遍认为“智慧广电”将大展拳脚的一年，“智慧广电”工程已在多地被列入政府工作报告的重点任务，以广电行业科技创新为核心的全面创新将加快推进，涉及内容制作、分发传播、用户服务、技术支撑、生态建设以及运行管理等全链条的革新与重构不断演进，广电行业将以“智慧广电”

的全新样态塑造全媒体时代的核心竞争力，更好地履行新时代赋予的使命责任。目前来看，预计今年在智慧化生产、传播、服务、监管等方面取得的阶段性成果主要包括以下几方面。

第一，高清超高清产业发展进入快车道。2019 年 2 月，总局与工业和信息化部、中央广播电视总台联合发布《超高清视频产业发展行动计划（2019—2022 年）》，提出到 2022 年，中国 4K 频道供给能力大幅提升，超高清视频节目年制作能力达 3 万小时，超高清产业总体规模超过 4 万亿元。数据显示，观看 4K 视频需要的网络速率在 40M~60M 之间，5G 网络个人上网最低速率可达 100M，将为用户带来更加流畅的超高清收视体验。2019 年是 5G 元年，超高清将是 5G 商用阶段最先落地的应用，有效弥补 5G 应用场景缺乏的问题，与通信行业形成互补。在 2019 年春晚和全国两会上，中央广播电视总台都已进行有关试验和使用，4K+5G+AI+VR 等各种新玩法新探索相继在各地火热上演。按照总局在 CCBN2019 主题报告会上明确的发展重点和目标，到 2019 年年底，国内中东部地区地市以上主流频道将实现高清播出，到 2020 年，高清频道将成为电视主流播出模式，4K 超高清电视内容和频道供给也会更加丰富，高清超高清产业发展驶入快车道。长远来看，这将更好适配人民群众对高端优质视听体验的需要，是广电在全媒体传播格局下赢得差异化竞争优势的重要突破口，对促进中国信息产业和文化产业整体实力提升都具有重要意义。

第二，“四全”现代监测监管体系将加快构建。技术前进一小步，管理难度增大一大步。新时代、新技术条件下，监测监管面临新任务新要求。从目前的工作部署来看，接下来将本着观念超前、技术超前、手段超前的思路，积极采用大数据、云计算、可信计算、人工智能等技术手段，广泛打通数据互联通道，加快构建“全方位、全过程、全覆盖、全天候”的安全、可靠、绿色的现代监测监管体系。其基本迭代思路和发展趋势是，从人防向技防延伸，从固定媒体向移动媒体延伸，从群体向个体延伸，从广播电视向网络延伸，从事后向事前延伸，从上面向下面延伸，从现有的向可能有的延伸，不断提升精准监管、定向监管、长期监管的能力。

第三，信息革命成果为行业带来重要转机。新一轮科技革命和产业变革已蓄势待发，移动优先和人工智能是广电行业把握这一重大机遇，推动“智慧广电”建设的两大战略性支点。2019 年 6 月 6 日，5G 商用牌照正式发放，广电全速推进“全国一网”整合的同时，积极建设面向 5G 的移动交互广播电视网络。人工智能具有溢出带动性很强的“头雁效应”，广电行业将加大驾驭“算法”、提高“算力”的步伐，将人工智能为首的新一代信息技术成果广泛“为我所用”到广电的全流程、各环节，并逐步建立新的技术体系。两大支点同步强劲发力，必将引领“智慧广电”建设进入全面深化、全面布局的新阶段。构建一体化资源配置、多媒体内容汇聚、共平台内容生产、多渠道内容分发、多终端精准服务、全流程智能协同的融合传播体系，和打造融媒化制作、智慧化传播、精准化服务的智慧广电融媒体的进程都将明显加快。综合来看，2019 年必将成为广电行业转变流量思维，全面进入高质量精准服务用户新时代的关键一年。

第四，“智慧广电+”生态链在竞合共赢中初具规模。新一轮科技革命的一个鲜明特征就是，前沿技术呈现多点突破态势，正在形成多技术群相互支撑、齐头并进的链式变革。即多项技术的集成创新共同在推动这场影响社会的深刻变革。这种态势下，任何一个行业系统都无法孤立生存发展，与外部各种资源、生产要素有机整合的能力成为必备技能。以中国广播电视网络有限公司与中信集团、阿里巴巴的强强合作，中国（贵州）智慧广电综合试验区、中国（长沙）马栏山视频文创产业园的产业集聚，华数“智慧广电+”创新生态产业联盟等市场化联盟为代表，广电行业将进一步发挥主观能动性，以打造健康可持续的“智慧广电+”生态链为目标，守住功能常量，做大价值增量，更积极地汇聚社会优质资源、选择战略合作伙伴竞合共赢，突破内部的条块分割，突破行业的业务边界，在广电与不同行业之间催生化学反应，开拓新的发展空间，创造性满足人民群众的美好生活需要，创造性服务经济社会发展，为广电未来发展注入崭新的生机与活力。

面对千帆竞发的考验、面对滚石上山的挑战，让我们凝心聚力，改革创新，全速冲刺；面对世界新一轮科技革命和产业变革的潮涌，面对全媒体时代的危与机，让我们因势而谋、应势而动、顺势而为，赢得未来！

第一章

专题研究报告

第一节　聚焦主题主线 坚持守正创新
加快推动广播电视工作强起来

中共中央宣传部副部长，国家广播电视总局党组书记、局长　聂辰席

2018 年是全面贯彻党的十九大精神的开局之年和改革开放 40 周年，是党和国家发展进程中极不平凡的一年。广播电视行业深入学习宣传贯彻习近平新时代中国特色社会主义思想和党的十九大精神，树牢“四个意识”，坚定“四个自信”，坚决做到“两个维护”，坚持稳中求进、守正创新，各方面工作取得新成绩。一年来，全行业高扬习近平新时代中国特色社会主义思想旗帜，唱响学思想、用思想的时代最强音；创作生产持续繁荣，精品佳作不断涌现；事业产业协同推进，广播电视和网络视听业加快优化升级；意识形态工作责任制进一步落细落实，阵地管理更加坚决有力；机构改革顺利推进，广播电视地位作用进一步强化；坚持以政治建设为统领，全面从严治党进一步强化。总的看，2018 年广播电视工作在改革中前进、在发展中提升，有力服务了党和国家工作大局。

2019 年是新中国成立 70 周年，是决胜全面建成小康社会的关键一年。根据中央精神和中宣部部署，广播电视工作总的要求是：以习近平新时代中国特色社会主义思想为指导，全面贯彻党的十九大和十九届二中、三中全会精神，贯彻落实习近平总书记关于宣传思想工作的重要思想和全国宣传思想工作会议精神，落实全国宣传部长会议精神，增强“四个意识”、坚

定“四个自信”、做到“两个维护”，紧紧围绕学习宣传贯彻习近平新时代中国特色社会主义思想这个首要任务，紧紧围绕庆祝新中国成立70周年这条主线，紧紧围绕“举旗帜、聚民心、育新人、兴文化、展形象”的使命任务，牢牢把握正确政治方向、舆论导向、价值取向，坚持稳中求进、守正创新，聚焦巩固壮大主流思想舆论，聚焦阵地建设和管理，聚焦行业高质量创新性发展，推动广播电视工作不断强起来，更好地服务党和国家事业全局。

一、深刻认识新形势新任务新要求，牢牢把握新时代广播电视工作的方向目标

习近平总书记强调，中国特色社会主义进入新时代，宣传思想工作必须立足新方位，找准新坐标，抓住历史机遇，应对风险挑战。经过改革开放40年的建设发展，特别是机构改革后，广播电视站在了一个新的历史起点上。

一方面，广播电视工作面临的挑战前所未有，还存在许多难点、痛点，必须保持清醒头脑，增强忧患意识。从国内外环境看，世界正处于百年未有之大变局，中国日益走近世界舞台中央。中国正处在发展关键期、改革攻坚期、矛盾凸显期，社会思想意识更加纷繁复杂，做大做强主流舆论、守住守好阵地的任务更加艰巨。从传媒变革看，新一轮技术革命带来传播格局深刻变化，云计算、大数据、人工智能、物联网、区块链等技术快速发展，短视频、微博、微信、客户端日益成为传播主渠道，一些新业务新应用不断出现，极易穿透原有的监管边界、监管手段。从改革发展看，广播电视业务分割、频率频道同质化、发展不平衡等结构性问题还比较突出，广播电视和网络视听精品还不够多，有线电视网络整合、5G业务发展等重点难点问题亟待攻克。特别是受新媒体冲击，行业发展面临现实困境。

另一方面，更要看到有利条件，不断坚定信心，保持战略定力。一是习近平新时代中国特色社会主义思想日益深入人心，全党全国人民对以习

近平同志为核心的党中央衷心拥护、高度认同，全社会团结一心、精神振奋，这些都为我们做好工作提供了坚实基础和良好条件。二是党中央高度重视宣传思想工作，习近平总书记亲自谋划、亲自指导、亲自推动，为我们指明了前进方向。这是我们做好工作的最大政治保障。三是中国仍处于大有可为的重要战略机遇期，第一个百年奋斗目标胜利在望，人民群众对美好生活充满新期待，这些都为广播电视发展注入了强大动力、提供了广阔空间。四是党和国家近年来出台了许多支持广播电视和网络视听发展的政策措施，比如2017年五部委联合出台支持电视剧繁荣发展的若干政策；2018年年底国办印发进一步支持文化企业发展的两个规定，延续了有线电视费增值税优惠政策等，这些为我们加快优化升级提供了有利政策保障。五是广播电视的内容、技术、服务优势日益显现。广播电视主流舆论“压舱石”“稳定器”作用凸显，优秀原创内容制作能力突出，广电网络绿色安全、可管可控的优势不可替代，网络视听行业整体向上向好，广电服务向家用、政用、商用等多领域融合延伸，发展空间不断拓展，等等。这些，都让我们对未来的发展充满信心。

做好新形势下广播电视和网络视听工作，必须坚持以习近平总书记关于宣传思想工作的重要思想为基本遵循，牢牢把握“守正创新”这一新方位和主基调，紧紧围绕“举旗帜、聚民心、育新人、兴文化、展形象”的使命任务，在服务大局中发挥独特作用、作出更大贡献、实现更好发展。工作中，要始终坚持、牢牢把握好“五个必须”。

一是必须突出以政治建设为统领这一根本政治原则。广播电视工作作为政治工作，广播电视部门作为政治机关，必须把旗帜鲜明讲政治作为第一位的标准和要求。要在树牢“四个意识”、坚定“四个自信”、做到“两个维护”上态度鲜明、行动坚决，始终在政治立场、政治方向、政治原则、政治道路上同以习近平同志为核心的党中央保持高度一致，坚持用习近平新时代中国特色社会主义思想武装头脑、指导实践、推动工作。要旗帜鲜明坚持党管宣传、党管意识形态、党管媒体，把党的领导落实到各方面全过程，转化为把方向、抓导向、管阵地、促发展、强队伍的实际举措和成效，让党的旗帜高高飘扬。

二是必须强化以人民为中心这一基本工作导向。习近平总书记强调，人民立场是中国共产党的根本政治立场。对广播电视来说，人民是我们的服务对象，是文艺精品的表现主体，是用“按钮、遥控器、鼠标”投票的鉴赏家和评判者。我们必须始终把人民对美好生活的向往作为奋斗目标，无论是新闻宣传还是精品创作，无论是阵地管理还是公共服务，都要回应人民呼声、满足人民愿望，为人民书写、为人民创作，努力奉献人民喜闻乐见的优秀精神食粮，努力提供人民共建共享的优质公共服务，不断增强人民群众获得感、幸福感、安全感。

三是必须大力弘扬改革开放这一精神标识。我们党隆重庆祝改革开放40周年，习近平总书记强调，改革开放是决定当代中国命运的关键一招，创新是改革开放的生命。当前广播电视行业进入改革深水区，面临的都是难啃的硬骨头，必须坚持以改革开放的思维和方法推进工作。要拿出逢山开路、遇河架桥的勇气，拿出新的思路、新的举措、新的政策、新的办法，积极应变、主动求变，破除思想观念的束缚、体制机制的弊端、利益固化的藩篱，以改革促发展、促繁荣、促升级，激发内生动力、增强创新活力、释放发展潜力。

四是必须聚焦落实新发展理念、实现高质量发展这一新时代任务。习近平总书记指出，中国经济由高速增长转向高质量发展，这是必须迈过的坎，每个产业、每个企业都要朝这个方向坚定往前走。广播电视和网络视听要把推动高质量发展作为确定思路、制定政策、实施调控的根本要求，把工作重心从有没有、缺不缺转向好不好、优不优。要加快研究制定广电行业指标体系和政策措施，全面提升宣传质量、内容质量、产品质量、服务质量、管理质量，推动广播电视和网络视听强起来、优起来。

五是必须层层压紧压实意识形态工作责任制这一关键责任。习近平总书记强调，要压实压紧各级党委（党组）责任，做到任务落实不马虎、阵地管理不懈怠、责任追究不含糊。广播电视和网络视听工作是党的意识形态工作的重要组成部分，是重要的宣传思想阵地，必须把确保意识形态安全作为底线红线。要明确行业管理、属地管理和主管主办责任，加强对各类意识形态阵地的管理，完善层层履责尽责的工作格局。要提高落实意识形态工作责任制的本领，既敢于担当又善抓善管，真正做到守土有责、守土负责、守土尽责。

二、聚焦主题主线，围绕中心、服务大局、突出重点、凝心聚力，推动广播电视工作不断强起来

做好 2019 年广播电视工作，概括起来就是要突出“一条主线”、抓好五方面重点工作。

（一）突出一条主线，就是紧紧围绕庆祝新中国成立 70 周年，营造礼赞新中国、奋进新时代的浓厚氛围

隆重庆祝新中国成立 70 周年，是党和国家政治生活中的一件大事喜事，是贯穿全年工作的主线，我们要按照中央和中宣部总体部署，举全行业之力，坚持全国广电一盘棋，充分调动各地积极性，打好主动仗、下好先手棋，突出重点、打造亮点，以优异成绩向党和人民交上一份满意的答卷。

一是聚精会神抓宣传。统筹网上网下，调动资源力量，精心组织“壮丽 70 年·阔步新时代”大型主题采访活动，精心做好庆祝新中国成立 70 周年宣传报道，充分展示新中国成立 70 年来的光辉历程、伟大成就、宝贵经验，突出展示党的十八大以来的历史性成就、历史性变革，焕发全体人民爱党爱国爱社会主义的巨大热情。

二是精益求精搞创作。要紧盯重点项目，加强扶持服务，争取每个省（区、市）都能推出至少一部反映新时代、体现本地特色、在全国有影响的优秀作品，可以是一部电视剧、一部纪录片、一部动画片、一档广播电视节目或一部网络视听作品，关键是要讲好新中国的故事，讲好中国共产党的故事，讲好新时代中国特色社会主义的故事。

三是毫不动摇管导向。要严格落实意识形态工作责任制，及时分析研判意识形态领域动态动向，严格执行宣传纪律和工作纪律，严格各类内容审核把关，绝不给有害信息和错误言论提供传播渠道。

四是全力以赴保安全。要加强安全保障能力建设，确保庆祝新中国成立 70 周年重大宣传保障期安全播出万无一失。

（二）抓好五方面重点工作，就是以实施“五项工程”为抓手，带动全局工作提升水平

1. 坚持导向为魂，以实施“舆论引导能力提升”工程为抓手，推动新闻宣传强起来

习近平总书记强调，中国特色社会主义进入新时代，必须把统一思想、凝聚力量作为宣传思想工作的中心环节。广播电视媒体要始终牢牢把握、紧紧聚焦这一中心环节，深入实施“舆论引导能力提升”工程，做强主流思想舆论，引导全党全社会增强“四个意识”、坚定“四个自信”、做到“两个维护”。

一是用心用情、平实务实、精细精准做好习近平总书记和习近平新时代中国特色社会主义思想宣传报道。这是广播电视和网络视听媒体最根本的政治任务、最重要的政治责任。要紧紧围绕习近平总书记重要活动、重要讲话、重要部署，精心策划推出重点报道、新闻评论，多形态、多角度、深层次、持续性开展宣传。要持续深化习近平新时代中国特色社会主义思想宣传，不断拓展广度深度，以科学理论引路指向。总局要进一步推进理论节目栏目制作播出，制定指导性意见，在通俗化、大众化和视听化、移动化上下功夫，推动 21 世纪马克思主义、当代中国马克思主义深入人心、落地生根。

二是坚持以习近平新时代中国特色社会主义思想为魂，努力营造主题主线宣传强势。要健全重大宣传报道一体化统筹机制，坚持结构化编排、逻辑化链接、亮点化聚合，坚持网上网下同向发力、同频共振，把握重要时间节点，广播电视和网络视听合力做好全国两会、纪念五四运动 100 周

年、庆祝澳门回归祖国20周年等重大宣传，做好国家重大战略实施、生态文明建设、脱贫攻坚等宣传报道，加强经济形势宣传和民生热点的舆论引导，唱响主旋律、弘扬正能量，形成强大声势、保持正面强势、壮大主流态势。

三是深入推进宣传创新，切实提高新闻舆论传播力、引导力、影响力、公信力。面对传播格局和舆论生态的深刻变化，创新宣传的要求比以往任何时候都更加迫切。要创新话语方式，让正面宣传更加鲜活、更接地气、更有人气。要增强议题设置能力，把握时度效，提高应对和引导舆论事件、热点问题的能力水平。要多运用媒体融合的成果，通过个性化定制、可视化呈现、互动化传播的方式，推出更多喜闻乐见的融媒体产品。2019年1月1日，上海东方卫视全新改版，强化了新闻立台，导向鲜明、定位准确、重点突出，展现了新时代新面貌。北京卫视、湖南卫视等也进行了改版，推出了一批新节目，效果很好。总局将加强跟踪指导，及时总结经验，推广有益做法，鼓励支持全国上星卫视守正创新，不断提高新闻宣传水平。

2. 坚持内容为王，以实施“新时代精品”工程为抓手，推动内容创作强起来，推出更多思想精深、艺术精湛、制作精良的精品力作

习近平总书记强调，要坚持以人民为中心的创作导向，繁荣文艺创作，推出更多同新时代相匹配的文化精品。2019年3月4日习近平总书记出席全国政协十三届二次会议文化艺术界、社会科学界联组会时发表重要讲话，强调要承担记录新时代、书写新时代、讴歌新时代的使命，坚定文化自信、把握时代脉搏、聆听时代声音，坚持与时代同步伐、以人民为中心、以精品奉献人民、用明德引领风尚。我们要深入学习贯彻习近平总书记关于文艺工作的重要论述，以提高广播电视和网络视听节目的质量为生命线，坚持创造性转化、创新性发展，加快从“高原”向“高峰”迈进，更好地以先进文化塑造灵魂、以优秀作品鼓舞斗志。

一是紧扣“出好剧、出好片”这个中心任务，着力打造新时代扛鼎

之作。一个时代有一个时代的文艺。中国特色社会主义进入新时代，反映新时代、讴歌新时代，是电视剧、动画片、纪录片创作的使命所在、责任所在。要健全机制、完善政策，引导推动创作者投身伟大时代、聚焦伟大时代，抒写伟大时代，努力把史诗般的社会实践转化为史诗性的优秀作品。总局以新中国成立 70 周年、全面建成小康社会、建党 100 周年等重要时间节点为坐标，编制了电视剧、动画片、纪录片等重大主题创作规划。全行业要以实施好重点创作规划为抓手，完善优秀选题项目储备库，建立选题项目责任制，加强动态调整管理、跟踪指导服务，力争每个重要时间节点都推出一批能够在历史上打下烙印、在人民中留下口碑的优秀作品。

二是把握“公益、文化、原创”要求，深入推进广播电视节目创新创优。近年来，总局以电视上星综合频道为重点，以结构化管理、宏观调控、引导扶持等措施推进节目创新创优，声频荧屏面貌大为改观。要进一步完善创新创优工作机制，特别要在提升节目原创能力、激发创新活力上下功夫，把中华文化元素与现代节目形态、组织结构、制作流程和操作规范有机结合起来，研发打造更多中国特色、中国风格、中国气派的原创节目模式、节目品牌。要深入开展创新创优节目评析，加大典型节目和先进经验的宣传交流推广力度。要强化让好节目进入好时段的政策取向，倡导讲品位、讲格调、讲责任，抵制低俗、庸俗、媚俗，努力建设讲导向、有文化的平台。

三是坚持正能量充沛目标，推动网络视听内容品质升级。网络视听空间越来越活跃，网络视听内容建设越来越重要，必须加大规划引导力度。要完善重点网络原创视听节目备案管理机制，从源头上强化价值引领。完善重点网络剧、网络综艺、网络电影、网络动画片审查机制，落实台网一致要求，以严格审查推动质量品质提高。总局已启动实施“网络视听节目提升工程”，以政府资金扶持带动社会参与，推动创作传播更多“三性统一”的优秀作品，努力让社会主义核心价值观充盈网络视听空间。

3. 坚持创新为要，以实施“智慧广电”建设工程为抓手，坚定不移深化供给侧结构性改革，推动事业产业强起来，加快行业优化升级、高质量发展

习近平总书记强调，毫不动摇坚持发展是硬道理、发展应该是科学发展和高质量发展的战略思想。广播电视行业正处在爬坡过坎的攻坚期，必须牢牢把握高质量发展这一根本要求，坚持向改革创新要动力，找准辐射全局的着力点和用力方向。2018 年，总局在推进“智慧广电”建设方面加大了力度。从实践看，“智慧广电”建设覆盖广播电视整个链条，已经成为促进体制机制创新的新动力、推动行业优化升级的新引擎。要以“智慧广电”为牵引，加快关键领域、重要环节的变革重塑，努力构建更高质量、更有活力、更有效率、更可持续的事业产业新体系。

一是努力做优做强广播电视主流媒体。2019 年 1 月 25 日，中共中央政治局就全媒体时代和媒体融合发展举行第十二次集体学习。习近平总书记在主持学习时发表的重要讲话，深刻阐明了媒体融合发展的时代大势，就推动媒体融合向纵深发展、做大做强主流舆论提出明确要求，这是对新起点上加快媒体融合发展的再强调再部署，为我们在爬坡过坎阶段打好深化媒体融合攻坚战指引了前进方向、提供了根本遵循。我们要着眼于增强融合传播能力，加快打造智慧融媒体。推动主力军加快进入主阵地，通过重点项目库建设、先导项目推介、融媒体平台共建共享等方式，引导省市级广播电视台探索适合自身的融合发展模式，建立以互联网传播和新媒体生产为主攻方向的一体化运行机制，实现内容、技术、平台、队伍、管理真正融为一体。要积极对接、主动参与县级融媒体中心建设，加快有关标准制定推广，发挥整体力量和层级体制优势，加强标准支撑、内容支撑、技术支撑、平台支撑。要着眼于提供更高端更优质视听服务，加快推进高清、超高清电视制播能力建设。2019 年年底，中、东部地区地市以上电视主频道要争取实现高清播出。鼓励支持有条件的电视台开展 4K 超高清内容制作生产，抓紧开展 8K 标准体系建设工作，为进一步的发展夯实基础。要着眼于提高集约化发展水平，推动精简精办频道。切实改变电视频道粗放式、低水平、低效益的发展方式，加快由数量规模型向质量效益型转变。总局正在研究制定加强专业电视频道建设管理的意见。2019 年，总局还将进一步采取措施，分类指导推动一批地方广播电视台进行实践探索，在做优做强上当标兵、作表率。

二是努力做优做强广播电视网络。我们已经拥有有线、无线、卫星混合覆盖的传输网络，这是国家重要的基础信息网络，也是行业发展的重要基础资源。要把握 5G 发展等信息网络科技大势，统筹优化有线、无线、卫星、移动等传输覆盖网的整体布局，加快智能协同的下一代广播电视网建设，打造功能更加强大的主流媒体融合传播网、数字文化传播网、基础战略资源网。要加快网络升级，推进地面无线广播电视数字化，推进有线网络升级改造，推进新一代信息技术应用，不断提高广电网络承载能力和智能化水平。2019 年 6 月 6 日，中国广播电视网络有限公司获得了 5G 商用牌照，这对全国广电网络是前所未有的重大机遇，必须以时不我待的紧迫感，加快广电 5G 试验网建设。加快全国有线网络整合，是今年一项关系全局的重大任务。中宣部 2018 年已牵头成立了网络整合发展领导小组，各地要站在事业产业长远发展的高度，积极参与、共同推动，尽快形成“全国一张网”。

三是努力做优做强广播电视公共服务。按照“完善公共文化服务体系，提高基本公共文化服务的覆盖面和适用性”的要求，着力“补短板、强弱项、提质量”。要对接乡村振兴战略，优化基层公共服务“最后一公里”。加快实施直播卫星公共服务户户通、广播电视无线发射台站基础设施建设工程二期、中央广播电视节目无线数字化覆盖等重点工程，因地制宜、因户制宜推进数字广播电视覆盖和入户接收，为 2020 年实现数字广播电视户户通打下坚实基础。要服务脱贫攻坚，加强老少边穷地区公共服务基础能力建设。扎实推进贫困地区县级广播电视播出机构制播能力建设、深度贫困县应急广播体系建设。加大政策、资金和项目支持力度，使边疆和少数民族地区公共服务能力尽快得到全面提升。发挥行业优势，扎实做好行业扶贫、定点扶贫、对口支援工作。要积极参与、主动服务新时代文明实践中心建设，立足基层实际和群众需求，策划推出更多有特色的广播电视节目栏目和活动，在新时代基层群众工作中发挥更大作用。要提高广播电视公共服务标准化、均等化和制度化、规范化水平，完善工程项目管理措施和绩效评价机制，确保公共服务不断提质增效、让人民群众长期受益。

四是努力做优做强广播电视产业生态。要把握新技术革命机遇，挖掘行业潜能，发展智慧经济，延伸产业链、拓展价值链。坚持服务群众，丰富和拓展广播电视功能，培育新闻资讯、视听节目、社会服务、医疗健康、数字娱乐、智能家居等多功能于一体的智慧家庭服务。要以增强核心竞争力为根本，推进结构调整和产业聚合，引导资源和要素向优势领域、优秀企业、优质项目聚集，做优做强一批骨干企业和示范基地。这里需要强调，我们开发业务、发展企业，必须坚持有利于壮大宣传阵地、做强广电主业；必须坚持把社会效益放在首位，决不能制造文化垃圾，决不能沾满铜臭气。总局将继续推进并探索扩大企业社会效益考核试点，促进产业持续健康发展。

4. 坚持以我为主，以实施“视听中国”播映工程为抓手，推动国际传播强起来，讲好中国故事、传播好中国声音

广播电视和网络视听在外宣工作中具有独特优势和巨大潜力，要增强责任感和使命感，积极主动做工作，争取实现更大作为。

一是服务高访及外交活动，积极策划打造文化公共外交新亮点。高质量完成亚洲文明对话大会“亚洲文明全球影响力”分论坛和亚洲影视周、“2019 中国—东盟媒体交流年”、第二届“一带一路”国际合作高峰论坛等重大外交活动中广播电视承担的任务。2019 年 6 月 14 日，总局在上海举办了“视听中国—中国电视节目海外播映计划”2019 发布会，推出“视听中国”品牌活动主标识。要契合国家外交平台和重大活动，做响做亮“视听中国”播映活动品牌，做到常做常新、有声有色。

二是优化“走出去”项目矩阵，提高“走出去”针对性实效性。近年来，我们服务国家总体外交布局，实施了一系列“走出去”工程项目，取得良好效果。要适应国际形势新变化，深化拓展这些工程项目。精心实施“走出去”内容创作扶持计划，紧紧围绕主题主线主旋律，坚持中国话语、国际表达，精选优选、精细译配、合作制作一批生动体现习近平总书记思想和风范、体现当代中国价值观念和中华优秀传统文化精髓魅力的优秀作品，努力在国际市场打响中国电视剧、动画片、纪录片品牌。近年来，短视频进军海外市场取得不俗成绩，要主动介入、主动引导，推动发挥更大作用。要巩固拓展丝绸之路影视桥、中非影视合作创新提升、友邻传播、电视中国剧场等工程项目，扩大覆盖面，增强影响力。

三是强化协同合作，形成“走出去”合力。广播电视“走出去”，是全行业的工作。要完善工作格局，创新运行机制，汇聚资源力量，引导支持地方广播电视“走出去”。总局策划实施的项目，面向全行业，鼓励地方拿出优秀作品、优质资源，加入到这些项目中来。近年来，中国联合展台在加强海外营销推广方面发挥了积极作用。要继续探索这样的有效方式，坚持政府推动和市场运作相结合，形成综合推广和联动效应，让更多优质产品和服务占领国际市场。

5. **坚持安全为本，以实施“管理优化”工程为抓手，推动阵地管理强起来，确保行业安全有序、持续健康发展**

在党和国家机构改革中，党中央明确要求我们“加强对重要宣传阵地的管理，牢牢掌握意识形态工作领导权”。面对新形势，广播电视和网络视听阵地管理的任务更加繁重，必须加强、不能削弱。

一是强化责任落实。管理部门、播出机构、制作经营机构、网络机构等各类主体都必须承担相应的政治责任、管理责任、主体责任。要坚持主管主办和属地管理、分级负责原则，严格落实意识形态工作责任制，该管的一定管住、管好。导向安全、播出安全、网络安全、信息安全，哪一个方面都不能出问题。各级广电行政管理部门要从管脚下向管系统、管行业转变，从管一隅向管一域转变，既“守阵地”又“拓疆土”，业务延伸到哪里，管理就要覆盖到哪里。局、台、网都要坚持导向管理全覆盖，落实内容和产品备案、审核、审查等制度机制，严把导向关、内容关、播出关、人员关、产品关，维护风清气朗的舆论环境。

二是突出管理重点。泛娱乐化、追星炒星、天价片酬、唯收视率点击率、违规播出广告等突出问题具有顽固性，要作为长期整治重点，坚持综合施策，深入持久抓下去。要落实好总局《关于进一步加强广播电视和网络视听文艺节目管理的通知》，坚持网上网下统一导向、统一标准、统一尺度，广播电视播出的节目要严格管理、加强调控，视听新媒体平台播出的节目也要按照同样标准严格管理。要持续加强对网络视听节目直播、短视频有关平台的日常监管和专项整治，压实企业主体责任。要抓紧研究加强网络视听节目监管的制度性措施，同时面向未来抓紧研究5G条件下网络视听节目监管的重大现实课题。要推动IPTV建设管理规范有序、高质量发展，认真开展IPTV专项治理工作，加快推进IPTV集成播控总分平台之间、IPTV集成播控分平台与传输系统之间的全面规范对接。要严格收视数据发布使用管理，坚决打击收视率造假。总局初步建成广播电视节目收视综合评价大数据系统，2018年12月26日开通试运行，要进一步建好、管好、用好这个系统，更好地发挥作用。要加大对各类违规行为的惩戒力度，探索完善联合惩戒机制，包括从业机构和从业者信用制度、告知承诺和诫勉制度、“黑名单”制度等，该叫停的毫不含糊，不能用的坚决不用，该退出的坚决退出。

三是提高管理水平。近年来，不愿管、不敢管的现象少了，但不会管、管得不到位的问题还是比较突出，必须跳出传统观念模式的束缚，综合运用行政、经济、法律、科技等手段，提高治理体系和治理能力现代化水平。要强化管理系统性，统筹事前、事中、事后，把引导提醒、宏观调控、整治退出有机结合起来。坚持和完善每周全国广播电视宣传例会机制，及时传达部署工作。要强化科技创新对优化管理的支撑作用，加快建设“全方位、全过程、全覆盖、全天候”的现代化监测监管体系。要树立法治思维，加强法治建设，抓紧修改完善相关政策法规。

三、全面加强党的领导和党的建设，为新时代实现新作为提供坚强保证

习近平总书记强调，党政军民学，东西南北中，党是领导一切的。我们必须坚定不移加强党的全面领导，坚持不懈深化管党治党，打造政治过硬、本领高强、求实创新、能打胜仗的工作队伍。

（一）以党的政治建设为统领，深化全面从严治党

各级广播电视部门和单位要坚持新时代党的建设总要求，落实全面从严治党主体责任和监督责任，建立健全党建工作制度，提高党组织的创造力、凝聚力、战斗力。坚持把政治建设摆在首位，聚焦做到“两个维护”，不断强化习近平新时代中国特色社会主义思想理论武装。按照党中央统一部署，精心组织开展“不忘初心、牢记使命”主题教育。要坚持“严”字当头，严明政治纪律和政治规矩，严明党的宣传纪律等各项纪律，严格执行中央八项规定及实施细则精神，强化监督问责，坚决正风肃纪。总局系统要不断深化“年初定责、年中督责、年底述责”机制，积极拓展压紧压实管党治党政治责任的新举措。在坚持属地管理的前提下，总局还将探索创新全系统党建工作的思路方法，打造富有特色的广电行业党建品牌。

（二）以增强“四力”为重点，加强干部和人才队伍建设

习近平总书记要求不断增强脚力、眼力、脑力、笔力，这是对新形势下宣传思想战线干部人才队伍建设提出的总要求。广播电视系统要落实这一总要求，突出绝对忠诚、绝对可靠的政治标准，加强各级领导班子建设和高素质专业化干部人才队伍建设。要坚持实践锻炼和教育培训相结合，坚持缺什么补什么，提升队伍的政治素质、理论水平、业务能力和工作作风。总局印发了《2018~2022年广播电视教育培训规划》，今年将围绕增强“四力”，有针对性地开展教育培训。各级广播电视部门和单位都要想办法，

让我们的队伍能够不断掌握新知识、熟悉新领域、开拓新视野，跟上时代节拍。要强化“人才是第一资源”的理念，深入实施行业“领军人才工程”和“青年创新人才工程”，深化选人用人机制改革，努力形成人尽其才、人才辈出的生动局面。认真做好统战工作，做好新阶层人士工作，做好离退休干部工作，为发展凝聚力量。

（三）以求真务实、狠抓落实为着眼点，加强作风建设

习近平总书记指出，伟大梦想不是等得来、喊得来的，而是拼出来、干出来的。当前，我们的工作比以往任何时候都更加需要拼劲、干劲。长期以来，广播电视行业形成了“特别能吃苦、特别能战斗、特别能奉献”的良好精神风貌。广大党员干部要继续发扬这样的优良传统，提振精气神，以锐意进取、永不懈怠的精神状态和敢闯敢干、一往无前的奋斗姿态，啃硬骨头、打攻坚战。要重实际、崇实干、求实效，大兴调查研究之风，坚决摒弃形式主义、官僚主义，精准施策、精准发力，狠抓落实、务求实效。各级领导班子要发挥“头雁”效应、各级基层党组织要发挥战斗堡垒作用，不断提高把方向、谋大局、定政策、促改革的能力，充分调动广大干部职工的积极性主动性，创造无愧于时代、无愧于人民、无愧于历史的工作业绩。

新时代赋予新使命，新征程呼唤新作为。让我们更加紧密团结在以习近平同志为核心的党中央周围，深入学习宣传贯彻习近平新时代中国特色社会主义思想，积极履职尽责、勇于担当作为、锐意改革创新，不断开创广播电视工作新局面，为服务党和国家事业大局作出新的更大贡献！

（本文主要摘自聂辰席同志2019年1月7日在全国广播电视工作会议上的讲话，并补充了部分新材料）

第二节　努力开创网络视听守正创新繁荣发展新局面

国家广播电视总局党组成员、副局长　高建民

习近平总书记指出，网络空间是亿万民众共同的精神家园。我们要以习近平新时代中国特色社会主义思想为指导，本着对国家、社会、人民高度负责任的态度，理直气壮唱响网上主旋律，巩固壮大主流思想舆论，加强网络视听正能量内容建设，做强网络视听正面宣传，依法依规加强网络视听空间治理，构建良好网络视听传播秩序，为广大网民特别是青少年营造一个风清气正的网络视听空间。网络视听行业要深入学习贯彻习近平新时代中国特色社会主义思想，特别是要深入学习贯彻习近平总书记关于宣传思想工作、党的新闻舆论工作、文艺工作和互联网工作的一系列重要论述，树牢“四个意识”，坚定“四个自信”，坚决做到“两个维护”，坚持稳中求进、守正创新，扎实工作、奋发进取，强导向、强作品、强管理，不断推动网络视听繁荣发展，努力在新时代展现新气象，在新时代实现新作为。

一、把牢政治方向，突出主题主线

自觉围绕中心、服务大局，坚持正确的政治方向、舆论导向、价值取向，弘扬主旋律、传播正能量，是网络视听工作的价值所在、责任所在、

担当所在。一是高扬思想旗帜，唱响学思想、用思想的时代最强音。网络视听要以高度的政治责任感使命感，推动习近平新时代中国特色社会主义思想深入人心。2018 年起，总局启动实施了视听新媒体“首页首屏首条工程”，指导各视听节目网站、IPTV、互联网电视集成平台和内容平台，扎实开展习近平新时代中国特色社会主义思想宣传。今后我们将继续深化和提升这一工程，以高度的情感认同和理性自觉，引导视听新媒体机构用习近平新时代中国特色社会主义思想和党的十九大精神团结、凝聚亿万网民。我们将以“首页首屏首条工程”为抓手，不断强化传播手段和话语方式创新，综合运用多种节目形态，推出一大批正能量充沛、形式多样、精彩纷呈的视听内容，坚持不懈推动习近平新时代中国特色社会主义思想宣传，让党的理论入脑入心、落地见效。二是突出一条主线，紧紧围绕庆祝新中国成立 70 周年，努力营造礼赞新中国、奋进新时代的浓厚氛围。网络视听行业要把工作重心聚焦到为 70 年大庆营造良好氛围上来，要紧紧围绕学习宣传贯彻习近平新时代中国特色社会主义思想这个首要任务，紧紧围绕庆祝新中国成立 70 周年这条主线，做好宣传报道工作。2019 年 4 月 25 日，总局在京举办了“网络视听庆祝中华人民共和国成立 70 周年宣传活动”，对网络视听宣传报道进行了部署安排，得到了各网络视听平台的积极响应。各视听新媒体机构按照部署共同办好“我们的 70 年”“爱国情 奋斗者”“壮丽 70 年 奋斗新时代”等专题专栏，及时转载推送主流媒体宣传报道和总局推荐的优秀剧目，积极开展“不忘初心、牢记使命”主题教育宣传以及各领域、各行业成就宣传，不断将庆祝新中国成立 70 周年的氛围推向高潮。我们将坚持网络视听节目与广播电视同一标准、同一尺度，自觉传播好党的声音和主张，努力构建网上网下同心圆，不断强化阵地意识，不断巩固壮大网络视听舆论宣传新阵地，使之成为党领导全国人民凝聚共识的新讲堂，传播社会主义核心价值观的新阵地，建设中国特色社会主义文化的新空间，在网络视听空间唱响新时代美好生活的赞歌，唱响新时代奋斗者之歌，奏响新时代逐梦圆梦进行曲。

二、强化价值引领，打造扛鼎之作

习近平总书记指出，中国不乏史诗般的实践，关键是要有创作史诗的雄心。我们欣喜地看到，近几年来，以网络剧、网络电影、网络纪录片为代表的网络原创节目质量有了长足进步。我们每年都会在中国网络视听大会推荐、表彰一批网络原创优秀作品，目的就是要发挥精品的示范引领作用。从近期总局每月公布的重点网络影视剧拍摄规划备案信息来看，讲好中国故事、打造精品力作正成为网络影视剧规划创作的价值追求、主攻方向。

近年来，总局大力扶持引导，网络视听从业机构坚持正确政治方向、舆论导向、价值取向，推进网上宣传在理念、内容、形式、方法、手段等方面取得了许多创新，涌现出大量正能量充沛的网络视听作品。总局大力开展“中国梦主题推选展播活动”“精品创作传播工程”“中国经典民间故事动漫创作工程”“网络优秀原创节目推选活动”，累计从 9285 部网络视听节目中推优扶持了 765 部优秀作品。其中很多作品是聚焦现实题材，讴歌党、讴歌祖国、讴歌人民、讴歌英雄的精品力作。这些经验值得认真总结推广。围绕庆祝新中国成立 70 周年，总局组织开展了网络视听主题创作活动。建立了《庆祝新中国成立 70 周年优秀网络原创节目目录》，截至 2019 年 7 月底，共列入两个批次 70 部作品。其中芒果 TV 的网络纪录片《我爱你中国・人间正道是沧桑》，展现中国伟大复兴过程中 7 位奋斗者的群像；人民网与腾讯视频播出的网络栏目《梦想电台》，邀请 6 位在青年中有影响的文艺嘉宾对话交流，展现新时代优秀青年文艺工作者的责任担当、拼搏奋斗和积极进取的人生观价值观；腾讯视频的网络电影《特勤精英之生死救援》，刻画了青年消防员群体的成长故事，诠释了新时代的中国消防精神。要总结推广这些优秀作品的好理念好做法，推出更多展现新中国成立 70 周年辉煌成就和记录新时代、书写新时代、讴歌新时代的好作品。

做内容需要“硬功夫”。网络视听工作者要增强文化自信和价值观自信，自觉弘扬社会主义核心价值观，立德树人、以文化人，用有筋骨、有道德、有温度的优秀作品引导广大网民和人民群众；要有“十年磨一剑”的定力与毅力，以对时代高度负责、对艺术不懈追求的精神，精心策划、用心打造、努力推出一批能够在历史上打下烙印、在人民中留下口碑的扛鼎之作。我们希望广大网络视听工作者扎根人民、扎根生活开展文艺创作，更加贴近时代需求、遵循网络传播规律，通过更多高品位高质量的作品，让网络视听更好地承担起“举旗帜、聚民心、育新人、兴文化、展形象”的使命任务。

三、强管理保安全，营造清朗空间

习近平总书记多次强调依法依规加强网络空间治理，提高网络视听综合治理能力，形成党委领导、政府管理、企业履责、社会监督、网民自律等多主体参与，经济、法律、技术等多种手段相结合的综合治网格局。加强网络治理、网络文明建设，营造健康网络生态。

我们要以习近平总书记关于提高用网治网水平的一系列重要论述为根本遵循，科学管理、强化管理，确保网络视听空间安全。面对网络视听领域不断冒头的有害视听节目等内容安全风险，要进一步增强忧患意识，坚持底线思维，强化责任担当，大力推进工作理念、方法手段、制度机制创新，掌握网络视听工作的主导权。要完善网络视听管理工作的顶层设计，强化网络意识形态工作责任制的贯彻落实，统筹网络视听行业主管部门的管理责任，压紧压实属地管理部门的主管主办责任，压紧压实网络视听新媒体的主体责任，形成层层分责负责尽责的工作格局，同时加强督责问责，形成管理合力。要通过升级优化网络视听监测监管体系、节目备案登记管理等工作，提高网络视听内容安全风险的发现力和预置力，推动管理关口前移。要加强网络视听内容审核力量，结合巡查抽查，提高网络视听节目内容审核把关能力。要坚持问题导向、责权匹配、明确责任，使网络视听准入管理紧紧围绕中央关于“党管新媒体”和“两个所有”要求。要持续加强网络视听队伍建设、能力建设和资源配置，持续巩固扩大网络视听意识形态工作阵地，确保“顶得住、打得赢”。

中国网络视听节目服务协会要发挥好桥梁纽带作用，加强短视频、网络视听演艺人员职业道德等方面的自律管理，引导全行业自觉遵守各项法规制度和行业自律要求。各视听节目网站要健全完善内容管理制度、工作流程和操作细节，切实发挥好总编辑负责制在导向和内容管理方面的积极作用。要充分借助综合治理和社会共治的协同作用，采取多种手段、动员多方力量参与到守卫网络视听空间安全上来，防患堵漏，扶正祛邪，使我们的网络视听空间更加清朗。

新时代开辟网络视听新前景，新征程呼唤新媒体人新作为。让我们紧密团结在以习近平同志为核心的党中央周围，凝心聚力、锐意进取，不忘初心、牢记使命，勇于担当、积极作为，努力开创网络视听守正创新繁荣发展的新局面，为满足人民美好生活新期待，为服务党和国家工作大局作出新的更大贡献！

第三节　始终坚持守正创新
汇聚广播电视新闻宣传正能量

国家广播电视总局党组成员、副局长　范卫平

广播电视新闻宣传工作要始终以习近平新时代中国特色社会主义思想为指导，深入学习贯彻落实习近平总书记关于宣传思想工作的重要思想和全国宣传思想工作会议精神，牢牢把握守正创新的方位坐标，坚持正确的政治方向、舆论导向、价值取向，以高度的政治自觉、思想自觉和行动自觉，不断提升广播电视新闻宣传的引导能力，为新时代中国特色社会主义建设提供强大精神动力、思想保证和舆论支撑。

一、用思想之旗和精神之魂指导推动新时代广播电视新闻宣传工作

习近平新时代中国特色社会主义思想是党和国家必须长期坚持的指导思想，已经写入党章、载入宪法，是全党全国人民的思想之旗、精神之魂。广播电视工作是政治工作，在党和国家工作大局中具有重要地位，发挥着独特作用。广播电视媒体作为意识形态的重要阵地，作为党的喉舌，担负着宣传党的路线方针政策，为经济社会发展提供思想保障和精神动力的重要职责，任何时候都是我们党的一大政治优势。做好新时代广播电视新闻宣传工作，必须旗帜鲜明讲政治，牢固树立“四个意识”，坚定“四个自

信”，做到“两个维护”，坚定政治上的主心骨、思想上的定盘星、行动上的指南针，用思想之旗和精神之魂指导推动新时代广播电视新闻宣传工作。

（一）深刻理解、准确把握习近平总书记关于党的新闻舆论工作重要论述的基本内涵和核心要义

习近平总书记关于党的新闻舆论工作的重要论述，是对马克思主义新闻理论的丰富和升华，是对我们党在革命、建设、改革各个历史时期新闻舆论工作实践的深刻总结，更是对新形势下如何做好党的新闻舆论工作的正面回应。深刻理解、准确把握习近平总书记关于党的新闻舆论工作重要论述的基本内涵和核心要义，是做好新时代广播电视新闻宣传工作的必然要求。

一要深刻理解、准确把握新闻舆论工作的地位作用。习近平总书记在党的新闻舆论工作座谈会上强调，党的新闻舆论工作是党的一项重要工作，是治国理政、定国安邦的大事。做好党的新闻舆论工作，事关旗帜和道路，事关贯彻落实党的理论和路线方针政策，事关顺利推进党和国家各项事业，事关全党全国各族人民凝聚力和向心力，事关党和国家前途命运。这“五个事关”，深刻阐明了党的新闻舆论工作的重要地位和重大作用。

二要深刻理解、准确把握新闻舆论工作的职责使命。“高举旗帜、引领导向，围绕中心、服务大局，团结人民、鼓舞士气，成风化人、凝心聚力，澄清谬误、明辨是非，联接中外、沟通世界。”这六个方面、“48 个字”是习近平总书记对新时代新闻舆论工作的职责使命作出的最集中最鲜明最准确的概括，既突出了政治方向，也强调了核心价值；既明确了根本原则，也提出了基本任务；既有正面引导，也有批评监督；既有对内宣传，也有国际传播，是新时代新闻舆论工作的根本遵循。

三要深刻理解、准确把握新闻舆论工作的方针原则。习近平总书记指出，要承担起新闻舆论工作的职责使命，“必须把政治方向摆在第一位，牢牢坚持党性原则，牢牢坚持马克思主义新闻观，牢牢坚持正确舆论导向，牢牢坚持正面宣传为主”。这“四个牢牢坚持”进一步揭示了党的新闻舆论工作的本质属性和原则要求，进一步明确了党的新闻舆论工作的方向导向，必须牢牢把握、时时遵循。

四要深刻理解、准确把握新闻舆论工作的任务要求。习近平总书记指出，要尊重新闻传播规律，创新方法手段。强调要增强工作针对性，适应分众化、差异化传播趋势，加快构建舆论引导新格局；要推动融合发展，主动借助新媒体传播优势，尽快从相加阶段迈向相融阶段，着力打造一批新型主流媒体；要把握好时度效，抓住时机、把握节奏、讲究策略，从时度效着力，体现时度效要求；要加强国际传播能力建设，增强国际话语权，集中讲好中国故事，着力打造具有较强国际影响的外宣旗舰媒体。这“四个着力点”，紧扣传媒格局深刻调整、舆论环境深刻变化、信息技术飞速发展的现实要求，是当前新闻舆论工作需要下功夫、下力气的关键处、要害处。

五要深刻理解、准确把握新闻舆论工作的人民立场。习近平总书记指出，要坚持以人民为中心的工作导向，进一步将实现好、维护好、发展好最广大人民根本利益作为党的新闻舆论工作的出发点和落脚点。强调党的新闻舆论的所有工作，都要坚持党性和人民性相统一，把党的理论和路线方针政策变成人民群众的自觉行动。要求新闻舆论工作者要以人民为中心，心系人民、讴歌人民。广播电视和网络视听必须始终坚持将人民作为新闻报道的主体和服务对象，俯下身、沉下心，察实情、说实话、动真情，才能推出有思想、有温度、有品质的，无愧于时代、无愧于人民的精品力作。

六要深刻理解、准确把握新闻舆论工作的根本保证。习近平总书记强调，加强和改善党对新闻舆论工作的领导，是新闻舆论工作顺利健康发展的根本保证。指出要坚持党管媒体原则，严格落实政治家办报要求，确保新闻宣传工作的领导权始终掌握在对党忠诚可靠的人手中。习近平总书记的重要论述，进一步明确了加强和改善党对新闻舆论工作领导的重大意义和基本要求，深刻回答了新闻舆论工作“为什么加强党的领导、怎样加强党的领导”等重大问题。广播电视作为党的重要宣传思想文化阵地，必须加强党的全面领导，做到守土有责、守土负责、守土尽责。

七要深刻理解、准确把握新闻队伍建设的目标要求。习近平总书记强调，媒体竞争关键是人才竞争，媒体优势核心是人才优势。要坚持正确政治方向，做政治坚定的新闻工作者；坚持正确舆论导向，做引领时代的新闻工作者；坚持正确新闻志向，做业务精湛的新闻工作者；坚持正确工作取向，做作风优良的新闻工作者。提出培养造就一支政治坚定、业务精湛、作风优良、党和人民放心的新闻舆论工作队伍。这些论述精辟阐明了加强新闻队伍建设的重要性和紧迫性，揭示了加强队伍建设是做好新闻舆论工作的关键所在，为新形势下加强新闻舆论工作队伍建设提出了明确目标。

（二）深化对广播电视新闻宣传工作规律的认识和坚守

遵循规律是习近平总书记新闻思想的内在逻辑。党的十八大以来，广播电视战线深入学习贯彻习近平新时代中国特色社会主义思想，特别是把习近平总书记关于党的新闻舆论工作重要论述作为做好广播电视新闻宣传的科学指南和根本遵循，牢牢坚持正确方向导向，积极创新理念方法手段，推出了一大批上连“天线”、下接“地气”，品质优良、影响广泛的好新闻，迈出了从正本清源到守正创新的坚实步伐。经过实践总结，进一步深化了对广播电视新闻宣传工作规律的认识和坚守。

一是必须始终坚持政治方向毫不动摇。方向问题带有根本性，没有正确政治方向，一切都无从谈起。广播电视新闻宣传必须把坚持正确政治方向作为生命线，在举什么旗、走什么路的问题上时刻保持清醒头脑，在重大政治原则、大是大非问题上立场坚定、旗帜鲜明。近年来，我们无论是实施头条工程和舆论引导能力提升工程、推动广播电视新闻宣传强起来，还是持续强化阵地管理，不断健全广播电视新闻宣传制度体系，都始终把旗帜鲜明讲政治作为第一位的要求。

二是必须始终坚持党性原则毫不动摇。党性原则是马克思主义新闻观的核心要义，是不同历史时期党的新闻舆论工作一以贯之的根本原则。广播电视作为重要的新闻舆论阵地，必须把党性原则贯穿体现到新闻宣传工作的各个方面、各个环节。近年来，我们牢牢抓住坚持党对新闻舆论工作的领导这一根本，确保新闻宣传工作的领导权、管理权、话语权牢牢掌握在党的手中。我们指导各播出机构充分发挥广播电视主流媒体的主阵地作用，忠实宣传党的理论和路线方针政策，特别是持续深入宣传阐释习近平新时代中国特色社会主义思想和党的十九大精神，做到“天天见”“天天新”“天天深”，让党的主张成为时代最强音。我们高度重视严肃新闻宣传工作纪律，要求各广播电视宣传部门时刻绷紧党性原则这根弦。实践证明，广播电视新闻宣传工作只有始终坚持党性原则毫不动摇，才能找到安身立命的根本，才能坚守为民服务的初心。

三是必须始终坚持服务大局毫不动摇。讲大局、顾大局，从全局出发制定战略、运用策略，是我们党的优良传统和制胜法宝。广播电视新闻宣传必须站在大局的高度、按照大局的要求谋划和推进各项工作。这些年，党和国家大事要事多，我们指导各级广播电视机构自觉服从服务于决胜全面建成小康社会、夺取新时代中国特色社会主义伟大胜利这一大局，围绕党和国家重大战略、重大部署、重大活动等，做好习近平新时代中国特色社会主义思想、中国梦、社会主义核心价值观等重大主题宣传，积极开展形势宣传、成就宣传、典型宣传等，在鼓舞士气、振奋精神、凝聚力量方面发挥了重要作用。实践证明，广播电视新闻宣传工作只有始终坚持服务大局毫不动摇，才能找准坐标定位，才能科学精准发力，在与时代同频共振中实现价值。

四是必须始终坚持践行宗旨毫不动摇。全心全意为人民服务是我们党的根本宗旨。坚持人民至上理念、与人民群众保持血肉联系，反映了马克思主义新闻观的本质要求，体现着新闻宣传工作的作风和文风。广播电视新闻宣传必须牢牢坚持以人民为中心的工作导向，把实现好、维护好、发展好最广大人民根本利益作为全部工作的出发点和落脚点。一直以来，我们引导广播电视机构把镜头话筒对准群众，把版面时段留给群众；引导广播电视新闻围绕群众关注的热点难点问题阐释党的政策主张，传递党和政府的声音，积极反映党和政府解决人民关切的举措和成效，把服务群众同教育引导群众结合起来，努力实现党性和人民性的统一；引导广播电视新闻工作者以深厚的感情对待人民群众，以高度的自觉服务人民群众。实践证明，广播电视新闻宣传工作只有始终坚持践行宗旨毫不动摇，把人民作为新闻报道的主体和服务对象，从思想根源上解决好“为了谁、依靠谁、我是谁”这个问题，才能够推出有思想、有温度、有品质的作品，真正扎下新闻事业的深根，获得无穷的前行力量。

五是必须始终坚持正面宣传为主毫不动摇。习近平总书记强调，团结稳定鼓劲、正面宣传为主，是党的新闻舆论工作必须遵循的基本方针。党的十九大以来，我们组织引导全国四级广播电视同向发力、协同联动，发挥各自优势特色，深入宣传各地各部门贯彻落实党的十九大各项决策部署、决胜全面建成小康社会的生动实践，阐释习近平新时代中国特色社会主义思想的政治意义、历史意义、理论意义、实践意义，形成全方位、多层次、多声部荧屏声频宣传格局。指导广播电视媒体围绕高质量发展、乡村振兴、污染防治、民营企业转型升级等重点工作、重要战略积极开展正面宣传。指导广播电视媒体深入生活、改进语态，用鲜明的人物、感人的故事、真实的场景、丰富的细节使正面宣传鲜活起来、生动起来，下力气提升正面宣传的吸引力、感染力。实践证明，广播电视新闻宣传工作只有始终坚持正面宣传为主毫不动摇，反映当代中国发展进步的主流，引导人们看到光明前景、积极因素、向上力量，自觉抵制消极观念、错误论调，才能把全党全国人民士气鼓舞起来、精神振奋起来、力量凝聚起来，激发出团结奋进实现中国梦的壮志豪情。

六是必须始终坚持价值引领毫不动摇。社会主义核心价值观是当代中国精神的集中体现，是凝聚中国力量的思想道德基础。充分发挥核心价值观的感召和引领作用，引导广大人民向上向善，是“成风化人、凝心聚力”的应有之义。党的十八大以来，我们指导全国广播电视机构全方位宣传社会主义核心价值观，在主要新闻节目中开设专栏，自主策划推出专题节目、系列报道、新闻行动等。鼓励引导各电台电视台大力宣传英雄烈士、弘扬英雄精神。指导各电台电视台把核心价值观内化为新闻宣传始终坚守的价值准则，注意在新闻选题、报道采访、评论言论等各环节体现正确价值导向。对于新闻宣传中出现的价值取向问题，及时干预纠正。实践证明，广播电视新闻宣传工作只有始终坚持价值引领毫不动摇，大力培育和践行社会主义核心价值观，才能够在纷繁芜杂的社会意识中占领价值高地，在多元嘈杂的舆论环境中发出时代强音，用价值观的力量唤醒人们对真善美的向往和追求，从而赢得受众、赢得人心。

七是必须始终坚持创新创优毫不动摇。当前，新技术新应用层出不穷，迭代周期越来越短。面对媒体格局变化新形势、意识形态领域新态势、信息化发展新趋势，广播电视面临的一项重要而紧迫的战略任务就是深入推进创新创优，全面增强优质内容供给能力。党的十八大以来，我们把节目创新创优作为加强广播电视宣传管理的重要抓手，聚焦推出精品力作这一核心目标，提出“小成本、大情怀、正能量”的自主创新方向，建立完善节目创新创优工作机制，发挥专项资金扶持引导作用，开展创新创优节目、优秀新闻节目季度评选等。各广播电视机构在中央精神和总局政策引导下，扎根中华大地，积极探索节目自主创新，推出了一大批原创精品节目，受到广大人民的欢迎和喜爱，彰显了中国特色社会主义文化自信。实践证明，广播电视宣传工作只有始终坚持创新创优毫不动摇，以优质的内容产品立身，以强烈的创新意识应变，才能立时代潮头、领风气之先，更好地满足广大人民对优质内容产品的期待，更有力地肩负起新闻舆论工作的使命任务。

八是必须始终坚持媒体融合发展毫不动摇。推动传统媒体和新兴媒体融合发展，是以习近平同志为核心的党中央着眼于巩固宣传思想文化阵地、做大做强主流舆论作出的重大战略部署，是新闻舆论工作必须解答好的时代课题。习近平总书记关于媒体融合发展的一系列重要论述为推动媒体融合向纵深发展指明了前进方向、提供了重要遵循。深刻理解、准确把握习近平总书记关于媒体融合发展的重要论述，应围绕“五个维度”、处理好“五大关系”，即：从全局性维度去理解和把握媒体融合发展，正确处理好全局与局部的关系；从前瞻性维度去理解和把握媒体融合发展，正确处理好传统媒体与新兴媒体的关系；从一体性维度去理解和把握媒体融合发展，正确处理好“你就是我、我就是你”的关系；从优先性维度去理解和把握媒体融合发展，正确处理好“终端随人走、信息围人转”的关系；从实用性维度去理解和把握媒体融合发展，正确处理好“管得住、用得好”的关系。新时代广播电视新闻宣传必须顺应媒体融合这一趋势，借助新兴技术、融合传播拓宽发展空间，打造新的增长点，提升传播力和影响力。实践证明，广播电视新闻宣传工作只有始终坚持媒体融合毫不动摇，坚持移动优先，才能跟上用户需求的新变化，占领信息传播制高点，把握创新发展好机遇。

九是必须始终坚持时度效统一毫不动摇。“时度效”是习近平总书记对新闻传播规律的科学概括，是检验新闻舆论工作水平的重要标尺。从事广播电视新闻宣传工作，必须仔细研读，反复体会，准确理解把握“时度效”的深刻内涵。实践证明，广播电视新闻宣传工作只有始终坚持时度效统一毫不动摇，在掌握好时机、掌握好分寸上下功夫，科学把握新闻报道的轻与重、缓与急、热与冷等多重关系，才能做到合时、适度、有效，增强说服力、吸引力、感染力。

十是必须始终坚持“三用”“四力”毫不动摇。2018 年，习近平总书记在全国宣传思想工作会议上，要求宣传思想干部不断增强“脚力、眼力、脑力、笔力”。2019 年两会期间，习近平总书记在看望政协文艺界社科界委员时提出了“用心、用情、用功”的“三用”要求。当下，深入基层、深入群众，是广播电视新闻工作者坚持“三用”、增强“四力”的必经之途。近年来，我们按照中宣部部署，深入开展“走转改”，推动广播电视媒体到基层一线、到群众中去，使广大新闻工作者深刻了解了百姓的所思所想、所忧所盼，了解了世情国情民情，深切感受到了人民生活的巨大变化，感受到了改革开放的伟大正确。在俯下身、沉下心，察实情、说实话、动真情中，进一步明确了新闻宣传工作的方向，坚定了为党和人民事业而奋斗的新闻志向。为打造一支政治过硬、本领高强、求实创新、能打胜仗的新闻工作队伍，为推动广播电视新闻宣传不断开创新局面、迈上新台阶打下了坚实基础。

二、深入宣传习近平新时代中国特色社会主义思想，做到出新出彩出成效

习近平新时代中国特色社会主义思想是当代中国的马克思主义，是马克思主义中国化的最新成果，是全党全国人民为实现中华民族伟大复兴而奋斗的行动指南。学习好宣传好贯彻好落实好习近平新时代中国特色社会主义思想，是宣传思想文化战线首要的政治任务、头等大事，是广播电视宣传的工作主线和重中之重。党的十九大以来，按照中央要求，中央和地方各级广播电视媒体迅速掀起习近平新时代中国特色社会主义思想和党的十九大精神的宣传热潮，围绕庆祝改革开放 40 周年、新中国成立 70 周年，推出了一大批形式多样、精彩纷呈的新闻报道、节目栏目、纪录片和公益广告，让人民群众实实在在感受到党的十八大以来中国发生的巨大变化，真真切切领会到习近平新时代中国特色社会主义思想的精髓要义。所以，要不断把学习宣传贯彻习近平新时代中国特色社会主义思想引向深入，更加出新出彩，更加深入人心。

（一）以势场强大的正面宣传做强主流思想舆论

一要深入实施舆论引导能力提升工程，做强主流思想舆论。要在核心宣传上下功夫。精心做好习近平总书记核心地位宣传和习近平新时代中国特色社会主义思想宣传，切实把增强“四个意识”、坚定“四个自信”、做到“两个维护”体现到广播电视新闻宣传工作的全过程、各环节。要始终把习近平总书记核心地位宣传摆在首位，强化广电媒体“头条”建设和视听新媒体“首页首屏首条”建设，紧紧围绕习近平总书记重要活动、重要

讲话、重要部署，精心策划推出重点报道、新闻评论，多形态、多角度、深层次、持续性开展宣传，用心用情用功，精心精细精准，充分展现习近平总书记的领袖风范、雄才大略、为民情怀和非凡魅力。要持续深化习近平新时代中国特色社会主义思想宣传，不断拓展广度深度，以科学理论引路指向，推动21世纪马克思主义、当代中国马克思主义深入人心、落地生根。要在主题主线宣传上下功夫。习近平总书记指出，做好宣传工作，要把握大势、着眼大事。2019年是大庆之年，是新中国成立70周年、五四运动100周年、澳门回归祖国20周年。大庆之年是对广播电视宣传战线战斗力的一次集中检验，也是提升广播电视舆论引导能力的一次重大契机。2019年上半年，广播电视系统一体化统筹，先后完成了全国两会、第二届“一带一路”国际合作高峰论坛、亚洲文明对话大会、北京世园会等重大活动宣传报道，形成全方位、多层次、多声部的传播矩阵，主旋律更加响亮。接下来，广播电视宣传要配合党和国家重大宣传主题和重要时间节点，把习近平新时代中国特色社会主义思想和党的十九大精神宣传不断引向深入。一方面，突出庆祝新中国成立70周年这条主线，精心开展庆祝新中国成立70周年主题宣传，充分展示新中国成立70年来特别是党的十八大以来的生动实践、伟大成就和宝贵经验，努力营造礼赞新中国、奋进新时代的浓厚氛围。要深化习近平新时代中国特色社会主义思想、中国梦、改革开放再出发、社会主义核心价值观、中华优秀传统文化等重大主题宣传。鼓励制作播出系列理论节目栏目，推动新思想深入人心、落地生根。另一方面，扎实做好“不忘初心、牢记使命”主题教育宣传。紧紧围绕中央关于开展“不忘初心、牢记使命”主题教育的决策部署，按照中宣部制定的宣传方案，精心组织广播电视和网络视听媒体大力宣传习近平总书记关于“不忘初心、牢记使命”主题教育的重要讲话精神，深入宣传主题教育总体部署、主要任务和工作安排，充分报道各地各部门结合工作实际抓学习教育、找突出问题、开展专项整治等工作情况和进展成效，积极宣传为民务实清廉的先进典型及其感人事迹，做到有计划、有重点、有声势、有实效，为主题教育全面深入开展营造良好舆论氛围，推动全党更加自觉地为新时代党的历史使命而努力奋斗。

二要深入实施“广播电视新闻节目质量提升计划”。坚持新闻立台。聚焦主题主线宣传，忠实履行主流媒体的政治责任、社会责任，为改革发展稳定提供有力舆论支持、良好舆论环境。加强改进正面宣传。以新闻类节目为重点，统筹各类节目，以开展季度节目推优、采编人员业务培训等手段，推动各级电台电视台加强改进优化正面宣传，增强议题设置能力，落实“集成、深化、提升、渲染”重大要求，建立统筹研究、集成策划制度，将策划贯穿传播全流程。把握时度效，加强社会热点问题舆论引导和突发事件应对，及时回应社会关切。注意运用讲故事的方法和手段，切实增强新闻报道的亲和力吸引力，不断提高宣传报道的质量水平。要把习近平新时代中国特色社会主义思想宣传作为广播电视工作者提升能力水平的舞台，不断推出反映时代风貌、具有时代印记的优秀作品。深入推进广播电视节目创新创优工作。坚持以人民为中心的创作导向，坚持“小成本、大情怀、正能量”的自主创新方向，聚焦“公益、文化、原创”，推出更多思想精深、艺术精湛、制作精良相统一的精品节目。发挥评优推优机制作用。每季度开展全国广播电视新闻作品推优活动，通过评选标杆性新闻作品，发挥引领示范作用，推动各级电台电视台创新理念方法手段。

（二）发挥广播电视媒体特色优势形成荧屏声频大合唱

在党的坚强领导下，中国广播电视事业历经数十年建设和发展，形成了规模庞大的宣传体系，覆盖广泛，内容丰富，贴近群众，表现方式形象生动，是新闻舆论主阵地、新闻宣传主力军。宣传习近平新时代中国特色社会主义思想，各地广播电视要同向发力、协同联动，发挥各自优势特色，互为补充强化，形成全方位、多层次、多声部荧屏声频宣传大合唱。中央广播电视媒体要发挥示范引领作用，成为宣传的排头兵，要站得更高、打得更准，做主流舆论的风向标、定音锤，精心制作播出标杆性的作品和节目。省级广播电视媒体特别是各省级卫视要发挥资源汇聚、覆盖广泛、力量精锐的优势。要聚焦主题主线宣传，讲品位、讲格调、讲责任，自觉抵制低俗、庸俗、媚俗，防止过度娱乐化，为观众提供更多有意思有意义的精彩节目栏目。市县级广播电视媒体要发挥与群众接触最直接、与群众生活最贴近的优势，打通基层宣传“最后一公里”，努力成为习近平新时代中国特色社会主义思想进入千家万户最直接、最便捷的通道。地方广播电视媒体要做强做优，立足本地，找准定位，创新理念方法手段，不断提高传播力、引导力、影响力和公信力，更好发挥广播电视媒体主阵地主力军作用。

（三）以新理念新方式推动新思想入脑入心

习近平新时代中国特色社会主义思想是鲜活的、生动的、百姓喜闻乐见的，广播电视宣传也要用鲜活的、生动的、百姓喜闻乐见的方式来进行。要全面推进理念、手段、方法和话语体系创新，将工作话语体系和大众话语体系融通起来，将自身传播与借力借智结合起来。

一要把讲好故事作为基本理念和基本方式。“讲好故事，事半功倍”。优秀作品都是善于讲故事的作品。用朴素的话语表达深邃的道理，容易内化为人民群众的思维方式和价值观念，真正为人民群众所喜闻乐见和自觉实践。用讲故事的方式把透彻的思想讲透彻，把鲜活的理论讲鲜活，才能让老百姓听得懂、能领会、可落实，才能推动习近平新时代中国特色社会主义思想入脑入心。

二要从根本上增强脚力、眼力、脑力、笔力。要坚持深入生活、扎根群众，不断深化“走转改”。习近平新时代中国特色社会主义思想具有鲜明的实践品格，只有深入生活、扎根群众，引来源头活水，多反映基层百姓切身感受，多联系群众身边具体事例，才能在报道中体现百姓情怀、人民本色。

三要推动传播方式创新。适应受众多样化、分众化特点，巧妙运用介入式、嵌入式等宣传方式，尤其要紧跟媒体融合时代潮流，大力推动融合传播，推出更多适合融媒体传播的音视频产品，提高宣传的针对性、实效性。

三、强化意识形态阵地意识，深耕细作广播电视宣传管理

广播电视阵地是意识形态阵地的重要组成部分，加强广播电视阵地管理是牢牢掌握意识形态工作领导权、主导权和话语权的必然要求。要将习近平总书记关于宣传思想工作要“守正创新”的要求，认真落实到广播电视管理工作的方方面面，要在政治站位、导向把握、责任担当上守正，要在思维理念、阵地建设、管理方法、制度机制上创新，把广播电视媒体管理工作做实做深做细。

（一）严格落实意识形态工作责任制

加强广播电视媒体管理，确保正确舆论导向，必须严格落实意识形态责任制。习近平总书记强调，要压实压紧各级党委（党组）责任，做到任务落实不马虎、阵地管理不懈怠、责任追究不含糊。中央出台意识形态工作责任制就是要让各级党组织和领导干部担负起做好意识形态工作、管好意识形态阵地的职责。机构改革后，各级广电行政管理部门职责更加聚焦，要压紧压实行业管理责任和属地管理责任，压实广播电视机构主体责任，从管脚下向管系统、管行业转变。各级广播电视行政部门和播出机构要提高政治站位、敢于担当负责，把党管意识形态的要求落实到广播电视机构、内容、产品、市场管理等各方面、各环节。层层传导压力、层层压实责任，健全知责、明责、履责、尽责的内部管理体系，防止出现“边际效应递减”“沙滩流水不到头”现象。

（二）严格落实导向管理全覆盖要求

必须把坚持正确政治方向、舆论导向、价值取向的要求贯穿到广播电视媒体管理全过程。广播电视媒体是重要的宣传思想文化阵地，是党和政府声音的传播者、社会主流价值的弘扬者、正向趣味能量的引领者、社会效益和经济效益相统一的践行者，必须成为讲导向、有文化的传播平台。

一是要坚持政治家办台和党管媒体原则。要牢牢把握正确办台方向，切实增强“四个意识”，积极践行新形势下宣传思想工作“举旗帜、聚民

心、育新人、兴文化、展形象”的使命任务，把好前进的“方向盘”和“导航仪”。

二是要强化导向意识。做到讲导向绝不含糊，抓导向毫不放松，切实把导向要求贯穿到媒体管理的各方面，贯穿到采编播的全过程，覆盖到各种传播平台、各种节目类型。

三是要坚持高品位高格调。要传播真善美、传递正能量，坚决反对低俗、庸俗、媚俗及过度娱乐化、过度商业化等不良倾向。要坚持以文化人、以文育人，充分挖掘利用中华优秀传统文化、革命文化和社会主义先进文化资源，制作播出更多有思想深度、精神高度、文化厚度的节目栏目，不断推出讴歌党、讴歌祖国、讴歌人民、讴歌英雄的优秀作品。

（三）严格执行广播电视媒体管理制度

办好媒体、管好媒体，必须有完善的制度体系、严格的制度执行。要深入实施管理优化工程，强化事前、事中、事后监管，严格执行现有制度规定。广播电视多年来一直坚持“三审制度”、重播重审制度、内部宣传工作例会制度、上星综合频道节目备案制度、重点时段重点节目主要负责同志审查签字制度、违规节目处理处罚制度、问题节目公开批评制度、属地管理和收听收看制度等一系列媒体管理制度，形成了播前审核把关、播中收听收看和播后追责处理的全程管理体系。各级广播电视行政部门和播出机构要在现有各项成熟制度基础之上，加大工作落实力度，把住立项、审查、播出、传播各关口，同时结合宣传管理领域的新情况，针对工作中的薄弱环节和风险点，不断完善制度建设，减少管理的衔接盲区和空白点，提高媒体管理的系统性、整体性、协同性。近年来，总局针对新情况新问题新需求，探索建立了全国广电系统宣传例会制度、节目会商制度等新的管理方式，各级广播电视行政部门和播出机构要根据总局的管理体系和管理制度，进一步完善自身制度建设，把媒体管理要求与实际工作结合起来，不断把成熟的经验和行之有效的举措上升为制度性安排。同时，还要增强效率意识，积极探索利用人工智能、大数据等手段改进监管监测等工作。

要增强法治意识，有法必依、执法必严，管好阵地、规范发展。

（四）持续强化广播电视节目管理

进一步加强结构化管理和宏观调控，贯彻落实《关于进一步加强广播电视和网络视听文艺节目管理的通知》要求和《未成年人节目管理规定》等，减少影视明星参与的娱乐游戏、真人秀、歌唱选拔节目播出量，增加新闻、经济、文化、科教、生活服务、动画和少儿、纪录片、对农等公益节目播出量。保持对追星炒星、泛娱乐化、高价片酬的高压态势，严格把好内容关、导向关、人员关、片酬关。推进广播电视节目综合评价体系建设，加强收视率调查管理。开展广播电视节目综合评价并全面融入节目建设管理的各方面、全过程，要与绩效考核等其他管理措施统筹协调协同推进。总局已经采取了一系列措施，特别是开通试运行了广播电视节目收视综合评价大数据系统，下一步要进一步完善好、管理好、使用好这个系统，使之在阵地管理中发挥更大作用。要强化价值引领，引导广播电视工作者树立正确的历史观、民族观、国家观、文化观，自觉讲品位、讲格调、讲责任，抵制低俗、庸俗、媚俗。广播电视行业是精神文化产品的生产者、提供者、传播者，必须坚持以文化人、立德树人，把培养担当民族复兴大任的时代新人作为重要职责。要坚持把社会效益放在首位，广播电视节目、电视剧、纪录片、动画片、公益广告等都要贯穿融入社会主义核心价值观，注重作品和节目的社会影响，让荧屏声频汇聚正气，充盈主旋律和正能量。

“不日新者必日退”，宣传思想工作已进入守正创新的重要阶段。广播电视新闻宣传工作要自觉担负起新形势下宣传思想工作的使命任务，锐意改革创新、勇于担当作为，坚持团结稳定鼓劲、持续巩固壮大主流思想舆论，把强信心、聚民心、暖人心、筑同心的工作做得更加扎实、更富成效，为服务党和国家工作大局作出新的更大贡献。

第四节　守正创新 培根铸魂 推动新时代电视剧高质量发展

国家广播电视总局党组成员、副局长　张宏森

电视剧是我国文化事业和文化产业的重要组成部分，是当代文艺的重要表现形式，是广播电视管理工作的重要领域。2018 年，电视剧行业深入贯彻习近平新时代中国特色社会主义思想和党的十九大精神，认真落实全国宣传思想工作会议精神，聚焦主题主线，坚持守正创新，以更加饱满的热情和更加积极的姿态，深入生活，扎根人民，用作品记录时代日新月异的变化，记录人民实现梦想过程中的冷暖和幸福，电视剧事业产业实现了新的跨越，中国电视剧呈现出积极健康蓬勃发展的良好局面。与此同时，行业发展中也面临一些新形势新情况新问题，需要全行业积极面对、稳妥应对，坚定不移推动新时代电视剧高质量发展，坚定不移推动我国由电视剧大国向电视剧强国迈进。

一、2018 年电视剧工作取得的成绩

2018 年 4 月 4 日，总局在浙江宁波召开全国电视剧创作规划会，深入学习贯彻习近平新时代中国特色社会主义思想特别是习近平总书记关于文艺工作的重要思想，深入贯彻落实党的十九大决策部署，就如何加快高质量发展、加强创作规划、打造精品力作、做好新时代电视剧工作作出了重

要部署。回顾一年的电视剧工作，有以下突出亮点：

一是圆满完成庆祝改革开放40周年重点电视剧创作播出工作，取得良好社会效果，营造浓厚宣传氛围。遵照中宣部统一部署，在各级主管部门的共同扶持和推动下，总局遴选出30部相关题材重点电视剧，播出后引起社会广泛关注。《最美的青春》《黄土高天》《正阳门下小女人》《创业时代》《归去来》《大江大河》《那座城这家人》《大浦东》等电视剧，以影像的方式展现真实、立体、全面的中国，题材呈现丰富多彩，既唤醒了全社会对改革开放历史进程的集体记忆，又让广大观众在艺术观赏过程中感知不忘初心的使命、奋斗不止的信念、继续前行的力量。

二是编制“2018~2022年百部重点电视剧选题规划”，引领创作方向。为完成未来几年重要宣传节点重点电视剧创作任务，围绕2018年改革开放40周年、2019年新中国成立70周年、2020年全面建成小康社会等重大节点，总局编制了“2018~2022年百部重点电视剧选题规划”。该规划聚焦实现中华民族伟大复兴中国梦主题，着力表现党领导人民开启新征程、迈向美好生活的伟大成就，着力表现建设社会主义现代化强国的宏伟历程，是当前和今后一个时期抓好电视剧创作、催生精品力作的重要抓手。截至目前，百部选题剧目创作进展总体顺利，示范引领作用明显，初步形成“推出一批、储备一批、创作一批、谋划一批”的重点选题电视剧创作生产格局。

三是下大力气整治电视剧市场还存在的失范失序问题，行业生态明显好转。近年来，收视率造假、明星演员涉嫌逃税漏税和高片酬问题等影视界失序失范问题引起社会各界广泛关注。电视剧行政管理部门对这些问题高度重视，进行了反复深入研究，指导有关机构着手建设广播电视节目收视综合评价大数据系统。认真落实有关规定，配合税务部门开展规范税收秩序，抑制“阴阳合同”，取得了明显效果。

四是加强宣传推广和文艺评论，为优秀主旋律电视剧营造良好舆论氛围。举办《黄土高天》《大江大河》《那座城这家人》等10场重点剧目研评会，从电视剧如何与时代同步伐，如何守正创新、培根铸魂，创作如何更好地以人民为中心，传播如何更好地引领主流价值等各个角度对剧目进行分析，认真总结创作得失。举办新时代现实题材电视剧研评会和庆祝改革开放40周年电视剧创作与展播高峰论坛，交流创作心得，分析创作趋势，坚定了国产电视剧把握时代脉搏、深耕剧作品质、积极开拓创新的发展理念和发展方向。

此外，开展2018年度电视剧引导扶持专项资金剧本扶持项目评审工作，经过充分论证、严肃投票，最终评出重点扶持项目8部、一般扶持项目26部。颁布第31届电视剧飞天奖，获奖作品和个人都有着较好的社会反响。总的来看，2018年电视剧工作实现了新发展新进步，为繁荣发展社会主义文艺，服务党和国家工作大局作出了积极贡献。

在总结成绩和经验的同时，更应该清醒地意识到当前电视剧行业依然存在制约发展的问题，主要表现在：一是电视剧精品不足，不能有效满足观众的精神文化需求。一些电视剧急功近利、浮躁浮华，缺少精神高度和文化内涵。二是行业规范还相对滞后。这些年由于产业发展快，投资活跃，在发挥市场作用同时，一些制作机构存在恶意竞争的不良行为，管理的措施手段需要进一步匹配和提升。三是现实题材电视剧国际影响力和传播力还不够。电视剧是中国影视文化走出去的重要产品类型，近些年在走出去的电视节目内容中占比一直保持在70%左右，但与国内市场表现相比，现实题材电视剧的海外推广需要进一步加强。

二、高质量发展是电视剧行业当前面临的紧迫任务

按照党的十九大的战略安排，到2035年，我国基本实现社会主义现代化，到本世纪中叶建成社会主义现代化强国，也就是实现中华民族伟大复兴中国梦。电视剧的发展应当同国家发展目标相对接，坚定不移推动新时代电视剧高质量发展，为实现中国梦提供强有力的精神支撑。从落实中央的要求、满足人民的需求、适应行业发展等方面来看，提升创作质量，已

经是电视剧行业必须面对的最紧迫任务。

（一）国家高度重视电视剧高质量发展

2019 年 3 月 4 日，习近平总书记参加全国两会文艺、社科联组会时，对文艺工作者提出了“培根铸魂，以精品奉献人民”的要求。习近平总书记强调，文艺工作属于培根铸魂的工作，在党和国家全局工作中居于十分重要的地位，在新时代坚持和发展中国特色社会主义中具有十分重要的作用。在中国特色社会主义新时代，如何把“根”培育茁壮、如何把“魂”铸得强大，是电视文艺工作者必须承担的重大使命。习近平总书记在全国宣传思想工作会议上指出，要引导广大文化文艺工作者深入生活、扎根人民，把提高质量作为文艺作品的生命线，用心用情用功抒写伟大时代，不断推出讴歌党、讴歌祖国、讴歌人民、讴歌英雄的精品力作，书写中华民族新史诗。习近平总书记的重要论述，既高屋建瓴，又细致入微，体现了国家层面对于电视剧高质量发展的本质要求，需要电视剧工作者深入体会、积极实践。

（二）人民群众渴望看到高质量的电视剧

电视剧艺术是大众的艺术，具有广泛的群众性，是人民群众精神文化生活的“主食”。回顾中国电视剧发展历程，万人空巷追剧、大江南北热议的景象，让人记忆犹新；无数鲜活人物、精彩故事的经典，定格成为永恒。现在也经常出现一部电视剧的很多关键词上“热搜”，微信微博广泛热议的景象。从某种意义上说，高质量的电视剧之所以被“热议”，高就高在反映了群众的精神追求、价值追求、审美需求、愉悦需求，从而让人们激动、感动，在静静观赏中感到心灵震撼，在审美愉悦中受到思想教育，在艺术陶冶中得到感情升华。现在电视剧市场日益繁荣，观众需求也越来越高，不再满足于单纯追求故事的曲折婉转，而是希望看到更多不仅“养眼”而且“养心”，甚至“养脑”的电视剧精品。只有始终坚持以人民为中心的创作导向，始终把人民群众作为电视剧创作的表现主体和服务对象，准确把握人民对电视剧创作的新需求、新期待和新口味，才可能以更多高质量作品服务和引领广大群众，使电视剧在与观众的互动中实现科学发展、可持续发展。

（三）行业本身期待高质量发展

2018 年度全国持有《广播电视节目制作经营许可证》的机构共 18728 家，其中持有《电视剧制作经营许可证（甲种）》的机构 113 家，这些机构均可以进行电视剧生产发行工作，创造了大量直接的和相关的工作岗位，对社会经济发展拉动作用较强。在电视台各类节目的播出与收视中，电视剧始终占据 30%左右的比重，2018 年达到 31.8%，是最主要的节目类型。除了电视剧播出带来的广告收益外，还带来网络版权的交易、衍生品的开发和销售、电视剧文化旅游消费，互联网同电视剧融合产生的新业态，等等，这一系列环节又带动了其他行业和产业的发展。从长远发展来看，电视剧行业本身需要走集约化、规模化发展道路，期待高质量发展。

三、守正创新，培根铸魂，推动新时代电视剧高质量发展

党的十九大以恢宏深邃的历史视野和战略眼光，开启新时代中国特色社会主义新征程，标定了党和国家事业发展新的历史方位，也为中国电视剧发展提供了新的时代坐标。在全国宣传思想工作会议上，习近平总书记给我们提出了“举旗帜、聚民心、育新人、兴文化、展形象”的使命任务。这是我们全战线的使命任务，要做好电视剧工作就必须紧紧围绕这个使命任务，守正创新，培根铸魂，把高质量发展作为新时代电视剧工作的主攻方向，推出更多思想精深、艺术精湛、制作精良的好剧来回馈观众、回馈社会，为时代画像，为时代立传，为时代明德。

（一）加强规划引导

2019 年是新中国成立 70 周年，2020 年是全面建成小康社会之年，2021 年是建党 100 周年，这都是电视剧工作的坐标和着力重点。我们要聚焦这些重要时间节点，加强创作规划，打造主旋律作品，在服务党和国家大局上展现价值担当。一要完善“2018~2022 年百部重点电视剧选题规划”。通过

选题规划，引导行业从创意阶段就关注种子项目，充分发挥政府和市场两只手的作用，确保推出一批标杆性作品。二要做好剧本扶持。近年来，国家层面和不少地方都设立了剧本扶持引导资金，下一步应加大扶持力度，同时更加注重事后的绩效评估，加强对资金使用方向的监管，让扶持引导资金真正用在剧本创作上，为出精品夯实根基。三要让“深入生活、扎根人民”成为主创的自觉行动。以往的影视创作特别是现实题材，都要求主创必须“下生活”，其目的就是强调创作必须要扎根生活。要完善机制，引导主创拆除“心”的围墙而深入生活，不仅要“身入”，更要“心入”“情入”。

（二）加强重点扶持

电视剧创作要始终围绕中心、服务大局，重点推出一批讴歌党、讴歌祖国、讴歌人民、讴歌英雄的标志性作品，推出一批贯穿中国梦主题、传承中华优秀传统文化、弘扬社会主义核心价值观的标志性作品。一要抓好现实题材创作。高举精神之旗，聚焦现实，讴歌时代，关注社会变迁，书写人间冷暖，是中国电视剧的优良传统。我们重点要把视角和镜头聚焦当代中国、新时代的中国，用电视剧记录新时代、书写新时代、讴歌新时代。二要集中力量抓好庆祝新中国成立 70 周年作品创作。通过这些作品，努力反映新中国成立以来，中国人民从“站起来”到“富起来”再到“强起来”的发展历程，生动体现人民群众的幸福感和获得感，为庆祝新中国成立 70 周年营造良好氛围。三要抓好重点剧目的宣传推广。要进一步规范和净化文艺批评生态，营造风清气正的创作和批评氛围，支持开展激浊扬清、褒优贬劣的文艺批评。要搭建更多更好的平台，让主创能和观众畅通交流，让评论发出客观理性的声音。

（三）加强管理服务

电视剧行业在快速发展中也暴露出一些问题，需要不断强化管理和服务。一要认真落实“四力”教育实践工作要求，增强脚力、眼力、脑力、笔力，切实转变工作作风。要当好联络员、服务员、信息员、推销员，继续改善营商环境。二要完善电视剧的评价机制，做到不唯“收视率、点击率”。要坚持把社会效益放在首位，探索社会效益和经济效益相统一的体制机制，营造多出精品、争出精品的氛围。三要坚持网上网下统一导向、统一标准、统一尺度，强化统筹管理。

（四）加强国际交流

电视剧承载着讲述中国故事、塑造中国形象、弘扬中国精神、传播中国文化的重要使命，要以实施“视听中国”播映工程为契机，扩大国际交流合作，不断加快走出去步伐，积极参与国际竞争。一要把加强中外电视剧交流、推动中国电视剧走出去摆在更加突出的位置，充分借助重大外事活动和各类人文交流机制，用电视剧搭建桥梁、拉紧纽带。巩固拓展丝绸之路影视桥、中非影视合作创新提升、友邻传播、电视中国剧场等工程项目，扩大覆盖面，增强影响力。二要持续扩大中国电视剧国际传播力影响力。要主动对外讲好中国共产党治国理政的故事、中国人民奋斗圆梦的故事、中国坚持和平发展合作共赢的故事。要选好题材和角度，做到中国故事国际表达，突破文化差异的局限，让外国观众从电视剧故事中了解中国。三要强化协同协作，支持影视文化出口基地建设，对电视剧“走出去”有突出贡献的机构和团队进行表彰。

（五）加强人才培养

文艺工作者肩负着启迪思想、陶冶情操、温润心灵的重要职责，承担着以文化人、以文育人、以文培元的使命，要把电视剧人才培养摆在突出位置，采取切实有力举措，建设一支高素质、梯队式的电视剧人才队伍，用明德引领风尚。一要造就更多电视剧名家和团队。在实践中，电视剧领域已经培育出一批电视剧名家和团队，要充分发挥他们传帮带的作用，使他们不断焕发艺术青春。要为中青年电视剧导演、演员、编剧、制片人成长创造条件，通过多种措施，为他们成长搭建舞台。二要加强行风道德建设。要引导电视剧工作者牢固树立以人民为中心的创作导向，在一些荣誉评选中，要更加注重考察主创者的艺德和品格。要通过多种形式，引导文艺工作者自觉践行社会主义核心价值观，自尊自重、自珍自爱，讲品位、讲格调、讲责任。三要积极创造条件，鼓励支持电视剧创作、制作、管理等方面人才培训研修。

新时代是奋斗的时代，实现电视剧高质量发展的美好愿景需要我们有新气象新作为。让我们更加紧密地团结在以习近平同志为核心的党中央周围，不忘初心，牢记使命，守正创新，培根铸魂，奋力开创电视剧繁荣发展的新局面，为满足人民美好生活新期待，为服务党和国家工作大局作出新的更大贡献！

第二章
发展报告

第一节　广播电视政策法规

国家广播电视总局政策法规司司长　余爱群
国家广播电视总局广播影视发展研究中心　李　岚　王德慧

提要：2018年，全国广电系统深入贯彻落实《中共中央关于全面推进依法治国若干重大问题的决定》《法治政府建设实施纲要（2015～2020年）》，广播电视政策法规体系建设稳步推进，修订了《广播电视设备器材入网认定管理办法》（国家广播电视总局第1号令），《未成年人节目管理规定》。广播电视立法工作程序更加完善，广播电视依法行政水平明显提升，广播电视推动法治政府法治社会建设的能力不断增强，运用法治思维和法治方式解决问题的水平进一步提高，“放管服”改革深度推进，“七五普法”得到有力贯彻实施，深入开展宪法和法治宣传教育，为广播电视事业产业发展营造良好法治环境，为全社会尊法学法守法用法营造良好氛围。

2019年2月25日，习近平总书记主持召开中央全面依法治国委员会第二次会议强调，改革开放40年的经验告诉我们，做好改革发展稳定各项工作离不开法治，改革开放越深入越要强调法治。2018年以来，全国广电系统以习近平新时代中国特色社会主义思想为指导，深入贯彻党的十九大和十九届二中、三中全会精神，着力完善广播电视法治建设规划，充分发挥政策法规部门的积极作用，提高规范性文件制定工作的质量和效率，切实做好立法、普法、依法行政和法律服务工作，保障和服务广播电视各项事业改革发展。

一、贯彻依宪治国，落实大政方针

（一）贯彻落实《关于深入学习宣传和贯彻实施〈中华人民共和国宪法〉的意见》

2018年，全国广电系统加强对宪法和习近平总书记全面依法治国新理念新思想新战略的学习，积极落实党政机关主要负责人推进法治建设第一责任人职责和意识形态工作责任制，推动全机关充分发挥领导干部示范引领作用，提高依宪施政、依法行政本领，依照宪法法律行使职权、履行职责、开展工作。一是2018年3月11日十三届全国人大一次会议第三次全体会议通过《中华人民共和国宪法修正案》后，总局机关党委组织了总局党组理论学习中心组宪法专题学习（扩大）会。二是总局党组专题学习习近平总书记在中央全面依法治国委员会第一次会议上的重要讲话。

总局将宪法学习宣传贯彻实施工作与总局相关工作有机结合，积极推动宪法学习宣传贯彻工作常态化、持续化。一是将宪法学习宣传贯彻工作同深入学习贯彻习近平新时代中国特色社会主义思想和党的十九大精神结合起来，将宪法学习教育列入党员教育和干部培训规划。抓住领导干部这个“关键少数”，着力完善宪法宣誓制度。二是将宪法学习宣传贯彻工作同落实总局年度全面从严治党工作任务相结合。按照总局党组“年初定责、年中督责、年终述责”的工作机制，加强对总局直属机关学习贯彻宪法、推进法治政府建设落实情况的考评和督察，推动总局系统各级党组织落实从严管党治党责任。三是把宪法学习宣传贯彻落实情况纳入民主生活会对照检查的重要内容。坚持问题导向，在“两学一做”学习教育、主题党日等党内集中性、经常性教育实践活动中，加强对领导干部在依宪治国、依法行政等方面问题的重点检查。四是按照中央部署和中宣部要求，总局指导部署全国广播电视系统深入开展面向社会的宪法宣传教育工作，为宪法贯彻实施营造良好的社会舆论氛围。

各地广泛开展宪法学习宣传工作和宪法宣传教育活动。山西局制定《山西省新闻出版广电局深入开展宪法学习宣传活动的实施方案》，云南局制定《云南省新闻出版广电局深入学习和贯彻实施〈中华人民共和国宪法〉实施方案》，黑龙江局全面开展尊崇宪法、学习宪法、遵守宪法、维护宪法、运用宪法宣传教育活动，安徽局面向全省广电系统开展法治动漫微电影征集活动，河南局组织局机关干部开展“学习宪法、尊崇宪法”知识竞赛考试活动，等等。全国广电系统积极营造宪法学习宣传氛围，不断深化干部职工对宪法修改重大意义的理解，引导领导干部学习认识现行宪法，引导群众不断增强宪法自觉、道路自信。

（二）深入贯彻落实《公共文化服务保障法》

《公共文化服务保障法》施行两年多以来，人民群众基本文化权益和基本文化需求实现从行政性“维护”到法律“保障”的跨越。2019 年 1 月 23 日，总局等 18 个部门联合印发《加大力度推动社会领域公共服务补短板强弱项提质量 促进形成强大国内市场的行动方案》（以下简称《方案》），对加大力度推动社会领域公共服务补短板、强弱项、提质量提出了总体要求和行动任务。2018 年以来，在总局的督促和指导下，各地纷纷制定和出台落实《公共文化服务保障法》的具体举措。《浙江省公共文化服务保障条例》于 2018 年 3 月 1 日起正式施行，《天津市公共文化服务保障与促进条例》于 2018 年 11 月 1 日施行，《湖北省公共文化服务保障条例》自 2019 年 2 月 1 日起施行，《陕西省公共文化服务保障条例》于 2019 年 7 月 1 日开始施行，《重庆市实施〈中华人民共和国公共文化服务保障法〉办法》被列为市人大 2019 年立法计划的审议项目。这些地方法规结合当地实际需求和文化特色，充分考虑广播电视的特点和作用，对公共文化设施建设与管理、公共文化服务提供、保障措施、激励与促进、法律责任等方面作出了具体规定。

（三）完善落实党内法规制度建设

党内法规制度建设事关全面从严治党、依规治党的目标实现，事关党的长期执政和国家长治久安。2018 年，总局政策法规司与总局直属机关党委、纪委密切配合，注重党内法规同国家宪法法律的衔接和协调，强化依规治党，促进落实党管媒体、党管意识形态、全面从严治党等方面的党内法规制度建设。

二、提高立法质量，强化政策引导

（一）重点推进完善和规范广播电视立法工作程序

程序法治是通过建构和完善程序法律制度来实现国家法治目标的重要举措。习近平总书记指出，我们要“善于使党的主张通过法定程序成为国家意志”。总局近年来十分重视程序法治的要求，以习近平总书记关于加强立法工作的重要论断为遵循，以新的重要政策、方针为依据，借鉴有关部门立法工作制度经验，对广播电视立法工作基本原则做了必要调整，明确坚持党对立法工作的领导，贯彻落实党的路线方针政策和决策部署，将社会主义核心价值观融入立法全过程，推动德法统一，进一步完善和规范广播电视立法工作程序和总局有关部门职责。

（二）加快推动相关立法项目，提升阵地管理法治化水平

2018 年，总局以机构改革为契机，围绕高质量发展、深入实施管理创新工程、落实意识形态责任制，加快推动相关立法项目，提升阵地管理法治化水平。

一是总局修订了《广播电视设备器材入网认定管理办法》（国家广播电视总局第 1 号令），深化广播电视领域行政审批制度改革，加强对生产企业、检测机构等主体的事中事后监管，维护国家意识形态安全，规范行政权力运行，推动市场经济发展。

二是依据《未成年人保护法》和《广播电视管理条例》等法律和行政法规，制定部门规章，将未成年人节目管理工作纳入法治化轨道，引导、规范节目创作、制作和传播，切实保障未成年人合法权益，促进未成年人健康成长，总局起草了《未成年人节目管理规定》并于 2019 年 3 月 29 日向

社会公布，4 月 30 日起施行。

（三）配合有关部门制定相关法律法规，开展涉外法律工作

2018 年，总局配合国务院加快推进《著作权法》修订工作，就新闻类作品、信息网络传播权等问题进行深入研究。配合有关部门做好《文化产业促进法》调研起草和《文化市场综合执法管理条例》调研制定、《关于文化市场综合执法的指导意见》的修订工作，为建设社会主义文化强国、满足人民日益增长的美好生活精神文化需求提供法治保障。机构改革前，还配合原国务院法制办完成了《全民阅读促进条例》制定起草工作。配合开展《国家知识产权战略纲要》颁布十年实施情况评估工作，提交评估报告，为加快知识产权强国建设提供决策支撑。

在涉外工作方面，总局配合有关部门就中美、中欧投资等多双边谈判、世贸政策审议和制定跨境服务负面清单、电子商务等事项认真研究提出法律意见，对丝绸之路影视桥、中非影视合作创新提升工程等重大“走出去”工程、国家间合作协议进行法律把关，为构建开放型经济体制，提高中国广播电视国际传播力影响力提供法律保障。

（四）地方立法工作稳步推进，建设地方特色影视政策体系

一是各地立足发展实际，制定实施操作性强的地方性法规，有效推动地方运用法治思维和法治方式切实维护意识形态安全。这些地方法规在新兴业态监管、节目内容管理、公共服务建设等方面都有明确规范。《江苏省广播电视管理条例》于 2018 年 5 月 1 日起施行。《湖北省广播电视条例》于 2018 年 8 月 1 日起施行，该条例的名称中去掉了“管理”二字，体现了立法指导思想的与时俱进，既要加强广播电视管理，坚持正确的政治方向，又要规范广播电视服务，维护人民群众合法权益，以法律手段促进广播电视繁荣发展。《内蒙古自治区广播电视管理办法》于 2019 年 1 月 10 日起生效施行。这些法规为加强改善各地方广播电视管理和服务、推进广播电视高质量发展提供了重要的法治保障。

二是各地加强制定地方特色影视产业政策，形成促进影视行业繁荣发展的配套措施。北京市《关于推动北京影视业繁荣发展的实施意见》、天津市《天津市促进影视剧繁荣发展扶持奖励办法》、浙江省《加快促进影视产业繁荣发展的若干意见》、上海市《关于加快本市文化创意产业创新发展的若干意见》、湖南省《关于支持马栏山视频文创产业园建设发展的意见》、山东省《山东省影视产业发展规划（2018～2020）》、厦门市《厦门市人民政府关于印发进一步促进文化产业发展补充规定》，等等，大都对2020年的影视发展目标进行了规划，并发布了一系列影视产业的配套措施，形成了具有地方特色的影视政策体系。

三、严格依法行政，推进制度改革

2018年，全国广电系统认真贯彻落实《法治政府建设实施纲要（2015～2020年）》，不断完善依法行政制度体系，不断提高法规服务水平，为行政权力规范运行提供法制保障，切实做好关系群众切身利益的重点领域执法工作。总局及地方各级广电行政部门严格依法行政，加强制度建设，以制度建设推进改革，配合行政审批制度改革，"放管服"方面取得重大进展，信息公开、法治服务能力进一步提高。

（一）强化行政权力监督和制约，进一步提高法治服务能力

2018年，总局梳理行政权力责任清单，推进行政权责依法公开，强化行政权力监督和制约，进一步规范行政审批取消和下放，全面推进行政许可标准化，促进"双随机一公开"常态化。这一年，总局建立健全内部重大决策、行政处罚、行政强制、重大行政审批、重要协议合法性审查工作机制，防范法律风险。加强意识形态安全有关问题研究，形成年度法律报告，为完善相应的防范措施和办法，全面推动依法行政、依法管理、依法运营，全面严格落实意识形态工作责任制提供参考。

总局及地方各级广电行政部门认真做好依法审批工作，把好审批关口，规范管理播出机构依法运营。集中整治网络直播非法剪拼，净化网络空间开展专项整治工作，对播放非法剪拼改编视听节目的网站下发整改通知书

并进行约谈，有力打造清朗洁净网络空间。积极开展违法广告查处整改工作，按照《中华人民共和国广告法》《广播电视管理条例》《广播电视广告播出管理办法》《广播电视播出机构违法处理办法》等有关规定，认真落实广告宣传也要讲导向要求，坚决防止播出内容低俗、品位低下、价值取向和审美取向不符合要求的广告。

（二）开展相关制度立改废释，深入推进“放管服”改革

全国广电系统继续深入推进“放管服”改革，落实党政主要负责人的相关职责，开展了一系列高效便民的“放管服”改革举措。

2018 年，总局以制度建设推进改革，配合行政审批制度改革，开展“放管服”相关制度的立改废释工作。一是开展证明事项清理，进一步减少材料，优化流程。清理出已取消部门规章和规范性文件设定的证明事项材料 17 项，颁布《国家广播电视总局关于取消部分规章和规范性文件设定的证明事项材料的决定》（国家广播电视总局第 2 号令）。二是设立政务服务大厅，为民谋利、为民办事。2018 年，完成了总局政务大厅的行政许可项目梳理和相关文件起草，实现总局现有的 23 个大项（32 个小项）行政许可项目中，29 个项目进入政务大厅实现统一受理。通过流程再造，使审批项目从完全分散办理，转变为一个窗口统一受理、统一送达，对外方便群众，对内提升管理。三是进一步做好“放管服”改革涉及的规章、规范性文件的清理工作。针对发展中存在的“放管服”等方面的新情况新问题，总局强化制度规范意识，在坚持改革于法有据的前提下，推进改革措施法治化。

地方广电行政部门持续深入推进“放管服”改革，创新优化完善行政审批流程，规范行政许可审批行为，简化审批材料，加强事中事后监管，推进政府职能转变。河北局取消近三分之一申请材料，行政许可审批时间全部压减三分之一，将超过一半的行政许可事项申请材料审核权限下放市级广播电视行政管理部门。吉林局创新审批机制，推行“容缺受理”“承诺办理”，开辟审批绿色通道。内蒙古局按照“证照分离”改革试点工作要求，制定事中事后监管工作方案和告知承诺书。江苏局构建完善行业信用评价体系及守信联合激励、失信联合惩戒机制；着力打造“政务服务一张网”，实现省、市、县三级互联互通、数据共享；积极探索“互联网+政务”服务，实现审批项目“线上线下申报，审批结果快递送达”。吉林局制定下发《全面推进“只跑一次”改革工作方案》，甘肃局制定出台《深化“放管服”改革推进政府职能转变工作方案》。通过推进“放管服”改革和“四办”改革，地方广电行政部门不断促进体制机制创新，改进工作作风，提高办事效率，推行公正监管，确保权力下放、监督跟上、服务提升。

四、深入开展普法，促进全民守法

习近平总书记强调，我们要坚持把全民普法和守法作为依法治国的基础性工作。要推进法治队伍建设，发展壮大法律服务队伍，加强法学教育和法治人才培养。2018 年，总局紧密结合广播电视法治工作实际，充实普法内容、创新普法方式、拓宽普法渠道，推动全系统、全社会形成学法用法、尊法守法的良好氛围。

（一）着力落实“七五”普法规划，发挥广播电视的宣传普法作用

2018 年，总局将宪法学习宣传列入系统法治宣传教育第七个五年规划，作为重点学习内容，将“学习宣传习近平总书记全面依法治国新理念新思想新战略情况”和“宪法学习宣传教育情况”作为《广播电视系统“七五”普法考核评估指标体系(试行)》中的重要指标予以考核。总局积极落实《中央宣传部 司法部 全国普法办公室关于做好“七五”普法中期检查工作的通知》，对直属单位进行实地抽查。

近年来，广播电视与网络视听融合多元的传播渠道为全民普法提供了良好条件。2018 年，总局政策法规司与新闻出版广电报社、法制日报社等合作开办法治栏目、节目，与机关党委、机关服务局、研修学院等配合开展法治宣传教育活动，深入普及宪法法律知识。北京广播电视台科教频道联合最高人民法院新闻局、执行局和市高院共同推出了“决胜执行难”主

题大型融媒体直播报道，让人民群众更加理解和支持法院执行工作，为执行工作深入开展提供有力舆论支持。辽宁广播电视台《大海热线》开设了周末版块“大海说法”，用典型案例对观众进行普法教育。海口广播电视台以推进海口的法制建设为己任，策划了“法润椰城”的普法活动品牌，致力于将学法守法、知法用法的浓郁气息散播到各社区、各乡镇、各学校并引起辐射效应。各级广播电视台纷纷开展形式多样的普法节目、普法活动，深入开展法治宣传教育，增强全民法治观念。

（二）开展法治培训，举办法纪知识竞赛

2018 年 8 月，总局举办全国广播电视知识产权与法律服务培训班，以“广播电视创新创造推动高质量发展”为主题，邀请法官、律师及相关部委专家专题讲授知识产权与法律服务，并围绕媒体无形资产的管理与运用开展经验交流。11 月举办法治骨干培训班，并推动和协助省（区、市）开展多批次的法治培训。同时，总局与相关法律专家建立紧密联系，初步形成总局法律专家库。地方广电行政部门开展多种形式法治培训。江苏局举办全省广电系统依法行政知识大赛，加大宣传贯彻力度。安徽局举办全省广播电视传媒机构管理业务培训班，105 名管理和执法人员参加培训。

（三）创新公共法律服务建设

习近平总书记在 2019 年 1 月中央政法工作会议上强调要深化公共法律服务体系建设，加快整合律师、公证、司法鉴定、仲裁、司法所、人民调解等法律服务资源，尽快建成覆盖全业务、全时空的法律服务网络。2018 年，广播电视媒体不断创新探索，在公共服务法律服务建设方面发挥了重要作用。内蒙古“4K 智能机顶盒公共法律服务终端”依托广电网络，将“公共法律服务”版块植入智能机顶盒首页，使之具备法律服务信息查询、法律服务资源选择、法律咨询三大功能的电视终端，目前已落户 153 万家庭。广东法律服务网进驻“粤 TV”，使近 5000 万民众通过“粤 TV”平台免费办理各项司法行政业务。该专区的设立是将“互动电视”与“法律服务”联合运营的创新尝试，对营造共建共治共享社会治理格局具有重要的意义。

2019 年是学习宣传贯彻党的十九大精神、全面推进法治政府建设的关键一年。全国广电系统将深刻学习领会习近平总书记全面依法治国的新理念新思想新战略，坚持守正创新，进一步深化依法治国实践，通过构建系统完备、科学规范、运行有效的广播电视法律制度体系，不断提升阵地管理法治化水平。总局将继续做好新法规规章的制定和对现有规章规范性文件的清理，加大立改废释力度，健全完善广播电视法治体系；尽快启动《广播电视管理条例》的修订和《信息网络传播视听节目管理条例》的制定工作；继续推进广播电视科学立法、依法管理、法治政府建设和宣传普法工作，助力广播电视高质量发展，推动广播电视强起来。

第二节　广播电视新闻宣传与文艺宣传

国家广播电视总局宣传司司长　高长力
国家广播电视总局广播影视发展研究中心　王　羽

提要：2018年，全国广电媒体积极发挥宣传主阵地、主渠道、主平台作用，精心开展习近平新时代中国特色社会主义思想和党的十九大精神宣传，围绕庆祝改革开放40周年，持续做好中国特色社会主义道路、中国梦、社会主义核心价值观、“五位一体”总体布局、“四个全面”战略布局等主题主线宣传，为改革发展稳定凝聚强大力量。宣传报道手段不断创新，融媒体报道同频共振效果突出，原创精品节目迭出，国产动画片、纪录片创作水准和品牌影响力进一步提升，广播电视节目新风扑面，一批具有中国风格、中国气派的自主原创节目成为国内外关注的热点亮点。

一、广播电视新闻宣传主题聚焦、出新出彩

全国广电媒体深入宣传贯彻习近平新时代中国特色社会主义思想和党的十九大精神，认真贯彻落实全国宣传思想工作会议精神，坚定落实意识形态工作责任制，按照高质量发展和新时代党的建设总要求，奋力推进新闻宣传创新创优，为党和国家各项工作顺利开展营造良好舆论氛围。

（一）深入实施广播电视“头条工程”，做到习近平新时代中国特色社会主义思想和领袖风采“天天见”“天天新”“天天深”

全国广播电视媒体协同联动、集中发力，把学习宣传贯彻习近平新时

代中国特色社会主义思想作为头条选题，坚持焦点不变、镜头不换，建立策划统筹机制，推出有特色有影响、成系列成品牌的新闻报道，做好“在习近平新时代中国特色社会主义思想指引下——新时代新作为新篇章”“新时代担当作为典型风采”等主题宣传，深入报道各地区各部门用习近平新时代中国特色社会主义思想和党的十九大精神武装头脑、指导实践、推动工作的新思路、新举措、新成效，充分展示广大干部群众学习贯彻党的十九大精神的生动实践、典型事迹和昂扬风貌。

（二）精心组织重大主题、重大活动宣传报道，唱响新时代主流强音

各级广播电视媒体围绕庆祝改革开放40周年主线，持续做好新时代中国特色社会主义、中国梦、社会主义核心价值观等主题宣传，圆满完成2018年全国两会、博鳌亚洲论坛2018年年会、马克思诞辰200周年纪念大会、上合组织青岛峰会、中非合作论坛北京峰会、首届中国国际进口博览会等重大活动宣传，开展“大江奔流 长江经济带”“诚信建设万里行”“捍卫英烈形象”等宣传报道活动，突出亮点、形成声势、把握节奏，唱响主旋律，发出主流强音，为党和国家各项工作顺利开展营造良好氛围。比如，在庆祝改革开放40周年宣传中，各级广电把中央精神与各地实际有机结合，把顶层设计与基层创新紧密衔接，从经济、社会、文化、民生等多维度展现改革开放40年来中国城乡发生的历史性巨变和人民群众生产生活的新变化，传递出实实在在的获得感和幸福感，充分展示出中国共产党治国理政的高超智慧和卓越能力。总台推出的“壮阔东方潮 奋进新时代”“百城百县百企调研行”“在新的历史起点上——改革开放再出发”等系列报道产生强烈反响。

（三）实施舆论引导能力提升工程，新闻报道不断深化内涵、提升品质

2018年起总局开展全国广播电视新闻作品季度推优活动，每季度评选鼓励标杆性新闻作品，全年共评选出81件优秀新闻作品，评选结果面向社会公布并通过全国广播电视宣传工作例会、广播电视行业报刊和微信公众号等平台推广优秀节目的好经验好做法，以充分发挥优秀作品示范引导作用。在总局的大力推动下，各级电台电视台积极创新理念方法手段，不断加强和改进正面宣传，增强议题设置能力，把握时度效，新闻节目质量和舆论引导能力不断提升。比如，总台《脱贫攻坚打硬仗》、西藏广播电视台《藏北牧民南迁记》、山西广播电视台《牢记习近平总书记嘱托 谱写新时代山西新篇章之脱贫攻坚》等报道深入挖掘扶贫攻坚中的鲜活事例和感人故事，充分展示出广大干部群众以钉钉子精神坚决打赢脱贫攻坚战的信心与决心。山东卫视《村里回来了年轻人》通过讲述山东省茌平县耿店村和曹县五里墩村进城打工农民返乡创业的故事，描绘出乡村振兴战略下社会主义新农村日益兴旺的美好画卷。广东广播电视台、深圳广电集团推出抗击超强台风“山竹”系列节目，各路记者和摄像在狂风暴雨中挺立在新闻报道的第一线，推出了一系列真实感人的新闻报道，充分显示出广电人的社会责任感和媒体专业素养。

（四）媒体融合有力有效，立体化新闻制播格局初步形成

各级广播电视媒体充分发挥主流媒体的内容优势、制作优势，同时积极运用新媒体新技术，深入推进传统媒体与新兴媒体融合发展，逐步探索形成“大屏”“小屏”共振互哺、电视端与网端有机联动、电视播出与短视频传播相得益彰的立体融合新闻制播格局。上海广播电视台“看看新闻Knews”APP端和PC端推出《2019，全国两会》专题，开设“两会专刊”“部长发声”“代表委员之声”“政府工作报告”等12个板块，组织了45场大体量网络视频直播。湖南广电重磅打造融媒体演播中心，以“多种生成、多元传播、全方位覆盖”为架构，联动芒果TV新闻轮播、直播专区，先网后台，形成以“两会快递ING”为主题的2019全国两会全媒体报道矩阵。重大主题宣传外，媒体融合在民生新闻领域得到越来越广泛的应用。在节假日交通路况、低温雨雪冰冻灾害天气等新闻报道中，广播电视通过无人机视频巡航、VR全景拍摄、4G连线报道等方式，频道、频率和新媒体客户端联动发力，第一时间发布信息动态，回应百姓关切。

二、广播电视节目自主创新深入破题，原创优秀节目大量涌现

2018 年，总局大力倡导“小成本、大情怀、正能量”的自主创新方向，大力扶持公益、文化、原创节目，进一步完善政策引导、创作指导、扶持激励、宣传推广有机衔接的工作机制，推动形成广播电视节目创新创优热潮。各广播电视机构坚持以人民为中心的工作导向，紧密结合主题主线和时代热点，积极创新节目表现形式和表达方式，突出价值引领、效果引导，努力与时代同频共振。广播电视节目新风扑面，在多个领域取得了突破性进展，一批具有中国风格、中国气派的自主原创节目成为国内外关注的热点亮点。

（一）理论类节目热度持续提升，展示马克思主义创新理论思想的力量

理论节目以宣传阐释习近平新时代中国特色社会主义思想和党的十九大精神、强化马克思主义理论武装为己任，用人民群众喜闻乐见、入脑入心的方式，进一步推动马克思主义中国化、时代化、大众化传播。节目创作主要集中在三个方面：一是围绕纪念马克思诞辰 200 周年，制作播出《马克思是对的》《给 90 后讲讲马克思》等阐释马克思主义基本原理的节目。这些节目邀请知名专家学者讲述伟人故事、伟人思想，并加入动画、智能机器人、虚拟现实技术等流行元素，让抽象的理论生动起来。二是制作播出解读习近平新时代中国特色社会主义思想的节目，如《平“语”近人》《新时代学习大会》等，以恢宏大气的电视表现形式和通俗简洁的节目风格，生动展示习近平总书记的爱国爱民情怀和治国理政的政治智慧，有效推动了习近平新时代中国特色社会主义思想入耳入脑入心。三是推出贯彻落实党的十九大精神、弘扬社会主义核心价值观、倡导新时代奋斗追梦的理论节目，如《厉害了，我们的新时代》等，把国家层面的战略部署与广大人民对美好生活的向往相贯通，把物质层面的奋斗目标与精神层面的价值追求相结合，形象阐释新时代的丰富内涵，让社会大众特别是青年群

体看得懂、记得住、学得透。

（二）文化类节目深耕传统文化，彰显文化自信

2018年，广播电视节目继续植根中华文化沃土，将中华文化元素与现代文艺形态、民族精神、时代精神有机结合，凸显中国特色、呼应时代需求，以强烈的文化使命意识，把创造性转化、创新性发展作为研发重点，充分彰显中华优秀传统文化、革命文化、社会主义先进文化的独特魅力。《国家宝藏2》《上新了·故宫》《博物馆奇妙夜》《赢在博物馆》等节目以文化为核、综艺为形，巧妙运用戏剧、纪实等艺术手段，通过一个个精彩故事串联古今，探索历史秘密，破解文化密码，寻求历史和文物的“前世今生”，展现出民族精神的一脉相承、中华文化的源远流长。《中国诗词大会》《朗读者》《经典咏流传》《戏码头》等节目把主流价值与观众情感有效链接，成为备受年轻人追捧的“爆款”，还有效带动诗词热、朗读热、戏曲热、国学热，推动中华优秀传统文化焕发生机迸发活力。

（三）公益类节目回应群众关切，紧随时代前行

广播电视节目聚焦时代需求，聆听百姓呼声，深入“走转改”，扎根基层扎根人民，生动讲述新时代的奋斗故事，充分展现了广播电视主流媒体的责任与担当。《我们在行动》《脱贫大决战》等节目紧紧围绕国家“精准扶贫”战略，关注三农问题，走进乡村地头，助力贫困百姓，传授农业农技知识，推广脱贫致富经验，既扶贫扶志又扶智。《向前一步》等节目关注城市发展建设中个人利益与公共利益的冲突与调解，以爱心、热心和公心架起沟通桥梁，在情、理、法中寻找一条兼顾各方的解决之道。

（四）善用新媒体新技术，融合制播打开创新创优新局面

2018年，广播电视机构“因势而谋、应势而动、顺势而为”，树立融合制播思维，借助新技术打开思路拓宽视野，在节目形态和传播模式上不断创新突破。《经典咏流传》节目与语音技术公司合作，将诗词传唱与AI技术深入结合，开发出“读诗成曲”在线互动系统，实现人工智能与文娱节目首次跨界尝试。节目还采用仿真AI技术，进一步打通传统媒体和新媒体

“边界”。《欢乐中国人》充分把握互联网传播移动化、社交化、视频化、互动化等特点，把二维码嵌入直播节目的屏幕上，观众可以实时扫码在新媒体用户端收看与电视屏幕播放内容相关联的人物故事，在实时参与、实时分享中有效提高了传播力和影响力。节目第二季全国网收视率最高达1.38%，微信公众号“10万+”阅读量文章近百篇，总阅读量达2500万次，全网视频点击量突破3亿次。

表1　总局公布的2018年第一至第四季度广播电视创新创优节目名单

序号	片名	播出机构	节目类型
1	《行稳致远新航程》	中央广播电视总台	广播
2	《见证》	中央广播电视总台	广播
3	《中华文化探源·依常新变》	中央广播电视总台	广播
4	《我们的节日》	中央广播电视总台	广播
5	《奇迹》	中央广播电视总台	广播
6	《给90后讲讲马克思》	上海广播电视台	广播
7	《声音树（第一季）》	苏州广播电视总台	广播
8	《星空朗读》	浙江广播电视集团	广播
9	《撤离》	四川广播电视台	广播
10	《欢乐中国人（第二季）》	中央广播电视总台	电视
11	《经典咏流传》	中央广播电视总台	电视
12	《谢谢了，我的家》	中央广播电视总台	电视
13	《赢在博物馆》	中央广播电视总台	电视
14	《国宝档案·人民的胜利》	中央广播电视总台	电视
15	《平“语”近人——习近平总书记用典》	中央广播电视总台	电视
16	《国家宝藏（第二季）》	中央广播电视总台	电视
17	《小鬼当家》	中央广播电视总台	电视
18	《向前一步》	北京广播电视台	电视
19	《上新了·故宫》	北京广播电视台	电视
20	《笑礼相迎》	天津广播电视台	电视
21	《嘿！我知道了》	吉林广播电视台	电视

续表

序号	片名	播出机构	节目类型
22	《一起传承吧》	黑龙江广播电视台	电视
23	《致敬英雄》	黑龙江广播电视台	电视
24	《我们在行动》	上海广播电视台	电视
25	《相声有新人》	上海广播电视台	电视
26	《巡逻现场实录 2018》	上海广播电视台	电视
27	《美好时代》	江苏广播电视台	电视
28	《最强大脑之燃烧吧大脑》	江苏广播电视台	电视
29	《一本好书》	江苏广播电视台	电视
30	《同一堂课》	浙江广播电视集团	电视
31	《我就是演员》	浙江广播电视集团	电视
32	《此时此刻》	山东广播电视台	电视
33	《美丽中国》	山东广播电视台	电视
34	《老家的味道》	河南广播电视台	电视
35	《戏码头》	湖北广播电视台	电视
36	《声临其境》	湖南广播电视台	电视
37	《幻乐之城》	湖南广播电视台	电视
38	《时光的旋律》	湖南广播电视台	电视
39	《声入人心》	湖南广播电视台	电视
40	《国乐大典》	广东广播电视台与 山西广播电视台联合制作	电视
41	《2018 技行天下》	广东广播电视台	电视
42	《诗意中国》	深圳广播电影电视集团	电视
43	《八桂新风行》	广西广播电视台	电视
44	《光荣的追寻》	海南广播电视台	电视
45	《关键时刻》	贵州广播电视台	电视
46	《好在了，我的家》	云南广播电视台	电视
47	《大戏台》	甘肃广播电视台	电视
48	《扶贫第一线》	甘肃广播电视台	电视

数据来源：国家广播电视总局政府网站。

三、国产纪录片记录时代发展，国内外影响力与日俱增

为充分发挥纪录片“国家相册”功能，真实记录奋进的新时代，2018年，总局启动“记录新时代”纪录片创作传播工程，从题材规划、资金扶持、播出调控、人才培养、市场引导等多个方面鼓励支持纪录片发展。国产纪录片在政策扶持、市场驱动、受众期待中强势崛起，思想内涵、文化品质和艺术价值都有了新的突破，播出平台不断拓展，国际传播新局打开，影响力美誉度显著提升。2018年总局共推荐播映201部优秀国产纪录片，比2017年增加47部，既有展现中国建设发展成绩的《创新中国》《中国建设者》，又有紧贴百姓生活的《生命时速·紧急救护120》《草编小镇的故事》，还有自然风物、人文社科等各类题材纪录片，从不同侧面塑造出美丽中国、智慧中国、繁荣中国的立体形象。

（一）展示40年来改革发展成就，现实题材精品迭出

围绕庆祝改革开放40周年，总局策划组织了《拉林河畔》《我们的四十年》《中关村》《小岗人家四十年》《走进兰考》《相爱四十年》《小岗纪事》等重点纪录片，讲述经济、社会、文化、民生等各领域改革开放的生动故事，生动展现40年来中国的发展进步和百姓生产生活的巨大变化，一经播出就引发了广泛共鸣，为庆祝改革开放40周年营造了浓厚舆论氛围。《我们一起走过——致敬改革开放40周年》，摄制组精选107个典型故事，采访了183位改革亲历者、参与者、见证者，热情讴歌在中国共产党的领导下，中国人民突破一道道难关险阻、取得改革开放伟大成就的光辉奋斗历程，引导广大人民进一步坚定道路自信、理论自信、制度自信、文化自信。与此同时，反映普通人平凡事的现实题材纪录片也集中发力，聚焦大时代背景下普通人追梦圆梦经历，以小见大彰显时代精神。纪录片《出山记》真实记录了贵州脱贫攻坚进程中的感人故事，展示脱贫攻坚给中国大地带来的翻天覆地变化。《此间的奋斗》记录了出生于20世纪50年代至90年代5位奋斗者的成长历程，深情赞颂时代大潮下普通奋斗者的勇气和智慧，生

动诠释了中国梦归根到底是人民的梦。

（二）文化科技类纪录片内涵丰富，为受众开启智慧之窗

2018年，国产纪录片围绕弘扬传承中华优秀传统文化，培育和践行社会主义核心价值观、传承红色基因、普及科学知识等主题，创作播出了一大批高质量纪录片作品，引发社会各界广泛好评。这些纪录片以“创新突破的表达、媒体融合的手段、国际顶级的影像”来诠释与传播中华文明，探寻中国和中华民族与时俱进的内生动力。如《如果国宝会说话》第二季以大格局、大视野、新视角、微表达，引人入胜的故事手法揭秘中华文物之美，真正让国宝“活起来”“火起来”，激发观众对中华文明的探索欲望。

（三）4K技术广泛应用，先进技术助力纪录片创新发展

2018年一批4K纪录片涌现荧屏，实现4K技术全流程制作播出。从设计、制作、置景、动画到调色、效果、预演、录制，都可实现基于4K技术的现场调整与反馈，还可进行影视级特效渲染、4K全流程非压缩拍摄，做到4K实时特效镜头的成品级输出，达到特效镜头画面质量和全流程制作效率的整理提升，为节目带来与众不同的沉浸式混合现实效果。

（四）播出渠道拓展优化，新媒体带来发展新空间

2018年总局继续大力开展优秀国产纪录片推荐播映工作，专业纪录片频道和卫视纪录片栏目继续发挥纪录片播出主阵地主渠道作用，同时各广电机构充分利用各种新媒体渠道和平台，积极探索纪录片融合传播路径。一是推进传统媒体与新媒体同播。这些纪录片不仅在传统电视频道播出，还在客户端、网站并机直播，并第一时间推出各种微视频版本。二是全平台宣传，扩大影响力。“央视新闻”新媒体为配合纪录片《必由之路》播出，发起“我的选择我的路”“必由之路”微博话题，截至2018年12月16日，互动量超过15.5亿次。国产纪录片正逐步摆脱单纯频道播出模式，不仅借助新媒体平台拓展传播渠道，还积极利用新媒体开展宣传营销，多元化多维度打造国产纪录片品牌。

（五）大力开展国际合作，外宣纪录片亮点突出

2018年，外宣纪录片创作火热，国际合作合拍日臻成熟，中国纪录片走向国际市场的水平更高、影响更大。一是积极打造外宣纪录片。既有配合国家领导人高访的《魅力阿根廷》《魅力中国》，又有记录“一带一路”倡议下中国与东盟国家减贫合作的《充满希望的村庄》，还有中国医疗队援非的真情故事《医道无界》，等等。这些作品选题立意高，历史纵深感强，以很强的国际传播意识和国际视听语言，讲述中国故事，展现中国负责任大国的良好形象。二是加强国际合作合拍，推动中国纪录片“借船出海”。合拍纪录片既注意从源头增强中国制作方的话语权，又在节目创意、研发阶段即与海外制作机构深度合作，大大提升了中国纪录片国际影响力。三是借助纪录片国际节展推动国产纪录片“走出去”。2018 中国（广州）国际纪录片节期间，共吸引 122 个国家和地区的 4542 部（集）纪录片参展参评，民营企业意向交易额达 8.62 亿元，比 2017 年增长 66%。国产纪录片还在全球 12 个重要节展搭建“中国联合展台”，在推动中国纪录片“走出去”中发挥了重要的桥头堡作用。

纪录片具有较高的社会认知价值、历史文献价值、文化传承价值和艺术欣赏价值，高质量的纪录片将成为构建国家形象、提升国家软实力以及传播中国文化的重要载体和有效方式，下一阶段推动国产纪录片高质量发展要在以下三个方面重点发力：一要紧跟时代发展潮流，聚焦主题主线，讲好中国故事，讲好中国共产党的故事，讲好新时代中国特色社会主义的故事，尤其要紧紧围绕庆祝新中国成立 70 周年、全面建成小康社会、庆祝中国共产党成立 100 周年等重大主题，创作一批为人民书写、为时代放歌的精品纪录片；二要提升创作水平、拓展创意思路、挖掘鲜活素材、创新制播模式，发扬精益求精的工匠精神，推出更多思想精深、艺术精湛、制作精良有机统一的优秀纪录片；三要完善纪录片投资、创作、宣发机制，扩大纪录片传播平台，拓展融合传播渠道，健全版权保护体系，不断加大纪录片产业化发展步伐，健全完善国产纪录片繁荣发展的动力机制。

四、国产电视动画片创作持续繁荣，产业转型升级稳步推进

2018 年，国产电视动画片进一步深化内涵、提升品质，涌现出一大批聚焦中国梦、社会主义核心价值观、中华优秀传统文化的优秀作品，为广大未成年人提供了丰富多样、健康向上的收视选择。与此同时，动画生产制作 IP 化趋势明显，产业衍生价值开发能力显著增强，国产动画在从规模数量增长为主转变为质量效益提升为主的产业升级之路上稳步前进。

（一）产量稳定，题材多样

2018 年，国产电视动画片创作紧紧围绕时代热点，更加注重文化价值挖掘和艺术表达。全年经总局备案公示的国产电视动画片共计 460 部、约 19.43 万分钟，比 2017 年备案数量增加 110 部；获得国产电视动画片发行许可证的动画片共计 241 部、约 8.63 万分钟，与 2017 年基本持平。童话、教育、科幻、现实题材成为中国动画片创作的主要题材，其中童话和教育题材动画片备案数量均比 2017 年有较大提升。从备案情况看，童话题材最多，制作备案数量达 227 部、97601.7 分钟，比 2017 年增加 42 部；教育题材 76 部、32662.6 分钟，比 2017 年增加 37 部；科幻题材 48 部、21259 分钟，现实题材 37 部、18127 分钟，历史题材 28 部、7691 分钟，神话题材 22 部、11375 分钟，其他题材 22 部、5629 分钟（见图 1）。

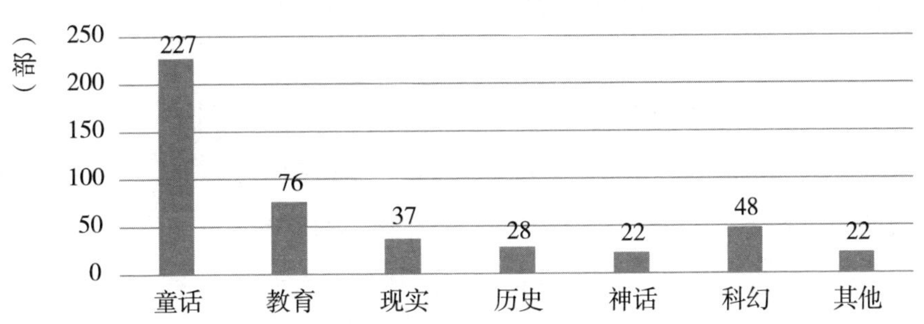

图 1　2018 年总局备案公示的国产电视动画片分类数量

数据来源：总局财务司。

（二）优秀作品大量涌现，亮点突出异彩纷呈

2018 年总局共推荐播出 48 部优秀国产动画片，共 1601 集，比 2017 年增加 5 部 238 集，主要呈现三个特点：一是紧跟社会热点，把握时代脉搏，用动画语言讲述国家发展进步故事。如《可爱的中国》《梦娃》《丝路传奇之大海图》《冰雪冬奥村》等动画片结合“中国梦”“一带一路”、北京冬奥会等主题，创意巧妙，情节生动，制作精良，角色造型符合青少年审美趣味，主题曲旋律优美朗朗上口，受到小观众欢迎喜爱；二是传承中华优秀传统文化，打造中国风格、中国气派。比如《鹿精灵之寻找兵马俑》引入兵马俑元素，《京剧猫之乘风破浪》引入国粹京剧元素，《乌龙院之活宝传奇》引入武术元素，等等。这些动画片在引入有形的中华文化符号的同时，更加注重阐发中华优秀传统文化中蕴含的价值理念和道德规范，润物无声滋养少年儿童成长；三是动画片创作进一步突破低幼化、窄众化，受众范围更广，年龄范畴更宽。这些获得总局推优的动画片，从故事内容、角色设计、风格定位到制作手法，分别符合不同年龄段受众的审美特点和观看需求，既有适合学龄前儿童的低幼动画片《新大头儿子和小头爸爸》《彩虹小鸡》《智趣羊学堂》《熊熊乐园》，又有青少年观众深感兴趣的历史文化题材动画片《丝路传奇之特使张骞》，还有覆盖至成年观众的《秦时明月之君临天下》，国产动画片受众定位更加明确，受众群体培育日趋成熟。

（三）技术手段丰富多样，融合传播成为潮流

目前，中国动画片作品几乎囊括了二维（含 FLASH）、三维、二维+三维、偶动画等全部的动画制作手段，技术上已经可实现全片场景、人物、特效的全三维制作，甚至引入了国际先进的 Motion Capture 技术，制造出电影级的场面和镜头效果，人物造型更加优美、细节表现更加丰富，动作衔接更加流畅，极大提升了视听效果。在媒体融合大背景、大趋势下，国产动画片融合传播能力明显增强。动画制播机构高度重视传播渠道在塑造品牌形象、提升品牌价值中的重要作用，积极探索实践全媒体平台推送的新

传播模式。比如，央视少儿频道联手央视动画实施融媒体全产业链传播，《丝路传奇之大海图》《丝路传奇之特使张骞》系列动画片先后在优酷视频、阿里游戏、腾讯动漫、喜马拉雅等平台，以短视频、漫画、广播剧等多种形式传播，点击量达数百万，有效推动了原创动画品牌在全国范围的授权发行。

（四）IP 化品牌运营日趋成熟，全产业链模式不断完善

2018 年，猪猪侠系列、阿优系列、艾米咕噜系列、凹凸世界系列、洛宝贝系列等一批优秀动画 IP 都取得较好发展成绩。动画制作机构在加强内容生产的同时，积极通过品牌化运营，以优质的自主知识产权动画品牌为核心，以多元化传播为拉动效应，将优质 IP 嫁接到衍生品变现通道，大力推进动画品牌的市场化开发，积极筹划搭建以优质 IP 运营为载体、以品牌内容为核心，集动漫影视播映、衍生产品开发（售卖）、动漫互动体验、主题乐园等为一体的综合性产业运营平台，努力实现 IP 全产业链布局，实现 IP 转化价值最大化。如央视动画与中国木偶剧院合作开发了《新大头儿子和小头爸爸》《熊猫和小鼹鼠》《棉花糖和云朵妈妈》动漫舞台剧，至今累计公演超过 700 场；与天津合作方共同开发的“美猴王”动漫体验馆在 2018 年开业，等等。

（五）国际交流合作深入推进，国际视野更加开阔

中国与捷克联合制作的系列动画片《熊猫和小鼹鼠》、与新西兰合作制作的少儿节目《动物好伙伴（第二季）》、动画片《熊猫与奇异鸟》等，在对象国均取得较好传播效果。其中，《熊猫和小鼹鼠》在捷克巴兰多夫电视台同步播出，《动物好伙伴》在新西兰自然历史公司旗下的美国、墨西哥等 10 余个国家的少儿频道中播出。总局还积极向海外推广优秀国产动画片，组织动画机构参与国际各类动画专业节展。在 2018 年 4 月的戛纳电视节上，总局组织了 34 家中国影视公司联合参展，带去超过 200 部全新节目，包括《梦娃》《熊猫和小鼹鼠》等 38 部动画片，引发外国受众浓厚兴趣。

（六）国产动画发展的主要问题及对策

2018年，国产电视动画片整体质量稳中有升，制作水平不断优化，题材内容更为丰富，但也存在一些问题。一是国产动画技术飞速发展，但优秀的动画片剧本仍然匮乏，动画编剧水平有待提高，重画面轻情节的现象依然存在。二是国产动画片仍存在程式化概念化问题，模仿痕迹较为严重，一些动画片对故事内容是否适合动画艺术表现研究论证不足，动画形象美感和视觉感染力不强。三是宏大主题动画片创作思路应不断拓展，主题思想挖掘应更顺畅自然，避免概念化、图解化表达。四是国产动画片投融资机制不完善与专业人才缺乏仍是行业发展短板，制约了动画产业发展。

进入新时代，国产动画应进一步提高创作水平，打造品牌价值，拓展产业运营渠道，推动国产动画高质量发展。一要牢牢把握动画创作的正确导向，确保动画产业健康发展。坚定不移地把动画作品导向作为优秀动画片评判的重要标准，传播正确的世界观、人生观、价值观，让国产动画真正成为少年儿童开阔眼界、提高素质的良师益友和陶冶情操、愉悦身心的精神家园。二要加强原创动画精品创作。优秀的动画故事是动画作品生命力的源泉，优秀的动画形象是动画品牌建设的基础。很长一段时间，中国国产动画以加工为主导的格局，影响到国产动画原创能力的提高，未来要继续在自主原创品牌和故事创意建构上下功夫，提升剧本质量和动画形象塑造水平，打造动画产业的核心竞争力。三要完善国产动画片播映体系，扩大融媒体传播，发挥好播出平台枢纽调节作用，用播出杠杆有效引导市场需求。既要积极建立“优质优价、优质优时”的选优播优良性机制，又要结合“四全媒体”发展趋势，探索全平台融合制播手段，不断提升国产动画片影响力和市场认可度。四要继续加大扶持力度，发挥重点项目龙头导向作用，以政府资金撬动市场资金，以政策扶持驱动产业发展。同时，要注重人才管理和储备，进一步加大优秀动画片编剧、导演、美术设计、经营管理等人才培养力度，继续组织动画机构和动画人才开展国际培训。

五、政策与管理

2018年是贯彻党的十九大精神的开局之年，总局和地方广电行政管理部门严格落实意识形态工作责任制，一方面深入整治追星炒星、高价片酬、过度娱乐化等突出问题，拿出了一系列硬措施，有力破除了制约行业高质量发展的沉疴痼疾；另一方面大力倡导“小成本、大情怀、正能量”的自主创新方向，加大广播电视节目创新创优扶持力度，实施“广播电视节目质量提升计划”和“舆论引导能力提升工程”，启动广播电视新闻节目季度推优活动，迈出了从正本清源到守正创新的坚实步伐。

（一）严格落实意识形态工作责任制，强化广播电视宣传管理

2018年总局准确把握行业发展趋势，强化宣传管理力度，出重拳、用猛药坚决整治行业发展乱象，建机制、求长效出台各类规范性文件，有力规范了行业发展秩序，净化了行业发展环境。

1. **全系统动员部署**。2018年1月24~25日，总局组织召开2018年全国广播电视宣传管理工作会议，通报2017年广播电视节目典型问题，对2018年广播电视新闻宣传、文艺宣传、创新创优等工作进行指导部署，进一步明确工作方向、重点、要求，一些省局和播出机构做了交流发言。5月31日，面向中央、省、市、县广电部门召开总局加强广播电视媒体管理、确保正确宣传导向电视电话会议，全国广播电视机构宣传管理人员共5000余人在各地分会场参加会议。

2. **整治追星炒星、收视率（点击率）造假等突出问题**。针对广播电视和网络视听文艺节目中追星炒星、泛娱乐化、高价片酬、收视率（点击率）造假等问题，制定出台《关于进一步加强广播电视和网络视听文艺节目管理的通知》（下面简称《通知》），从节目题材、内容、制作播出管理、经营创作规范等各个方面，对问题易发多发的重点环节从严规范，明确红线底线，推动广播电视和网络视听行业健康发展。2018年11月27日，总局组织召开全国广播电视与网络视听文艺节目管理工作会议，对落实《通知》

要求、维护广播电视和网络视听行业健康发展作出具体部署。一系列举措取得良好效果，明星片酬得到大幅压缩，一批以明星、娱乐为主的节目及时调整，得到了社会舆论的一致支持。

3. **强化上星综合频道节目宏观调控**。2018 年总局继续坚持对上星综合频道进行结构化管理和宏观调控，坚持好节目进入好时段的管理理念，进一步加强卫视黄金时段和重点类型节目管理，严格控制偶像养成类节目、影视明星子女参与的综艺娱乐和真人秀节目在电视上播出，进一步减少影视明星参与的娱乐游戏、真人秀、歌唱类选拔等节目播出量，鼓励各级广播电视播出机构积极扩大新闻、文化、科技、生活服务、道德建设、纪录片、动画片等公益节目播出量，进一步优化播出结构。

4. **健全完善每周全国广播电视宣传例会制度**。通过每周召开的全国广播电视宣传工作例会，总局及时向全系统传达有关工作要求，针对苗头性、倾向性问题及时发布提示，确保广播电视宣传始终坚持正确导向。例会上还组织优秀节目和纪录片、动画片创作经验分享，充分发挥先进典型的引领示范作用。

（二）深入推动精品创作，加强内容建设

2018 年，总局健全扶持引导机制，加大扶持推优力度，加强创作规划指导，推动广播电视节目、纪录片、动画片、少儿节目实现精品化发展。

1. **开展广播电视新闻作品季度推优活动**。2018 年 3 月，总局向全国下发《国家广播电视总局关于开展全国广播电视新闻作品季度推优活动的通知》，通过每季度评选表扬优秀新闻作品，宣传推广他们的好经验好做法，引导推动全国广播电视新闻采编人员提升业务能力和水平，达到加强和改进主题主线宣传、提升广播电视新闻节目质量、提升广播电视舆论引导能力的目的。

2. **大力开展广播电视节目创新创优工作**。2018 年，总局坚持“小成本、大情怀、正能量”的节目自主创新方向，不断改进完善节目创新创优工作机制，充分发挥专项资金扶持引导作用，做好年度、季度创新创优节

目评选。总局专题举办广播电视节目创新创优培训班，总结近年来广播电视节目创新创优的成绩、经验和不足，提出从“内容新风貌、形式新生面、机制新活力、融合新格局、宣推新高度”五个方面重点开展工作。一系列举措极大激发了各广播电视机构开展节目创新创优的热情，涌现出《国家宝藏》《经典咏流传》《我们在行动》《幻乐之城》《声临其境》《向前一步》《我就是演员》等一批深受观众欢迎、社会好评的原创节目，一些原创节目模式还成功打入国际市场。

3. **组织优秀节目进校园活动**。总局在中国传媒大学等高校开设“做新时代的记录者、讴歌者、建设者”专题讲座，邀请《欢乐中国人》《朗读者》《国家宝藏》《经典咏流传》等优秀节目的主创人员和节目中的榜样楷模走进大学校园，与青年学生交流分享创新经验、文化力量和人生故事，让广播电视节目活起来、热起来，不断提高传播力和影响力。

（三）组织实施重大创作工程

1. **集中力量组织创作庆祝改革开放40周年重点作品**。总局围绕“改革开放40周年”重大时间节点，策划组织了纪录片《我们的四十年》《小岗纪事》《走进兰考》、动画片《我们的接力跑》《动画时光机》《幸福哈哈照相机》等重点项目，开展“庆祝改革开放40周年”优秀少儿节目创作扶持活动，集中力量创作推出80多个主题少儿节目，并对其中36个优秀节目予以表彰奖励。

2. **启动“记录新时代”纪录片创作传播工程**。为充分发挥纪录片“国家相册”功能，真实记录奋进的新时代，计划未来五年编制百部纪录片重点选题规划、开展纪录片精品创作和中国梦短纪录片创作、扩大国产纪录片播出需求、实施纪录片人才培养工程、实施纪录片海外推广计划等，以工程为抓手，推动纪录片产业繁荣发展，增强国产纪录片传播力影响力。

3. **推动“中国经典民间故事动漫创作工程”**。总局加强调度规划、组织指导、创作引导、选题储备，遴选出《中国神话故事》《愚公移山》《大禹治水》《八仙过海》等11个弘扬民族精神的优秀项目进行扶持，带领创作团队赴河南、山西、山东、甘肃等地采风，加强督导跟踪，按时保质推出动画佳作。

4. **组织开展“社会主义核心价值观动画短片扶持创作活动”**。第二届扶持创作活动于2018年上半年完成，全国70余所高校动画专业师生和60余家动画企业创作人才积极参与，《美在心灵》《剪雕源》等30部优秀作品获得表彰。总局以“我和我的祖国”为主题，启动了第三届扶持创作活动，已评选出100个优秀创意。

第三节　电视剧创作与产业发展

国家广播电视总局电视剧司司长　毛　羽
国家广播电视总局广播影视发展研究中心　戚　雪

提要：2018 年，恰逢党和国家机构改革的重要时间节点。新组建的国家广播电视总局更加聚焦广播电视和网络视听事业产业高质量发展、创新性发展，对电视剧工作也提出了新的要求。全行业深入学习贯彻习近平新时代中国特色社会主义思想和党的十九大精神，将高质量发展作为新时代电视剧工作的努力方向，奋力攀登"高峰"。全年制作完成并获得发行许可的电视剧共 323 部 13726 集，电视剧产量保持稳定，现实题材创作热情高涨，整体品质不断提升。国产电视剧在转型升级的过程中，正加快由电视剧大国向电视剧强国目标迈进。

2018 年，电视剧行业坚持以习近平新时代中国特色社会主义思想和党的十九大精神为指导，电视剧管理部门持续加强政策扶持、市场规范和评论推介，进一步营造良好的发展环境。电视剧创作保持活跃，艺术品质得到明显提升，现实题材主导地位得到巩固，国产电视剧稳步向精品化、规范化、专业化方向转变。

一、坚持"促进、保障、管理"三位一体，以健康肌体助力高质量发展

2018 年，全国电视剧创作规划会议的召开，为今后一段时间电视剧发

展指明了方向。在此基础上，电视剧主管部门按照“促进、保障、管理”三位一体的原则，进一步开阔视野、完善机制、创新手段、改进服务，为新时代电视剧高质量发展提供良好政策环境和发展条件。

（一）加强顶层设计，全面部署新时代电视剧工作

2018 年 4 月 4 日，总局在宁波召开全国电视剧创作规划会，会议就如何加快高质量发展、加强创作规划、打造精品力作、做好新时代电视剧工作作出重要部署。一是要坚持以人民为中心的创作导向，不断适应人民群众美好生活新需要，以禁得住群众评价和时代检验的精品力作，打造永不落幕的中国剧场。二是要坚持不断深化改革的思想，优化产业结构，淘汰冗余产能，实现由数量型增长向质量型发展的根本转变。三是要坚持创新发展理念，以互联网思维和融合发展观念，实现优秀作品传播最大化、效益最大化。四是要把忧患意识和防范风险意识一以贯之，在内容、制作和传播上坚决遏制浮躁之风。五是要坚持国际视野，坚守中华文化立场，讲好中国故事，展现真实、立体、全面的中国，推动中国电视剧更多更快地“走出去”。

（二）加强源头引领，发挥重点项目示范引导作用

一是继续实施选题规划。为完成未来五年重要宣传节点重点电视剧创作任务，围绕 2018 年改革开放 40 周年、2019 年新中国成立 70 周年、2020 年全面建成小康社会、2021 年建党 100 周年、2022 年党的二十大等重大节点，总局电视剧司牵头编制了“2018～2022 年百部重点电视剧选题规划”。“百部规划”聚焦实现中华民族伟大复兴中国梦主题，着力表现党领导人民开启新征程、迈向美好生活的伟大成就，着力表现建设社会主义现代化强国的宏伟历程，是当前和今后一个时期抓好电视剧创作、催生精品力作的重要抓手。截至目前，百部选题剧目创作进展总体顺利，示范引领作用明显，初步形成推出一批、储备一批、创作一批、谋划一批的重点选题电视剧创作生产格局。

二是继续实施优秀剧本引导扶持工作。按照总局工作统一部署，2018

年电视剧引导扶持专项资金剧本扶持引导项目的评选，依据《电视剧精品发展扶持专项资金项目评选章程（暂行）》（新广电发〔2017〕185 号）和评选办法顺利开展。经过充分论证、严肃投票，最终评出重点扶持项目 8 部、一般扶持项目 26 部（见表 1）。这些剧目紧扣改革开放 40 周年、新中国成立 70 周年等党和国家重要宣传期与重要宣传节点创作要求，坚持现实主义精神，描写当代生活主流，着力弘扬社会主义核心价值观，体现出鲜明的价值导向。其中部分作品已在 2018 年制作完成并播出，取得了良好的社会反响，发挥了较强的导向示范作用。

表 1　2018 年电视剧引导扶持专项资金剧本扶持引导项目

扶持类型	剧目
重点扶持 （8 部）	《陇原英雄传》《南海兄弟》《大江大河》《人民的财产》 《花繁叶茂》《黄土高天》《新一年又一年》《父亲的草原母亲的河》
一般扶持 （26 部）	《立秋》《高大霞的火红年代》《江上有红船》《依水之恋》《启航》 《那座城这家人》《我和我的儿女们》《读心》《爱拼才会赢》 《平凡的荣耀》《花儿与歌声》《麦香》《杠杆》《警务站的故事》 《向天》《绿水青山好日子》《不说再见》《四十年》《最美的青春》 《风再起时》《瞄准》《江河水》《长江大桥》《钢铁丝路》 《都是一家人》《梧桐街派出所》

资料来源：总局电视剧司。

（三）加强宣传推介，推动优秀作品播出效益最大化

一是好剧选介影响力不断扩大。2018 年至 2019 年 1 月，总局电视剧司共推出《好剧选介》4 期，重点推介了《美好生活》《最美的青春》等 11 部剧（见表 2）。通过对优秀剧目的推介，引导行业集中资源多创作一些真正抒写人民心声、展现时代变迁、弘扬中华优秀传统文化的精品力作，增强电视剧原创能力，持续带动优秀电视剧的创作和播出。随着《好剧选介》在业界影响的不断增加，“国家广电智库”等微信公众号积极转载，取得了更广泛深入的传播效果，进一步增强了《好剧选介》的影响力和实效性。

表 2 《好剧选介》推荐剧目

期数	推介剧目
总第 16 期	《美好生活》《莫斯科行动》
总第 17 期	《归去来》《灵与肉》
总第 18 期	《最美的青春》《那些年我们正年轻》
总第 19 期	《大江大河》《那座城这家人》《黄土高天》《大浦东》《创业时代》

资料来源：总局电视剧司。

二是电视剧评论效果显著。截至 2018 年年底，总局电视剧司协同总局发展研究中心、中国电视艺术委员会，共举办《最美的青春》《你迟到的许多年》《正阳门下小女人》《创业时代》《北部湾人家》《风再起时》《黄土高天》《那座城这家人》《你和我的倾城时光》《大江大河》等剧目专题研评会 10 场，从主题表达、文艺理论、创作手法、传播方式等各个角度分析剧目特点，并进行线上线下多维度的深入报道，扩大影响力，让优秀作品取得更加广泛和正面的效益。同时，还召开了“新时代现实主义电视剧创作研评会”和以“时代 品质 创新”为主题的纪念改革开放 40 周年电视剧创作与展播高峰论坛，通过创作趋势类、专题类研讨会，对电视剧的创作得失进行总结、探讨并提出对策建议，为今后电视剧创作提供有益借鉴。

（四）加强行业管理，营造更加规范有序的发展环境

2018 年，总局持续加强电视剧行业规范和管理，及时纠正偏差，进一步营造统一开放、竞争有序的市场环境。一是坚持标本兼治，防止收视率造假。在全行业集中开展全面清理整治的同时，总局广播电视节目收视综合评价大数据系统在全行业的关注下于 2018 年 12 月 26 日试运行，为彻底解决收视数据造假等乱象提供技术支撑。二是按照政府规范引导、行业自律有效执行、各方协同综合治理的原则，以优化制作成本比例的方式，促进演员的片酬更加合理。三是配合国家税务总局等相关部门，平稳开展规范影视行业税收专项工作。在支持和促进影视行业健康发展的总方向不变

的前提下，进一步规范行业税收秩序，提升行业在薪酬、资本核算等方面的管理水平，为营造和维护公平竞争的市场环境奠定基础。上述一系列规范举措的实施，进一步推动电视剧行业向更加法制化、规范化、专业化的轨道迈进，以更加健康的肌体迎接高质量发展。

二、回归现实主义创作传统成为共识，主流题材为正面宣传聚力鼓劲

2018 年，现实主义创作全面回归，国产电视剧题材类型不断拓展，创作手法日益丰富，艺术品质明显提升。围绕庆祝改革开放 40 周年主题创作成为热点，全方位描绘改革开放和社会主义现代化建设生活图景的作品备受关注，主流题材电视剧更加深入人心。

（一）弘扬改革精神，还原时代风貌

2018 年，一批聚焦改革开放伟大进程、展现改革开放伟大成就的电视剧顺利创作播出。较之以往，这些剧目视域更宽阔，角度更新颖，取材更广泛，不仅完成了主旋律题材创作的应有之义，还凭借真实的情感表达，获得观众的认可。《最美的青春》紧扣绿色发展时代主题，通过对一代极具奉献精神的青年群像刻画，再现塞罕坝精神，被评论家誉为近年来的“高峰”之作。《大江大河》直面生活的复杂和改革的艰难，通过三个典型人物在时代浪潮中开拓前进的故事，表达出改革先行者们不断探索、改变个人未来和家国命运的宏大主题，谱写出一首“改革开放的心灵史诗”。《黄土高天》以中央“一号文件”为切入点，围绕农村改革发展脉络，全景式展现 40 年伟大变革中，三代农民的奋斗史、发展史，堪称三农政策的“官宣”剧作。《大浦东》对浦东发展题材进行深度开掘，再现了改革开放以来上海金融业的迅猛发展，具有浓郁的海派文化特质和地域特色。这些剧目的创作播出，艺术地表现了中国改革开放的变化和时代发展的缩影，让观众更深层次地了解改革开放带来的城乡社会风貌变迁，通过回顾我们所走过的不凡之路，重温激情燃烧、责任担当的理想主义岁月。

（二）聚焦平凡生活，折射社会变迁

长期以来，国产电视剧从不缺席对普通百姓追求美好生活过程中喜怒哀乐的书写。2018 年，一批以各阶层普通百姓为描摹对象的作品相继推出，通过真实的细节、鲜活的人物和细腻的情感获得观众好评。《那座城这家人》着眼于家园重建和精神重建，讲述了震后由几个家庭、七个姓氏重组而成的九口之家，相互扶持、摆脱困境、重建家园、收获幸福的故事，传递出不向命运屈服的坚韧勇气，和超越血缘亲情的更博大、无私的精神力量。《正阳门下小女人》从女性视角切入，以小酒馆为载体，通过剧中人物在关键历史节点的选择和创新，与大时代的变革相呼应。还有《西京故事》选取了城市中最具代表性的三个家庭，《外滩钟声》表现了大都市小弄堂里的几户人家的生活，通过对这些普通家庭日常的描绘，挖掘平凡生活中的亮色，谱写人们对美好生活的向往与追求。这些剧目以小家构大家，将个人前途与国家命运相连，让个人情感和集体情怀共振，折射出改革开放 40 年来的社会变革与发展。

（三）年轻态新表达，赢得观众共鸣

2018 年，一些反映新时代社会发展和年轻人蜕变成长的剧目，也引起了社会关注和舆论聚焦。《归去来》将镜头对准了当代留学生，表现了 6 个背景不同、性格迥异的年轻人蜕变与成长的过程，以积极的态度探讨当下年轻人的人生观、恋爱观，构建出丰富多样的成长案例。《创业时代》的故事发生在中国改革发展进入移动互联网时代的背景下，围绕一群互联网行业青年投身创业的艰难与收获，展现新时代年轻创业者拼搏奋进的精神风貌。这些剧目用更贴近人们当下生活的时代背景，以更新鲜的语言表达和年轻态的演绎，激励当代年轻人继承并发扬改革开放精神，勇于突破、不断进取。

除此之外，《美好生活》《老男孩》等剧关照当下社会，记录生动多元的都市生活，展现动人情感，传递出新时代的精神气质；《莫斯科行动》《真爱的谎言之破冰者》《猎毒人》等对类型剧作出深度开掘，弘扬了社会

公平正义，塑造并讴歌了新时代英雄形象。国产电视剧正在不断深化发展，在情节设置、人物关系、表现手法等方面均有所创新，不仅获得观众的肯定，也为创作格局的拓展提供了经验。

三、主旋律突出、题材均衡、多屏联动的制播格局逐步形成

2018年，电视剧市场进一步回归理性，电视剧制作与投入进入调整期和转型期。经过近年来政策的引导和推动，越来越多的一线的制作机构参与到了现实题材创作中，提升品质成为行业共识。从播出上看，电视剧依然是视听媒体最看重的核心竞争资源，也是文化领域最具活力的中坚产业。

（一）电视剧生产结构保持稳定

一是电视剧创作热情依然高涨。2018年，通过备案公示的剧目共1178部、46290集，分别占申报总数的71.31%和71.93%，与2017年相比增加3部。其中，当代题材共710部、26426集，分别占公示剧目总数的60.27%和57.09%；现代题材共63部、2312集，分别占总数的5.35%和4.99%，现实题材仍是创作热点。

二是电视剧产量依然保持稳定。在近年来整体发展趋势保持平稳的前提下，2018年电视剧发行数量首次有所回升，全年制作完成并获得发行许可的电视剧共323部13726集，较2017年增加9部256集，电视剧的平均集数则延续上一年的趋势有所下降（见表3）。获准发行的剧目中，现实题材共204部8270集，分别占总发行部数、集数的63.16%、60.25%，其数量和占比较2017年均有所增加，现实题材主流地位进一步巩固（见表4）。

表3 2011~2018年获得发行许可电视剧数量

年份	2011年	2012年	2013年	2014年	2015年	2016年	2017年	2018年
部数	469	506	441	429	394	334	314	323
集数	14942	17703	15770	15983	16540	14912	13470	13726
平均集数	32	35	36	37	42	45	43	42

数据来源：总局电视剧司。平均集数=集数/部数。

表 4　2018 年获得发行许可电视剧题材比例

题材	当代题材	现代题材	近代题材	古代题材	重大题材	合计
部数	186	18	69	47	3	323
占比	57.59%	5.57%	21.36%	14.55%	0.93%	100%
集数	7531	739	3082	2264	110	13726
占比	54.87%	5.38%	22.45%	16.49%	0.80%	100%

数据来源：总局电视剧司。

三是浙京沪发行集中度依旧较高。2018 年，电视剧发行数量超过 10 部的地区共 7 个。其中，浙江、北京、上海发行电视剧数量为 154 部、6861 集，占发行总量 47.68% 和 49.99%，电视剧区域发行格局趋于固定（见表 5）。

表 5　部分地区电视剧发行数量

序号	地区	部数	集数
1	浙江	52	2361
2	北京	51	2315
3	上海	51	2185
4	广东	23	954
5	江苏	12	533
6	陕西	10	412
7	湖南	10	406

数据来源：总局电视剧司。

（二）卫视形成主旋律突出、题材类型多样的播出格局

一是圆满完成庆祝改革开放 40 周年重点电视剧展播工作。2018 年，庆祝改革开放 40 周年宣传活动是电视剧工作的重中之重，贯穿全年。2018 年 7 月，总局下发了《关于做好纪念改革开放四十周年重点电视剧展播工作的通知》，遴选出推荐播出参考剧目名单共 30 部。截至 2019 年 1 月，片单剧中共有 22 部在央视和各主要卫视黄金时段播出。尤其进入 10 月后，重点剧目进入集中展映期，各播出平台按宣传节点积极做好选购排播计划，影响

力较强的卫视平台均选购播出了 2 部以上的片单推荐剧目，为宣传活动营造浓烈的舆论氛围。其中，上海广播电视台在《大江大河》创作上的参与，具有一定借鉴意义。上海广播电视台全程参与了该剧的创作、跟踪和拍摄，通过前期介入，既可以锁定播放权、加强宣传策划，也利于打造与卫视平台定位相匹配的作品，将电视剧的播出效益最大化。

二是继续坚持好作品进入好平台好时段。2018 年，总局电视剧司进一步完善上星频道电视剧播出结构化管理，强化推优汰劣的调控导向，发挥杠杆调节作用。据初步统计，2018 年 1 月至 12 月，央视一套、八套及全国省级卫视晚间黄金时段共播出电视剧 558 部次、24926 集，其中当代现实题材 369 部次、16167 集，占比约 65%，确保了主流题材的播出主导地位。

三是一线卫视仍是首轮剧播出主要平台。2018 年，央视一套、八套及全国省级卫视晚间黄金时段首轮播出电视剧共 195 部次、8424 集，占比约 34%。其中，湖南、北京、东方、浙江、江苏卫视黄金时段在 32 个省级卫视频道中首轮剧播出量位居前列。在排播模式上，湖南卫视坚持独播策略，其他四家卫视兼具独播剧和联播剧。

表 6　主要卫视平台 2018 年黄金时段播出剧集数量

卫视平台	黄金时段剧场名称	2018 年播出剧集数量
北京卫视	品质剧场	14 部
东方卫视	东方剧场	14 部
浙江卫视	中国蓝剧场	15 部
江苏卫视	幸福剧场	13 部
湖南卫视	金鹰独播剧场	14 部

资料来源：根据网络资料统计。

（三）电视剧网台联播已是常态

近年来，虽然先台后网、网台联播的电视剧仍占据视频网站播出剧集的主流地位，但视频网站凭借其传播优势，在网台联播竞合关系中话语权不断增强。同时，视频网站作为制作主体，剧集制作的专业化、精细化程度不断提高，并开始布局内容产业反哺电视台。据统计，2018 年先网后台播出的剧集数量达 63 部，视频网站成为电视剧播出的又一重要出口①。同时，多屏传播也给电视剧的创作和传播带来更多可能。近两年全国电视台和视频网站播出的电视剧，收视率和播放量排名前列的作品中出现了较大程度重合，网台联播更有利于将电视剧版权的多轮开发和价值的多元挖掘，从而实现播出效益最大化。

四、用明德引领风尚，以精品奉献人民

国产电视剧自 2003 年起就步入了万集时代，十几年间，产量一直稳定在 15000 集左右，牢牢占据着产量世界第一的位置。但与之相比，国产电视剧在质量提升、类型深耕、产业拓展等方面仍有欠缺，与观众的期待还有一定距离。下一阶段，国产电视剧要始终坚持守正创新，培根铸魂，坚持与时代同步伐，坚持用明德引领风尚，不断增强脚力、眼力、脑力、笔力，在创作中处处用心、用情、用功，推动电视剧高质量发展。

一方面，要持续加强内容建设。党的十八大以来，一系列因新思想而带来的历史性变革，一系列因新发展理念而取得的历史性成就，为电视剧的创作生产提供了丰厚的土壤和丰富的素材。身处这样一个伟大时代，电视剧创作要始终坚持以人民为中心的创作导向，增强群众意识和人民情怀，做到胸中有时代，心里有人民，肩头有责任，从人民群众日常的生活中挖掘素材，从人民群众的劳动创造中提炼主题，在人民群众的甘苦承担和拼搏奉献中汲取情感，体悟生活的本质，将个人的荣辱悲欢与国家改革发展融为一体，以个体生命和个体角色的丰富性共同折射出伟大时代的波澜壮阔。同时，要进一步巩固现实题材的主导地位，坚决反对反映现实不实、表达情感不真、挖掘生活不深以及远离生活真实和艺术真实的创作倾向，要真正贴近现实、表达真情、还原本质。全行业要把发展重点放在提升整体品质这个“牛鼻子”上，明确高质量、专业化发展方向，继续保持对观

① 王涵：《指尖剧集榜——2018 电视剧行业调研报告》（视频网站篇），《电视指南》杂志、传媒内参，2018 年 12 月。

众的吸引力，在服务人民中接受人民的评价和时代的检验。未来几年党和国家大事要事喜事接连不断，这些重要的时间节点为电视剧创作生产提供了坐标，要在服务党和国家大局上展现价值担当，以强烈的使命感责任感，全面、真实、深刻地书写好新时代，打造电视剧精品。

另一方面，要持续加强行业建设。当前，资本泡沫逐渐退潮，偶像明星+IP 改编的模式逐渐失效，行业浮躁现象的及时刹车，扭转了市场一度对内容关注的缺乏，价值输出和品质呈现成为一部剧的重要考量标准。同时，观众还对优质内容提出了更高要求，电视剧的品质和细节成为影响口碑的重要因素。经过一段时间的思考和冷静观望，回归中国电视剧的优秀传统已经在业界越来越形成共识。当然，也要看到，电视剧的繁荣发展也面临着巨大的挑战，既有自身发展遇到的瓶颈，也有外部环境带来的压力。要把挑战化为机遇、压力变为动力，抓住电视剧优化升级的重要时机，摒弃急功近利、粗制滥造的浮躁心态，纠正前些年“发烧”“过热”的局面，创新发展理念，有效运用互联网思维和融合发展理念，再造电视剧制作、宣发、购销、播出体系和流程，推动国产电视剧实现新跨越、展现新风貌。

第四节　广播电视传媒管理与发展

国家广播电视总局传媒机构管理司司长　袁同楠

国家广播电视总局广播影视发展研究中心　李秋红　周　菁

提要：2018 年，全国各级各类广播电视传媒机构始终坚持正确方向，进一步强化职能定位，忠实履行职责使命，加快改革创新和融合发展，整体呈现积极向上的良好发展态势。全国广播电视播出机构 2647 座，共开办 4660 套节目。全国广播电视服务业总收入 6952.14 亿元，同比增长 14.53%；实际创收收入 5639.61 亿元，同比增长 16.48%；其中广告收入 1864.49 亿元，同比增长 12.91%。全年有线电视实际用户为 2.18 亿户，其中数字电视实际用户为 2.01 亿户，智能终端用户大幅增长，达 1884 万户。有线网络收入 779.48 亿元，同比下降 6.59%，下降趋势有所减缓，出现结构性变化。有线网络服务进入加快转型升级、提质增效、创新发展的关键时期。

2018 年，全国广播电视传媒机构坚持以习近平新时代中国特色社会主义思想和党的十九大精神为指导，准确把握新时代党的新闻舆论工作新形势新部署新要求，认真贯彻中央决策部署，始终坚持正确方向，进一步强化职能定位，忠实履行职责使命，坚持稳中求进、守正创新，坚持走高质量发展之路，各项工作取得新进展新成效，传播秩序、传播环境日益优化。

一、播出机构管理与发展

全国广播电视播出机构加强阵地建设和管理，着力推动广电事业产业高质量发展。截至 2018 年年底，全国共设播出机构 2647 座，包括：电台 124 座，电视台 135 座，教育电视台 40 座，广播电视台 2348 座，其中含县级广播电视台 2094 座。上述播出机构共开办 4660 套节目。其中广播节目 3060 套（国际台的 61 种语言对外广播不计在内），电视节目 1600 套。

（一）强化职能定位

全国各级电台电视台深入学习贯彻习近平总书记关于党的新闻舆论工作、宣传思想工作等一系列重要讲话精神，增强“四个意识”，坚定“四个自信”，做到“两个维护”，始终把坚持正确政治方向放在第一位，牢牢坚持党性原则，牢牢坚持马克思主义新闻观，牢牢坚持正确舆论导向，牢牢坚持正面宣传为主，自觉承担起“举旗帜、聚民心、育新人、兴文化、展形象”的使命任务。始终坚持以人民为中心，坚持把社会效益放在首位，坚决抵制片面追求经济效益、过度娱乐化和低俗化倾向，积极打造讲导向、有文化的传播平台，自觉做党和政府声音的传播者、社会主流价值的弘扬者、正向趣味能量的引领者、两效统一的践行者。全面贯彻讲导向的要求，坚持新闻报道要讲导向，专题节目、广告宣传也要讲导向，时政新闻要讲导向，娱乐类、社会类新闻也要讲导向，国内新闻报道要讲导向，国际新闻报道也要讲导向，把导向要求贯穿广播电视宣传工作的全过程各方面，确保任何时候任何情况下导向都不出问题。特别是在广告管理上提高认识、提高站位，强调不能把广告简单看作是推销商品和服务，只要出钱就什么都可以播，突出强调广告首先是宣传、根本是要讲导向，必须纳入宣传总体部署，必须加强导向管理。

（二）推动精简精办

坚持从实际出发，坚持分类指导、妥善推进，采取措施加大媒体整合融合和规范管理力度，在严格控制电视频道供给总量的前提下，进一步强化不同电视频道的定位和节目要求，强化各类电视频道专业化特色化品牌化建设，积极构建适应分众化、差异化传播趋势的电视频道发展新格局，推动广播电视由数量规模增长为主向质量效益提高为主转变。

1. **明确提出精办频率频道要求**。2018 年年初，总局明确提出推动精办频率频道的任务，强调要按照分众化、差异化的要求明确频率频道定位，严格规范不同频率频道的节目构成，推进各级各类频率频道专业化特色化品牌化建设，切实解决节目同质化、雷同化的问题。全国各级电台电视台积极响应“精办频率频道”要求，主动求变、大力改革，加快内容生产供给侧改革，推进资源深度整合，加速平台转型升级。截至 2018 年年底，全国 31 个省级台和 334 个地级台共开办电视频道 1243 个。其中，省级台共开办电视频道 354 个，地级台共开办电视频道 889 个。全国省级台地级台共开办综合频道 375 个、专业频道 515 个、付费频道 78 个。

2. **切实强化频率频道品牌建设**。一些播出机构按照分众化、差异化的要求，推进电视频道的专业化特色化品牌化和高质量发展，以精办频率频道、内容供给侧改革为指引，探索广电媒体转型升级的有效路径。各播出机构突出新闻宣传，加强综合频道建设，全年更多的高质量节目在综合频道播出。上海台 2019 年 1 月 1 日起多个频道改版调整，原娱乐频道和星尚频道整合为全新的家庭频道“都市频道”，原炫动卡通频道和哈哈少儿频道合并为全新的少儿频道“哈哈炫动卫视”，整合改版后频道全天和黄金时段收视和市场份额均有大幅提升。纪录片、财经、少儿等专业频道其品牌影响力不断提升，交通、音乐、经济等广播频率专业化程度愈加凸显。央视纪录片频道加大节目形态创新和纪录片生态圈建设，推出了《如果国宝会说话》等多部纪录片精品力作；湖南金鹰纪实频道持续加大专业化特色化品牌化建设，影响力提升明显；上海纪实频道、北京纪实频道相继推出多部有影响力的纪录片，社会反响较好。各地广播交通频率、经济频率、城市广播等持续加大专业化特色化品牌化建设，特别是地方交通频率在当地的影响力日益增大。

（三）加快高清化融合化智慧化发展

1. **推动高清超高清电视发展**。加快推进全国电视频道高清化，积极探索超高清建设。2018 年，总局共审核批准 97 个频道（含付费频道）高标清同播。截至 2018 年年底，全国播出机构经批准高清播出的电视频道已达 240 个（含付费频道），其中，总台 21 个，省级上星综合频道 26 个，省级台其他频道 63 个，地级台 88 个，付费频道 34 个，县级台 5 个，教育台 3 个，在全国范围形成了一定的高清节目播出规模。各地积极推进 4K 超高清产业发展和超高清服务，大部分省级台已经具备 4K 制作能力，4K 用户不断增加。总台正式开播 4K 超高清电视频道。广东省作为 4K 超高清电视试点省开播了首个省级电视 4K 超高清频道，同时，不断加强 4K 云平台建设，4K 内容生产制作和存储能力大大增强，全省播出机构可提供 4K 节目量时长达 11031 小时，同比增长 120%。北京局积极开展超高清电视技术和产业发展研究。上海跟踪 4K 行业发展，制定 4K 发展三年规划，全方位推动 4K 技术和内容储备。截至 2018 年 11 月，全国第一批落地的有线网络 4K 用户已经超过 1360 万，这其中贵州有 380 万，位居全国首位。目前，全国高清超高清电视产业链条日趋完善，发展加快。

2. **推动媒体融合纵深发展**。为加快推进媒体融合，各方面积极探索媒体机构和资源重组。一是中央广播电视总台成立。2018 年 4 月 19 日，中央广播电视总台正式揭牌。中央三台合并实现了中央层面的广播、电视机构的整合，这是适应新时代广播电视发展新形势，理顺体制机制、优化资源配置，实现一体化发展的重大改革。二是部分地区探索省级媒体机构整合。天津日报社、今晚报社、天津台整合成天津海河传媒中心，该中心涵盖上述媒体机构的子报子刊、频率频道、新媒体等所有资源。辽宁台、辽宁教育电视台等 7 家单位整合，组建了辽宁广播电视集团。湖南重新组建湖南广播影视集团，对湖南广播影视集团和潇湘电影集团、湖南广电网络控股集团实行统一领导。芒果超媒以芒果 TV 视听内容为核心平台，整合芒果娱乐、芒果影视、芒果互娱、天娱传媒、快乐购，建立起一网联结、多点联动的生态矩阵。广西整合广西人民广播电台、广西电视台，成立广西广播电视台。三是积极参与县级融媒体中心建设。全国各级广电机构在推进县级融媒体建设中主动担当作为，主动勇挑重担，主动引领创新，主动创造可复制、可推广的新型模式。在已建设成功的许多县级融媒体平台上，广电机构所发挥的采编优势、传送优势和技术优势日益凸显，以广播电视台、有线广播电视网为枢纽和龙头建设的县级融媒体平台，成为示范性样板，各地省级广播电视机构利用广电云平台积极服务市县融媒体中心建设初显成效，县级融媒体建设与“智慧广电”战略实施、应急广播公共服务体系建设，统筹推进的效果日益突出。

3. **推动智慧化水平提高**。总局出台《关于促进智慧广电发展的指导意见》，提出力争用三至五年时间，基本形成“智慧广电”的发展模式。“智慧广电”建设是继数字化、网络化发展之后广播电视行业又一轮重大技术革新与转型升级。全国各地广播电视机构以“智慧广电”建设为契机，提升广电运用大数据、云计算、人工智能的能力，增强传播的精准性；建设“一体化资源配置、多媒体内容汇聚、共平台内容生产、多渠道内容分发、多终端精准服务、全流程智能协同”的融合传播体系，着力打造融媒化制作、智慧化传播、精准化服务的智慧广电融媒体。总台积极探索节目内容智能采集制作，在2019年两会期间使用“5G+4K+虚拟现实（VR）+人工智能（AI）”等前沿技术。一些省级台在重大活动期间使用“VR+5G”打造异地演播厅，并使用5G直播手段回传内容。广播电视台在智能采集制作、智能播出、智能传输与智能接收（终端）等方面智能化水平进一步提升。

（四）严格规范播出秩序

1. **严格频率频道管理**。一是总局严格控制电视频道总量。2018年批准新增县级广播电视台1座，合并或调整设立广播电视台8座，变更台名7座，新增广播频率17套，调整频率频道定位15套，撤销频道7套（含4套付费频道）。二是强化监管力度，严查违规行为。2018年，根据日常监听监看发现的问题，纠正26个频率频道擅改呼号等违规问题，查处4个频道违规播出电视购物节目的行为，并持续开展专项检查，切实规范播出秩序。三是严格规范传送渠道秩序。重点查处有线网络传送机构擅自开办频道、违法传送节目、违规插播广告等，加强有线电视前端点播节目管理，有效规范了传送秩序。四是加强付费电视频道管理。举办有线数字付费频道业务培训班，对管理部门、付费频道开办机构、集成平台和有线网络公司相关负责人进行政策和业务培训。进一步加强日常监听监看监管，坚决查处各类违法违规问题，对15个付费频道分别给予限期整改、全国通报批评或者停播整顿等处理，付费频道建设发展进一步规范。

2. **加强收视调查管理**。一是总局和各级广电行政部门加强收视调查规范管理，引导各级各类广播电视传媒机构正确看待和使用收视率，坚决克服唯收视率倾向，严查收视率造假问题。针对舆情反映电视剧收视率造假问题，开展督查督办。在全行业开展节目综合评价、电视剧交易、收视数据发布使用、行业自律等方面的清理整治。二是总局探索建设“收视综合评价大数据系统”。于2018年12月26日发布试运行自主研发的“收视综合评价大数据系统”，正式开展相关业务数据的联通汇聚和规范化处理等工作，预计2019年6月底采集电视用户数突破一亿量级。三是进一步推进播出机构开展节目综合评价体系建设。积极探索建立更加科学规范的节目综合评价体系，建立科学合理考评指标，强化考评结果运用，引导电台电视台树立正确的办台办节目理念。

二、广告管理和创新发展

各级广播电视行政部门坚持广告规范管理与广告高质量发展并举。各级电台电视台不断强化广告导向要求，进一步规范商业广告播出秩序，大力推进公益广告发展。同时持续加大广告经营创新力度，创收收入和广告收入结构呈现持续调整和不断优化的态势。

（一）加强商业广告播出监管

坚持将广告纳入节目和宣传体系，突出抓好广播电视广告导向管理，强化全面监管，推动健康发展。一是全面加强监管力度，将违规广告治理日常化。2018 年，总局多次集中部署监听监看全国各级播出机构广告播出，共向有关省局下发 65 份整改通知单，严肃查处存在违法违规问题的 50 多个频率频道和 200 多条违法违规广告。二是加强重点领域广告监管，发文叫停典型违规广告。先后多次发文集中停播“199 元无忧微商创业计划水光美颜霜”“O 泡果奶”“莎娃鸡尾酒”等 40 多条存在导向偏差和虚假宣传等严重违法违规问题的广告，严肃广播电视广告播出纪律，规范广告播出秩序。三是开展专项整治工作，取得显著效果。总局下发《关于开展广播电视广告专项整治工作的通知》（广电发〔2018〕48 号），在全国范围内开展以医疗药品、招商加盟、投资理财等广告为重点内容的专项整治工作，全力规范行业发展秩序。对全国 39 个卫视频道、39 个少儿（动画/卡通）频道、31 个省级地面电视频道和 32 个省级广播主频率，开展了 4 轮共 17 批次的广告抽查监测，共发现违规商业广告 3205 条次，下发《广告专项整治工作督办单》131 份，并先后约谈相关单位，要求立即作出整改。四是及时曝光典型案例，强化警示效果。总局先后发布《关于江西广播电视台公共·农业频道广告严重违规问题的通报》《关于延边卫视频道、宁夏广播电视台影视频道广告播出严重违规问题的通报》，责成相关部门分别给予相关违规频道暂停商业广告播出 30 日或者暂停频道播出 30 日的行政处罚。通过持续加大整治力度，广告播出环境明显好转，播出秩序进一步规范。

（二）广播电视公益广告实现跨越发展

2018 年，各级广电部门认真贯彻落实中央和总局党组部署，切实把公益广告作为广播电视宣传的重要组成部分，围绕中心，服务大局，唱响主旋律，传播正能量，整合各方力量，先后制作播出了一大批优秀的公益广告作品，公益广告制播数量和质量均有大幅度提升。

1. **公益广告主题主线宣传更加鲜明突出**。2018 年，各广播电视播出机构围绕学习宣传贯彻习近平新时代中国特色社会主义思想和党的十九大精神，围绕“两个一百年”奋斗目标和中华民族伟大复兴的中国梦，进一步突出了

“四个全面”“五位一体”“五大发展理念”、庆祝改革开放40周年、扶贫攻坚等重大主题主线宣传，制播了一大批导向正确、主题鲜明、深入人心的公益广告。公益广告宣传的针对性、艺术性、实效性增强，宣传常态化、主题多样化、创作精品化态势明显。全国共制作各类广播电视公益广告超20万条，播出总时长近80万小时，涌现出一批如《年轻党员的朋友圈》《你的样子就是国的样子》等优秀作品，并取得了良好的宣传效果。广播电视公益广告整体创作质量显著提升，思想性、艺术性、观赏性有新的突破，传播力度显著增强。2018年央视全年共制作播出公益广告146条，其中19支作品获得38个国内外公益类奖项，受到社会各界广泛关注；央视各频道全年播出公益广告268条，播出总频次19.1924万次，总时长1800.77小时。

2. **公益广告扶持力度加大，发展环境进一步优化**。总局继续开展广播电视公益广告扶持项目评选活动。自2014年开始，总局每年拿出1000多万元用于公益广告专项扶持，截至2018年年底共拨付专项扶持资金超过6000万元。2018年公益广告扶持项目共收到各省局和中央级播出机构报送广播、电视类优秀作品和优秀传播机构扶持项目申请626件（个），最终评选出117部优秀作品，总局对这些作品的出品方和58家优秀传播机构给予专项资金扶持。与此同时，总局建立了公益广告优秀作品库，推动公益广告展播、全媒体传播。一些地方广播电视机构陆续设立公益广告专项扶持资金，出台公益广告管理办法，推动当地公益广告创作生产和播出。部分广播电视机构举办公益广告大赛、公益广告作品征集、公益广告大会等活动，取得了良好的社会效益。北京局连续三年每年拿出1000万元扶持公益广告优秀作品和优秀传播机构。湖南省、广东省也加大对公益广告资金扶持力度，湖南台每年在全台范围内组织开展公益广告创作竞赛，并将完成公益广告作品数量纳入全台年度宣传评估考核体系，激发全台节目创制团队创制公益广告的积极性。总局发展研究中心、广东局、清远市政府自2015年始，连续三年共同主办的中国广电公益广告大会暨全国广电公益广告论坛，引发社会广泛关注，成为中国公益广告优秀作品征集评优、发布、交流、发展的促进平台，有力推动了公益广告高质量发展。

（三）广播电视广告经营取得新成效

广播电视广告经营加快转型升级。广告经营持续创新，收入平稳增长，结构持续向好。2018 年全国广播电视服务业总收入 6952. 14 亿元，比 2017 年（6070. 21 亿元）增加 881. 93 亿元，同比增长 14. 53%；实际创收收入 5639. 61 亿元，比 2017 年（4841. 76 亿元）增加 797. 85 亿元，同比增长 16. 48%。全年广告收入 1864. 49 亿元，比去年同期（1651. 24）增加 213. 25 亿元，同比增长 12. 91%（见图 1）。网络等新媒体广告为主的其他广告收入 765. 26 亿元。①

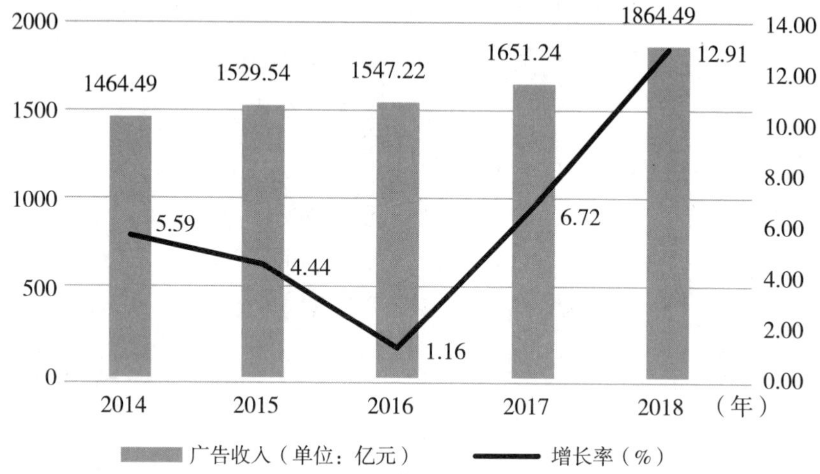

图 1　2014~2018 年全国广播电视行业广告收入情况

数据来源：总局财务司。

1. **广播电视广告收入结构进一步优化**。广播电视行业广告收入结构发生明显变化。传统媒体广告收入比重下滑，网络等新媒体广告收入比重增加，收入和占比迅速攀升。传统广播电视广告收入 1099. 23 亿元，比 2017 年（1123. 90 亿元）减少 24. 77 亿元，下降 2. 2%，② 这是近年来传统广播电视广告首次出现下滑。其中，广播广告收入 140. 37 亿元，比 2017 年

① 数据来源：总局财务司。
② 数据来源：总局财务司。

（155. 56 亿元）减少 15. 19 亿元，同比下降 9. 76%（见图 2）；电视广告收入 958. 86 亿元，比 2017 年（968. 34 亿元）减少 9. 48 亿元，同比下降 0. 98%（见图 3）；网络媒体广告收入 491. 88 亿元，比 2017 年（306. 71 亿元）增加 185. 17 亿元，同比增长 60. 37%，占广告收入总额的比例从 2017 年的 18. 57%提高到 26. 38%，成为新的收入增长点。

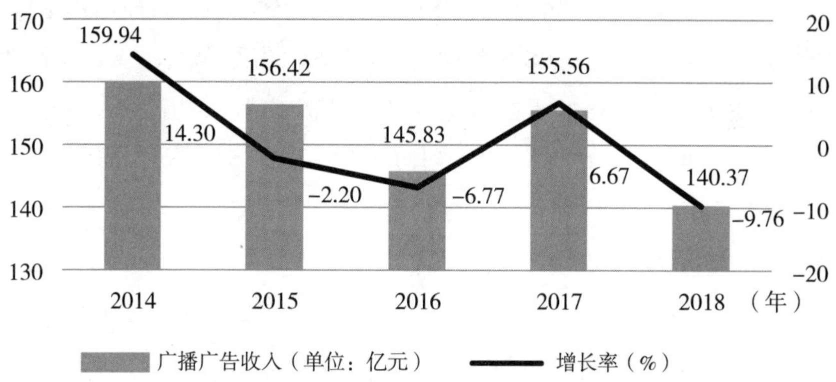

图 2　2014~2018 年全国广播广告收入情况

数据来源：总局财务司。

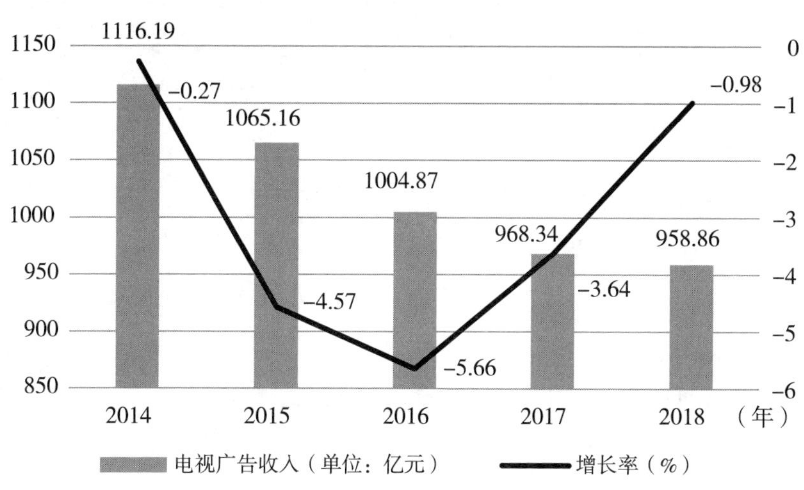

图 3　2014~2018 年电视广告收入情况

数据来源：总局财务司。

广播电视行业广告收入居前10位的省份收入总额相对稳定，新疆维吾尔自治区广播电视行业广告收入22.18亿元，超过四川和贵州跻身第9位。北京市、湖南省、广东省广播电视行业广告收入增长明显。北京市广播电视行业广告收入568.62亿元，比2017年同期（383.99亿元）增加184.63亿元；特别是网络媒体广告收入达314.60亿元，居全国之首，同比（169.64亿元）增加144.96亿元，增幅高达85.45%。湖南省广播电视行业广告收入140.36亿元，比2017年同期（113.53亿元）增长23.63%；特别是电视广告收入103.38亿元，成为全国电视广告收入最高的省份，同比（89.89亿元）增长15.01%；网络媒体广告收入25.54亿元，同比（13.75亿元）增长85.75%。广东省广播电视行业广告收入113.93亿元，其中网络媒体广告收入38.73亿元，同比（6.80亿元）增长469.56%。这些省广播电视行业广告收入总和1302.58亿元，占全国广播电视行业广告收入的69.86%，比2018年同期（67.40%）略有提升。

表1　2018年广播电视行业广告收入占据前10名的省份及收入情况

（单位：亿元）

省份	北京	湖南	上海	浙江	广东	江苏	山东	安徽	新疆	四川
收入	568.62	140.36	139.07	124.58	113.93	92.9	48.63	30.22	22.18	22.09

数据来源：总局财务司。

从广播电视广告收入分布情况来看，中央级广播电视广告行业收入337.10亿元（2017年297.74亿元）占比18.08%，省级收入1255.51亿元（2017年1099.10亿元）占比67.34%，地市级收入197.86亿元（2017年186.42亿元）占比10.61%，县级收入74.02亿元（2017年67.98亿元）占比3.97%（见表2）。其中，中央级收入同比增幅达13.22%，省级同比增幅达14.23%。特别是省级广播电视机构立足本土，服务当地，不断创新开展多元化经营成效显现。

表 2　2014~2018 年广播电视行业广告收入分级占比情况

（单位：%）

地区	2013 年	2014 年	2015 年	2016 年	2017 年	2018 年
中央直属	24.26	21.78	19.08	18.92	18.03	18.08
省级	58.84	58.51	64.16	65.72	66.56	67.34
地市级	17.02	16.01	13.43	12.42	11.29	10.61
县级	3.88	3.70	3.33	2.94	4.12	3.97

数据来源：总局财务司。

2. **广播电视广告持续创新**。广告收入仍然是广播电视播出机构创收收入的主要来源，各广播电视台在巩固原有创收收入基础上，注重打造新的创收格局。传统媒体利用新型视听服务形态，打通不同平台界限，挖掘不同用户价值，拓展更多收入来源，逐步构建多元产业体系，不断推动收入模式向多元化、可持续化发展。一是各广播电视机构立足本地、服务大众，继续推出“平台+平台+广告”“平台+活动+广告”等运营模式，有效整合资源提升品牌价值，延伸产业链拉动综合收益。加大广播电视平台之间特别是广播电视平台与网络新媒体平台之间的联合，积极利用融媒体双向传播、互动交流的便捷性，提高受众黏性和广告精准到达率。二是一些平台内外、线上线下、平台与受众之间实施互动、共享营销。三是整合广告与电商等其他经营，进一步延伸平台（节目）的价值链，不断开发衍生产品、周边产品服务，节目、广告、产品、服务等有机交融，持续挖掘节目深层价值，进一步加强综合效益的开发。

加强内容运营，扩大“终端+内容+运营”模式。一些广播电视机构依托本地资源，进一步深化合作领域，推出“金融+终端+内容+运营”等投资合作新模式。有些台举办的大型 O2O 营销活动，并将业务延伸到艺术、教育、医疗等领域。各广播电视机构还积极发展电视购物平台，开展跨区域、跨平台营销。一些台在渠道拓展、新品开发、新媒体移动端等开展了一系列布局，上海东方购物频道实施经营创新，挖掘开发“新业务、新用户、新商品”，加速视频购物转型发展。有的台与电商巨头积极开展合作，在天猫、京东等平台开设旗舰店，拓展新的创收渠道；有的台依托自有资源，展开大型营销活动，形成深度融合的跨界合作新模式，收入不断提升。

（四）主要问题和趋势

总的来看，在广告主市场被众多媒体和渠道日益分流的情况下，广播电视广告营收面临巨大挑战，传统广播电视广告整体仍处于下滑态势。除了广告资源进一步向央视集中之外，其他绝大多数传统电视台的广告收入都出现了下滑。一是在加速创新广告经营的实践中，缺乏新方式、新模式。二是依托互联网的各种广告创新模式层出不穷，吸纳了大量广告。传统广告营销播出模式跟不上技术更新、消费快速变化的步伐，特别是在媒体融合纵深发展的情况下，在传播日益走向个性化、社交化的背景下，还不太适应精准性、个性化、互动传播的新需求。三是经营模式单一粗放、缺乏创新，植入式广告越来越多，容易引发负面效应，值得研究，亟待规范。目前，中国即将迈入5G时代，5G时代带来的视听服务模式变革将给广告产业带来更大冲击，广播电视媒体要抢抓发展机遇，进一步深化体制机制改革，加快广告服务和经营创新，大力探索多种营销模式，不断加强综合效益的开发。要积极践行媒体社会责任，依托公益广告、公益活动，不断提升广播电视媒体的平台价值，提升广告吸纳力，进一步推动广播电视广告产业经营提质增效、健康发展。与此同时，各类广电媒体要进一步深化公益广告建设的认识，进一步提升公益广告精品创制能力，进一步拓展公益广告传播力度效度，进一步完善推动广电公益广告发展的各类配套机制，促进公益广告全面繁荣可持续发展。

三、有线网络管理和发展

2018年，全国有线网络大力实施网络基础设施升级改造，加快双向化宽带化智能化建设，不断开拓新业务，寻求经营新突破。贯彻落实中央部署，有线网络整合进程明显加快。

（一）基础设施建设加快

2018 年，大力推动双向网和高清化改造，扩大贫困地区有线网络覆盖成效明显。一是各地网络公司持续开展双向网、光纤网、高清化改造。部分省市在 2018 年年底全面完成双向改造，覆盖用户数快速提升；部分省市光纤覆盖用户、高清用户数量快速增长。二是扩大贫困地区有线网络覆盖。各地认真贯彻落实中央脱贫攻坚决策部署，大力推进脱贫攻坚项目和广播电视重点基础设施建设，推进贫困乡村有线网络数字化覆盖，解决建档立卡贫困户看电视难问题。有些省区出台措施加快推进广播电视村村通、户户通升级；有些省区大力实施“宽带广电”战略，开展智慧城市、智慧乡村、智慧家庭建设；相关省区市重点提升革命老区、扶贫开发工作重点县、少数民族地区的有线数字广播电视、宽带覆盖水平。

（二）有线网络整合取得重要进展

1. **全国一张网整合取得新进展**。2018 年，在全国有线网络整合发展领导小组的领导下，总局以“行政推动发起、市场运作组建”为原则，以共同发起组建全国性股份公司为目标，进一步加快推动全国有线网络整合工作。总局积极与工信部、财政部、住建部、农业部、国家税务总局、证监会等沟通，形成了加快推进全国有线电视网络整合发展的共识，起草了《全国有线电视网络整合发展方案》，明确了整合方式、运行模式、时间进度等内容。在全国范围内分 5 个片区组织 31 家省网公司召开全国有线电视网络整合发展座谈会，就《全国有线电视网络整合发展方案》征求意见。同时，中国广播电视网络有限公司（以下简称国网公司）积极开展整合前的基础工作，制定了有线电视网络行业的顶层设计和技术规划；完成了对国家广播电视光缆干线网的整合；完成了全国有线电视网络互联互通平台的首期建设，广电宽带电视中央平台已具备 1000 万户服务能力，并已启动 1 亿户服务能力的扩容建设；积极推进移动多媒体交互广播电视网建设，国网公司向工信部申请移动通信资质和 5G 牌照，目前工信部已同意广电网参加 5G 建设；与全国 11 家省网公司签订了整合协议并与其他省网公司达成共识，共同着手准备全国性股份公司的组建①。

2. **互联互通平台建设加快推进**。2018年以广电宽带数据网为抓手，基本完成有线网互联互通平台基础架构、端到端一体化创新业务服务的研发定型与试验布局。有线网络全程全网互联互通不断推进，向IP互联网协议化和融媒体化演进，互联互通中央业务平台、全国“五横五纵”干线光缆传输网、广电宽带数据网、接入网及终端改造建设取得了重要进展。一是中央业务平台系统研发与系统部署取得成效。云网端一体化新型架构完成现网试验验证，扎实推进平台业务承载、接口和安全能力建设，目标覆盖全国31个省，为1亿广电宽带智能终端用户提供创新业务服务。已完成融合服务平台技术方案编制，目标覆盖全国31个省，为1亿广电宽带智能终端用户提供服务，支持4000万在线用户并发，建设内容包含广电宽带电视集成平台、统一监管平台、信息安全平台、融合视频CDN平台、内容集成/生产制作平台、版权管理平台、版权交易平台、大数据平台、精准智能广告投放平台、智慧家庭平台等。二是广电云基础设施建设取得突破。北京主中心、西安备份中心已上线运营，南京主中心和西安主中心正准备进场实施，目标是建成全国覆盖、优质安全的中国广电云。三是“五横五纵”省际干线光缆传输网规模化建设的准备工作就绪。联合各省网公司完成《全国有线电视互联互通平台省际干线传输网总体建设方案》并通过专家评审，省际干线传输网设计已完成设计招标。

（三）有线网络运营出现新变化

1. **有线网络用户结构不断优化**。2018年全国有线广播电视覆盖用户数达3.46亿户，比2017年（3.36亿户）增加0.10亿户。其中，数字电视覆盖用户数3.23亿户，双向电视覆盖用户数2.08亿户，比2017年（3.04亿户和1.86亿户）分别增长6.25%和11.83%。2018年全国有线广播电视实际用户数2.18亿户，与2017年基本持平。其中，全国有线数字电视实际用户数2.01亿户，比2017年（1.94亿户）增加0.07亿户，同比增长

① 数据来源：中国广播电视网络有限公司。

3.61%；数字电视实际用户占有线电视实际用户数比例为92.27%，比2017年（90.48%）提高了1.79个百分点，有线电视数字化率进一步提升。付费数字用户7729.94万户，比2017年（7013.78万户）增加716.16万户，增幅高达10.21%（见图4）。

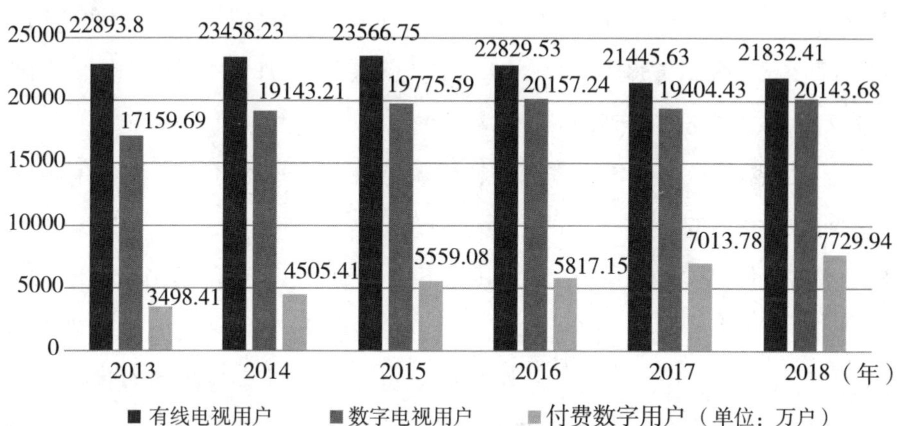

图4　2013~2018年全国有线电视用户、数字电视用户、付费数字用户情况

数据来源：总局财务司。

有线电视用户虽然持续负增长，数字电视缴费用户流失，宽带用户增速放缓，但是有线电视网络高清化、智能化发展态势良好。2018年全国高清有线电视用户9257万户，比2017年（7371万户）增加1886万户，同比增长25.59%；有线电视智能终端用户1884万户，比2017年（701万户）增加1183万户，同比增长168.76%，智能终端普及提速；4K终端用户达到1264.2万户，用户加速增长。智能电视用户、4K电视用户增长动力不减[①]。

2. **双向化建设效益凸显，网络资源利用率进一步提升**。有线网络高附加值用户稳步提升，高清用户、智能终端用户、4K视频点播等高附加值用户正成为提升ARPU值的重要力量和收入的重要支撑。有线双向网覆盖用户1.7亿户，比上年增加601.1万户，覆盖率达76.5%，比上年提升9.1个

① 数据来源：总局财务司。

百分点。双向网实际用户 9716.6 万户，比上年增加 1465.2 万户，渗透率 43.5%，比上年增加 9.8 个百分点。有线网络宽带家庭用户 3856.3 万户，比上年增加 357.8 万户，有线宽带渗透率为 18.1%，比上年增加 3.8 个百分点。视频点播发展迅速，2018 年有线视频点播用户总量达 6593.3 万户。其中，标清视频点播用户 212.3 万户，总量保持稳定；高清视频点播用户同比增长 11.2%，达到 6381 万户；4K 视频点播用户加速增长，总量达到 1297.2 万户，同比增长 72.8%。①

3. **有线网络收入下滑，进入结构性调整阶段**。2018 年全国有线电视网络总收入 779.48 亿元，占全国广播电视总收入的 11.21%。收入比 2017 年（834.43 亿元）减少 54.95 亿元，同比下降 6.59%，降幅较 2017 年有所收窄（见图 5）。其中，有线广播电视收视维护费收入 368.38 亿元，付费数字电视收入 56.85 亿元，三网融合业务收入 111.41 亿元。有线网络收入下滑的原因在于：一是 IPTV、互联网电视等成为强劲市场竞争对手，分流大量用户；二是有线网络资源开发利用尚不充分，增值业务发展不足。

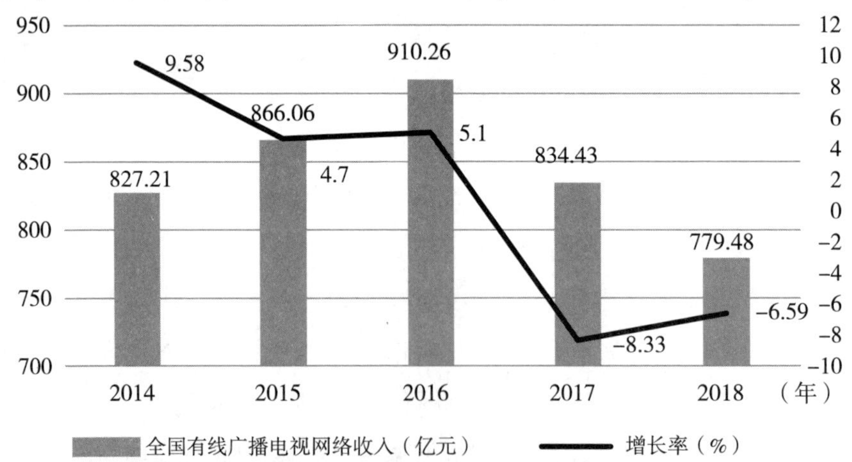

图 5　2014~2018 年全国有线广播电视网络收入及增长情况

数据来源：总局财务司。

① 中国广播电视网络有限公司，《2018 年第四季度有线网络发展公报》，http：//v.lmtw.com/mzs/content/detail/id/166562。

4. **有线网开拓创新，寻求经营新突破**。面对竞争激烈、用户流失、收入持续下滑的形势，有线网络公司创新经营，不断巩固传统业务、做大集客业务、拓展新型物联网业务。一是强化基础业务提升运营能力。针对用户需求和市场发展，创新传播方式，积极推动高清、超高清、互动点播业务。2018 年各地有线网络在做好各级广播电视节目安全传输的同时，推动有线网络互联网和物联网化改造，加快有线网络智慧化发展，积极开发新业务，打造新视听服务。二是基于智能网络不断探索智慧社区、智慧城市、智慧医疗、电子商务、远程教育、智能家居等直接面向消费者（DTC）的智慧服务。部分省广电网络建成了智慧平台、新闻汇播平台、新时代文明实践中心平台三大公共文化服务平台，大力开展“雪亮工程”“警眼工程”“天网工程”、智慧医院、智慧酒店、智慧公路、智慧校园等项目建设，拓展了新服务业态。各地有线网络公司积极探索推进智慧社区、乡村宽带和“互联网+”“广电+”行动，积极参与本地信息化建设，助力数字经济发展，取得了明显成效。

（四）国网公司改革发展稳步推进

近年来，国网公司不断增强市场意识、经营意识、产品意识、服务意识，强化市场推广和产品研发，构建有效合作模式，形成聚合化生产、立体化传播、产业化运营、智能化发展的新格局，各项工作稳步推进。一是“开源创新”，打造差异化节目内容服务优势。打造“中国广电融媒云”平台，为全国各级融媒体中心提供内容搜索、有效存储、分发和再利用服务，构建国家级的内容聚合分发平台。积极推进境外节目引进工作，尝试通过资本杠杆方式联合拓展国际广播电视市场，以做好“一带一路”国家广播影视服务为目的，在网络、渠道、终端、应用方面开展全面而有序的运营合作。努力开发广电网络内容创新业务，在体育赛事、现场演出、数字博物馆、数字图书馆、大屏游戏、电视社交应用等方面加大力度，着力打造全国广电行业大数据整合平台、全国性有线电视广告平台、全国电梯物联网广电多媒体播控平台，建立优化“头条”“十九大”专区，打造特色产品包、全国频道商城、CIBN 专区、省网特色业务、社交互动等“拳头”产品。二是构建有效合作模式，创建广电特色业务运营模式。积极争取与三大运营商及铁塔公司的合作，充分发挥广电有线电视网络和无线、监管台站资源，推进网络共建共享，形成具有广电优势的建网组网方式。就 5G 网络共建共享事宜与电信运营商基本达成一致，通过共建共享方式推进广电 5G 网络建设。2019 年 3 月 21 日，国网公司与中信集团和阿里巴巴集团签署协议，在全国有线电视网络整合发展、改造升级、产品开发和运营管理中开展合作，各自投入相关优势资源，共同进行规划设计，合力打造新型的媒体融合传输网、数字文化传播网、数字经济基础网和国家战略资源网。国网公司还借助广电行业内外技术力量，初步建立了具有广电特色的“1+3 模式”业务运营模式，即“一个管理平台、三项主要服务”，通过媒体云化管理平台实现内容监管，保证内容安全，构建广播电视绿色传播体系，依托媒体云化管理平台，开展广播电视业务、综合应用服务和应急广播服务。

（五）主要问题和对策选择

2018 年，中国有线网络产业存在诸多挑战。一是有线网络用户持续性流失、收入出现下滑，特别是三网融合业务收入降低，发展形势日益严峻。二是网络的双向化智能化改造需进一步加大力度。新的服务模式开发不足，开通双向业务的用户占双向网覆盖用户的比例偏低，有线网络大量资源闲置，竞争乏力。三是仍然依赖传统收费模式。运营模式、经营方式跟不上市场需求变化，用户服务意识不强，对用户价值挖掘乏力，增值业务提升较慢。

面对激烈的市场竞争，有线网络应紧紧抓住 5G 建设和网络整合的机遇，创新业务，加快改革发展。一方面要抓住机遇加快全国一张网整合进程，加大网络建设改造力度。另一方面，要加大业务融合开发力度，加快由专网向兼具宣传文化和综合信息服务特色的新型网络转化，实现网络价值最大化。在业务方面要积极布局新兴领域，进一步扩大高清用户、智能终端用户、4K 视频点播等高附加值用户。一是适应全程媒体、全息媒体、全员媒体、全效媒体建设的需求，加速开发新产品、新业务，努力拓展发展空间。二是围绕国家一系列战略工程，大力开拓新兴市场，搭建多业务融合智能平台，大力开展“智慧广电”“智慧社区”“智慧城市”建设。三是以新技术应用促经营，以用户为中心，围绕综合业务，开展多种形式的合作，提高服务效能，把有线网络建设成为导向正确、可管可控的正能量网络，真正成为技术架构先进、产品优、服务好、用户满意、市场竞争力持续做强的新型网络。

第五节　视听新媒体发展与管理

国家广播电视总局网络视听节目管理司司长　魏党军
国家广播电视总局广播影视发展研究中心　陈　林　赵京文

提要：截至 2018 年 12 月，中国网络视频用户规模达 6.12 亿，短视频用户规模达 6.48 亿，网络直播用户达到 3.97 亿[①]；网络视频付费会员规模超 2.3 亿[②]，付费用户比例达 53%[③]。在线视频市场规模达 1249.5 亿元，同比增长 31.2%[④]。

2018 年，总局以习近平新时代中国特色社会主义思想和党的十九大精神为指引，认真贯彻落实全国网络安全与信息化工作会议、全国宣传思想工作会议等会议精神，全面加强网络视听管理工作，全面推动网络视听事业产业发展，视听新媒体保持健康稳健发展态势，网络主流思想舆论进一步巩固壮大、网络视听阵地建设和管理进一步强化，行业高质量创新性发展取得新成效，在新型文化业态和文化消费模式中影响力持续扩大，在满足人民美好视听新需要方面发挥着越来越重要的作用。

---

① 中国互联网络信息中心，第 43 次《中国互联网络发展状况统计报告》，2019 年 2 月。
② 艺恩咨询，《2018 中国视频内容付费产业观察》，2019 年 1 月。
③ 中国网络视听节目服务协会，《2018 中国网络视听发展研究报告》，2018 年 11 月。
④ 中国网络视听节目服务协会，《2018 中国网络视听发展研究报告》，2018 年 11 月。

一、强化主题主线宣传，推动网络视听成为宣传思想工作重要增量

总局突出抓好管好网络视听宣传管理，旗帜鲜明坚持正确政治方向、舆论导向、价值取向，把习近平新时代中国特色社会主义思想网上宣传报道作为首要政治任务，以庆祝改革开放40周年为主线，推动网络舆论宣传、精品内容创作质量和水平不断提高，舆论宣传主阵地不断巩固，主旋律更加强劲、正能量更加充沛。

（一）举旗帜：以“首页首屏首条工程”为抓手，推动习近平新时代中国特色社会主义思想“天天见”“天天新”“天天深”

2018年起，总局启动实施了视听新媒体“首页首屏首条工程”，指导各视听节目网站、IPTV、互联网电视集成平台和内容平台选取中央主要新闻单位制作的展示习近平总书记重要思想和风采的时政节目、微视频、专题片，在首页首屏最重要的位置予以呈现，紧紧围绕习近平总书记重要时政活动，多渠道、多终端推出融媒体新闻产品，充分展现习近平总书记的领袖风范、雄才大略、为民情怀和非凡魅力。如央视网打造《央视快评》专栏，以习近平总书记活动和讲话为切入点，撰写思想深刻、短小精悍、生动活泼的评论文章，截至2018年12月18日，累计发稿169篇，在总台自有新媒体平台和“两微”平台的总阅读量超16亿次[①]。引导网络视听行业强化传播手段和话语方式创新，综合运用多种节目形态，推出一大批形式多样、精彩纷呈的视听内容，持续深化习近平新时代中国特色社会主义思想网上宣传。如IPTV首页首屏上线“头条专区”，统一推荐下发《新闻联播》头条内容及总台关于习近平总书记重要活动、重要讲话等领袖报道内容，制作《人民领袖》《央视评论》等时政专题内容，让党的创新理论“飞入寻常百姓家”。

① 数据来源：央视网。

（二）聚民心：以庆祝改革开放40周年为主线，凝聚磅礴精神动力

网络视听行业把统一思想、凝聚力量作为宣传思想工作的中心环节，紧扣主题主线，配合党和国家重大宣传主题和重要时间节点，重点围绕庆祝改革开放40周年，聚合转播主旋律影视节目、开展专题性宣传报道、制作播出主题主线原创节目栏目，宣传阐释改革开放的历史进程、伟大成就和宝贵经验，形成主题宣传的舆论强势，激励人民为实现中华民族伟大复兴的中国梦而凝心聚力，奋发有为。

为了庆祝改革开放40周年，一是组织27家省级网络广播电视台、18家重点视听节目网站（包括央视网、新华网、人民网等新闻机构网站和腾讯视频、爱奇艺、优酷等商业视听网站）、52家其他视听节目网站，通过PC端、手机端、IPTV、互联网电视等多屏联动方式，对庆祝改革开放40周年大会开幕会实况进行转播，当天总观看人数约1亿。二是统筹重大主题项目创作生产播出，组织视听平台和创作机构推出“小视角、大主题、接地气”的原创网络节目，如《假如没有遇见你》《我们身边的四十个细节》《中国：变革故事》《扶贫1+1》等一大批优秀网络视听作品，用优秀作品记录、书写、讴歌新时代，取得良好传播效果。三是引导商业视频网站开设节目栏目，如腾讯视频推出“献礼剧场”、爱奇艺推出“巨变40载，奋进新时代”专题、优酷推出“改革开放40周年”专题，与传统媒体同频共振，扩大了正面舆论的覆盖面和影响力。

（三）育新人：以立德树人、以文化人为实践方向，强化对青少年的价值引导

总局加强网上未成年人节目管理，着力把网络视听打造成年青一代网络文化价值引领的主阵地，促进青年构建正确价值观。一方面，规范暑期网络视听节目播出，组织视听网站规划好节目编排，把弘扬社会主义核心价值观、引导青少年追求真善美、传播先进科学文化知识、体现中华优秀传统文化等优秀节目放在显著位置，如《博物奇妙夜》《一千零一夜出走季》《了不起的匠人师徒篇》等节目，正面宣传效果显著。另一方面，强化

价值引领，引导和鼓励创作传播未成年人精品节目。在创作规划、评优表彰、资金扶持项目中，坚持“小成本、大情怀、正能量”的节目理念，着力引导节目制作机构创作更多、播出平台播出更多富有时代气息、格调积极健康、受未成年人喜爱的优秀视听节目。如网络纪录片《我的青春在丝路》讲述了“一带一路”沿线国家追寻青春梦想的中国当代年轻人的奋斗故事，向年轻受众传递爱国精神和正能量。

（四）兴文化：以培根铸魂为重点，推动中华优秀传统文化创造性转化、创新性发展

总局积极引导网络视听行业以中华优秀传统文化为根，以社会主义核心价值观为魂，坚持“公益、文化、原创”的创作方向，使传承中华优秀传统文化、践行社会主义核心价值观成为网络视听节目创作的核心要素，一大批能量正、精气足、打动人心的文化类网络原创节目精品不断涌现，为中华文化实现新辉煌提供新时代的新滋养。2018 年，文化类网络综艺以及网络纪录片齐头并进，全网共上线文化类网络综艺 21 档①，其中不乏精品佳作。如《一本好书》《风味人间》《百心百匠》等，这些节目选题从文化漫谈到博物访古，从书籍细读到致敬匠人匠心，既有营养又好看，赢得了观众的喜爱。垂直品类综艺出新出彩，航天类综艺、机器人格斗类等综艺内容品质不断提升，取得社会效益和经济效益双丰收，带动年轻用户去了解更加多元的文化领域。总体而言，提升作品自身的思想文化价值，追求正确的价值导向，开发更多的创新模式成为网络原创节目创作可喜的变化，越来越多的创作者不再一味追逐流量明星、热门 IP 或娱乐至上，而是扎根本土、深植时代，着力提高作品的精神高度、文化内涵、艺术价值，潜心打磨作品，弘扬中华优秀文化。

（五）展形象：以传播好中国声音为责任担当，国际传播能力不断提升

当前，网络视听节目在推动文化交流、促进文明互鉴、强化民心相通等方面发挥越来越重要的作用。2018 年，中国网络视听原创节目“走出去”

① 总局监管中心，《2018 网络原创节目发展分析报告（网络综艺篇）》，2018 年 11 月。

的类型不断拓展、内容日趋多元，覆盖网络剧、网络综艺、网络电影、网络纪录片、网络动画片等多种类型；出海范围也不断扩大，从以东南亚为主扩展到欧美地区。如网络剧《致我们单纯的小美好》《如懿传》《扶摇》《延禧攻略》等，一些剧集在中国香港、中国台湾地区和一些东南亚国家掀起追剧热潮；网络纪录片《中国：变革故事》在美国探索频道和优酷同步播出，带领国内外观众一起回顾中国改革开放发展历程，共享中国伟大变革故事。《热血街舞团》《这！就是灌篮》等成功实现节目模式出海。抖音海外版覆盖超过 150 个国家和地区，在 40 多个国家手机应用商店排名前列①。伴随版权出售与平台“走出去”，中华文化的丰富内涵和独特魅力将通过更多的方式传播出去，向世界展现真实、立体、全面的中国。

二、健康有序，网络视听由高速发展转向高质量发展

2018 年，中国网络视听行业在用户规模、内容创作、产业发展、技术应用等方面继续保持较快发展，从量的增长转向质的提升，由高速发展转向高质量发展。

（一）互联网视听节目服务呈量稳质升态势

1. 互联网视听节目服务持续繁荣

一是市场集中度进一步提升。截至 2018 年年底，获准开办互联网视听节目服务的机构基本保持不变。所属 BAT 的腾讯视频、爱奇艺、优酷在用户流量、原创内容上线数量和播放量、商业模式等方面优势明显，进一步与其他平台拉开差距。这三大平台用户占整体视频用户的九成，播放量占整体播放量的八成。与此同时，短视频、直播、音频、知识付费等网络视听新业态表现突出，特别是短视频发展迅猛，成为新媒体和移动互联网的制高点。

二是产业加速迈向成熟。2018 年，网络视听行业市场规模达 2016. 8 亿

---

① 第三方市场数据机构 AppAnnie 公开记录，2019 年 3 月 27 日，http：//www. tj. xinhuanet. com/jz/2018-07/22/c_ 1123160675. htm。

元，同比增长 39.1%，其中在线视频市场规模达 1249.5 亿元，同比增长 31.2%；短视频市场规模达到 118 亿元，同比增长 106%，泛娱乐直播市场规模达 649.2 亿元，同比增长 47.3%①。网络视听营收模式正大幅由广告等后向收入转为付费等前向收入，付费收入逐年增长，发展质量提升。2018 年全网共上线超 3134 部网络视听节目，其中会员付费内容超过 1853 部，占总内容的近 60%②，付费观看已成通行收看模式。2018 年，爱奇艺会员服务收入已超过广告收入，达到 106 亿元，同比增长 72%③。

三是付费用户大幅增长。截至 2018 年 12 月，中国网络视频用户规模达 6.12 亿，同比增加 3309 万，增幅为 5.7%，占网民整体的 73.9%，用户规模增幅放缓；视频观看移动化趋势更加明显，手机网络视频用户规模达 5.9 亿，同比增加 4101 万，占手机网民的 72.2%；网络短视频用户规模达 6.48 亿，用户使用率为 78.2%；网络直播用户规模达 3.97 亿，同比减少 2533 万，用户使用率为 47.9%④。2018 年，中国在线视频付费会员规模超 2.3 亿，近三年复合增长率达 119%，远高于中国网民规模近三年 6.28%的复合增长率⑤；网络视频付费用户比例达 53%，同比增长 23.8%⑥。2018 年，腾讯视频会员规模达 8900 万人，同比增长 58%⑦；爱奇艺会员规模达 8740 万人，同比增长 72%⑧。

四是生态化布局加快推进。2018 年，哔哩哔哩、爱奇艺在境外上市，芒果 TV 并入快乐购实现 A 股上市，头部视频平台均被纳入上市企业体系，资本进一步推动产业竞合，行业竞争向生态体系竞争演进，集约化、规模化、生态化发展趋势更加明显。主要视频平台已经串联视频、文学、漫画、

① 中国网络视听节目服务协会，《2018 中国网络视听发展研究报告》，2018 年 11 月。
② 艺恩咨询，《2018 中国视频内容付费产业观察》，2019 年 1 月。
③ 爱奇艺，2018 年第四季度财报，2019 年 2 月。
④ 中国互联网络信息中心，第 43 次《中国互联网络发展状况统计报告》，2019 年 2 月。
⑤ 艺恩咨询，《2018 中国视频内容付费产业观察》，2019 年 1 月。
⑥ 中国网络视听节目服务协会，《2018 中国网络视听发展研究报告》，2018 年 11 月。
⑦ 腾讯，2018 财年第四季度及全年年报，2019 年 3 月。
⑧ 爱奇艺，2018 年第四季度财报，2019 年 2 月。

音乐、线下娱乐、智能娱乐硬件、电商等多个领域，构建了以影视内容为核心、衍生内容为辅助的内容生态布局，通过生态化战略布局形成产业闭环，构建市场竞争壁垒。

五是网络视听新业态表现突出。短视频的用户规模和使用时长迅速增长，超越长视频成为仅次于即时通讯的互联网第二大应用类型。在 2018 年移动互联网总使用时长增量中，短视频占了 33.1%，截至 2018 年 12 月，短视频总使用时长同比上涨 1.7 倍[①]。各大互联网巨头积极布局短视频领域，一批新兴的短视频平台另辟蹊径，深耕某一细分领域，做强垂直市场，取得不俗成绩。网络直播进入结构调整和业务重塑期，对平台的内容生产、主播培育和吸流能力提出了更高要求，游戏直播、语音直播等细分领域发展强劲。音视频类知识付费产品进入快速增量阶段，从大众入门级进阶为更专业的细分领域，平台化运作更加普遍，通过平台化的资源统筹规划、专业化细分化的制作推广以及社群关系的强化维护，促进音视频类知识付费业务成为高黏性的知识传播及消费场景。

2. **内容精品化程度持续提升**。主要视听平台持续投入巨资制作网络原创节目，自制（含合制）内容数量逐步与购买内容持平，节目质量接近或达到广播影视节目水平。2018 年，全国备案重点网络原创节目共 2381 部（档），其中网络剧 271 部、网络电影 1793 部、网络动画片 67 部、网络纪录片 22 部、网络栏目 228 档；全国非重点网络原创节目共备案 2459 部（档），其中网络剧 50 部、网络电影 460 部、网络动画片 378 部、网络纪录片 129 部、网络栏目 1442 档。2018 年各类型网络原创节目备案数量较上年有明显下降，重点网络原创节目备案数与非重点网络节目备案数大体相当，显示网络原创节目创作回归理性，网络原创节目加速向精品化、专业化方向发展。网络原创节目制作提升的方向开始从依赖 IP、流量演员转向题材创新、新演员启用等新型发展模式，垂直化、圈层化发展趋势明显，独播成为主播出方式。为适应网民向移动端转移的趋势，一些平台和创作机构

① QuestMobile，《中国移动互联网 2018 年度大报告》，2019 年 1 月。

在竖屏剧和微综艺等方面进行大胆探索，或成为网络原创节目的重要组成部分。

一是网络剧创作传播稳中向好。2018 年全网共上线网络剧 218 部 4145 集，同比增加 12 部，独播节目占比为 92%①。现实题材网络剧数量明显增加，如《假如没有遇见你》《北京女子图鉴》《乡村爱情协奏曲》等作品聚焦当下，主题广泛，表达对社会和人生的关切，对形成向好向上创作风气起到积极的带动作用。

二是网络综艺呈现井喷式发展。2018 年全网共上线网络综艺 385 档，同比增长 95%，独播节目占比为 88%，涵盖真人秀、脱口秀、互动娱乐等多种形式，覆盖文化、科技、美食、才艺、婚恋等多个领域②。如《见字如面 第二季》《挑战吧！太空》《这！就是铁甲》等，促成了网综付费观看模式的形成。

三是网络电影进入转型调整期。2018 年全网共上线网络电影 1526 部，同比下降 31%，独播占比高达 94%③。在政策引导、市场推动以及行业自律强化的多重作用下，网络电影涌现出如《烽火逐金》《罪途》等一批在故事结构、思想内涵、人物刻画等方面均有所进步的影片。网络电影继续呈现多元化发展趋势，题材类型触及电竞类、体育类、音乐类、动画类等院线电影较少涉及的领域。

四是网络纪录片发展亮眼。2018 年涌现出《我的青春在丝路》《风味人间》等一大批优秀网络纪录片，以多元的垂直题材和知识性吸引年轻受众的关注，在网络的细分市场中得到较高的评价与满意度。热门 IP 相关微纪录片也成为网生纪录片的热门品类。

五是网络动画片异军突起。2018 年，主要视频平台加大对自制动漫的投入，腾讯视频、爱奇艺、优酷、哔哩哔哩分别上线动漫作品 32 部、52

① 总局监管中心，《2018 网络原创节目发展分析报告（网络剧篇）》，2018 年 11 月。

② 总局监管中心，《2018 网络原创节目发展分析报告（网络综艺篇）》，2018 年 11 月。

③ 总局监管中心，《2018 网络原创节目发展分析报告（网络电影篇）》，2018 年 11 月。

部、41部、43部，其中《斗罗大陆》《魔道祖师》《中国唱诗班》等作品均取得良好的口碑[①]。

3. **网台融通互动进一步增强**。网络视频平台与传统电视台在内容制播的合作持续深化。台网联动趋势随着用户收看习惯的改变而不断强化，视听内容的平台界限逐渐模糊。电视剧方面，取得《电视剧发行许可证》但仅在互联网播出，或首先在网络平台播出的作品数量由2017年的34部增至2018年的63部。综艺节目方面，电视综艺和网络综艺也呈现出模式互鉴、内容交织的态势，如与网络综艺《明星大侦探》题材模式相同的《我是大侦探》登陆卫视播出。电影方面，2018年获得《电影片公映许可证》却以网络为第一发行渠道的作品比2017年增长370%，这些按照院线电影标准进行创作的作品不仅在内容品质上较好，而且通过“先网后台、先网后院、院网同步”的多种发行方式获得了较好的传播效果[②]。

视听新媒体与传统媒体的融合互动探索不断深入。主要视频网站纷纷与传统媒体进行深度合作，如腾讯视频与央视电影频道《脱贫攻坚战——星光行动》进行“扶贫行”公益项目合作；优酷与江苏卫视在内容生产、产品技术、宣发运营方面深度合作。传统媒体也将互联网视听作为开展媒体融合转型的重要抓手，主流媒体大力发展短视频业务和融视频业务，将新闻短视频作为媒体深度融合和流量转场的锋刃。

4. **技术创新带动产业升级**。2018年，网络视听平台进一步加大对新技术的投入，将新技术贯穿到平台的创作、生产、分发、审核、播放、变现和交互整个生态环节，不断提升内容的精准生产、用户的观看体验，新技术在安全审核领域的应用。5G技术为4K、8K的超高清视频以及虚拟现实内容提供技术支撑，传输和分发更加多元快捷，总台已启动建设基于5G技术的新媒体平台，并在2019年全国“两会”期间成功实现4K超高清视频集成制作。人工智能、大数据技术不断深化发展，在智能生产、流量预测、

① 骨朵国漫，《2018年国产动画各视频平台数据分析》，2019年2月。

② 总局监管中心，《2018网络原创节目发展分析报告》，2018年11月。

会员流失预警、广告精准投放以及自制剧排片、剧集更新、数字化修复等领域应用进一步加大。如优酷在2018年世界杯直播期间启用人工智能剪辑技术，日均视频产量增长了100余倍，可用率达90%以上；爱奇艺利用Zoom AI修复了一批如《大宅门》等优秀国产剧，比手工逐帧修复效率提高了500倍。区块链逐步应用于媒体信源追踪、UGC内容审核、数字版权保护、付费内容订阅、传播效果统计等方面，将推动内容生产的社会化多元化，形成用户、内容生产者、媒体平台三方共赢的商业模式。

（二）专网及定向传播视听节目服务有序规范发展

1. IPTV **行业呈现健康规范发展态势**。作为利用电信企业的通信网络开展的有线电视业务，总局强化对广播电视和IPTV、互联网电视的统筹管理，推动IPTV总分平台之间以及总分平台与三大运营商的规范对接。截至2019年3月，全国IPTV用户规模已达2.58亿，成为中国主流电视观看渠道和重要的新媒体宣传阵地①。2018年，总局在验收通过IPTV集成播控总平台、分平台与广东移动规范对接后，颁发中国移动广东省范围的IPTV传输业务许可证，并推动其他省分平台与省移动公司沟通对接。指导IPTV总分平台规范对接、联动保障，使全国IPTV行业呈现健康稳定、快速发展的良好势头，总分平台规范对接用户已达1.1亿户，IPTV“全国一张网”基本建成②，适应IPTV发展特点的分级运营格局初步形成。新技术新标准不断制定完善，IPTV首批5个技术标准的初稿于2018年完成。总分平台主题主线报道生机勃勃，视听内容不断丰富，业务服务不断创新，形成了在总局有效监管下总分平台建设自主可控IPTV平台、IPTV产业链各方积极参与的良好局面。

2. **互联网电视良性有序发展**。7家广播电视播出机构运营互联网电视集成服务，16家机构运营互联网电视内容服务的行业格局维持不变。宽带覆

① 全国IPTV建设管理工作会议，2019年3月27日，http://www.nrta.gov.cn/art/2019/3/27/art_182_40643.html。

② 数据来源：央视爱上电视（北京）集成播控总平台。

盖率的提升和国家提速降费政策的实施，推动了互联网电视终端的普及。截至2018年9月底，互联网电视累计覆盖终端达到3.22亿台，激活终端2.18亿台，激活率达到67.7%，其中，一体机覆盖数为2.43亿台，机顶盒等其他终端覆盖数为0.79亿台[①]。全国互联网电视用户覆盖超过2亿户，互联网电视家庭覆盖率超过40%，成为视频传输的主要渠道之一，正在成为智慧家庭重要的信息入口[②]。2018年，总局重点加强网络视听节目内容建设，打击违法违规行为，促进互联网电视规范化和标准化建设，推动行业制定互联网电视“产业规范”，把互联网电视管理政策法规落实与细化。互联网电视商业模式仍以广告和内容付费为主。广告主要有贴片、屏保、开机、暂停、专区、互动等类型，付费节目整体占比较小，主要集中在电影类型。随着内容质量提升、营销手段升级以及会员体系完善，内容付费占比将进一步提升。

三、固本清源、守正创新，用网治网水平不断提高

（一）以政治建设为统领，巩固壮大网络意识形态阵地

1. **治网管网政策法规密集出台，不断把政策制定权的制度优势转化为巩固壮大主流思想舆论的综合优势**。2018年，总局先后出台《关于加强网络直播答题节目管理的通知》（新广电发〔2018〕26号）、《关于进一步规范网络视听节目传播秩序的通知》（新广电发〔2018〕21号）、《关于做好暑期网络视听节目播出工作的通知》（广电办发〔2018〕44号）、《关于进一步加强广播电视和网络视听文艺节目管理的通知》（广电发〔2018〕60号）、《关于网络视听节目信息备案系统升级的通知》（广电办发〔2018〕158号）等规范性文件，加强对网络直播答题、短视频等新业态的管理，规范网络视听传播秩序，积极为青少年营造健康清朗的网络视听环境，完善包括长短视频在内的视听新媒体内容管理体系，巩固向好向上的网络视听

① 中国网络视听节目服务协会，《2018中国网络视听发展研究报告》，2018年11月。

② 格兰研究，《2018中国互联网电视发展白皮书》，2019年1月。

传播格局，有效营造了网络正能量强势。

2. **坚决落实网上网下统筹管理、同一标准要求，推进网络视听治理体系治理能力现代化**。总局积极贯彻落实习近平总书记提出的传统媒体和新兴媒体实行一个标准、一体管理的要求，不断把网上网下"同一导向、同一标准、同一尺度"的原则要求转化为主管部门的政策法规和工作流程。2018 年 10 月，总局下发《关于进一步加强广播电视和网络视听文艺节目管理的通知》，强调坚持同一标准、同一尺度，统筹广播电视与网络视听节目的健康有序发展；要求各级广播电视主管部门探索建立网台联动的有效管理机制，严把文艺节目的内容关、导向关、人员关、片酬关，存在问题的节目，网上网下均不得播出。2018 年 12 月，总局制定《关于网络视听节目信息备案系统升级的通知》，对重点网络影视剧参照电视剧管理方式，实行规划备案和上线备案管理，将重点网络影视剧全面纳入总局和省局立项管理和内容审核管理范围。这些文件都是从原则上、流程上、规制上对网上网下"同一标准、同一尺度"的进一步重申和实操层面的落实落地落细，确保网上网下节目在导向要求、内容标准和管理尺度上保持一致，使网络视听治理体系和治理能力现代化向纵深推进。

（二）以供给侧结构性改革为手段，强化互联网内容建设

习近平总书记提出，"在信息生产领域，也要进行供给侧结构性改革"。2018 年，总局积极推动网络视听内容生产的供给侧结构性改革，把供给和需求有机结合起来，管建结合，激浊与扬清并举，清理存量与严管增量并行，营造清朗健康的网络视听空间。

1. **固本清源，强化网络视听节目综合治理**。针对行业出现的突出问题和顽瘴痼疾，果断治理违规网络直播答题节目和非法剪辑拼接视听节目；坚决打击政治有害、儿童邪典、诋毁英烈、恶搞经典、内容三俗等问题节目；坚决纠正节目存在的追星炒星、炫富享乐、急功近利、泛娱乐化等不良倾向导向；着力解决舆论反映强烈的明星片酬过高等问题，一些长期扰乱行业生态的行为和突出问题得到有效治理。果断处置"今日头条""快

手”等违规短视频平台，带动互联网视听节目生产制作传播企业大范围深度清理了有害节目、应用和账号，共计自查清理下线问题音视频节目 150 余万条，封禁违规账户 4 万余个，拦截问题信息 1350 多万条，清除和截断了网络视听内容池里的浊流污泥，净化了网络空间。

2. **守正创新，扶持引导更多健康优质的网络视听作品创作传播**。加强对网络视听节目的结构化管理和宏观调控，要求重点网络视听节目服务机构提前向总局和省局报备年度和月度各类节目上线计划，按照与广播电视相同的标准尺度进行调控管理，并在主题主线宣传和重大时间节点上进行配合，使网络视听和广播电视传播的整体氛围相协调，让主流价值充盈网络视听空间。持续推进网络视听节目推优与展播工作，“弘扬社会主义核心价值观 共筑中国梦”主题原创网络视听节目征集推选的 101 部优秀作品展播仅一个多月，总播放量就达 4. 54 亿；组织开展“网络视听节目精品创作传播工程”征选推广工作，评选出《习近平的扶贫故事》《西式妙语》等 31 部主题积极、时代性强、正能量充沛的优秀作品，并通过资金扶持、指导帮助制作机构完善剧本和拍摄方案等方式持续推进作品创作；2017 年“中国经典民间故事动漫创作工程（网络动画片）”重点扶持的项目《豆乐国学》《无敌小鹿故事篇》等均于 2018 年上线播出，对青少年传承中华优秀传统文化起到积极作用；指导中国网络视听节目服务协会作好 2018 年度优秀网络视听作品推选活动，共选出三大类 13 个分项 62 部年度优秀作品，引领带动全行业自觉创作讲品位、讲格调、讲责任的内容。

（三）以共筑网上网下同心圆为目标，构建务实管用的综合治网格局

2018 年，总局积极创新工作思路，不断探索用新办法、新举措管理新业态、解决新问题，进一步压实主管、主办和属地管理责任，引导行业协会、企业、社会共同参与网络视听综合治理，聚合网络空间向上向善的力量，共筑网上网下同心圆。

1. **总局网络视听综合治理体系健全完善**。一是加强与职能部门的协同联动，统一出台规范性文件，强化对突出问题、综合业务、融合业态进行

联合监管。总局先后参与中宣部等 5 部门联合印发对影视行业天价片酬、“阴阳合同”、偷逃税等问题进行治理的通知；6 部门联合下发的《关于加强网络直播服务管理工作的通知》等文件，与多部门联合开展对网络直播平台、网络短视频平台的行业集中整治以及对传播儿童“邪典”视频等违规有害节目的集中治理。分工明确、协同治理、系统配合的网络视听综合监管体制机制进一步完善。二是强化对网络视听节目服务的规范化、长效化、流程化管理。按照“两个所有”原则，常态化加强对持证和非持证网站的协同管理，把管理覆盖到所有网络视听节目服务领域。通过日常监管和专项整治，对造成恶劣影响的网站，采取通知、约谈、整改、下架、关停等“组合重拳”，有效震慑违法违规行为。加强对网络视听新业态的管理，把网络直播答题、短视频纳入有序发展轨道。着力加强 IPTV 和 OTT 管理，确保规范有序。

2. **属地管理责任深化落实**。各地广电行政部门着力用行政化、机制化、市场化等手段强化对网络视听平台及内容的管理，引导网络影视精品创作。如北京局优化完善日常管理制度，强化内容管理，升级改造网络视听新媒体监管平台；制定《关于进一步加强广播电视和网络视听文艺节目管理的实施细则》，确保网络视听和广播电视文艺节目在导向、题材、内容、尺度、嘉宾、片酬等方面执行同一标准，同等管理。上海局以着力净化网络视听内容生态、着力深化网络视听管理、着力优化网络视听产业环境为抓手，以完善沟通协调机制、优化行政审批机制、加强节目审核机制为手段，深化网络视听建设管理；制定发布《上海网络视听产业品牌建设三年行动计划（2018~2020 年）》《关于促进上海网络视听产业发展的实施办法》，从精品创作、产业布局、公共服务平台、改革发展等方面全方位促进上海网络视听产业高质量发展。湖南局推动总局与湖南省政府签订部省共同推进的中国（长沙）马栏山视频文创产业园建设合作协议，探索推动网络视频发展新路径。

3. **行业协会自教自律意识内化增强**。指导中国网络视听节目服务协会发挥协调联动功能，聚行业之智制定发布《网络短视频平台管理规范》《网络短视频内容审核标准细则》两个自律规范，并制定少儿类网络视听节目和网络综艺节目内容审核标准细则，逐步建立各细分节目类型的内容审核标准，促进网络视听长短视频节目内容品质的持续升级。加强对网络审核员的培训，协会六年来累计举办 76 期网络视听节目审核员培训班，培训 10194 人，为加强网络视听节目审核、促进网络视听节目健康发展夯实了基础。发布行业倡议，引领行业风尚。2018 年，腾讯视频、优酷、爱奇艺等视听机构联合发布《关于规范影视秩序及净化行业风气的倡议》《关于抑制不合理片酬，抵制行业不正之风的联合声明》等倡议，共同抑制演员天价片酬，抵制偷逃税、“阴阳合同”等违法行为；7 大互联网电视集成服务牌照方联合签署《中国互联网电视集成服务机构自律公约》，成立自律机制，规范从业行为。爱奇艺、优酷还采取关闭显示全网前台播放量等举措，构筑规范、有序的制播环境和生态秩序。成功举办第六届中国网络视听大会，增进业界深入交流，引领行业健康发展。

4. **视听平台政治责任、主办责任、社会责任强化深化**。一是主要视频网站以及短视频和直播平台深入开展自查自纠，深度清理了大量网络空间的精神毒品、垃圾和糟粕，净化网络视听内容生态。二是引导从业机构把人民作为创作的源头活水，用心用情用功抒写人民、描绘人民、歌唱人民，积极创作传播谱写时代奋斗精神的视听精品，让追求精品成为全行业的创作风尚。三是强化内容审核长效机制建设，抓好总编辑内容负责制这个“牛鼻子”，严格按照“三审制”“先审后播”制度，建立健全内容审核与日常监管机制，不给存在导向问题、版权问题、内容问题的视听节目提供传播渠道。四是引导视听网站重视党建工作的导向引领作用，通过基层党建强化党员在关键部门、关键环节、关键领域发挥政治引领作用。

进入新时代，网络视听行业主要矛盾是人民群众日益增长的精神生活需求和不平衡不充分的发展之间的矛盾，突出表现为网络视听“优质内容供给不足”。为此，网络视听行业要在固本清源的基础上守正创新。

一是进一步巩固壮大主流思想舆论，牢牢把握正确的政治方向、宣传导向、价值取向，努力承担“举旗帜、聚民心、育新人、兴文化、展形象”的使命任务，围绕庆祝新中国成立70周年主线，精心制作选播反映现实生活、富有时代气息、格调积极健康的原创节目，不断巩固壮大主流价值影响力版图。

二是进一步强化网络视听阵地建设和管理，把党管媒体要求落实到网络视听机构、内容、产品、市场管理等各方面各环节，做到业务延伸到哪里，管理就覆盖到哪里，监督就跟进到哪里，牢牢掌握网络视听阵地的领导权、管理权、话语权，推动互联网这个变量成为事业产业发展的最大增量。

三是进一步加强互联网内容建设，推出更多健康优质的网络文艺作品。坚持以人民为中心的创作导向，不断提高网络视听作品的精神高度、文化内涵、艺术价值，努力创作更多传承中华优秀传统文化、蕴涵社会主义核心价值观、记录书写讴歌新时代的精品佳作。深化网络视听内容生产供给侧结构性改革，统筹网络视听与广播电视创作播出，营造良好内容生态。

四是进一步推进网络视听高质量创新性发展。积极拥抱大数据、超级计算、人工智能、混合现实等新兴技术，健全互联网视听、IPTV、互联网电视监测监管体系，确保内容安全、播出安全、网络安全、信息安全。鼓励支持网络视听行业技术创新，推动新技术与内容深度融合，寻求业务创新与技术创新的最佳结合点，不断以技术创新带动产业升级，更好地满足人民群众对美好视听生活的新需求，满足人民群众对精神文化生活的新期待。

第六节　广电媒体融合发展

国家广播电视总局媒体融合发展司司长　杨　杰
国家广播电视总局广播影视发展研究中心　吕岩梅　王小溪

提要：2018 年以来，全国广电媒体坚决贯彻落实习近平总书记关于媒体融合发展的一系列重要讲话精神，抢抓机遇，直面挑战，牢牢把握媒体融合的正确方向，积极运用信息革命成果，催化融合质变，放大一体效能，推进媒体融合纵深发展取得重要新成效。

2018 年以来，全国广电媒体融合发展步伐明显加快。融合发展成果亮点纷呈，一体化效应开始显现，正向“四全媒体”蜕变转型，着力构建全媒体传播格局。

一、广电媒体融合发展迎来更多政策红利

以习近平同志为核心的党中央高瞻远瞩、运筹谋划，大力推动媒体融合发展。全国各级政府纷纷出台配套政策，推动广电媒体融合不断向纵深发展。

（一）党中央高度重视媒体融合，为广电媒体融合纵深发展指明方向

党的十八大以来，面对中国媒体发展面临的重大挑战和重要战略机遇期，习近平总书记亲自谋篇布局、科学擘画媒体融合发展方略蓝图。

从 2013 年 8 月习近平总书记在全国宣传思想工作会议上提出媒体融合

发展的战略课题和重大任务，到 2014 年 8 月习近平总书记主持召开中央全面深化改革领导小组第四次会议，审议通过《关于推动传统媒体和新兴媒体融合发展的指导意见》，为媒体融合发展出台顶层设计；从 2016 年 2 月 19 日习近平总书记在党的新闻舆论工作座谈会上提出“融合发展关键在融为一体，合而为一”，要尽快从相“加”阶段迈向相“融”阶段，到 2018 年 8 月 21 日习近平总书记在全国宣传思想工作会议上强调，要加强传播手段和话语方式创新，让党的创新理论“飞入寻常百姓家”，扎实抓好县级融媒体中心建设；再到 2019 年 1 月 25 日习近平总书记主持中共中央政治局第十二次集体学习，把课堂设在媒体融合发展第一线，作出建设“全程媒体、全息媒体、全员媒体、全效媒体”的重要指示，强调坚持一体化发展方向，推动媒体融合向纵深发展。习近平总书记对媒体融合发展提出的一系列新思想、新观点、新要求，既有顶层设计又有具体指导，既阐述重大理论课题又部署重大现实任务，既提出任务要求又教授路径方法，为广电媒体融合发展在新的历史时期大步向纵深推进，打好建成新型主流媒体攻坚战指引了方向，提供了根本遵循。同时，习近平总书记的重要讲话对广电媒体融合发展也是强有力推动和巨大鼓舞。

2018 年以来，中央推进媒体融合力度不断加大，重磅政策接连出台。加强县级融媒体中心建设是一大亮点和热点。2018 年 8 月 21 日至 22 日，习近平总书记在全国宣传思想工作会议上发表重要讲话提出，“要扎实抓好县级融媒体中心建设，更好引导群众、服务群众”。从国家战略层面提出了县级融媒体建设的发展方向。9 月 20 日至 21 日，中宣部在浙江省湖州市长兴县召开县级融媒体中心建设现场推进会，确定了县级融媒体中心建设的具体目标和实现路径，确定从 2018 年起，全面推进县级融媒体中心建设，到 2020 年年底基本实现在全国的全覆盖。11 月 14 日召开的中央全面深化改革委员会第五次会议，审议通过《关于加强县级融媒体中心建设的意见》，指明县级融媒体中心建设的基本思路。2019 年 1 月到 4 月，中宣部和国家广播电视总局联合发布《县级融媒体中心建设规范》《县级融媒体中心省级技术平台规范要求》《县级融媒体中心网络安全规范》《县级融媒体中心运行维护规范》《县级融媒体中心监测监管规范》等一系列技术规范，为县级融媒体中心技术平台搭建规定了操作指南和建设规范。县级融媒体中心建设顶层设计紧锣密鼓架构起来。

据2019年4月2日财政部公布的2019年中央财政预算显示，中央补助地方公共文化服务体系建设专项资金预算数达147.1亿元，比上年执行数增加18.11亿元，增长14%，并指明“主要是支持县级融媒体中心及深度贫困县应急广播体系建设”①。

广电是县级融媒体中心建设的重要主体和参与力量，是党和国家媒体融合发展战略的重要实施者。中央一系列促进加强政策的密集出台，为当前广电正在进行的媒体融合纵深发展、转型突破、公共服务升级带来重大利好。

（二）总局和多省（区、市）出台扶持政策，助力广电媒体融合发展深度推进

在以习近平同志为核心的党中央坚强领导和大力谋划推进下，各级各有关部门党委政府对广电媒体融合发展高度重视，实行属地管理、分级管理、分类施策，抓根本、抓长远、抓政策，为广电媒体深度融合发展创造良好政策环境。

作为行业主管部门，总局认真学习和深入贯彻落实习近平总书记关于推动媒体融合向纵深发展、向一体化发展、建成新型主流媒体，做大做强主流思想舆论的一系列重要讲话精神，坚持把好方向、抓好导向、管好阵地，持续推动广电媒体融合发展向纵深推进。通过实施“广电+”战略、宽带广电战略、“智慧广电”战略等一系列重大战略，通过召开各种工作会、现场会，推优扶优鼓励融合创新，推进国家媒体融合发展战略和总局《关于进一步加快广播电视媒体与新兴媒体融合发展的意见》（新广电发

① 中华人民共和国财政部，《关于2019年中央对地方转移支付预算的说明》，http：//yss. mof. gov. cn/2019zyczys/201903/t20190329_ 3209194. html，2019年4月8日。

〔2016〕124号）落地落实。以各级广电融媒体中心建设为龙头，指导推动广电再造采编播流程，打造融媒体服务、智慧化传播的新型主流媒体。大力推进有线电视网络全国一网整合和网络升级改造，着力构建高速、泛在、智慧、安全的新型广播电视传播覆盖体系，提升广播电视核心竞争力。参与制定已经出台和即将出台的县级融媒体中心系列标准和规范，积极主动发挥广电媒体在县级融媒体中心建设中的主导和支撑作用，勇于充当县级融媒体中心建设的枢纽点、衔接点、支撑点。大力推动全国基层广电充分发挥广电机构采编优势、传送优势和技术优势，以广播电视台、有线广播电视网为枢纽和龙头建设县级融媒体平台，引领县级融媒体中心发展。

全国省（区市）党委政府和广电管理部门积极落实中央部署，把推动媒体深度融合作为落实意识形态工作责任制的重要方面，以高度的政治自觉、思想自觉和行动自觉加速推动广电媒体融合发展。结合各地实际情况推出政策文件，催化融合质变，形成一体化的组织结构、传播体系和体制机制，为打造新型主流媒体提供政策保障。

各地推动广电积极运用信息革命成果。2018年7月，广东省印发《广东省人民政府关于印发广东省新一代人工智能发展规划的通知》（粤府〔2018〕64号），明确要求在全省推动人工智能与广电产业融合发展，实现宣传效果的最大化和最优化，推动媒体融合向纵深发展，夯实做强主流舆论场。发挥省级广电区域带动优势，扎实推进县级融媒体中心建设。2019年4月，广东省委宣传部向全省下发通知，确定由广东广播电视台负责广东省县级融媒体中心省级技术平台“珠江云”（暂定名）的建设运营，与南方报业传媒集团共同负责省级技术平台的内容供给、审核把关、内容分发，为县级融媒体中心媒体服务、党建服务、政务服务、公共服务、增值服务等业务开展提供云端服务。2018年，江苏省委宣传部已经将江苏省广播电视总台的“荔枝云”平台确定为全省唯一县级融媒体中心技术支撑平台。2018年12月，甘肃省印发《甘肃省加强县级融媒体中心建设工作方案》，明确提出分三个阶段，到2020年6月底前，69个县级融媒体中心全部建成。安徽新媒体集团推出《县域融媒体中心建设标准化方案》，采用新一代技术架构模式，帮助县级媒体优化再造流程、提升采编发效率。及时总结推广媒体融合经验与成果。2018 年 7 月，广西广电局印发《关于开展 2018 广西“广电+”媒体融合创新案例推选工作的通知》（桂新广发〔2018〕142 号），部署广西“广电+”媒体融合创新案例推选工作，对“融合项目”“创新产品”“特色栏目（节目）”“融合报道”四类优秀案例给予资金扶持，引导推进全区传统广电媒体和新兴媒体深度融合、一体化发展。

二、打破思维定势和路径依赖，创新体制机制

2018 年以来，广电媒体将体制机制改革作为推动媒体融合纵深发展的突破口，聚焦一体化发展方向，打破思维定势，打破行为惯性，打破路径依赖，积极探索做强做优新思路、新举措。

（一）优势融媒体平台整合运营，推动协同发展

在各级融媒体中心广泛探索基础上，部分形成优势的广电融媒体平台进入整合运营探索发展新阶段，发挥先导带动作用，推动不同范围、不同层级的融媒体平台共建共享、优势互补，协同发展、互利共赢。整合运营推动广电媒体向着构建资源集约、结构合理、差异发展、协同高效的全媒体传播体系目标加速迈进。

1. **中央媒体加紧全国行业资源整合，打造广电融媒体“联合舰队”**。以中央广播电视总台为代表的广电媒体“国家队”加强加紧全国行业资源整合，全力推进媒体深度融合、一体发展。截至 2019 年 2 月，央视新闻移动网已有近 500 家部委、企业和各级媒体矩阵号入驻，在社会热点、突发事件、政经报道等方面实现了跨媒体、跨平台、跨领域的合作传播，开创了融合发展的新业态。2019 年 2 月 19 日，总台“全国县级融媒体智慧平台”上线启动，从节目研发、技术支撑、内容分发、媒资共享等方面为县级融媒体中心全方位赋能，助力县级融媒体中心形成渠道丰富、覆盖广泛、传

播有效、可管可控的移动传播矩阵①。

2. “地方队”因地制宜，建设区域融媒体协作体系。纵向省市县台协作。部分实力较强的省级广播电视机构发挥龙头作用，以省域为基础搭建服务省、市、县各级媒体、政府机构的融媒体平台。如湖北广播电视台以“长江云”移动融媒体平台为依托，聚合分发全省以及省内各、市、县的新闻、政务及服务资源，构建新型的区域性、生态级、智能化媒体融合平台，推动广播电视内容的呈现方式、传播方式、互动方式和盈利模式发生新转变。浙江广电集团新媒体核心产品“中国蓝新闻·蓝媒号”聚合全省素材共建共享融合传播协作体系，探索省市县广播电视协作新模式，创新打造融合发展新平台，抱团推进融合传播。广东广播电视台创办的新闻资讯聚合平台“触电新闻”，吸引省内广电媒体抱团入驻，不断优化聚集优势，推进省市县平台上下左右互融互通，并联合有影响力的传统媒体与新媒体平台进驻，形成强大传播阵容。江苏台“荔枝云”共享平台，借助全国两会报道契机，向全省 13 家市级台和 63 家县级台开通两会内容融合共享渠道，实现省级台与市县媒体直线互通、内容共享的媒体融合新模式。这些省域融媒体平台进一步发挥了省级广电区域性协同指挥和融合新闻生产平台功能，上连央媒、下连市县，形成“轮流领唱，全媒体合唱”的强大传播力。

横向区域协调发展经济带协作。随着中国区域协同发展战略的全面提速，广电媒体抢抓机遇，加快推进经济带广电媒体融合协同发展。2019 年“长江之恋”——长江流域十二省市春节联欢晚会由上海广播电视台联合长江流域 12 省市推出，突出“推动长江经济带发展”主题，集中展示各台媒体融合发展最新成果，打造了全程媒体、全效媒体、全员媒体、全息媒体的创新案例。广东台以重大主题宣传为契机，加大推进港珠澳大湾区融媒体合作力度，“大湾区头条”APP 已正式上线。

---

① 苏丽萍：《中央广播电视总台“全国县级融媒体智慧平台”暨央视网新版全终端上线》，《光明日报》2019 年 2 月 20 日 09 版，http：//epaper. gmw. cn/gmrb/html/2019-02/20/nw. D110000gmrb_20190220_ 2-09. htm。

跨区域协作。融媒体产品、技术跨区域联合协同成为媒体融合发展深入推进一个重要现象和成果。山东广播电视台旗下“轻快”云平台是具有代表性的全国性跨区域市县台联合融合平台。截至2018年年底，轻快云平台已覆盖全国26个省份的200多家市县级媒体、1000多家政企单位①，为全国地市县级广电媒体融合发展提供技术平台和运营平台支持，形成新型融媒体联合体，有效推动了基层广电以低成本实现融合发展及移动互联转型。苏州广播电视台媒体融合+智慧城市服务平台“无线苏州”，已经跟全国50多个城市进行合作，在40多个城市上线，总用户超过2000万，成为一个跨区域资讯整合城市生活服务平台。

（二）创新融合社会资源，扩大广电主流媒体影响力版图

2018年以来，广电媒体融合进一步整合对接自身和社会资源，创新丰富产业生态，为人民群众提供更落地、更优质、更广泛、更全面的文化和信息服务，惠及社会民生，扩大主流价值影响力疆域。

1. **开创与用户融合互动新局面**。随着县级融媒体中心建设如火如荼进行，推动各级广电媒体融媒体服务进一步向基层下沉，向人民群众靠近。大家纷纷通过多屏联动、网上网下互动、移动直播推出“新闻+智库”“新闻+问政”“新闻+服务”“新闻+活动”等全新业务，实现民意多维度反馈、快渠道畅通，民生全方位保障，让人民群众成为融媒体内容主角，鲜活反映和深度融入人民群众生活。如2019年2月19日上线的总台“全国县级融媒体智慧平台”，计划到年底入驻县级融媒体中心达到1000家，助力县级融媒体中心形成渠道丰富、覆盖广泛、可管可控的移动传播矩阵②。浙江华数依靠网络公司本地化运营资源，提供“新闻+服务+政务”综合服务，携手基层融媒体中心做好“最多跑一次”政务服务，拓展教育、养老等产业

---

① 齐鲁网，《中广联副会长胡占凡：轻快融媒“三个走出”开启广电融合新篇章》，2019年3月29日，http://www.iqilu.com/html/weishi/news/2018/1031/4094712.shtml。

② 苏丽萍：《中央广播电视总台“全国县级融媒体智慧平台”暨央视网新版全终端上线》，《光明日报》，2019年2月20日09版，http://epaper.gmw.cn/gmrb/html/2019-02/20/nw.D110000gmrb_20190220_2-09.htm。

项目，利用遍布全省的几万个无线城市 WiFi 为用户提供免费上网服务，提供精确到社区的融媒体“微门户”服务，发挥延伸到每家每户的互联网长尾效应。更多市县广电媒体通过“新闻+活动”，开展丰富多彩的手机直播活动，“用一个屏搅动一座城”，深入融合百姓生活，取得社会效益和经济效益双丰收，也做强了基层主流思想文化阵地。

2. **创新整合媒体资源**。在各级各地融媒体中心建设中，广电媒体发挥几十年连续发展和服务所积累的主流媒体优势，整合当地报纸、网站、微信、微博等媒体资源，建立和升级融媒体中心，实现新闻资源和政务资源的全面融通。很多台汇聚当地政务“两微一端”账号，统一管理、统一运营，形成全媒体传播矩阵，初步实现党的声音全覆盖、信息传播全媒体、新闻政务全汇聚、网络舆情全管控。有的县级融媒体中心还同时维护上千个微信工作群，直接联系基层百姓，达到一呼百应。

3. **创新融汇社会公共资源**。广电媒体发挥自身优势，抓住媒体融合契机，积极融通社会思想文化公共资源、社会治理大数据等资源，提高“新闻+”服务水平，拓展媒体转型发展“新边疆”，巩固壮大主流思想舆论。很多广电媒体在融合发展中已经建立起能够承载新闻宣传、政务数据、文化娱乐、民生服务、信息消费等社会公共服务的综合性媒资信息平台，并在此基础上，及时为党委政府提供基于大数据分析和用户画像的舆情报告，成为党委政府的重要参谋助手。如北京市海淀区融媒体中心整合区域媒体资源、政务资源、高新技术单位密集等社会资源，形成了“1+2+9+N”现代传播格局，即“一个内容生产平台、两个移动传播矩阵、九个融媒体工作室、若干个优质专业账号”，使区融媒体中心在传播信息、凝聚共识、汇聚民心、服务群众等方面发挥重要作用，让党和政府的声音更快速、更准确、更有效地传递到百姓身边，提高党媒在群众中的到达率和覆盖率。北京市朝阳区融媒体中心开发“新闻+舆情”业务，建立互联网时代党媒同网民交心对话的平台，成为政府的“眼睛”和“耳朵”。

4. **创新引入社会优质资产**。广电媒体在融合发展过程中以融合业务为纽带不断拓展业务链，积极对接融合社会优质资产，形成新的竞合态势。2018 年年末，总台与中国电信、中国移动、中国联通及华为公司合作共同建设中国第一个国家级 5G 新媒体平台，给用户带来更高更优视听体验新期待。歌华有线同人民网、腾讯公司共同投资成立人民视听科技有限公司，跨媒体形态、跨所有制融合，整合各方资源发力短视频和直播领域。2019 年 3 月，中国广播电视网络有限公司与中国中信集团有限公司及阿里巴巴集团分别签署战略合作框架协议，将融合各方优势资源，共同规划设计、积极谋划探索，推进有线网络转型升级和智慧化发展，共同努力将广电网络打造成新型的媒体融合传输网、数字文化传播网、数字经济基础网和国家战略资源网。2019 年 3 月，广东台旗下南方新媒体公司获核准首次公开发行股票并在创业板上市，成功接入资本市场。

5. **强化媒体融合技术驱动**。大数据、云计算、移动互联、人工智能（AI）、虚拟现实（VR）、增强现实（AR）等新技术，成为广电媒体融合发展向纵深推进的重要引擎。特别是人工智能，已普遍应用于各级广电融媒体平台和融媒体传播。在 2019 年“两会”报道中，“5G+4K+VR+AI”新技术引领全国广电媒体融合传播新模式，增强视觉冲击力。在 CCBN 2019 展会上，人工智能是最引人瞩目的科技应用与展示。人工智能成为大型综艺节目创新创意的重要方面。央视大型文化综艺节目《经典咏流传》将诗词传唱与人工智能技术深入结合，开发出“读诗成曲”在线互动系统，让更多普通受众在没有任何音乐辅助的情况下，依然可以传唱经典诗词，开启经典咏唱新时代。新上线的广电融媒体平台，无不把人工智能应用作为基本技术支撑。

（三）推动组织结构工作流程再造，催化融合质变

2018 年以来，广电媒体加快完善优化适应市场竞争和一体化发展的管理体制、运营机制、人员建制、内容创制，进一步理顺推进媒体深度融合发展的组织管理体系。

1. **体制机制创新，放大一体效能**。以“突出核心职能、聚焦关键职能、

合并重复职能”的思路对组织机构进行优化。按照一次策划、一次采集、多元生成、多元传播的要求推动体制机制重组、重塑和再造，催化融合质变，放大一体效能。如很多省级台将各类业务进行重构，全部纳入云平台统一生产、统一运营，形成云架构下的服务生态。重组融媒体新闻中心，电视新闻、广播新闻、网络新闻三大板块全面整合、一体运营，努力实现“你就是我，我就是你”，有力推动新闻报道从“几张皮”转变为“一盘棋”，形成融合传播的新格局。

2. **内部流程再造，实现“先网后台”“移动优先”**。以融媒体平台为依托，打造互联网化生产传播新流程。很多台构建了包括融媒体生产系统、互联网传播平台、舆情监测分析系统、数字化营销系统等在内的融媒体平台，创新内部采编发模式，积极推动“先网后台”。全国两会报道期间，各级广电融媒体报道队伍将报道内容优先从移动端发布，实现海量专业内容的快速汇聚，成百上千名广电主流媒体“网红”用全息媒体手段打造出丰富多彩的原创融合精品栏目和新闻产品，推动全国两会报道点击量冲破历史峰值。融媒体平台成为广电构建广播、电视、新媒体平台立体传播矩阵的重要入口。

3. **内容形态创新，强化直播、互动，碎片化传播**。内容形态“变脸”，实现广播视听化、电视小屏化、直播互动化、形式碎片化、内容本地化。各级广电融媒体中心突破传统内容呈现方式，充分利用漫画、长图、动图、超链接、短视频等多种创新表达手段，不断提升新媒体传播效果，很多新媒体产品成为“爆款”。广东台与广州地铁跨界合作推出《有你，广东更好》全国两会“民意地铁”特色融媒产品，吸引超过 15 万人参与 H5 投票，触达 2.5 亿人次。江苏台党的十九大主题融合报道总点击量近 5000 万次，国家公祭日相关重点稿件点击量超 2000 万次。湖北台创意沙画短视频“不忘初心 砥柱中流”全网点击量破 2 亿次。江西台融媒体栏目“赣云热搜”“云端看两会”“两会网约车”，采取“央媒+省市县融媒体中心”四级联动的报道模式，打通了从中央到地方的传播链路，打通主题宣传的“最后一公里”。

4. **管理创新，培植强化自我造血功能**。各级广电融媒体中心根据融合发展需要，对管理体制、用人制度、分配制度等进行全面改革，从完全事业化管理向“事企并轨”转型。这方面很多县级融媒体中心改革创新探索走在了前面。主要做法有：推动平台、中心协同改革，实现适应融合发展需要和媒体竞争新要求的平台体制转型；推动采编经营分开，对广告、媒体+产业等创收经营性业务进行剥离，实现“事企两轮驱动”，经营性企业主体进行市场运作，对接社会资源；在用人上、绩效分配上争取更多自主权，着力提高全要素生产率，增强内部活力，调动人的积极性创造性；进一步优化事业财政补贴，管理上引入市场机制，等等。有的县级融媒体中心创造了“依托经营行业进行部门责任划分，依托部门业绩实施返点绩效考核，依托岗位竞聘激发中层创新活力，依托媒体资源探索产业经营路径”一整套创新管理办法；有的探索出“绩效考核制、零工资制、全员竞聘制、数据考核制、末位淘汰制”等管理新路径，打破陈规，突破惯常做法，致力于培植强化自我造血功能。

5. **人才创新，培养适应“四全媒体”的从业队伍**。面对“四全媒体”的到来，各级广电融媒体中心倾力打造全媒体人才、全能型人才。广电融媒体中心普遍将“全能”素质列入绩效考核之中，让难以胜任融媒体报道的人员“边缘化”。有的广电融媒体中心提出打造“四能”人才的工作目标：写、拍、说、剪合而为一，从报选题、解说到发布、传播都由一个人独立完成。融合发展正在推动广电从业队伍由单一技能向多专多能转型，由一人一岗向一人全岗转型，全面增强广电队伍“四力”，全面提升人才业务素质和工作效能。

6. **运营创新，广泛拓展“新闻+”“媒体+”产业链**。各级广电融媒体中心广泛探索媒体+政务、媒体+文化、媒体+产业、媒体+服务、媒体+活动等产业经营模式，拓展广电产业链条，扩展广电主流媒体影响力辐射版图。很多广电融媒体中心以政府购买服务方式承接了大量新闻+政务、媒体+公共服务业务。与智慧城市、乡村振兴战略紧密结合，与各有关方面密切合作，广泛开展智慧教育、智慧农业、智慧医疗、智慧养老、智慧社区联防等增值业务，以及天气查询、挂号预约、一键导航、一键定位等便民服务。有的县级融媒体中心社会服务项目（APP）达数十个，并在继续增加中。每年围绕春季赏花、秋季采摘、农民丰收节、群众文化节等生态旅游、农事节庆、文化活动主题，举办各类直播活动数百场。有的市县融媒体中心已经在面向全国承接“智慧”项目，不断拓宽增收渠道。

三、突破广电媒体融合关键节点

当前，广电媒体融合发展深入推进还需要突破几个关键节点。

（一）强化市场意识，清醒认识“守阵地”必须要“占市场”

加大对媒体融合发展的支持力度，改革创新管理机制，配套落实政策措施，破除影响融合发展深入推进的各种阻碍，激发广电融媒体活力，增强核心竞争力。从问题出发，在牢牢把握媒体领导权的前提下，推动广电媒体融合项目产品与市场连接，从与市场的互动合作中获得新活力、新增量、新发展，推出更多有影响力的“爆款”融媒体产品，带动行业全面置换新动能、实现转型升级，有力壮大广电主流媒体思想舆论阵地。

（二）冲破体制机制障碍，释放和激发广电强大生机活力

广电媒体在全媒体时代推动媒体融合向纵深发展，要有新担当、新作为。媒体内部组织结构和制度要创新，外部环境中大的制度体系更要创新。必须努力破除阻碍融合发展的体制机制束缚，积极解决矛盾，为媒体融合发展、行业全面转型升级开辟道路。要积极而稳妥地解决影响资金、人才大规模进入广电媒体的瓶颈问题，为主流媒体一体化融合发展、提升壮大竞争力厚植资本基础。

（三）着力提高队伍能力，培养造就一支适应全媒体时代需求的广电媒体融合发展主力军

通过人才激励机制引进，通过强化专业培训提升，通过从业人员自我学习教育转型，通过加速推进融合发展“逼迫”带动传统广电人员转型全媒体人才等多种途径方式，为广电媒体融合发展深入推进积聚强大的人才资源力量。

一是发现选拔和培养造就一大批具有战略思维的广电领军人才队伍。这批人才均有国际视野、战略眼光，善于分析把握媒体发展大趋势、大格局，通过先行一步的实践探索，为广电媒体深入推进开拓新路径、积累新经验。二是发现选拔和培养造就一支对于媒体融合有深刻理解，善经营、懂管理的融媒体平台管理人才队伍。这批人才具有或转换了与新时代媒体发展相匹配的新思维，能够带领广电融媒体平台把控发展方向，有效对接用户、对接市场，做强做大。三是发现选拔和培养造就一批广电资本运营专家。这批人才是广电相对缺乏的，需要创造机制引进培养，为媒体融合发展下即将到来的大融资、大突破、大发展准备力量。四是发现选拔和培养造就一大批融媒体内容创新、产品创新人才。发挥年轻一代媒体人的创造力、创新力，为他们提供发展上升空间，引导培养他们成为创制“爆款”融媒体产品的中坚力量。

（四）转变生产方式，切实满足人民群众的美好文化生活新需求

面对新时代社会主要矛盾的变化，强化“以人民为中心”的发展思想，充分发挥科技先导作用，聚焦当前融合发展短板，彻底转变生产方式、服务方式，着力解决人民日益增长的美好生活需要和广电不平衡不充分的发展之间的矛盾，不断增强人民群众的获得感幸福感。

一是以用户需求为工作导向。“以人民为中心”，落实在广电媒体深度融合发展的工作中，就是要心里装着用户。以用户满意不满意、需要不需要，有没有获得感、幸福感、安全感作为工作的出发点和落脚点。要顺应互联网内容创作生产的开放性和互动性趋势，发挥广电媒体的公信力影响力优势，善加集成利用各种文化资源和技术要素，加快媒体内容产品创新和业务服务创新。主动适应和不断满足人民群众美好文化生活新需求，推动广电媒体融合创新性高质量发展，扩大主流价值影响力版图，让党的声音传得更开、传得更广、传得更深入。

二是坚持先进技术驱动和支撑。顺应互联网传播移动化、社交化、视频化、互动化趋势，努力推动先进、实用技术应用，以技术创新推动广电媒体融合一体化深入发展，带动广电产业和广电公共服务优化升级。当前，新技术已经成为广电媒体融合发展的强劲引擎。面向未来，各级各地广电融媒体平台都在高标准高起点加紧部署技术支撑体系，积极占领传播制高点。2018 年 6 月，总局广科院与上海局、江苏局、浙江局、安徽局联合技术公司共同签署“长三角区域智慧广电与人工智能语音技术融合创新战略合作协议”，为长三角区域打造安全的广电专属语音云。2019 年 2 月，浙江台“中国蓝新闻客户端 · 蓝媒号+”政务号聚合平台正式上线，引入大数据、人工智能和融媒体最新技术，形成高效政务新媒体传播体系。2019 年 3 月，江西台“赣云”融媒体平台联合运营商打造“5G+VR”融媒体联合实验室。插上高新技术的翅膀，广电正在向“全程、全息、全员、全效”四全媒体大步迈进。

第七节　广播电视技术发展与应用

国家广播电视总局科技司司长　许家奇
国家广播电视总局广播影视发展研究中心　周力上

提要：2018 年是全国广播电视科技发展欣欣向荣的一年，是近年来总局出台行业技术政策、技术规划、技术标准数量最多的一年。总局推动全国广播电视科技战线勇于创新、敢于担当、不辱使命，在媒体深度融合、县级融媒体中心建设、全国有线电视网络整合、"智慧广电"、超高清电视、大数据应用、电视节目收视综合评价大数据系统等研发方面取得了多方面的突破。

2018 年，广播电视科技工作以习近平新时代中国特色社会主义思想为指导，认真贯彻落实中央和总局党组的战略部署，围绕中心、服务大局，守正创新、锐意进取，以新视角新理念新方法推动科技创新、支撑行业发展、确保播出安全，助力广播电视高质量创新性发展，成绩显著、亮点纷呈，有力支持广播电视改革发展的工作大局。

一、广播电视科技创新发展面临重大机遇

一是中央作出县级融媒体中心建设的重要部署，赋予广播电视科技发展新的任务。在 2018 年 8 月 21 日至 22 日召开的全国宣传思想工作会议上，习近平总书记要求，"要扎实抓好县级融媒体中心建设，更好引导群众、服

务群众。”中央全面深化改革委员会审议通过了《关于加强县级融媒体中心建设的意见》，这是对基层媒体技术应用创新提出了更高要求，也注入了更强动力。

二是中央高度重视全国有线电视网络整合，对广电科技创新发展提出了重大需求。中宣部牵头成立了网络整合发展领导小组，多部门联合制定了《全国有线电视网络整合实施方案》，中央全面深化改革委员会正式将网络整合和升级改造方案列入 2019 年工作要点，全国网络整合实质性推动，为广电科技发展带来了历史性机遇。

三是加强、优化、统筹国家应急能力建设，对应急广播发展提供了指引。2018 年 2 月 28 日，中国共产党第十九届中央委员会第三次全体会议审议通过的《中共中央关于深化党和国家机构改革的决定》，明确指出要“加强、优化、统筹国家应急能力建设”，“提高保障生产安全、维护公共安全、防灾减灾救灾等方面能力”。这一部署为全国应急广播体系建设进一步明确了方向。

四是习近平总书记要求媒体融合向纵深推进，指明了广电科技创新发展的重点所在。2019 年 1 月 25 日，中共中央政治局在人民日报社就全媒体时代和媒体融合发展举行第十二次集体学习。习近平总书记主持学习并发表重要讲话，要求加快推动媒体融合发展，构建全媒体传播格局。推动媒体融合向纵深发展，构建融为一体、合而为一的全媒体传播格局，已经成为广电科技创新发展的重大使命。

二、服务国家战略，广播电视科技发展重点领域获得突破

（一）颁布实施“智慧广电”发展指导意见

总局组织编制并发布《关于促进智慧广电发展的指导意见》，明确了“智慧广电”建设的指导思想、基本原则、总体目标、重点任务和保障措施，为全国“智慧广电”建设提供了路径指引和基本遵循，克服了推进“智慧广电”建设方面的政策短板。总局还批准设立中国（贵州）智慧广电

综合试验区，在贵州召开推进全国“智慧广电”建设现场会，推动广播电视从数字化网络化向智慧化发展，从功能业务型向创新服务型转变，加快广播电视技术革新与转型升级，全国“智慧广电”建设迈入了崭新阶段。各地“智慧广电”建设亮点纷呈，智能内容汇聚、大数据应用、AI 语音识别、面部识别、无感支付、智能主持人等新技术加快得到应用推广，“智慧广电”体系建设迈出重要一步。

（二）编制发布县级融媒体中心建设系列标准和规范

建设县级融媒体中心是党中央的重大部署，技术规范关乎县级融媒体中心建设成败。在中宣部领导下，总局主动承担起县级融媒体中心建设标准编制任务，总局科技司组织广播电视、新闻报刊、电子政务、互联网、网络安全等多领域相关单位，由中广电广播电影电视设计研究院牵头，连续奋战，圆满完成了有关标准规范编制任务。2019 年 1 月 15 日，中宣部和总局正式发布了《县级融媒体中心建设规范》，经中宣部批准总局发布了推荐性行业标准《县级融媒体中心省级技术平台规范要求》。2019 年 4 月 9 日，中宣部新闻局和总局科技司联合发布了《县级融媒体中心网络安全规范》《县级融媒体中心运行维护规范》《县级融媒体中心监测监管规范》。这些技术标准和规范为县级融媒体中心建设明确了技术系统要求，为各级广播电视机构积极参与县级融媒体中心建设提供了技术支持。

《县级融媒体中心建设规范》以业务需求为引导，对县级融媒体中心技术系统的总体架构、功能要求、网络安全、运行维护和监测监管进行规范，对配套基础设施、关键指标和验收测试提出要求。同一时间配套发布的广播电视行业标准《县级融媒体中心省级技术平台规范要求》，以支撑县级融媒体中心业务开展为目标，对省级技术平台应具备的服务、工具、性能等提出了要求，并规定了省、县两级平台的数据接口。随后发布的县级融媒体中心建设的 3 项规范，《县级融媒体中心网络安全规范》以国家和行业网络安全政策、标准为依据，结合县级融媒体中心技术系统特点，从技术、管理和运维等三个层面，对县级融媒体中心的网络安全进行了规范。《县级融媒体中心运行维护规范》提出了县级融媒体中心的运行维护范围，包括技术系统、基础设施和辅助设施，明确了运行维护及监控的要求，规范了相关应急保障和规章制度。《县级融媒体中心监测监管规范》从内容安全、技术安全、业务安全、网络安全等方面，对县级融媒体中心自我监测系统和第三方监管平台的功能、系统架构、数据接口要求进行了规范。以上县级融媒体中心全部5项标准规范的发布实施，标志着县级融媒体中心标准体系基本建立，为指导全国县级融媒体中心建设，提供了关键性、基础性技术支撑，将为各地建设县级融媒体中心和省级技术平台提供指导和依据。

（三）进一步强化广播电视安全播出管理，编制实施广播电视网络安全发展规划

总局进一步强化广播电视安全播出和网络安全管理。一是指导各安全播出责任单位不断加强安全播出保障力度，完善技术系统和应急预案，加强培训演练和值班值守，圆满完成各重要保障期的安全播出工作。妥善应对亚太6号卫星故障，顺利完成亚太6C卫星接替亚太6号卫星、亚太5C卫星接替亚太5号卫星相关工作，紧急应对“安比”台风影响，确保重要节目播出安全。二是强化网络安全管理，制定颁布《广播电视网络安全发展规划（2018年~2022年）》，从管理体系、技术体系、标准体系三方面推进全行业网络安全保障体系建设。制定颁布《广播电视媒体网站IPv6改造实施指南（2018）》，指导行业内各相关单位按照要求有序开展IPv6升级改造工作。在全行业开展多轮网络安全检查检测及应急演练，提高事件处置能力。重视技术防护手段建设，逐步提升安全防护能力。通过不断强化网络安全建设管理，有力确保了广播电视网络安全，行业网络安全保障水平有效提升，网络安全态势总体向好。

（四）大力推动有线网络技术升级改造

在中宣部领导下，总局大力推进全国有线电视网络整合，同步推进网络升级改造工作力度。组织编制发布了有线电视IP智能机顶盒、《有线电视网络光纤到户系统技术规范》和互联互通平台云数据中心系列标准，提升标准化对有线电视网络的技术支撑能力。各地加快推进有线电视网络数字化双向化升级改造，不断提高有线电视网络承载能力。国网公司进一步加快互联互通技术平台、业务平台、全国“五横五纵”干线光缆传输网、广电宽带数据网建设，取得明显成效。经多次修改完善，全国有线电视网络整合方案得到了中央领导同志的批示认可，为 2019 年在全国范围开展网络整合奠定了基础。

（五）推动面向 5G 的交互广播电视网研究

总局深入贯彻移动优先战略，组织产学研多方力量密切合作，研究既体现广电特点又与电信形成优势互补的组网方式。一是牵头成立“无线交互广播电视”工作组，开展广播无线覆盖与数据交换方式融合的组网研究，由广科院牵头积极参与国际 5G 广播标准研究制定。二是深入研究 5G 技术、频率规划和实施方案，积极与工信部协调，组织国网公司开展 5G 移动通信业务资质、牌照和频率申请的相关工作，研究编制清频方案，积极筹备广电 5G 网络建设前期准备工作。抓住 5G 时代的历史机遇，是全行业面临的重大课题。

（六）推动高清电视成为主流播出模式，快速启动超高清视频发展

推进电视高清化和超高清化发展，是满足人民群众日益增长的美好生活需要，促进中国信息产业和文化产业实力整体提升的重要举措。近年来，总局加快推进电视高清化进程，推动高清电视成为电视台主流播出模式，鼓励支持各地电视台实现高标清同播，全国高清电视频道已批准数量达到 240 个，高清数字用户近 1 亿户。

超高清视频是继视频数字化、高清化之后新一轮重大技术革新，将催生出巨大产业，是中国经济由高速发展转向高质量发展的重大项目。为促进 4K 超高清电视发展，总局多方出招，一是联合工信部、总台，建立部际协调机制，促进 4K 技术研发、节目生产、终端普及、网络传输和监测监管同步推进。2019 年 2 月 28 日，工信部、总局、总台联合发布《超高清视频产业发展行动计划（2019～2022 年）》，提出到 2022 年，中国超高清视频产业的总体规模有望超过4万亿元，超高清视频用户数达到2亿，4K产业生态体系基本完善，8K关键技术产品研发和产业化取得突破，形成技术、产品、服务和应用协调发展的良好格局。二是总局支持总台和有条件的省级台加快4K超高清电视技术规划设计和系统建设，支持总台和广东电视台开播4K超高清电视频道。截至2018年年底，CCTV-4K超高清频道覆盖全国有线网络4K机顶盒用户1593.5万户，广东省4K机顶盒用户达到1499.76万户（主要为IPTV 4K用户）。三是完善标准体系和技术体系，推进4K超高清电视健康有序发展，编制发布《4K超高清电视技术应用实施指南》以及《超高清晰度电视系统节目制作和交换参数值》《高动态范围电视节目制作和交换图像参数值》《用于节目制作的先进声音系统》等超高清电视系列标准，并分别在广科院和规划院建立4K/8K技术应用与标准研究实验室，加快8K超高清电视技术跟踪研究，参与“科技冬奥”重点专项，为2022年北京冬季奥运会的8K电视直播提供技术支撑。

三、面向实际需求，完善技术体系

（一）应急广播技术和标准体系不断完善

继发布《全国应急广播体系建设总体规划》后，总局大力推动应急广播体系建设，建立健全技术体系、标准体系、管理体系、运行体系和保障体系，出台了覆盖卫星、有线、地面电视、中短波、调频、大喇叭等传输方式的11项应急广播标准，为贫困县应急广播系统建设项目提供了技术依据，这些措施有力推动了应急广播体系的建设。在标准制定中，总局批准设立了“应急广播技术研究实验室”，搭建标准规范仿真验证环境，通过科研、标准、示范有机结合，先后配套科研项目和标准项目开展示范验证，并组织实验室深入一线调研10个省和近30个深度贫困县，结合县级应急广播系统建设工程开展标准实施检验，进一步验证标准规范的可行性。总局在重庆组织召开全国基层应急广播推进工作现场会，启动实施深度贫困县应急广播体系建设工程，着力解决基层应急广播覆盖的“最后一公里”问题，有效提升了国家应急广播的进村入户能力。同时对应急广播系列标准规范进行了宣传贯彻，组织实验室对国内近 30 家应急广播设备生产厂家进行标准规范的技术培训工作。

（二）优化广播电视卫星传输资源规划布局

总局组织开展地面数字电视频率规划的实施方案研究，以确保地面数字电视覆盖的平稳过渡。与此同时，推动中星 9B 卫星尽快立项建设，协调发射中星 6C 卫星。研究编制《广播电视卫星应用总体规划（2018 ~ 2022 年）》，提出了当前和今后一个时期卫星广播电视业务发展的指导思想、基本原则以及未来五年在资源、业务、技术、安全等方面的发展目标，明确了卫星资源、频率资源、地面系统资源的总体布局、功能定位及具体发展要求，理清了未来五年卫星广播电视应用发展的总体思路。

（三）电视节目收视综合评价系统开通试运行

2018 年 12 月 26 日，总局电视节目收视综合评价大数据系统建成并开通试运行，为有效解决困扰行业多年的收视数据采集难题提供了支撑平台，对于建立科学、真实、有效的收视评价体系，提升广电领域的大数据应用能力具有重要意义。在项目推进中，总局认真贯彻落实中央要求，坚持问题导向，组织开展收视数据调查核心技术自主研发和规模试验，探索建立基于用户大数据的中国特色收视评价体系。组织制定并发布 3 项收视数据调查基础技术标准，明确标准规范；建设“视听媒体收视大数据实验室”，开展中国特色收视评价小范围规模试验；设立总局收视综合评价大数据系统建设专项，落实项目资金，协调推动项目建设。广播电视规划院推进试验系统建设，自主研发收视数据采集分析系统、收视数据调查软硬件系统，搭建试验系统，为提升收视率综合评价的客观性、准确性提供了重要技术支撑。

各地广电机构积极开展大数据应用。广东、黑龙江、吉林、江西、贵州等省建设大数据分析平台，平台具备收视行为数据采集和分析、新闻智能舆情分析等功能，广播电视台可根据大数据分析结果精准推送内容，为有关部门提供舆情分析服务的能力明显增强。

（四）加强对高新技术应用的前瞻性研究，组织开展重大关键技术的科技创新

在网络信息安全领域，总局组织申报科技部重点专项“网络空间安全”项目，其中《互联网+环境中基于国产密码的多媒体版权保护与监管技术》《数字电视条件接收系统国产密码应用的关键技术》2 个项目已获得科技部立项支持，国家财政投资近 6000 万元。在新一代信息技术应用研究领域，组织开展广电行业 5G、大数据、区块链、人工智能、智能推荐、虚拟现实、IPv6 等技术研究和应用，推动相关技术在广播电视和网络视听领域的部署应用，不断强化科技对行业技术发展的支撑和引领作用。在超高清电视领域，组织跟踪研究超高清电视关键技术，编制系列标准，开展技术试验、测试验证，推动转型升级。

（五）广播电视行业技术规划和技术标准体系不断完善

2018 年是近年来总局出台行业技术政策、技术规划、技术标准数量最多的一年。一是组织编制发布了《中国广电 IPv6 地址规划》《广播电视卫星应用总体规划（2018~2022 年）》《广播电视网络安全发展规划（2018 年~2022 年）》《全国广播电视与视听新媒体监测监管总体发展规划》等技术政策、技术规划，发布了 4K 超高清、收视数据调查、媒体融合、应急广播、智能电视接收终端、有线电视网络云数据中心等 45 项标准，新立项标准 39 项。二是加快推进智能电视操作系统和新一代广播电视卫星传输技术标准研究。推进卫星直播向新一代技术体系演进，积极开展技术体系研发、外场测试和规模试验，为未来部署应用奠定基础。三是鼓励和推动国内相关单位积极参加国际标准化工作，推进广播电视领域重要标准成为国际标准。2018 年，在国际电信联盟广播业务研究组会议上，中国参与制定的 ITU-R BT. 2245《图像质量评价用 HDTV、UHDTV（包括 HDR-TV）测试图像》等 3 项报告书获得批准。在国际电信联盟宽带与有线电视研究组会议上，中国主导制定的 ITU-T J. 1201《智能电视操作系统功能要求》等 3 项建议书获得通过，牵头申请的《单向环境下可下载条件接收系统》等 7 项标准建议获得立项。

（六）修订发布新版《广播电视设备器材入网认定管理办法》

按照国务院关于行政审批制度改革、“放管服”改革等文件要求，总局对 2004 年 6 月 18 日颁布的《广播电视设备器材入网认定管理办法》（国家广播电影电视总局令第 25 号）进行修订完善，围绕广播电视行业发展，坚持从实际出发，坚持问题导向，深化广播电视领域行政审批制度改革，维护国家意识形态安全，规范行政权力运行，推动市场经济发展，按照法定权限和程序，科学合理地规定了广播电视设备器材入网认定参与主体的权利和义务、权力和责任等。2018 年 7 月，总局发布《广播电视设备器材入网认定管理办法》（国家广播电视总局令第 1 号），并于 2018 年 8 月 20 日正式施行。修订的主要内容有：将改革措施制度化；细化管理工作规范，加强事中事后监管；落实主体责任；落实网络与信息化安全责任制；完善入网认定设备器材范围等。通过此次修订，进一步规范了广电设备器材入网行政审批工作，促进了政务服务标准化，提高了入网认定法制化、科学化管理水平。

第八节　广播电视安全传输保障与传输覆盖

国家广播电视总局安全传输保障司司长　谢东晖
国家广播电视总局广播影视发展研究中心　王小溪

提要：2018 年，全国广播电视系统强化广播电视安全播出长效机制，着力构建广电网络安全体系，圆满完成全年各项安全播出保障任务，全国广播电视安全播出情况总体态势良好。全国广电系统努力提高广播电视传输传送水平，提高广播电视优质覆盖能力，持续推进有线电视网络升级改造、加快推进无线广播电视从模拟向数字化转换、完善广播电视卫星传输技术标准升级和管理系统建设，加快建设新型广播电视覆盖服务体系卓有成效。

2018 年，总局在机构改革中新组建了安全传输保障司，意味着广播电视安全传输保障工作站上创新和深化的新起点。2018 年以来，在全力做好广播电视安全播出保障工作、加强和改进网络安全工作、推进有线、无线、卫星在内的传输覆盖网发展建设等各方面都取得了新进展新成效。

一、服务党和国家大局，优质高效完成全年广播电视安全传输保障工作

安全播出是广播电视工作的生命线，直接关系国家政治安全、文化安全和意识形态安全，直接关系广播电视喉舌和阵地作用的发挥。2018 年以

来，全国广电系统以习近平新时代中国特色社会主义思想为指导，牢固树立“四个意识”、坚定“四个自信”、坚决做到“两个维护”，服务党和国家工作大局，全面落实各项安全播出保障任务，筑牢意识形态安全防线，打造广播电视高质量发展的安全基础。2018 年全国广电安全播出情况总体态势良好，重大事故次数和累计停播时长均有较大幅度的下降，广播电视安全传输保障工作取得良好成绩。

（一）全系统周密部署，圆满完成重要保障期安全播出工作

2018 年度，广播电视重要保障期安全播出工作任务重、频率高、要求严、压力大，各级责任单位措施有力、工作到位，圆满完成元旦、春节、全国两会、青岛上合组织峰会、十一国庆、中非合作论坛北京峰会、中国国际进口博览会、庆祝改革开放 40 周年大会等重要节日、重大活动安全播出保障工作，以优异的成绩向党和人民交上一份满意的答卷。

一是守土有责、守土负责、守土尽责，夯实安全播出主体责任和监督责任。总局高度重视重要保障期安全播出工作，提前发布预警信息，组织各级安全播出责任单位落实中央和总局的安播要求，以总体国家安全观为指导，不断提升广电安全播出保障能力。全国广电系统层层压紧压实意识形态工作责任制，提高政治站位，切实增强做好广播电视安全播出大局意识，始终把安全播出放在重中之重的位置，坚决克服松懈、侥幸思想，既敢于担当又善抓善管，切实把好方向、抓好导向、管好阵地、促好发展。

二是加强值班值守，全面强化安全保障各项防范措施。各级安全播出责任单位领导干部靠前指挥、深入一线带班值守，及时启动重要保障期各项工作预案，认真落实和严格执行信息通报机制，通过精心准备、周密部署，加强隐患排查和应急演练，确保重要时期安全播出万无一失。

三是加强安全播出的组织管理、指挥调度、统筹协调，妥善处理各种突发情况。各级安全播出指挥调度部门和播出单位加强协调配合，在制作播出、传输覆盖、监测监管等各环节履职尽责，为各项广播电视直播转播任务提供了坚实保障，确保了全年 6 个重要保障期、合计 55 个重要保障日的播出安全，高质量、高水平地完成各项重要会议、重要活动的直转播任务。

（二）强化长效机制，广播电视安全播出保障能力稳步提升

2018 年以来，全国广电系统强化广播电视安全播出长效机制，推动安全播出管理工作精细化、体系化、标准化，确保安全播出运行的规范化、科学化、常态化。

一是总局安全播出指挥部定期召开北京地区安全播出例会，及时有效传达任务要求和工作重点。总局通过安全播出例会总结发布全国安全播出季度通报和安全播出事件事故案例专题通报，及时总结经验、巩固成果，督促各单位举一反三、取长补短，积极适应新形势的发展变化，进一步加强了安全播出保障工作的组织领导，有力促进安全播出管理要求的落实。

二是不断完善优化安全播出管理制度和机制流程，加强科学管理和规范管理。各级广播电视安全播出责任单位积极担当作为，坚持高标准、严要求，不断健全各级安全监督网络、责任体系和管理机制。结合各地工作情况，各级广播电视安全播出责任单位建立起落实安全播出岗位责任制、定期安全播出工作联席会议制、安全播出事故查处制、检查督查制、防范保障机制、应急演练机制等相关工作制度，不断提升安全播出工作规范化、制度化、科学化水平，稳步推进安全播出常态化管理，增强安全播出保障能力。

三是各级安全播出指挥机构协同作战，提升指挥调度能力。各省成立省级广播电视安全播出指挥部，各级主管部门加强联动，层层压紧压实安全责任制，形成一套指挥有力、反应迅捷的指挥调度体系，在保障全国广播电视“不间断、高质量”播出运行，在应对地震、台风、暴雨、火灾、卫星故障、非法攻击等一系列自然灾害和突发事件方面发挥了重要的组织协调作用。

四是开展各项宣传教育和应急演练，积极动员部署、提升应急处置能力。一方面加强人员队伍培训，切实提高广播电视安全播出应急处置能力。各地根据广播电视安全播出预警信息发布系统升级改造需要，开展技术培训，进行技术讲解、现场演示和咨询交流。另一方面完善安全防范应急预案、突发事件应急预案，并定期演练，积极开展设施保护宣传。有些地方组织全系统防暴恐知识培训，强化广播电视设施反恐怖防范工作，提高广电系统应对暴力恐怖袭击事件处置能力，为今后突发事件应急处置和防暴恐工作提供有效保障。

五是做好广播电视设施安全保护工作，落实巡线护线责任制。加强广播电视设施和传输线路的巡查守护，做好防汛、防雷、防火工作安排，加强对薄弱环节和重点部位的巡查力度，切实落实相关防范措施。

二、着力构建广电网络安全体系，加强网络安全保障

习近平总书记强调，“网络安全和信息化是相辅相成的。安全是发展的前提，发展是安全的保障，安全和发展要同步推进。”2018 年以来，全国广电系统全面贯彻落实习近平总书记重要讲话精神和网络强国战略思想，充实、细化广播电视领域网络安全和信息化工作职能和运行机制，层层落实网络安全工作责任制，网络安全工作得到明显加强。

（一）构建网络安全技术防护体系，确保广播电视网络系统安全运行

随着广电行业新技术的发展应用，网络安全在广电安全传输保障工作中的比重明显提升，加强广播电视网络安全管理成为落实意识形态责任制的重要举措之一。2018 年以来，全国广电系统高度重视广播电视网络安全保障工作，有效开展网络安全监管，提升网络安全事件预防、处置能力，在全系统的共同努力下，总局全年未接报重大网络安全事件。

注重提升网络系统安全防范能力，加强技术保障工作。2018 年以来，全国广电系统进一步加强网络安全技术防护，积极构建网络安全技术防护体系，定期开展对重点平台和网站的安全检测。总局网络安全监测平台于

2018 年 7 月建设完成并投入使用，实现了对总局门户网站和各省级网络广播电视台网站运行状况的实时监测。总局 2018 年组织开展了对中央广播电视总台、总局直属单位和互联网电视集成播控平台的重要互联网技术系统的远程安全测试，累计检测网站 1202 个，从中发现高危漏洞 204 个、中危漏洞 881 个，已针对发现的中高危漏洞和其他网络安全问题及时整改。检测结果的汇总分析显示，随着行业网络安全管理的加强和各单位网络安全意识的提高，广播电视技术业务系统的网络安全漏洞数量整体呈现显著下降趋势。

有序开展实时攻防演练、应急演练，提升应对网络安全突发事件能力。网络安全事故隐患往往藏而不露、来而无影，总局加强网络安全实时攻防演练和突发事件应急演练，提升实战能力，锻炼人员队伍，增强应急指挥处置能力，检验应急预案有效性。2018 年总局组织协调中央广播电视总台等相关单位，在公安部门的监督下有序开展了网络安全实时攻防演练，编制了《广播电视行业公共互联网、重要业务网应对渗透攻击应急预案》《“2018 网络安全演习”实施方案》，进一步理顺了行业网络安全突发事件应急处置流程。各地组织开展网络安全应急演练，从事件监测发现、分析研判、预案启动、恶意攻击来源定位、技术处置、漏洞查找修复、信息报送等全流程环节实施应急处置操作。目前，行业内组织开展的网络安全突发事件应急演练主要集中于机制流程的模拟演练，总局制定的《网络安全攻防演练系统技术方案》已通过专家论证，下一步将推动建设行业网络安全应急演练平台，为开展行业内网络安全攻防演练、网络安全专业技能实操提供技术支撑平台①。

（二）加强顶层设计，推进网络安全标准体系建设

2018 年以来，总局加强网络安全顶层设计，根据《中华人民共和国网络安全法》《国家网络空间安全战略》和《新闻出版广播影视“十三五”

---

① 国家广播电视总局，《总局〈网络安全攻防演练系统技术方案〉通过专家论证》，http：//www. nrta. gov. cn/art/2019/3/6/art_ 114_ 42742. html。

科技发展规划》等有关法律法规政策要求，结合广播电视行业网络安全现状，大力推进广电网络安全相关标准体系建设工作。

一是完善行业网络安全管理体系、技术体系和标准体系建设。总局组织编制《广播电视网络安全发展规划（2018 年~2022 年）》，推动网络安全与事业产业发展良性互动、互为支撑、协调共进；立项研究行业标准《演播室互动系统网络安全基本要求》和《PGC 系统网络安全基本要求》等标准规范，并开展广播电视行业网络安全等级保护有关标准修订、初步拟定行业关键信息基础设施认定标准等工作，充实、细化广播电视领域网络安全和信息化工作职能和运行机制。

二是为县级融媒体中心建设提供技术支撑，加强规范化建设。中宣部、总局联合编制的《县级融媒体中心建设规范》《县级融媒体中心省级技术平台规范要求》，于 2019 年 1 月 15 日被批准为中华人民共和国广播电视推荐性行业标准并予以发布，使县级融媒体中心规范化建设有章可循。总局进一步推动配套文件出台，组织编制《县级融媒体中心网络安全规范》《县级融媒体中心运行维护规范》《县级融媒体中心监测监管规范》并于 2019 年 4 月 11 日正式发布，进一步对县级融媒体网络安全建设、运行维护工具、监测系统和监测监管机构监管平台建设提供实质性指导①。

三是完成广播电视台、网络广播电视台、光缆干线传输、卫星传输、有线广播电视网等各台站类型风险评估方法研究。总局开展《广播电视关键信息基础设施网络安全风险评估规范白皮书》的编制工作，指导做好安全测评和风险评估，在信息基础设施的规划、建设、运行环节同步落实网络安全保护措施。

三、提高传输覆盖能力，加快建设新型广播电视覆盖服务体系

经过多年建设，中国已经建成世界上覆盖人口最多，有线、无线、卫

① 国家广播电视总局，《广播电视行业标准〈县级融媒体中心网络安全规范〉〈县级融媒体中心运行维护规范〉〈县级融媒体中心监测监管规范〉通过审查》，http://www.nrta.gov.cn/art/2019/1/25/art_114_40279.html。

星、互联网等多种手段并用的广播电视传输覆盖网，真正把党的声音传到千家万户，不断巩固党的思想文化宣传阵地。2018 年以来，全国广电系统努力提高广播电视传输传送水平、提高广播电视优质覆盖能力。

（一）持续推进有线电视网络升级改造

全国有线电视网络整合和升级改造，是新时代广电工作高质量发展和创新性发展的标志性举措，在新的发展形势下凝聚和锻造行业迎接挑战的核心竞争力。2018 年，广电系统继续推进有线电视网络实现数字化、双向化、智能化，提高高清电视普及率，切实提升广播电视覆盖能力和服务能力。截至 2018 年年底，中国有线数字电视用户数达到 2.01 亿户，双向网络覆盖用户超过 2.08 亿户，实际用户接近 6600 万户，有线宽带用户超过 3800 万户，高清数字电视用户超过 9200 万户，有线电视网络承载能力不断提高。2018 年全国电视频道高清化进度加快，全国各级播出机构经批准高清播出的电视频道已达 240 个（含付费频道）①，CCTV-4K 超高清频道也于 2018 年 10 月 1 日开播，并在 15 个省（市、区）落地传输。

（二）加快推进无线广播电视从模拟向数字化转换

2018 年，广电系统进一步提高无线广播电视覆盖能力和水平，加快实施高山无线发射台站基础设施建设、地面数字电视无线覆盖和中央广播电视节目无线数字化覆盖等重点工程。各地加快落实工程建设任务，持续推进广播电视节目无线数字化覆盖工程建设，加强中央和省广播电视节目无线数字化覆盖的运行维护，2018 年年底全国中央节目无线数字化工程已基本完成。部分省份也在广播电视节目无线数字化覆盖工作中取得阶段性成效，有些地方同步推动中央、省、市、县四级电视节目无线数字化，已基本实现多套广播电视节目在省内的无线数字化高质量覆盖。

为加快构建广播电视无线传输覆盖新体系、提升频率资源使用效率，总局在全面梳理中国地面数字电视业务需求、频率需求的基础上，已初步

---

① 国家广播电视总局，《2018 年全国电视频道高清化进度加快》，http：//www.nrta.gov.cn/art/2019/1/15/art_114_40218.html。

完成《地面数字电视全数字规划方案》编制工作，将为中国未来地面数字电视的发展提供必要支撑，确保地面数字电视有效覆盖及模拟向数字转换的平稳过渡。

（三）广播电视卫星传输工作更进一步，安全传输覆盖能力提升

随着新一代通信卫星技术的提升和相关工作的推动开展，2018 年以来中国广播电视卫星传输工作运行顺利，卫星传输体系进一步完善。一是妥善应对突发故障，在发现亚太 6 号卫星发生故障的紧急情况后，成功采取一系列措施，完成亚太 6C 卫星准确入轨并于 2018 年 6 月 19 顺利接替亚太 6 号卫星，所有相关广电业务正常运转；二是 2019 年 3 月 10 日成功发射中星 6C 卫星并顺利进入预定轨道，继中星 6A、中星 6B、中星 9 号和中星 9A 卫星之后，中星 6C 卫星成为又一颗满足中国广播电视信息传输要求、承担广电业务安全播出工作的高质量卫星①，加上已经实现的中星 9A 与中星 9 号异轨备份的安全格局，中国广播电视卫星传输进一步增强安全覆盖能力。

为进一步建立完善广播电视卫星传输技术标准升级和管理系统建设，2018 年以来总局开展了一系列工作。一是组织编制了《广播电视卫星应用总体规划（2018~2022 年）》，形成广播电视卫星业务应用的顶层设计，此外，初步建设完成卫星广播电视智慧综合管理系统（一期），初步搭建了集卫星转发器资源管理、地面上行资源管理、上星节目参数指配管理等功能于一体的卫星广播电视资源业务管理系统框架。二是进一步提升广播电视卫星传输效率，启动新一代广播电视卫星传输标准研究，积极谋划部署卫星传输 4K 超高清业务。总局积极开展 4K 超高清电视卫星传输技术测试和验证，为推动 C 波段专用卫星传输技术标准升级和卫星传输 4K 超高清电视节目做好技术准备工作。

2019 年是新中国成立 70 周年，是决胜全面建成小康社会的关键之年，

① 新华网，《中星 6C 升空！长征系列火箭完成第 300 次飞行》，http：//www. jx. xinhuanet. com/2019-03/11/c_1124219122. htm。

对广播电视安全播出保障工作提出了更高的要求。全国广电系统将启动迎接新中国成立 70 周年安全大检查工作，坚持高标准、严要求，全面落实各项安全播出保障任务。同时，进一步建设完善新型广播电视覆盖服务体系，提高广播电视创新发展能力和服务大局能力，确保更加及时安全地把党的声音传到千家万户。

第九节　广播电视规划与发展

国家广播电视总局规划财务司司长　孟　冬

国家广播电视总局广播影视发展研究中心　张苗苗

提要：2018年，总局指导全国广播电视系统主动适应、抢抓机遇、加强谋划，在事业产业布局规划、基础设施建设、完善配套措施及财务服务保障等各方面取得新的进展和突破。2018年，完成国家"十三五"规划中广播电视领域30项重点工作、14项重点工程实施情况中期评估。落实总局部门预算财政拨款44.65亿元，落实中央转移支付补助地方广电部门资金38.83亿元，确保广播电视各项重点工作稳步运行。加强制度设计，优化服务能力，着力提升事业产业发展质量。

2018年是贯彻党的十九大精神的开局之年，也是决胜全面建成小康社会、实施"十三五"规划承上启下的关键一年。一年来，在总局强有力的指导下，全国广电系统深入学习贯彻习近平新时代中国特色社会主义思想，认真贯彻落实党中央、国务院和总局关于广播电视工作的新决策、新部署、新指示，主动适应经济发展新常态和财政管理新形势，认真履行规划、保障、改革和服务职责，做到规划财务有定力、资金保障有底气、项目实施有突破、政策落实有实效、财务监督管理有力度，努力推动广播电视事业产业高质量发展。

一、加强顶层设计，着力谋划事业发展布局

2018 年总局作为广播电视行业主管部门，坚持正确政治方向，着力规划大局、引领全局，提高政治站位，强化顶层设计，推进实施一批战略性规划任务，做好项目评估，积极争取落实中央补助资金，加快推进“智慧广电”建设，不断推进广播电视媒体与新兴媒体深度融合发展，建立完善新媒体集成播控平台和内容监管平台。

（一）积极做好“十三五”规划中期评估

广播电视“十三五”规划实施以来取得了阶段性成果。2018 年，根据发改委开展国家“十三五”规划纲要、国家“十三五”推进基本公共服务均等化规划实施情况中期评估工作的有关要求，总局完成广播电视领域 30 项重点工作、14 项重点工程实施情况中期评估，并按时向发改委报送项目中期评估报告。中期评估较好地总结了“十三五”以来广播电视重点工作、重点项目的实施情况，并对更好地执行完成“十三五”规划任务提出了建设性意见建议，为保证规划任务落实进度和完成质量增强动力，提供支撑。

（二）进一步完善广播电视公共服务体系建设政策措施

2018 年，总局加快推进公共服务能力建设，推动各地因地制宜制定实施配套政策标准，促进配套政策措施进一步完善。

总局积极配合发改委等部门完成《关于建立健全基本公共服务标准体系的指导意见》《加大力度推动社会领域公共服务补短板强弱项提质量促进形成强大国内市场的行动方案》等公共服务政策文件的研究起草和征求意见工作；配合发改委、财政部，研究编制公共服务中央与地方财政事权和支出责任划分有关情况和建议，进一步完善了广播电视公共服务体系的顶层设计，为下一步落实文化惠民工程改革任务，促进转型发展、提质增效提供依据。

总局积极争取将应急广播建设写入中办、国办《关于建立健全基本公共服务标准体系的指导意见》，进一步强调了应急广播作为国家基本公共服

务组成部分的重要性。在编制印发《全国应急广播体系建设总体规划》的基础上，进一步完成了《应急广播体系建设总体技术规范》《应急广播系统资源分类及编码规范》等 11 个应急广播技术标准的编制。争取中央财政资金，启动实施深度贫困县应急广播体系建设工程。2018 年 10 月，在重庆召开全国基层应急广播工作推进会，将应急广播建设作为政治工程、社会工程、民生工程、文化工程，全力推进基层应急广播体系建设各项重点工作。

2018 年 5 月 31 日，湖北省第十三届人民代表大会常务委员会第三次会议通过《湖北省广播电视条例》，规定了县级以上人民政府的责任和义务，要求将广播电视公共服务所需经费纳入财政预算，规定有线广播电视传送服务单位按照有关规定对一些社会福利机构实行收费减免政策，并对相关单位不履行广播电视公共服务职责和义务的违法行为，明确了相应的法律责任。内蒙古自治区深入推进广播电视固边工程，推动“智慧广电”业务与基层政务管理、公共服务等相结合，为服务地方党委政府中心工作、提高信息发布和应急能力、满足边民精神文化创造了有益经验。自工程实施以来，已累计投入 5.66 亿元，取得了固边、净边、强边的积极成效。

（三）注重资金保障，聚焦广播电视重点工作

2018 年，国内经济运行稳中有变，面对一些新问题新挑战，总局围绕全国广电发展的重点工作，积极争取中央相关资金确保广播电视各项重点工作稳步运行。

2018 年总局落实各类中央预算资金 83.48 亿元，其中落实总局部门预算财政拨款 44.65 亿元，重点保障了广播电视和网络视听内容建设、安全播出、审查管理、监测监管、“走出去”等相关工作，为总局全面履行新闻舆论阵地建设、内容创作生产、传播体系建设、意识形态阵地管理、国际传播等各方面职责提供了经费保障，同时重点对电视剧引导扶持、中国民间经典故事动漫创作、广播电视设备入网检测服务、收视综合评价大数据试验系统、总局政务信息系统整合共享等重点和新增项目予以支持。落实中央转移支付补助地方广电部门资金 38.83 亿元，保障了中央广播电视节目无线覆盖、深度贫困县应急广播体系建设、贫困地区广播电视播出机构制播能力建设等工作的有效开展，保障了人民群众听广播看电视的基本文化权益，确保党中央的声音传输覆盖到千家万户。

（四）加强“智慧广电”建设，推动媒体深度融合一体发展

1. **加快推进“智慧广电”建设**。2018 年以来，总局将“智慧广电”建设作为广播电视行业全方位全局性深刻变革、作为关系广播电视未来发展的重大基础性战略性工程，集全局、全系统之力推进。制定出台《关于促进智慧广电发展的指导意见》，明确了“智慧广电”建设的总体目标、重点任务、保障措施等。2018 年 11 月，总局在贵州召开全国“智慧广电”建设现场推进会，总结推广贵州“智慧广电”发展经验，部署从打造“智慧广电”媒体、发展“智慧广电”网络、培育“智慧广电”生态、加强“智慧广电”监管四个方面发力，全力推进“智慧广电”建设取得突破性进展。大力发展高清电视、4K 超清电视等“智慧广电”新业务。

各省局在总局的指导和带动下，牢牢把握数字中国、数字经济、乡村振兴、媒体融合等发展大势，加快“智慧广电”内容生产体系建设。贵州局抢抓“智慧广电”战略机遇，超前谋划实施多彩贵州“广电云”村村通户户用工程，使“广电云”成为实施远程问诊、智慧旅游、云上讲习所、雪亮工程等服务的基础网络。2018 年 8 月 28 日，总局批复中国（贵州）智慧广电综合试验区，这是迄今为止全国广电行业第一个综合试验区。2018 年 1 月 25 日，“智慧广电联盟”成立会议在贵州省贵阳市举行，并发布了《贵州省新闻出版广电行业 IPv6 规模部署行动计划》。宁夏局积极推进“智慧广电”节目制播体系和传播体系建设，支持广电网络全方位参与智慧城市、智慧社区、智慧乡村、智慧家庭建设，努力满足人民群众数字化、高清化、移动化、社交化的收听收看需求。

2. **不断推进广播电视媒体与新兴媒体深度融合发展**。2018 年，总局深入推进《关于进一步加快广播电视媒体与新兴媒体融合发展的意见》落地落实。积极推动县级融媒体中心建设，研究制定了《县级融媒体中心建设规范》《县级融媒体中心省级技术平台规范要求》，为县级融媒体中心建设提供标准支撑。目前，中央广播电视总台和北京、上海、江苏、浙江、湖南等省级电视台在台内融合媒体平台建设上取得显著成效，各地各级广电业务结构和产业结构深刻变化，体制机制进一步创新。

3. **建立完善新媒体集成播控平台和内容监管平台**。积极推动交互式网络电视（IPTV）、手机电视和互联网电视等新媒体集成播控平台建设，督促IPTV集成播控平台与传输系统规范对接，规范运营企业的IPTV传输服务行为。积极引导7家互联网电视集成平台合法合规开展互联网电视业务，协同制定互联网电视接收设备强制性国家标准。积极完善视听节目监测监管体系，构建了行之有效的新媒体监管技术系统。持续推进视听新媒体基础监看工作服务项目，实现从互联网视听节目网站的监看向互联网、移动互联网、IPTV、互联网电视等业态的全覆盖监看，不断提升视听新媒体基础监看服务能力。开通试运行广播电视节目收视综合评价大数据系统，进一步加强改进广播电视管理，从源头上解决收视调查领域突出问题，全面客观反映广播电视节目收视特征和综合评价。

二、突出基础项目抓手，着力增强广播电视服务后劲

2018年，全国广电以基础设施项目建设为抓手，谋划新增工程项目，着力补齐广播电视事业发展短板，筑牢广播电视发展根基，增强广播电视发展动能。

一是谋划启动新增工程项目。启动实施深度贫困县应急广播体系建设工程。总局积极会商财政部聚焦脱贫攻坚，对全国443个深度贫困县给予补助，预计三年安排中央财政补助资金18亿元。2018年落实财政资金2亿元，对48个县予以补助；提前下达2019年约8.12亿元资金，对197个县予以补助。

二是积极落实本级新增建设项目。2018年总局落实本级中小型建设项目和专项工程，编报2019年投资计划草案和三年滚动投资计划，做好中央

预算内投资项目可研审核批复，支持无线局、监管中心覆盖和监管等重点工程项目实施。2018 年落实中央本级项目中央预算内投资约 1.8 亿元。

三是积极推进延续项目进程。总局继续落实中央补助资金对中央广播电视节目无线覆盖、直播卫星公共服务、民族县边境县村综合文化服务中心广播器材配置、少数民族地区和边疆地区广播电视节目译制和传输覆盖、广播电视无线发射台站基础设施建设工程二期、贫困地区县级广播电视播出机构制播能力建设等工程予以支持，推进各地广播电视由村村通向户户通升级发展，并通过季报制度、发文督办、实地督查、约谈等方式，及时了解掌握项目建设进度、预算执行、实施效果和存在问题，并针对性提出意见建议，要求各省（区、市）广电部门进一步提高认识，加强管理，推进工程建设进度，确保工程取得预期效果。各省广电行政管理部门因地制宜，加紧推进落实各延续项目建设进程，取得阶段性进展。

三、完善政策支持，着力提升产业发展质量

2018 年，受宏观经济承压、传统业务受冲击、市场竞争加剧等多重因素影响，全国广电产业发展面临较大的挑战，但挑战与机遇并存，总局积极推进文化经济政策延续生效，减轻有线电视运营企业负担，促进企业发展，同时积极参与服务业高质量发展专题调研和有关产业政策文件起草，为全国广电企业发展构建良性的产业政策环境；全国广电系统进一步加强新形势下产业制度设计，加强资源整合，推进试点地区产业应用与发展，并不断创造新增长点。

（一）积极推进文化经济政策延续生效

总局配合中宣部牵头修订了《国务院办公厅关于印发文化体制改革中经营性文化事业单位转制为企业和进一步支持文化企业发展两个规定的通知》（国办发〔2018〕124 号），为广播电视产业发展提供直接有效的政策措施。一方面保留了对转制文化类企业免征企业所得税这一核心政策；另一方面将有线数字电视基本收视维护费和农村有线电视基本收视费免征增

值税等政策优惠期限又延长 5 年，有力减轻有线电视运营企业负担，促进企业发展。

（二）加强促进产业高质量发展研究和制度设计

总局配合发改委、商务部开展生活性服务业高质量发展专题调研和《服务业重点领域高质量发展行动纲要》起草，积极反映广播电视服务业发展的重点工作和相关需求；将广播影视方面的准入规定纳入 2018 年新修订的《外商准入负面清单》，积极参与产业结构调整指导目录的修订并做好贯彻落实。

各级广电管理部门注重调研规划和制度设计，为广电长远发展提供政策保障。北京局研究制定并印发了《关于推动北京影视业繁荣发展的实施意见》，聚焦北京市影视业“高精尖”转型升级，从“文化+科技”“投贷奖”衔接、软环境建设等角度绘就了北京影视业未来发展路线。重庆广电集团制定了《重庆广播电视集团（总台）以大数据智能化为引领的创新驱动发展战略行动计划（2018～2020）》，提出了集团（总台）大数据智能化创新战略在集团落地的行动纲要。2018 年 8 月，四川局印发《振兴四川影视工作方案》，明确提出通过抓好广播电视和网络视听作品创作生产，进一步做强市场主体，建立形成包括影视制作基地、播映平台等在内的完整产业链。

（三）加快推进广播电视资源整合，推动产业发展

各级广电部门依托自身优势，适应产业发展新形势，推进资源整合，促进产业进一步发展。上海东方明珠以资本为杠杆，整合资源加快外延发展，打造创新业务的对外投资平台，联合金融机构、地方政府和产业合作伙伴共同发起设立东方明珠传媒产业股权投资基金，同时，推动科技创新，引领产能升级；深圳广电集团推出“粤港澳大湾区产业品牌计划”，立足深圳、面向粤港澳大湾区，将以全方位、融媒化的资源整合手段和方式，助力品牌发展；广东声屏传媒股份有限公司实现新三板挂牌上市，广东南方新媒体股份有限公司在创业板上市已通过中宣部、总局批复；广西局推进做好“中国—东盟网络视听产业基地”（广西新媒体中心）建设工作，项目累计投资8.51亿元，已完成一期工程；宁夏广电机构借助电视剧拍摄机会，吸引社会资本建设灵州影视城，联结西部影视城、清水营、西部影视特效制作基地等影视基地，加快形成宁夏回族自治区影视生产圈。

在促进产业发展过程中打造新技术应用增长点。上海东方传媒集团有限公司（SMG）成立业内首个科创实验室，推出的科创产品受到较好评价，积极跟踪4K行业发展，并进行8K技术的探索和运用，成功拍摄制作了中国首部8K全景声电影《这里的黎明静悄悄》。华数互联网电视实现了AI赋能大屏的“化学效应”，2018年年初，华数互联网电视采用AI技术改版个性化推荐，摆脱传统思维，采用更丰富的标签设定和数据处理，对用户需求进行智能推算，提升用户体验。AI赋能大屏之后，华数互联网电视人均使用次数提升30%，人均使用时长提升23%，而VIP屏点播比重提升了77%。

（四）落实部省合作，推进试点地区产业应用与发展

2017年，总局与广东省人民政府签署了“推动广东省4K超高清电视应用与产业发展合作备忘录”，支持广东充分发挥产业优势，提高相关产品的产业成熟度，为全国推进4K超高清电视发展积累经验、提供借鉴。2018年，广东省印发落实总局和广东省政府《推动广东省4K超高清电视应用与产业发展合作备忘录》工作方案。目前，广东台开播了全国首个省级4K超高清频道，广东省4K云服务平台已完成一期建设，实现4K内容生产制作和存储等能力。同时，扎实推动4K新技术新设备的研发应用，与总局广科院共同编制了《4K超高清电视技术应用实施指南（2018版）》，协调广东广播电视台、广州广播电视台、南方新媒体公司等单位编制了《4K/8K超高清摄像机研发可行性研究报告》，推动实施4K超高清摄像机研发战略。

2018年6月，总局正式批复同意在湖南设立中国（长沙）马栏山视频文创产业园。2018年10月13日，总局副局长张宏森和湖南省副省长吴桂英共同出席中国（长沙）马栏山视频文创产业园省部共建合作协议签约仪式。根据省部合作协议内容，总局与湖南省将从推动视听节目制作生产、推动技术研究、打造公共服务平台、打造行业交流合作平台、推动科技创新五个方面入手，把中国（长沙）马栏山视频文创产业园打造成为具有全国和国际影响力的广电产业园。2019 年 3 月 28 日，马栏山视频文创产业园与总局发展研究中心签订合作框架协议，双方将共同落实省部共建协议内容，着力打造新型广电创新发展园区，推动新一代信息技术与视听媒体产业深度融合发展。

四、优化服务职能，着力增强行业服务能力

2018 年，总局配合国家统计局开展重大国情国力调查，组织全国各级广播电视部门和单位开展全行业调查，发布广播电视行业年度统计公报、编制年度统计数据，积极组织行业工程建设标准制定等，进一步增强服务行业能力。

（一）强化统计数据支撑，提升统计服务能力

2018 年，总局强化统计数据支撑，提升统计服务能力。一是开展统计自查自纠，深入学习贯彻落实中办国办《防范和惩治统计造假、弄虚作假督查工作规定》，组织好总局党组理论学习中心组开展集中学习，同时组织各省广电统计人员、总局有关部门的统计负责人进行专题学习，指导组织开展自查自纠。二是配合第四次全国经济普查工作，做好广播电视服务活动分类及基层表设计工作，并为第四次全国经济普查试点提供单位名录数据，配合开展广播电视方面的高技术产业、新产业新业态新商业模式、战略新兴产业分类等标准修订、制定工作。三是开展广播电视行业统计全面调查，涵盖广播电视宣传、覆盖、经济、网络视听、新媒体等方面内容，并开展有线电视专项统计调查工作。

（二）积极组织工程建设标准制定，加强工程建设标准化

2018 年，总局协调完成的工程建设国家标准《有线电视网络工程设计标准》和《有线电视网络工程施工与验收标准》批准发布。总局组织申报

《广播电视工程术语标准》和《厅堂扩声系统设计规范》等 2 项工程建设国家标准并纳入 2019 年国家标准制定计划。组织启动了全文强制性工程建设国家标准《广播电视制播工程项目规范》和《广播电视传输覆盖网络工程项目规范》的研编工作，旨在规定广播电视制作、播出和广播电视传输覆盖网络等工程项目的选址、勘察、设计、施工、验收、运行维护、监测监管、鉴定加固、改造修缮、拆除、废旧利用全过程的要求。

第十节　广播电视公共服务建设

中国广播电影电视社会组织联合会秘书长（国家广播电视总局公共服务司原副司长）　黄　炜
国家广播电视总局广播影视发展研究中心　于秀娟

提要：2018年，全国广电系统在公共服务建设中补短板、强弱项、提质量，服务脱贫攻坚，对接乡村振兴战略，进一步实施重点工程。截至2018年年底，广播电视综合人口覆盖率分别达到98.94%和99.25%，有线电视实际用户数达到2.18亿户，数字化和高清用户渗透率均有提升。公益性节目内容日益丰富多样，覆盖城乡、便捷高效、功能完备、服务到户的广播电视公共服务体系进一步健全，有力提升了人民群众在广播电视服务方面的获得感。

2018年，全国广电系统以习近平新时代中国特色社会主义思想为指导，深入贯彻党的十九大和十九届二中、三中全会精神，围绕中心、服务大局，推动广电公共服务对接乡村振兴战略，助力脱贫攻坚，以农村和基层为重点，着力实施公共服务重点工程，进一步加强改善广播电视公共产品和服务供给，推进公共服务的标准化、均等化，加快升级发展。

一、深化实施重点工程，服务脱贫攻坚与乡村振兴战略

2018年，各地补短板、强弱项、提质量，加快实现广播电视公共服务

由粗放式覆盖向精细化入户服务、由模拟信号覆盖向数字化高清化接收升级。截至2018年年底，广播电视综合人口覆盖率分别为98.94%和99.25%，同比分别增长0.23和0.18个百分点。其中，农村广播电视综合人口覆盖率分别为98.58%和99.01%，同比分别增长了0.34和0.27个百分点，增长速度略超全国平均值，广播电视公共服务标准化、均等化效果显现。

（一）数字化和高清电视用户渗透率提升

有线电视网络数字化程度不断提高，网络承载能力显著增强。截至2018年年底，中国有线电视实际用户数为2.18亿户，其中数字电视实际用户为2.01亿户，占有线实际总用户的92.20%，高清数字电视用户数9257万户，占总用户的42.46%，渗透率均有提升。着眼于提供更高端更优质视听体验，广电加快推进电视高清化进程，推动高清电视成为主流播出模式。全国高清电视频道已批准数量达到240个，形成了一定高清节目播出规模。CCTV-4K超高清频道开播，并在15个省（市、区）落地传输。广东省制定了《广东省电视频道高清发展规划》和实施方案，截至2018年年底，已完成31个频道高标清同播的规划任务，并开播了超高清试验频道。

全国有线电视网络整合步伐加快。国网公司进一步加快互联互通技术平台、业务平台、全国“五横五纵”干线光缆传输网、广电宽带数据网建设，取得明显成效。经多次修改完善，全国有线电视网络整合方案得到了中央领导同志的批示认可，为2019年在全国范围开展网络整合奠定了基础。响应总局号召，各地有线网络公司积极参与、主动对接县级融媒体中心建设，主动服务新时代文明实践中心建设。

（二）深入实施中央广播电视节目无线数字化覆盖工程

总局继续推进中央广播电视节目无线数字化覆盖工程建设，制定出台总体技术方案，加强工程实施进度管理，组织各地加快落实工程建设任务，党的十八大以来已累计落实中央财政资金88.5亿元，2018年年底工程基本完成。

各地积极推进工程的实施，加快设备的安装调试和验收，加强发射台站基础设施的改善，建设重点在基层。浙江省推动中央广播电视节目无线数字化覆盖工程向乡镇的延伸补点覆盖工作，至2018年年底，已完成181个乡镇补点工程，进一步改善了农村无线数字化覆盖效果。陕西省完成二期10个发射台的20部地面数字电视发射机系统的联调和开播工作。新疆已完成中央广播电视节目无线数字化覆盖工程建设，为全区132个无线广播电视发射台配备了264部数字电视发射机、15部数字广播发射机，更新改造了16部1kW数字电视发射机，保证党的声音传递到边疆民族地区。

（三）大力实施直播卫星户户通工程

直播卫星已经成为农村地区群众接收广播电视服务的重要方式。截至2018年年底，直播卫星用户数达1.38亿户，同比增长6.98%，全国已建成3万多个服务网点，覆盖2000多个县，政府主导、社会力量参与的直播卫星服务体系初步建立。总局加强卫星传输覆盖管理工作，优化广播电视卫星传输资源规划布局，研究编制《广播电视卫星应用总体规划（2018~2022年）》，积极推动中星9B卫星尽快立项建设，协调发射中星6C卫星等。

在总局的大力支持下，越来越多的广播电视频率频道通过直播卫星进行定向覆盖，更有效地利用卫星资源，同时也方便群众收听收看本地节目。继宁夏之后，内蒙古自治区级广播电视台所有的节目均在直播卫星上播出，通过直播卫星机顶盒服务全区284万户直播卫星用户。此外，央视4K超高清、CCTV-11/13/15高清、广西、海南、湖南、贵州、上海、青岛、河南省（区、市）高清频道以及云南大理州主频道通过直播卫星定向覆盖已获批复。

（四）加快建设应急广播体系

应急广播体系建设已列入国民经济和社会发展“十三五”发展规划、国家“十三五”推进基本公共服务均等化规划的重大项目，中办国办印发的《关于建立健全基本公共服务标准体系的指导意见》再次强调，要为全民提供应急广播服务，保障广播电视节目有效覆盖，为应急广播建设提供了更有力的政策支持。落实中央要求，总局编制印发了《全国应急广播体系建设总体规划》，完成了《应急广播体系建设总体技术规范》《应急广播系统资源分类及编码规范》等11个应急广播技术标准的编制，总体规划明确提出到2020年要初步建成全国应急广播体系。2018年，总局与财政部联合启动实施深度贫困县应急广播体系建设工程，对全国443个深度贫困县应急广播体系建设给予补助，预计今后3年累计安排中央财政补助资金18亿元。2018年6月已经安排下达2亿元，对48个县予以补助；提前下达2019年资金8.12亿元，对197个县予以补助。

各地将应急广播体系建设作为政治工程、社会工程、民生工程、文化工程，贯彻落实总局印发的相关规划和技术标准，编制本地应急广播体系建设方案，建设高质量的应急广播技术系统，打通预警信息传播的“最后一公里”。尚未开展应急广播建设的地区重点实施督导工作，强化工作责任，加强统筹协调；已建设应急广播体系的地区重点放在组网连接，确保互联互通、管理规范。江苏省印发《江苏省县级应急广播建设工程验收暂行办法》，促进县级应急广播的规范长效管理，确保建设质量。内蒙古应急广播建设基于地面数字电视发射机传输播出内容和播控指令，且全部播出终端均可实现独控独播，是全国第一家。

（五）公共服务建设助力脱贫攻坚

各地在推进公共服务重点工程建设过程中，主动服务脱贫攻坚，科学组织、规范实施、合理统筹，提高广播电视公共服务建设的综合效益。

全国有线网络在升级改造过程中着力促进扶贫工作。一些省（区市）对辖区内贫困户免除有线电视初装费，同时在收视费方面实行政府补贴、企业让利的办法，让贫困户免费看上有线电视。浙江省继续推进“广电低保”数字化提升工程，完成全省41.68万户低保户有线数字电视提升工作，督促各级广播电视台认真执行有线数字电视服务减免政策，确保全省城乡低保户和特殊困难群众能够免费看到数字电视，基本实现“应保尽保”。

在有线电视信号未通达、无线数字电视信号不能良好覆盖的区域，广电机构为贫困户提供直播卫星接收服务，累计安装开通精准扶贫设备10万多套。陕西、河南、广西、宁夏等省（自治区）在“贫困地区百县万村综合文化服务中心示范工程”中，安装直播卫星户户通设备及广播器材，帮助贫困户收听收看广播电视。

加强贫困地区县级广播电视播出机构制播能力建设和无线发射台站基础设施建设，是广播电视公共服务建设重心下移的重要标志。各省针对一些广播电视台站的机房、道路等基础设施老旧问题，制定改造方案，加大资金投入，指导、督促基层台站完善基础设施。陕西省完成18个贫困县县级播出机构制播能力建设和6座发射台基础设施建设项目。福建省出台关于23个省级扶贫开发工作重点县县级台制播能力提升工程实施意见，分步推进实施。新疆为20个贫困地区县市采购了制播设备，启动实施广播电视无线发射台站基础设施项目，完成了“十二五”广播电视高山无线发射台站基础设施建设验收工作。通过重点扶持，全国贫困县县级广播电视制播能力明显提升。

二、广电公共服务节目内容日益丰富，有效供给得到加强

截至2018年年底，全国共设播出机构2647座，包括：电台124座，电视台135座，教育电视台40座，广播电视台2348座，其中含县级广播电视台2094座。上述播出机构共开办4660套节目，其中，广播节目3060套（国际台的61种语言对外广播不计在内），电视节目1600套。全国共开办130套有线数字付费频道，其中付费电视122套（全国覆盖100套、省内覆盖22套），付费广播8套（均为全国覆盖）。此外，总局已批准20家省、市播出机构开办了移动数字电视频道。

（一）广播电视节目类型丰富，公益广告制播明显加强

2018年，广播电视节目创新创优，节目类型丰富，节目质量明显提高，播出机构尤其是上星综合频道在黄金时间增加播出新闻、公益、文化、科技、经济类节目，满足人民群众不断增长的节目需求。电视剧品质提升，纪录片、动画片制作精良，文化类节目将中华文化元素与现代文艺形态、民族精神和时代精神有机结合，推动中华优秀传统文化资源真正“活起来”“火起来”。

播出机构进一步加强对农节目的播出，全年播出对农广播节目441.46万小时，对农电视节目417.79万小时，同比分别增长1.40%和2.93%。对农节目更加丰富，有的已形成系列品牌。如，湖北垄上集团以服务三农为己任，开办有《垄上行》《喜子来了》《寻医问药》《蓝领福利社》《乡亲乡爱》《垄上欢乐送》等一批农业特色鲜明、多元形态并存、城乡互动的垄上品牌栏目。对农节目的宣传组织工作也日益受到重视。如，浙江省开展广电媒体对农节目服务和公益宣传，完成年度250多个通用性电视对农节目的征集制作工作，组织"新农村建设带头人"金牛奖评选、浙江农民创富大赛、公益短视频征集评选等公益活动，取得了良好的效果。

公益广告已成为广播电视公共服务的重要内容，越来越受到各级广电机构重视，作品数量质量显著提升。自2014年开始，总局每年拿出1000多万元用于公益广告专项扶持。一些地方广播电视机构也相继设立公益广告专项扶持资金，出台相关管理办法，组织公益广告大赛等活动，推动公益广告的创作生产和播出。2018年1月至11月，全国共制作各类广播电视公益广告近20万条，播出总时长超3300万分钟，涌现出《年轻党员的朋友圈》《你的样子就是国的样子》等一大批导向正确、创意新颖、表现丰富的优秀公益广告作品，着力弘扬主旋律、传播正能量。

（二）少数民族语言节目供给能力增强

广播电视少数民族语言节目译制进一步改善和加强。一是推动译制下沉、就地译制。少数民族地区正在逐步建立以省（区）民族语译制中心和省级广播电视台为龙头，州市级为重点补充，县级为基础的三级民族语节目译制和自制地方节目体系。云南还在少数民族特色村落、古村落有选择地设置民族语影视译制基地，使有本民族语言的少数民族（包括支系）都有自己的影视译制基地，方便更多少数民族群众听懂看懂广播电视节目。二是推动大数据、人工智能技术助力民语节目译制。新疆利用一语多译翻译系统实现了汉语和维吾尔语的语音识别互译功能，后期还将逐步完成哈语、柯语、蒙语的语音识别和翻译功能，着力实现多语言语音合成功能、音视频文件智能检索功能。青海省积极探索“互联网+译制节目”模式，大大提升了民族语言节目的译制效率。

少数民族语言节目数量质量提升，丰富了民族地区群众的精神生活。2018 年，西藏广播电视台译制广播节目 12000 小时，每天用藏、汉、英语和藏语康巴方言播音 90 小时 25 分钟；自办藏汉语各类型电视栏目 41 档，年自制节目量突破 4500 小时，其中藏语影视剧和动漫年译制量 1500 小时。新疆广播电视台拥有汉语、维吾尔语、哈萨克语、蒙语、柯尔克孜语五种语言广播，汉、维、哈、柯四种语言电视画面和新媒体做到了同步传播。广西共有 35 个广播电视播出机构总计开设了 100 多档民语节目。丰富的民族语言节目不仅满足了少数民族群众的文化生活需求，也有力促进了边疆民族地区的社会稳定和长治久安。

（三）扶贫节目聚焦扶志扶智，助力脱贫攻坚

广播电视战线积极响应脱贫攻坚号召，发挥自身优势进行行业扶贫，相继推出《脱贫大决战》《我们在行动》《脱贫致富电视夜校》《决不掉队》《脱贫路上》《关键时刻》等大批扶贫节目，深入贫困一线，记录脱贫故事，交流扶贫经验，宣传推广农产品，将“扶贫同扶志、扶智相结合”，充分展现了主流媒体的责任与担当。这些节目有的偏重“扶志”，聚焦贫困群众、扶贫干部努力扭转贫困局面的过程和信心，充分展示脱贫攻坚的精气神；有的偏重“扶智”，着重提高贫困地区群众的人文素养和科学技能，通过“富脑袋”实现“富口袋”；有的偏重于“扶植”，及时向群众传递市场信息、分析市场行情、总结推广致富经验，实现从“内容到传播到交易的融合”。以上海广播电视台制作的《我们在行动》为例，节目组织由明星和企业家组成的公益团队，深入到贫困县挖掘当地特产，帮助村民建立扶贫产业，打造品牌产品，最后以产品发布会的形式连接市场，帮助贫困县完成自我造血。节目播出三季以来，已累计为各贫困县村民实现总计 8000 万以上的销售额，为贫困村民开拓了脱贫路径，受到群众的广泛好评。

三、广电公共服务保障能力不断增强

（一）政策保障机制进一步健全

公共文化服务的政策法规日益健全。继《公共文化服务保障法》实施后，相关法律法规政策相继出台。2018 年 7 月，中央全面深化改革委员会审议通过了《关于建立健全基本公共服务标准体系的指导意见》，提出基本公共服务标准体系建设要尽力而为、量力而行，兜住底线、保障基本，统筹协调、动态调整，政府主导、多元参与，创新机制、便民利民；要完善各级各类基本公共服务标准，明确国家基本公共服务质量要求，合理划分支出责任，创新标准实施机制；力争到 2025 年，系统完善、层次分明、衔接配套、科学适用的基本公共服务标准体系全面建立，到 2035 年，基本公共服务均等化基本实现，现代化水平不断提升。2019 年年初，国家发展改革委、中央宣传部、工业和信息化部、财政部、广电总局等 18 部门联合印发《加大力度推动社会领域公共服务补短板强弱项提质量 促进形成强大国内市场的行动方案》（发改社会〔2019〕160 号），鼓励采用 PPP 模式推动社会领域公共服务补短板、强弱项、提质量，对于兜牢基本民生保障网底、满足多样化民生需求、深化供给侧结构性改革、推动形成强大国内市场，具有十分重要的意义。同时，此方案的出台意味着公共服务建设也是国民经济结构转型升级的重要推动力。

各地相继出台与广电公共服务有关的地方性规章制度。其中，大多为贯彻落实中央及国家政策文件的实施性方案，如湖南省、安徽省出台《关于加快推进广播电视村村通户户通升级工作的实施意见》，陕西省出台《提升新闻出版广电公共服务能力助力脱贫攻坚的意见》。有的则制定了专门的广播电视地方性法规，如《江苏省广播电视管理条例》和《湖北省广播电视条例》，均专设“公共服务”方面的条款，从财政资金保障到节目制作、传输等作出明确规定，起到了保基本、保底线的作用，广电公共服务工作日益受到各级政府的重视。

（二）财政保障得到加强

推动广电公共服务标准化、均等化建设，在坚持政府主导、社会参与，引导支持社会组织参与公共服务项目的同时，健全财政保障机制也至关重要。2018 年，中央落实转移支付资金 38.83 亿元，保障了中央广播电视节目无线覆盖、直播卫星公共服务、少数民族和边疆地区广播电视节目译制及传输覆盖等工作的有效开展，有效保障了人民群众特别是边疆地区、少数民族地区群众听广播看电视的基本文化权益。内蒙古、青海、陕西、海南将直播卫星公共服务纳入财政预算范围和政府购买服务目录，为这些地区直播卫星户户通用户服务提供了基本的经费支持。各地还将贫困县应急广播体系建设工程纳入基层基本公共服务功能建设资金资助范围，保障工程的实施进度，推动公共服务的标准化均等化。

（三）内容保障机制逐步完善

一是保障基层播出机构有充足的节目源。鼓励体制内外机构成立节目集成、分发、交易平台，盘活囤积的视听内容、推动节目版权交易的同时，也鼓励节目平台对基层尤其是贫困地区的广播电视台以优惠价格提供对农节目、扶贫节目、少儿节目及影视剧等，拓展基层播出机构的节目来源。

二是保障民族语言节目充足。支持民族地区建立民语节目传输服务平台，鼓励各级民语译制中心通过新技术、新形态，更高效地译制民族语言节目，除提供本省区市播出机构之外，还可跨地域交易。如内蒙古建设蒙古语广播电视节目传输服务平台，搭建了 11 个盟市和二连浩特、满洲里分平台，每天可为基层广播电视台免费编辑推送 3.5 个小时的蒙古语节目。此外，鼓励社会制作机构制作、分发民族语言节目。无论体制内外机构译制、分发民族语言节目只要达到一定标准，可对其进行奖励。优秀的译制机构可对接“丝绸之路影视桥工程”等，跨国界进行节目译配和交易。

（四）长效维护机制逐步形成

一是完善公共服务网点。完善的设备安装、销售和售后服务事关广播电视公共服务长效运行。各地建立省市县多级公共服务中心，有条件的地区设立了乡镇甚至村级服务网点，建立健全了服务机构的管理制度、运作方式和工作考核制度，提高了广电公共服务均等化水平。青海在全省建立39个县级户户通服务中心、166个乡镇建户户通专营店，基本实现了村村通、户户通维护服务全覆盖。

二是建立健全监督管理制度。各地把广电公共服务重点工程列为年度重点工作，制定实施方案、线路图和时间表，定期督查、跟踪约谈、每月通报工程的实施进度。内蒙古每月对各盟市的工程运行管理情况进行监控，每季度通报一次；实地或通过电话进行回访抽查；对回访中个别用户反映的设备故障，及时联系就近的技术人员解决问题。山西各县广电部门均建立了设备仓储保管和出入库台账登记制度，形成了一整套工程管理办法和实施流程，精心打造让群众满意的优质工程。

（五）考核评估机制逐步落实

“提质增效”是广电公共服务工作的关键词，其中的“效”既包括“效率”，也包括“效益”。各地广电机构健全工作机制，把公共服务重点工程的监管验收列入政府绩效考核的指标，实行省市县多级验收制度，做到安装任务比例不达标不验收、合同付款不结束不验收、售后服务保障不到位不验收。一些省建立公共服务技术指导中心，加强广播电视设施管理，严格落实直播卫星户户通项目绩效考评及日常运行维护工作，保证了项目的实效。

四、广电公共服务高质量发展的几点思考

“十三五”时期是全面建成小康社会的决胜阶段，人民群众对提高公共服务供给质量和水平的要求更加紧迫。面对新时代的新要求，广播电视公共服务要对接乡村振兴战略和脱贫攻坚，以基层为重点，以文化小康为目标，进一步补短板、强弱项、提质量，探索适应社会主义市场经济需要、保障社会公平正义的公共服务方式，最终构建现代广播电视公共服务体系，不断满足人民群众日益增长的精神文化需求。

一是坚持正确导向，转变公共服务观念。广播电视是意识形态领域，导向正确是一切工作的前提。要从讲政治的高度，充分认识广电公共服务工作的重要性和紧迫性，坚持用习近平新时代中国特色社会主义思想指导公共服务建设。在确保导向正确的前提下，转变公共服务观念和管理部门职能，深化“放管服”改革，强化以人民为中心这一工作导向，始终把人民群众的拥护、赞成、高兴作为衡量公共服务工作的重要标准，增强保障人民群众公共服务权益的自觉性，履行公共服务职责。

二是坚持守正创新，建立健全公共服务标准。要以国家指导标准为基础，根据不同地区和城乡差异的情况，建立广播电视公共服务的地方实施标准。总体上要确保贫困地区补短板、欠发达地区强弱项、发达地区提质量，确保各地的标准科学规范、切合实际。公开公共服务内容、标准和程序，完善重点工程项目管理措施和考核评价机制，提高工程建设的效率和效益。创新服务平台，积极开展公益惠民服务、网络服务和流动服务活动。加快基础设施建设步伐，形成全社会支持和参与的良好氛围，努力实现文化资源的互通共享。

三是坚持提质增效，加强公共服务供给。加强公共服务创新，实施精品工程。在立项、资金、人才、播映、评奖等多方面创新扶持方式，营造公共视听产品的优良创作环境。重点扶持体现中华优秀传统文化精神、反映中国人审美追求、表达当代中国价值观念的原创节目。政府在基本公共服务提供中承担主导和兜底职能，同时也要充分发挥市场在资源配置中的决定性作用，培育发展多元化广电公共服务主体，提高公共服务供给效率。通过公共服务采购、接受公共服务资金捐助、服务资质认定和监督评估等方式，在政策允许条件下，调动社会主体参与公共服务的积极性，改善公共服务供给，增强服务功能，引导社会资源向广电公共服务领域流动。

四是立足科技创新，“智慧广电”提升公共服务水平。广播电视是科技的产物，在数字化发展的时代，要和现代信息化发展相融合，结合“宽带中国”“智慧城市”等重大信息工程，为平台对接、资源共享创造有利条件，把直播卫星公共服务等项目融入其中，成为数字城市的一部分，推进基层公共服务资源整合。大力推进“智慧广电”建设，充分利用广播、电视、网络双向互动功能，为各级政府部门便民服务提供窗口和平台。

五是加强人才培养，提高公共服务队伍素质。建设高素质的队伍是广播电视公共服务提质增效的基础。要大力加强公共服务人才队伍的建设，提高队伍素质，树立“人才是第一资源”的理念，结合“广播电视行业领军人才工程”和“青年创新人才工程”的实施，创新公共服务人才培养机制，完善人才培养激励措施，吸引优秀人才进入公共服务领域，为新形势下广播电视公共服务高质量发展提供人才支撑。

第十一节　广播影视对外交流合作

国家广播电视总局国际合作司司长　马　黎

国家广播电视总局广播影视发展研究中心　朱新梅　贺　涛

提要：2018 年，全国广播电视系统以习近平新时代中国特色社会主义思想为指导，认真贯彻全国宣传思想工作会议和外交工作会议精神，立足国家外交大局，积极配合国家战略，服务新时代新目标，自觉提高政治站位，履行使命任务，不断推进国际传播能力建设，加大广播电视对外交流合作力度，在更高层次和起点上推动广播电视国际传播不断强起来。

2018 年，广播电视紧紧围绕服务国家外交工作大局，着力提升国际交流合作水平与层次，统筹协调全国广播电视资源力量，协同推进国际市场开发与孵化，形成交流合作与商业化“走出去”协同发展的国际传播与国际出口格局，影视内容产品出口体系初步形成，国际出口贸易规模保持增长态势，国际影响力不断提升，影视节目成为向世界展示真实立体全面中国的重要窗口和平台，有效提升中国文化软实力。

一、服务国家外交工作大局，广播电视国际交流合作迈上新台阶

2018 年，广播电视系统不断增强服务党和国家工作大局的意识，提高工作站位，积极主动作为，以实际行动践行“兴文化、展形象”的使命任

务，推动广播电视对外交流合作迈上新台阶。

（一）服务和借力国家外交工作，提升广播电视合作水平层次

一是对接国家外交工作，搭建国际交流合作平台。2018 年 6 月，总局配合中非合作论坛北京峰会，成功举办第四届中非媒体合作论坛，积极展示发展成就，阐释政策理念，推广合作经验，深化中非务实合作。中非政府部门、媒体机构和企业共 460 余名中外代表围绕“中非媒体政策”“中非媒体话语权建设”“中非媒体数字化和内容产业发展”等议题进行深入讨论。来自 45 个非洲国家的正副部长、媒体机构负责人和专业技术人员出席会议，签署了《中华人民共和国国家广播电视总局与马达加斯加新闻部广播电视合作协议》等 12 项合作协议，通过了《第四届中非媒体合作论坛关于进一步深化交流合作的共同宣言》。

二是依托国家多边合作框架，建立媒体多边交流合作机制。为推动上合组织框架下各成员国媒体领域交流合作，在外交部指导下，总局积极倡议建立媒体合作专门机制，于 2018 年 4 月牵头主办上合组织成员国专家组会议，推动各方签署《上海合作组织成员国政府间媒体合作协议》。

三是借力国家领导人高访，推进签署国际合作协议。在习近平主席访问非洲并出席金砖国家领导人第十次会晤期间，举办“中国与南非影视合作项目启动仪式”，中南双方签署了《院线合作备忘录》《纪录片〈大国担当〉联合制作意向书》《关于合作举办第二届金砖国家电视周的合作协议》。在习近平主席赴巴布亚新几内亚出席 APEC 会议期间，拟定《与太平洋岛国广播电视交流合作工作计划》，打开与南太岛国务实合作新局面，推动中央广播电视总台、广东广播电视台与南太岛国开展联合制作、联合播出、共享新闻素材等多方面的合作。在习近平主席访问菲律宾、阿根廷、巴拿马等国期间，推动签署《中菲广播电视合作谅解备忘录》《中华人民共和国国家广播电视总局与阿根廷共和国联邦公共传媒管理总局合作框架协议》和《中华人民共和国国家广播电视总局和巴拿马共和国国家广播电视总署广播电视合作备忘录》。

四是策划举办“影像中国”播映活动，打造影视公共文化外交品牌。为推动中国优秀节目内容在对象国落地播出，扩大中国影视节目国际影响力传播力，2018 年，总局策划实施“影像中国”播映活动。2018 年 9 月，在葡萄牙里斯本举办了“影像中国”播映活动启动仪式，在当地各界产生积极影响，有效推动了中国影视剧进入葡萄牙主流社会。2018 年 10 月，为配合习近平主席出访，在菲律宾策划举办了“影像中国”公共外交活动，向菲律宾业界推介一批中国优秀电视剧。2018 年 11 月，在巴拿马举办中国影视节目开播仪式。通过“影像中国”活动，一批优秀中国电视节目在当地主流电视媒体播出。2019 年，“影像中国”播映活动更名为“视听中国”播映活动，总局将牵头组织影视机构赴非洲、拉美国家，举办形式丰富、内容紧贴受众的宣传推广人文交流活动，进一步提升中国影视的品牌和知名度。

（二）拓展丰富中外高级别人文交流机制内涵，发挥广播电视独特优势和平台效应

在中外高级别人文机制框架下，总局继续深化与相关国家务实合作，凸显广播电视在双边多边人文交流的独特优势和平台效应。

一是在 2016~2017 中俄媒体交流年和 2018~2019 中俄地方合作交流年基础上，继续加强中俄媒体合作。2018 年 8 月 29 日，总局与俄罗斯数字发展与通信传媒部共同举办中俄媒体合作分委会第十一次会议，签署会议纪要和包含 65 个合作项目的 2018~2019 年度工作计划。2018 年 10 月 31 日，在中俄人文合作委员会第十九次会议期间，成功举办“中俄电视艺术合作联盟成立暨中俄影视作品互播启动仪式”配套活动。2018~2019 年是中俄地方合作交流年，总局积极推动地方媒体加强对俄交流合作。如，推动内蒙古台与俄布里亚特和平电视台签署互播影视节目合作协议，双方将互播电视节目；支持吉林广播电视台与俄罗斯符拉迪沃斯托克电台签约，合作节目“中国故事吉林之声”（俄罗斯远东地区版）实现在俄罗斯远东地区主流媒体本土化传播。

二是在中外高级别人文交流机制框架下，深化与相关国家务实合作。经过多年发展，中外人文交流机制不仅成为中国特色大国外交的有力支撑，也是广播电视文化交流合作的重要平台。总局积极发挥中外人文交流的独特作用，统筹广电系统资源，积极引导和鼓励影视机构与相关国家和地区开展交流合作，推动中外广播电视交流合作实现机制化、长效化和规模化发展。2018 年，在中英高级别人文机制框架下，总局推动与英国数字文化媒体体育部牵头建立“中英创意产业政策对话平台”（部级），促进两国在产业政策、知识产权保护等领域的沟通。在中欧高级别人文机制框架下，形成与欧广联开展全面务实合作的工作计划，积极组织国内主流广电机构选送作品参加欧广联 2018 年“金玫瑰奖”评选，参加欧广联“创意论坛”，举办“聚焦中国”活动，向全球主流媒体和节目交易商展示和推介中国优秀影视作品和原创节目模式。在中德高级别人文交流对话机制框架下，积极参与第七届中德媒体对话会议，支持民营企业华韵尚德公司举办金树国际纪录片节。在“16+1 合作”框架下，成功举办“2017 中国—中东欧国家媒体年闭幕式暨 2018 中国—中东欧国家地方合作年开幕式”。

三是深度参与国际组织事务，探索与国际组织多样合作方式。2018 年，总局积极参与亚洲—太平洋广播联盟（ABU）和亚太广播发展机构（AIBD）工作，支持 AIBD 开展媒体培训业务，推荐上海广播电视台、山东广播电视台和四川广播电视台成为亚广联附加正式会员，推荐新组建成立的中央广播电视总台成为亚广联正式会员，进一步提升中国广播电视机构在国际组织的话语权和影响力。参加第 105 届亚广联（ABU）年中理事会和第 55 届亚广联大会及附属会议，中广电广播电影电视设计研究院荣获“亚广联绿色广播工程奖”，中央人民广播电台《爸爸妈妈，我来啦》荣获“亚广联广播视野奖”，山东广播电视台《如果仅有人类存在，人类将在地球上生存多久》荣获“亚广联广播社区公益广告特别奖”。

（三）修订完善政策法规，为扩大深化广播电视交流合作提供制度保障

2018 年，总局和部分省级广电管理机构不断完善广播电视对外交流政策法规，出台相关政策，推动广播电视交流合作。制定《境外人员参加广播电视节目制作管理规定》，加强对境外人员参与广播电视节目制作的服务和管理，将事前行政许可修改为事中事后监管，并延伸到网络视听节目领域。推动《境外视听节目引进、传播管理规定》修订工作，并向社会公开征求意见。参与制定《关于促进两岸经济文化交流合作的若干措施》，推出“两取消一放宽”政策，即取消对从业人员参与节目制作的数量限制，取消对引进影视剧数量的限制，放宽对影视剧合拍的限制。这一政策将继续推动两岸影视机构加大合作力度，推动两岸影视业的共同繁荣。地方广播电视主管部门积极制定出台政策文件，推动广播电视国际交流合作。如，北京市出台《关于贯彻落实中央〈意见〉精神推动北京影视出版对外交流的工作思路》和《北京市提升广播影视业国际传播力奖励扶持专项资金管理办法》，加强对“走出去”工作的统筹协调以及奖励扶持力度，激发广播电视机构“走出去”的积极性。

二、持续实施“走出去”工程项目，有效拓展涵育国际市场

2018 年，按照深耕“‘一带一路’、巩固非洲主流、开拓拉美市场、稳固周边友邻、提升对欧美影响”的工作布局，总局大力实施广播影视“走出去”工程项目，引领和带动广播电视机构“走出去”，较好地涵育孵化了新兴国际市场。

（一）持续实施“丝绸之路影视桥工程”，助力中国与沿线国家民心相通

2018 年，总局继续实施“丝绸之路影视桥工程”，统筹协调全国广播电视系统广泛参与，形成统分结合、资源共享、优势互补的工作格局。截至目前，工程已顺利实施 5 期，共申报项目 873 个，其中推进实施项目 400 多个，包括大型合作采访、精品节目制作、合作合拍、节目译制播出、境外播出平台搭建、技术交流等。目前，该工程已成为中国广播电视走进沿线国家的基础支撑。一批项目实现品牌化发展，持续推动中国影视节目在沿线国家播出，有力提高了中国节目在对象国的传播力、影响力，促进了中

国与沿线国家人民的相互了解。调研显示，在“一带一路”沿线国家，中国影视作品是沿线国家人民接触中国文化的最重要因素。2018 年，总局还与教育部联合设立“中国政府广播电视高层次人才奖学金项目”，培养跨文化传播、影视创作、数字技术与新媒体研究等专业留学生，打造与“一带一路”沿线国家交流合作的新抓手。

（二）创新推进“中非影视合作创新提升工程”，涵育非洲市场

2012 年，总局开始实施“中非影视合作工程”，推动中国优秀影视节目在非洲播出。2018 年，总局对工程进行提质升级，启动实施“中非影视合作创新提升工程”，强化了中非合拍，扩大了影视节目的播出。目前，该工程已完成英语、法语、豪萨语等多个语言、近 200 多部中国影视优秀作品的配译工作，实现了在非洲 40 多个国家播出。“中非影视合作创新提升工程”在精品内容译制计划的基础上，增加了合作合拍扶持计划和非洲播映推广计划，有效巩固了前期项目的成果，并实现从电视播出到户外播映、从城市电视观众延伸到农村和偏远地区观众、从单向授权播出到合作合拍双向交流的升级。

（三）持续实施“中国当代作品翻译工程”（影视类），讲好当代中国故事

2018 年，总局继续精选反映中国当代社会主流价值观、代表中国影视制作水平的高品质影视剧，通过高质量翻译配音，突破语言障碍，进入对象国主流电视台播出，达到良好的国际传播效果。截至目前，该工程共支持《温州一家人》《鸡毛飞上天》《欢乐颂》《小别离》《我在故宫修文物》《海上丝绸之路》《滚蛋吧！肿瘤君》《美猴王》等 85 部电视剧、电影、纪录片、动画片译制成英语、法语、西班牙语、俄语、阿拉伯语等 17 种语言，在世界多个国家和地区播出。一些作品凭借其优秀的制作、良好的口碑，实现了良好的国际传播效果，向世界展示了新时代中国的新风貌，有效推动提升国家文化软实力。

（四）持续实施友邻传播工程，涵育巩固周边市场

周边国家尤其是东南亚市场是中国影视节目商业化“走出去”的核心

市场。2018 年，总局继续实施友邻传播工程，进一步巩固并加强对周边国家市场的涵育，有效提升中国影视节目在周边国家的影响力。

一是持续深耕蒙古国市场，取得突破性进展。持续多年实施喀尔喀蒙语译配工程及《电视中国剧场》等项目，使中国电视剧在蒙古国的市场份额从 2014 年的不到 7%迅速提升到当前的 20%。截至 2018 年年底，中国影视机构已与蒙古国 18 家主流电视台签订合作协议，每天至少有 5 家主流电视台播出中国电视剧。2018 年 6 月 7 日，蒙语版《小别离》在蒙古亚洲影视剧频道播出后，收视夺冠，在首都乌兰巴托收视份额达到 18.3%。2018 年国庆前夕，总局带领黄磊、海清等主创团队在蒙古国再次举办《小别离》海外观众见面会，引发蒙古观众的观影热潮。

二是持续深耕中亚市场，已形成一定影响力。央视俄语频道译制播出大量俄语、哈萨克语节目，在俄语频道及其官网播出，较好地向中亚地区传播中国影视节目，扩大了中国影视节目在中亚地区的影响力。如，2018 年 6 月，哈萨克语分角色配音版 39 集电视剧《放弃我，抓紧我》在哈萨克斯坦 31 频道播出，收视率达 0.26，在同时段播出的 7 部国外引进剧中排名第 3，仅次于美剧《神盾局特工》（0.43）和印度剧《天才的命运》（0.35）。

三是开展影视文化公共外交活动，孵化对象国市场。利用中柬建交 60 周年，制作专题片《中柬友谊之路》，邀请并支持柬方来华拍摄纪录片《魅力中国》，赴柬拍摄纪录片《魅力柬埔寨》，协调广西人民广播电台在柬国家电视台开办《中国剧场》《中国动漫》栏目，与柬埔寨新闻部举办第二届中柬广电合作定期会议，协调国际台于中柬建交 60 周年纪念日当天举办“中柬对画行动”等活动。

四是利用中国东盟战略合作框架，巩固东南亚市场。利用中国—东盟（10+1）人文交流支柱和“中国—东盟媒体交流年”契机，开展多样化的媒体交流合作活动。2018 年 11 月 14 日，李克强总理在新加坡召开的中国—东盟（10+1）领导人会议上，与东盟国家领导人一起对外宣布 2019 年为“中国

—东盟媒体交流年”，按照“立足长远，讲求实效”的原则，2019年“中国—东盟媒体交流年”设计策划了政策交流、大型活动、主题报道、联合制作、节目联播、译制播出、媒体培训和新兴媒体等8个领域的近50个合作项目。

三、强化国际传播能力建设，着力提高国际话语权

2018年，新组建的中央广播电视总台积极优化台内国际传播资源配置，加快探索建立对外宣传报道快速反应机制，打造具有较强国际影响力的外宣旗舰平台，提高国际话语权。

（一）加强频率频道落地和海外新媒体平台建设，进一步提高国际传播力

一是加强频率频道海外落地。2018年，央视继续强化整频道落地，全年新增整频道用户3300万。长城平台及央视国际频道海外落地共发展全球收费用户约4550.62万。国际台加强国际合作与调频台落地。截至2018年12月底，全球合作媒体达到161家。其中，在文莱、巴拿马、巴布亚新几内亚、波兰、秘鲁等国首次实现合作落地。俄罗斯圣彼得堡落地调频台开播，实现对俄罗斯调频广播落地的突破。2018年，国际台落地传播稿件超过1.2万篇，落地质量、覆盖广度和传播实效远超2017年。

二是加强国际视通国际合作传播。央视利用国际视频通讯社（国际视通）品牌，加强与国外媒体合作，提高国际传播力。截至2018年年底，国际视通签约用户覆盖全球131个国家和地区的336个媒体机构共1954个电视频道和1188个新媒体平台。中美经贸摩擦相关内容被1600家境外电视台、频道采用21.13万次，创重大持续性报道外媒采用量最高纪录。

三是加强互联网新媒体平台海外社交化传播。2018年，央视网海外社交平台总浏览量达81.3亿，比2017年同期增长7.08%；总视频观看量为26.3亿，同比增长14.09%。外宣文化名片“熊猫频道”全球粉丝数超2300万，成为全球熊猫主题最大规模账号。Facebook官方统计报告显示，

2018 年 4~8 月，熊猫频道 Facebook 账号互动率位居全球第二，仅次于美国《赫芬顿邮报》。国际台加强多语种社交化传播，海外社交媒体账号粉丝总量 1.4 亿，境外社交媒体账号集群粉丝量 7899 万，比 2017 年年底分别增长 19%和 39%；26 个境外社交账号粉丝量超 100 万；移动客户端下载量 5721 万，年增长 122%；第三方平台账号订阅量 4947 万，年增长 13%。2018 年受众反馈（互动）总量 5910 万，新媒体阅听总量 103 亿，年度传播规模、发稿量和舆论影响力持续提升。

四是实施综合项目提高传播力。国际台加强在缅甸、土耳其、泰国、葡萄牙、南非等重点国家的综合平台建设，取得显著成效。其中，缅甸项目缅甸国际广播频率每天制作 18 小时直播节目，社交媒体粉丝达 80 多万，手机移动端下载超过 1 万次，日均活跃用户 2000 多；影视译制项目牢牢锁定与本地最大私营电视机构的合作播出渠道，制作播出影视剧 124 集；以 MIR 为重点的新媒体项目成功打造了缅甸国际频率脸书、网站、APP 等新媒体平台，2018 年累计粉丝数 500 余万，浏览量达 2.6 亿次，互动量达 420 多万。

（二）加强新闻报道评论，有效提高国际影响力

一是做好主题主线报道。2018 年全国“两会”，国际台首次使用 40 种语言对人大开幕会进行多媒体直播；与 100 多家境外媒体合作，60 余家海外本土媒体开设专题专栏，相关报道被转发转载 4000 余次；通过广播覆盖 160 多个国家和地区，通过社交媒体覆盖 1.4 亿境内外粉丝，新媒体阅览量达 5820 万次，互动量 72 万次。上合组织青岛峰会，国际台通过俄语、英语、印地语等 11 种上合重点相关语言开展特色报道，其中“中俄头条”双语客户端推出“点赞上合”跨国线上互动活动，点阅互动量达到 1.02 亿，点赞量超过 150 万。

二是做好高访报道。国际台使用多语种海外落地调频电台和社交媒体，做好习近平主席系列高访活动的对外传播。如，2018 年 7 月，习近平主席在南非约翰内斯堡出席金砖国家领导人第十次会晤期间，国际台使用英语、

俄语、阿拉伯语、法语、印地语等 10 个语种做好对外报道，自有境外新媒体及海外媒体转发总阅览量超过 2000 万，30 多个国家的主流媒体和主要社交网站转发转引相关报道。

三是做好国际重大事件报道。CNN、BBC、半岛电视台、《纽约时报》等主流媒体广泛转载中国国际电视台（CGTN）新闻。2018 年，CGTN 新闻周均转载量超过 70 条，其中最高一周转载量达 111 条。针对朝韩领导人板门店历史性会晤、美朝首脑新加坡会晤、特朗普与普京首次会晤、沙特记者死亡事件、美俄对峙加剧等一系列国际局势变化，CGTN 第一时间发布消息。在巴拿马籍“桑吉”轮东海碰撞、韩国密阳医院大火等现场报道中，中国国际电视台（CGTN）时效均领先 BBC、CNN、半岛电视台等国际媒体。在朝鲜试验场拆除报道中，中国国际电视台（CGTN）成为全球最早播发爆破画面媒体之一，被国际媒体广泛引用。

四、探索建立影视产品出口体系，推动多类型节目内容“走出去”

随着国内影视产业的不断繁荣发展，以及持续多年开拓国际市场，中国影视产品出口体系初步形成，建立了覆盖传统媒体和新兴媒体的融合传播渠道平台，实现商业化“走出去”和交流合作“走出去”协同发展，出口产品类型题材不断丰富，海外市场进一步扩大，国际影响力进一步提升，出口规模持续增长。据不完全统计，2018 年全国影视内容产品（含电视剧、电视电影、动画片、纪录片和综艺专题节目，不包括电影故事片）出口总金额约 1.25 亿美元，比 2017 年略有上涨，比 2013 年的 6066 万美元翻了一番。

（一）影视节目内容出口类型题材多元化，向世界展示真实立体全面中国

中国电视剧、纪录片、原创节目模式、动画片等节目类型通过商业化方式“走出去”。其中，电视剧是“走出去”的主要节目类型，在部分国家

和地区具有一定的国际竞争力；纪录片和原创节目模式已出口到欧美国家，实现在欧美主流媒体的播出。动画节目进入非洲等市场，具有一定影响力。

1. **电视剧是主要出口类型，古装剧现代剧并驾齐驱拓展国际市场**。中国电视剧在东南亚等传统市场地位巩固，而且逐渐拓展到非洲、“一带一路”沿线国家、拉美地区。

古装剧保持强大国际出口能力。古装剧已拥有稳定的国际收视群体，并已形成一定的国际竞争力和品牌。2018 年，古装剧在海外发行和播出均呈现良好发展态势。《琅琊榜》译制为西班牙语后，成功在阿根廷主流媒体播出，受到当地观众喜爱，成为国剧商业化登陆阿根廷的破冰者。《如懿传》发行到全球众多国家和地区，在马来西亚是 2018 年播出最好的中国电视剧，2019 年 5 月登陆日本 WOWOW 电视台。《扶摇》在马来西亚平台上获得了收视第一的好成绩。《楚乔传》西语版 2019 年登陆拉丁美洲，并在墨西哥主流电视台 Imagen TV 黄金时间播出。

现代剧逐渐形成新品牌并实现 IP 出口。现代剧在海外表现十分靓丽。《警花与警犬》《下一站别离》等电视剧在马来西亚电视台等平台播出。越南主流电视台引进《凉生，我们可不可以不忧伤》，并实现了与国内同步跟播，并成为当地的话题剧目。2018 年，中国现实题材电视剧还实现了模式输出，实现了从成品出口到模式出口的升级。华录百纳原创作品《职场是个技术活》电视剧改编权发行到越南，预计 2021 年在越南国家电视台播出。新丽传媒的《辣妈正传》自主 IP 翻拍权已出口到印尼和日本，目前公司正帮助客户进行本土化改造。

2. **原创节目模式出口到欧美国家，网综开始“走出去”**。在政府引导和市场竞争推动下，中国原创节目质量不断提升，并受到国际市场的关注。一些带有鲜明中国文化元素的节目模式进入欧美主流市场。2018 年，中央广播电视总台原创的《国家宝藏》，实现与恩德莫尚集团和 BBC 签约。其中，恩德莫尚集团与央视进行《国家宝藏》国际版合作，BBC 与央视共同制作纪录片《中国的宝藏》。《超凡魔术师》节目模式成功输入越南，越南版本《超凡魔术师》于2018年5月在越南VTV3频道播出，平均收视率超过2，高于同时段其他节目。与此同时，网综也开始国际化发展，并实现出口。2018年10月，优酷与福克斯传媒集团（Fox Network Group）正式签署合作协议，由福斯传媒制作《这！就是灌篮》中国台湾版、菲律宾版，优酷则为福克斯提供模式制作手册、进行制作培训等。

表1　近年来中国部分节目模式海外输出情况

时间	节目名称	版权机构	交易公司
2019	《声入人心》	湖南卫视	美国 Vainglorious 制作公司
2019	《声临其境》	湖南卫视	英国 The Story Lab
2019	《超凡魔术师》	江苏广播电视总台	越南国家电视台
2018	《燃烧吧大脑》	江苏广播电视总台	恩德莫尚 Endemol Shine 集团
2018	《我就是演员》	浙江广播电视集团	美国 IOI 公司、HMP 公司
2018	《这！就是灌篮》	浙江广播电视集团、浙江天猫技术有限公司、优酷信息技术（北京）有限公司	美国福克斯传媒集团
2018	《国家宝藏》	中央广播电视总台	恩德莫尚 Endemol Shine 集团

3. **纪录片进入西方主流平台播出，国际影响力持续扩大**。通过中外联合制作等方式，中国纪录片进入西方主流媒体播出。2018年，央视英语新闻频道与美国国家地理频道首次合作推出纪录片《非凡中国》在国家地理多个电视频道播出，覆盖全球170多个国家和地区的3亿用户；与美国历史频道合作推出纪录片《爱拼才会赢》，在历史频道亚洲区黄金时段播出；与印度新德里电视台等多个电视台合作推出大型体验式纪实特别节目《非常中国》，收到境外10家英文媒体机构的播出请求。优酷、五洲传播中心、Discovery探索频道联合出品制作的3集纪录片《中国：变革故事》，在优酷与Discovery探索频道全球首播。纪录片《长城》（国际版）2018年10月5日在奥地利ORF电视台播出，两集收视率均在当地收视平均值以上。CGTN纪录国际频道首播率持续上升。一批优秀纪录片还获得国际奖项，国际影响力逐步提升。2018年，中国国际电视台（CGTN）法语频道《云朵上的民

族》获“亚洲旅游影视艺术周”最佳纪录片奖；阿语频道的《永远的阿克塞》获得阿拉伯电视节最佳纪录片奖。江苏广播电视总台（集团）与美国A+E电视网合拍的南京大屠杀题材纪录片《南京之殇》获美国电视界大奖“日间艾美奖”创意类最佳摄影奖；江苏台与英国雄狮影视联合拍摄6集纪录片《你所不知道的中国》（第三季）荣获第23届“亚洲电视大奖”最佳纪录片奖，等等。

4. **动画片实现品牌化发展，国际影响力显著提高**。华强方特推出的《熊出没》系列，已实现品牌化发展，在海外具有一定影响力和竞争力。2018年5月，《熊出没》系列动画片在第71届戛纳电视节期间现场签约了俄罗斯等近10个国家；《熊出没·变形记》大电影现场签约韩国、中东等10余个国家和地区。2018年下半年，《熊出没》3部大电影在拉美地区的Discovery频道和墨西哥最大的电视台Televisa频道播出；《熊出没》剧集与电影也登陆北美、英国、法国等国家电视台和媒体平台。目前，《熊出没》的品牌影响力已覆盖60多个国家和地区，尤其是在“一带一路”沿线国家深受欢迎。此外，中国影视机构分别与捷克、俄罗斯、新西兰、南非合拍动画片《熊猫与小鼹鼠》《熊猫与开心球》《熊猫和奇异鸟》《熊猫和小跳羚》，形成了“熊猫+”影视合拍品牌，促进了文化交流创新融合。2018年，一批新的动画节目也开始走向国际。如，《鹿精灵》第一季走进新加坡、新西兰、非洲等多个国家和地区，在StarHub TV、新西兰TV33电视台、非洲四达时代儿童频道（StarTimes Kids TV）等平台播出。动画片《新大头儿子和小头爸爸》译制为阿拉伯语在YouTube及Facebook平台上推送后，海外独立访问用户达到850万人，视频观看量248万次，以点赞、转发、评论等方式参与互动近8万人。

此外，网络剧也实现“走出去”。2018年，优酷出品的《北京女子图鉴》《上海女子图鉴》等网剧成功出口到日本、马来西亚等国家；《假如没有遇见你》等网剧在YouTube平台播出。

（二）渠道平台多元融合互为补充，实现协同化“走出去”

目前，中国已建立传统媒体与新兴媒体交叉融合、商业化“走出去”

与合作化“走出去”互为补充、覆盖全球的多元化渠道平台，为影视节目“走出去”提供重要支撑。

1. **中国联合展台是影视节目商业化“走出去”的主平台**。自2004年设立以来，中国联合展台已成为集影视内容产品销售、学习交流、创意孵化和人脉资源积累的综合性平台，是中国影视节目通过商业化方式“走出去”的主渠道主平台，越来越多的机构通过该平台将电视剧发行销售到世界各国。2018年，中宣部和总局共在全球12个影视节展上设立了中国联合展台，累计参展单位165家，较2017年同期增加21%；意向签约金额约3703万美元，同比增长74%。其中，在2018年10月的戛纳秋季电视节上，中国作为主宾国精彩亮相，举办了12场主宾国活动，全方位多角度向世界展示中国动画、电视剧、纪录片、综艺等领域的最新成果，签约和意向签约金额达2亿元人民币，是2017年同期的3倍，为历届之最。2019年，中国联合展台共进驻16个国际影视节展。

2. **《电视中国剧场》等合作栏目是涵育新兴市场的重要平台**。通过国际合作，中国影视机构与国际主流媒体建立了多种多样的合作栏目，推动中国电视节目在海外常态化播出，有效涵育了新兴市场。目前，中国共在海外开办了30多个《电视中国剧场》栏目，一些本土化译制电视剧播出后，在对象国创下收视新高，有效提高了中国电视剧在当地市场的影响力和传播力。五洲传播中心与国际主流媒体联合建立了《丝路时间》《神奇中国》《华彩中国》《多彩中国》等纪录片海外播出平台，推动大量中国纪录片在海外播出。其中，与“一带一路”沿线国家联合建立的《丝路时间》栏目在20多个国家和地区的25家境外本土主流电视台译制成15种语言播出，覆盖东南亚、中东、中亚、欧洲、南美和非洲等40多个国家和地区约5亿人口。

3. **国际互联网平台成为商业化“走出去”新平台**。国际互联网平台是中国影视节目“走出去”的重要平台，海外收益直逼传统媒体。目前，中国电视剧主要集中在YouTube、Viki、Netflix等三大国际互联网平台。其中，

YouTube 是中国影视机构开发利用最多的平台，一大批中国影视节目在该平台播出，一些节目在该平台的分成高达每集 1 万美元。Viki 平台是多语种字幕平台，通过该平台，中国影视节目实现广泛的国际传播。如，《楚乔传》在 Viki 上被翻译成阿拉伯语、英语、法语、越南语、西班牙语等 26 种语言，总弹幕数量达到 20 多万条。现代剧《恋爱先生》在 Viki 平台被译制成英语、法语、西班牙、葡萄牙语等 16 种语言播出。Netflix 是全球最大的付费视频网站，华策制作的《天盛长歌》《致我们单纯的小美好》等均进入该平台，实现全球传播。芒果 TV APP 国际版已覆盖 195 个国家和地区，累计下载量超百万次。

此外，一些机构还积极拓展国际航空和国际游轮等移动媒体平台，打造国际移动播出渠道平台。如，江苏广电集团将《金曲捞》《超凡魔术师》《不凡的改变》《2017 跨年演唱会》《中国文房四宝》《了不起的孩子》《无限歌谣季》《九州天空城》等节目在英国航空、汉莎航空、奥地利航空、港龙国泰、伊蒂哈德等航线以及新加坡 Images in Motion 旗下的国际游轮上落地直播。《凉生，我们可不可以不忧伤》发行到屡次入选“全球十大航空公司”之一的卡塔尔航空，在其航班上播出。

（三）市场主体日益多元壮大，实现集群化出海

随着中国影视产业的快速发展，越来越多的机构将目光投向国际市场，“走出去”主体呈现多元化、集群化、产业链合作出海态势。

一是内容制作企业布局国际市场，探索国内国外同步发行。以华策集团、华录百纳、慈文传媒为代表的影视制作机构，是中国影视“走出去”的重要主体。目前，华策每年销售 1 万多小时的节目，发行到全球 180 多个国家和地区，译制为英语、法语、西班牙语、韩语、阿拉伯语、泰语等 30 多种语言。华纳百录已将数百部优秀影视作品发行到 200 多个国家和地区。近年来，正午阳光、柠萌影业、佳平影业等也加快“走出去”步伐。其中，佳平影业开始探索国内外同步发行，从制作阶段就与国外进行同步，真正做到好剧卖出好价格。除电视剧制作机构外，纪录片、综艺、动画等各类制作机构也积极“走出去”。如江苏台、湖南台、上海台积极推进节目模式出口，华强方特积极推动动画节目出口。优酷、爱奇艺等视频网站，也加快网剧、网综出口。

二是发行机构拓展国际市场，建立全球发行播出体系。国际电视总公司是中国最大的海外发行机构，每年向海外媒体机构销售1万多小时影视节目。2018年实现国际营销收入约1亿元人民币。华策发挥节目资源优势和海外合作资源优势，以自主办台和联合运营等方式，与全球范围内的新媒体平台联合创建华语内容海外频道“华剧场”，通过本地化语言译制配音，在十几个国家和地区落地，形成覆盖“一带一路”沿线国家和地区的华语影视海外传播平台。如，Netflix持续播出华策出品的电视剧，2018年播出5部270多集约500个小时。华录百纳“走出去”业务已突破自产自销模式，协助兄弟公司将优秀作品推广到国际市场。捷成华视、完美世界、世纪优优等以发行为主业的民营机构也开始参与国际营销推广。2018年，完美世界实现大约500集剧集的海外签约，销售额达到600万美元，覆盖全球多个国家与地区新媒体的渠道。

三是产业链上下游合作，实现集群出海。2017年年底，国际电视总公司发起成立了“中国影视文化走出去企业协作体”，发挥集群出海优势，推动成员单位“走出去”，2018年实现近500部1000集节目的出口，其中78%在国内首播后一年内实现了海外播出，成员单位出口额同比增长10%~47%。中国（浙江）影视产业国际合作实验区与中国电视剧制作产业协会共同组织设立了中国电视剧（网络剧）出口联盟，已有170多家加盟企业，建设了16000多小时剧目的出口片库，2018年加盟企业出口额2亿元人民币。联盟还探索打造海外新媒体付费分账点播新模式，把很多海外平台沉没的中国经典剧启动起来。

四是地方广电机构积极发挥自身资源优势，积极“走出去”。江苏广电与香港电讯盈科共同运营海外频道紫金国际台，致力于打造“海外华语第一综艺频道”。2018年，紫金国际台用户突破300万。2018年，江苏广电加大热门综艺节目的播出，同步直播《创造 101》《这！就是街舞》等，受到海外观众的喜爱，推动海外用户规模的增长。河南广播电视台打造国际品牌赛事，实现广泛国际传播。其中，品牌栏目《武林风》通过举办国际赛事，实现节目的国际传播。目前，该栏目共与 60 多个国家和地区的搏击组织建立了协作关系，每年进行交流的国家和地区超过 20 个。2018 年 4 月举办的“横琴之巅·武林风中美对抗赛”总计 15 场赛事，其中 8 场比赛在河南卫视播出，同时面向全球 50 多个国家和地区进行现场直播。安徽、重庆等省市广播电视台通过与境外广播电视媒体合作，推动栏目在相关国家落地；北京、黑龙江、吉林、安徽、湖北等省市在境外举办“电视周”等活动，推广本地区影视节目，取得了一定的效果；重庆台通过与澳门广播电视台合作，实现节目“走出去”。

第十二节　广播电视人才队伍建设

国家广播电视总局人事司司长　桂本东

国家广播电视总局人事司副司长　方　华

国家广播电视总局广播影视发展研究中心　黄田园

提要：党的十九大以来，广播电视事业产业发展迈入新时代，人才队伍建设水平不断提升。广播电视管理部门机构改革顺利完成，人才体制机制改革进一步深化。广播电视人才队伍进一步壮大，人才培训培养、帮扶与交流形式多元、覆盖全面、效果显著，队伍的脚力、眼力、脑力、笔力切实增强，结构日益优化，融媒体、复合型、高端人才不断成长，为广播电视高质量和创新性发展提供持续有力的智力支撑与保障。

“人才是实现民族振兴、赢得国际竞争主动的战略资源”。党的十九大以来，习近平总书记多次就识才、爱才、用才、容才、聚才、育才，以及人才工作体制机制改革等问题，提出一系列新思想新要求。中央陆续出台一系列激发人才创新活力、维护人才切身利益的政策文件，各行各业爱才敬才蔚然成风，选才用才更加科学合理。2018 年，广播电视系统积极落实中央部署，以总局和各省（区、市）广播电视管理部门机构改革顺利完成、全面履职尽责作为动力和新起点，加速人才队伍建设，努力锻炼和打造一支满足新时代需要的，政治过硬、本领高强、求实创新、能打胜仗的高素质广播电视工作队伍。

一、广播电视与融媒体人才队伍稳步发展

（一）广播电视人才队伍规模与结构

2018 年，广播电视人才队伍规模稳步增长，结构更趋合理。根据各级广播电视管理部门机构改革、人员转隶情况，总局财务司最新统计显示，2018 年全国广播电视系统从业人员合计 978974 人，比 2017 年增加 2118 人，同比增长约 0.22%。

从人才队伍职业结构来看，2018 年广播电视管理人员 160362 人，以编辑、记者、播音员、主持人、工程技术人员、艺术人员及经营人员为主体的专业人员达 513765 人，其他人员 304847 人，占比分别为 16.38%、52.48%、31.14%。

从人才队伍整体学历水平来看，2018 年广播电视从业人员具有本科及大专学历的占到了 76.19%，具有研究生及以上学历的占 5.19%。

从人才队伍专业技术结构看，2018 年广播电视从业人员具有初、中级职称的人数为 546386 人，占比超过 55.81%；具有高级职称的人数为 50018 人，占总人数约 5.11%。

从层级分布情况看，2018 年广播电视从业人员中，中央直属机构占 5.60%，省级占 53.06%，地市级占 17.39%，县级占 23.95%。

总体来看人才梯队的年龄结构趋于合理。2018 年广播电视从业人员中 35 岁及以下的占比为 45.46%，36 岁至 50 岁的占比为 42.62%，51 岁及以上的占比为 11.92%。

（二）融媒体人才队伍现状

广电融媒体与网络视听平台从业队伍不断成长壮大，整体素质不断提升。广播电视管理部门把好人员关，加强对融媒体内容与运营人才、网络视听审核人员培训。网络视听协会组织持续深入开展行业人才自教自律。

随着广电媒体融合向纵深发展，各级广播电视台以采编发流程再造、各平台互融互通为机遇，以重大报道为契机，加速实现传统广电人才转型融合型全媒体人才，越来越多的记者成为既可以面向观众“出镜”，也可以面对网民、实时开通网络直播的多面手。

一些广播电视台依托自身融媒体平台，积极搭建跨区域、多样态的融媒体人才培训体系，为地方广电媒体融合发展、县级融媒体中心建设提供人才智力支持。如山东台轻快云平台组织线下线上培训、现场交流考察、台长研讨会等，为全国 26 个省份 400 余家广播电视台提供融媒体发展智慧支持，累计培训学员 5000 余人次。

然而，既懂内容生产，又熟悉技术、运营的专业化复合型人才缺乏，仍然是广电融媒体人才队伍面临的现实困境。广电融媒体不断开拓市场化、产业化发展思路，探索用人机制创新，通过优化配置内外部各种资源力量，持续优化融媒体人才结构，夯实广电创新性发展基础。如广东台成立了触电新闻的运营公司，破解了从知名互联网企业引进紧缺、全职人才的难题。

网络视听平台积极推动内容与技术创新性人才培养，实施专项计划，扶持优秀人才、孵化青年人才。同时，注重社会责任与底线意识等自律与教育，积极发挥平台党委的引领作用，积极参加总局组织的网络视听节目审核员培训，提高业务把关能力，各大平台持证审核员人数快速增长，为自觉抵制行业不良风气、推动制播环境改善提供人才保障。

二、全方位增强队伍“四力”培养，切实服务广电高质量创新性发展

2018 年全国“两会”期间，习近平总书记在参加广东代表团审议时强调，“发展是第一要务，人才是第一资源，创新是第一动力。”创新综合素质培训与多层次人才培养，全方位提升广电人才履职尽责能力，造就一支政治过硬、德才兼备、业务突出的高素质融合型人才队伍，是新时代广电发展厚植“第一资源”的必然选择。2018 年，全国广电系统围绕人才建设

不断提升培训水平，进一步开展习近平新时代中国特色社会主义思想学习教育和马克思主义新闻观、文艺观培训，有效推进专业技术人员岗位培训等专题培训，持续开展全方位、多渠道、多层次的专业人才与复合型人才培训，着力培养队伍的脚力、眼力、脑力、笔力。2018 年，总局共举办培训班 70 个，培训 70076 人次（脱产培训 7276 人次，网络培训 6.28 万人次），为广播电视高质量和创新性发展提供了思想保证和人才保障。

（一）优化思想与业务素质培训

1. 切实加强理想信念和思想政治教育培训

当前，“舆论生态、媒体格局、传播方式发生深刻变化，新闻舆论工作面临新的挑战”。为更好履职尽责，营造清朗健康的视听空间，全国各级广播电视媒体、网络视听媒体从“强队伍”抓起，扎实抓好理想信念和思想政治教育，不断提升从业人员的政治素养与政策理论水平，提高舆论引导、履职尽责能力，切实服务把好方向、抓好导向、管好阵地的大局。

全国广电系统坚决落实党对广播电视队伍的全面领导，旗帜鲜明讲政治，坚持把习近平新时代中国特色社会主义思想和党的十九大精神作为各级各类培训的必修课，引导干部人才队伍树牢“四个意识”，坚定“四个自信”，始终坚持以党的政治建设为统领，把党管人才的原则和要求在广播电视领域贯彻到底、落实到位。2018 年，总局通过脱产培训和网络培训相结合，举办了 8 期深入学习贯彻习近平新时代中国特色社会主义思想和党的十九大精神专题培训班、6 期学习贯彻全国宣传思想工作会议精神培训班，共培训 2000 多人次，实现总局系统全覆盖。

马克思主义新闻观、文艺观已成为全行业人员的培训开堂课。2018 年，总局在举办的各专业人员培训中均开设专门课程，在业务课程中融入专门内容，重点学习习近平总书记关于宣传思想文化工作的重要论述、在文艺工作座谈会和文联作协两代会上的重要讲话精神，加强对编辑记者、播音员主持人、编导策划、总监制片人、网络视听节目审核员等各类从业人员的马克思主义新闻观、文艺观教育。

2. 扎实抓好专业素质岗位培训与知识更新培训

紧跟新技术新应用趋势与媒体融合向纵深发展需求，各级广电机构愈加重视人才队伍专业素养提升与知识技能更新，持续组织新闻采编、技术质量、播音主持、管理、制片、版权、智能电视、超高清等各类专业素质岗位培训和知识更新培训，培育一大批高层次人才、创新人才、业务与技术骨干人才、紧缺人才。2018 年，总局举办了 5 期文艺业务骨干和管理干部、3 期全国广播电视播音员主持人培训班，组织了广播电视节目策划与管理、采编业务能力提升等脱产培训班，全面覆盖广播电视各领域。同时，总局依托网络远程培训平台开展面向全系统的大规模岗位教育培训，2018 年共 62789 多人参加在线学习。中国广播电影电视社会组织联合会（以下简称中广联合会）举办了全国出品人制片人培训班、媒体资产管理业务培训班、智能电视操作系统 TVOS 技术培训班、4K 超高清电视技术培训班、付费频道品牌打造及市场开拓培训班、版权业务培训班等。各地广电机构坚持“走出去、请进来”原则，积极选派、组织安排骨干人员参加总局和其他外部机构组织的培训，同时内部举办类型丰富、覆盖全面的大量业务培训。一些广电机构还出台业务培训专项政策措施，如重庆文化委推进行业培训标准建设，建立人才培训稳定投入机制；吉林台制定全员培训教育制度，进一步优化队伍的知识结构和职业化专业化水平；宁夏台开展“广电新媒体人才小高地建设项目”建设，通过各种渠道争取人才培训项目与资金支持。

3. 全面开展各类专题培训

一是积极推动宪法学习常态化、持续化。全国广电系统将宪法学习同深入学习贯彻习近平新时代中国特色社会主义思想和党的十九大精神结合起来，将宪法学习教育列入党员教育和干部培训规划。2018 年，总局机关、直属单位处级以上干部和局管社团党组织负责人共有 900 余人参加培训。

二是继续强化网络视听节目审核人员培训。总局与省级广播电视管理部门认真组织开办审核员培训班，努力打造一支政治素质高、业务能力强、适应短视频时代海量上传播出需要的审核队伍。总局 6 年来累计举办 76 期网络视听节目审核员培训班，共培训 10194 人，夯实网络视听节目健康发展的人才基础。

三是加强宣传管理人员、传媒机构管理和执法人员培训。总局召开加强广播电视媒体管理、确保正确宣传导向电视电话会议，全国市、县广播电视机构宣传管理人员共 5000 余人在 909 个分会场参加学习。安徽等省级广电管理部门组织全省广播电视传媒机构管理业务培训班。

四是加大网络安全人员培训力度。2018 年 4 月，总局党组书记、局长聂辰席在总局党组会议上要求“要把网络知识作为党员干部更新知识结构、提高业务能力的重点内容”。各级广电机构加强网络安全人员培训力度，推动建立行业网络安全管理和运行维护人员培训及认证考试制度，探索行业网络安全专业人才培养长效机制。

（二）加强全方位专业化人才培养

1. 强化基层公共服务与专业技术人才培育帮扶

针对基层公共服务人才、专业技术人才匮乏的实际情况，广电系统从贯彻落实中央扶贫工作精神出发，面向基层一线特别是西部地区、艰苦边远地区，不断加大人才培养与交流的倾斜力度，扎实推进优质培训资源向基层延伸。2018 年，总局从队伍建设实际需要出发，对支援帮扶类培训班进行了调整，由总局直接组织举办，继续大力支持广播电视公共服务人才培训。全年举办 7 期支援帮扶培训班，培训西部地区、边疆民族地区广播电视编辑记者、播音员主持人、节目编导、策划、摄像、设备维护等人员 600 余人。通过广播电视专业远程学历教育，资助西部地区市县学员 97 名。面向市县特别是老少边贫地区融媒体中心等单位的广电基层人员，大力开展网络专题培训，促进广播电视队伍公共服务、融合发展等各项能力提升。

西部地区、艰苦边远地区广电机构充分利用国家、总局与地方各类人才培养工程计划，做好推荐工作、努力培育队伍；选派专业技术骨干人才到国家级广电媒体、高等院校学习交流深造，有效提升能力水平；积极通过与国家级广电媒体、发展较好的省级广电媒体开展节目项目合作，培养锻炼队伍；建立内部拔尖人才示范带培制度，通过导师带学员的方式，培养年轻业务骨干。如新疆台 2018 年参加总局等有关单位组织开展的培训 50 期，累计培训人数 2508 人次，选送 45 名专业技术人员赴疆外培训学习。

2. 切实加快各类专业人才培养

一是着力培养内容创作人才。要遏制视听内容创作领域的功利主义、粗制滥造、浮躁之风，必须把塑造具备原创精神与创造性的创作人才队伍放在首位。各级广电机构大力开展深入基层、丰富多样的主题创作实践活动，并通过落实各项内容创作扶持政策，充分发挥创新创优节目、精品项目工程、专项资金、评奖评论的引领带动作用，大力提升创作人才的脚力、眼力、脑力、笔力，有力促进新时代视听内容高质量发展。2018 年，总局组织主创人员开展“深入生活，扎根人民”等主题实践活动，把创作源泉根植于“在路上”“到基层”“在现场”；进一步做好季度、年度创新创优节目评选，举办广播电视节目创新创优培训班，培训全国各省局、卫视负责人等 150 人；积极组织实施纪录片人才培养工程，提升纪录片人才特别是青年人才创作能力；开展中国经典民间故事动画短片扶持创作活动，培育动画片创作新生力量；举办全国广播电视公益广告创作培训班。地方广电机构积极组织创作骨干参加总局举办的创新创优节目经验交流学习，积极推进纪录片等各类人才培养工程实施。

二是重视培养高层次国际化人才。要配合好服务好国家外交战略，在世界舞台传播好中国声音、讲好中国故事，广电机构必须锻造一支具备全球视野、素质过硬的高端人才队伍。2018 年，总局组织推荐优秀高层次专家参加百千万人才工程人选国情研修班、文化名家暨“四个一批”人才国情研修班、中央联系专家国情研修班；与教育部联合设立“中国政府广播电视高层次人才奖学金项目”，培养跨文化传播、影视创作、数字技术与新媒体研究等专业留学生；举办“全国影视出口工作培训班”，向全国广播电视管理部门负责同志、影视出口重点企业介绍“中国联合展台”、影视文化出口的总体情况与工作任务。各地广电媒体积极组织骨干人才赴海外高校、媒体，参加先进理念、模式创新、智能技术等方面的高级研修班，同时把众多海内外顶尖专家“请进来”授课。

三是加速培养融媒体人才。要在5G与智能化时代赢得先机、把握主动，广播电视机构必须提速融媒体人才培养，主动对接融媒体中心建设、融媒体内容生产运营、新技术研发应用等新时代广电媒体创新发展的需求。2018年，总局开展了全媒体时代节目内容与运营创新等融媒体人才专题网络培训。广电媒体均以融媒体中心建设为着力点，普遍将融媒体指标纳入人才考核评价体系，加快业务流程全员融媒体化转型。如央视创新设计绩效考评体系中的融合传播、平台运营、用户维护等指标维度，推动跨媒体目标、全媒体综合评估、栏目与新媒体产品综合评估优化等纳入管理考核体系。

四是扎实培养技能人才。广电系统积极组织各类职业技能竞赛，以赛代练，促进技能人才培养。2018年，总局等单位举办了第三届全国广播电视行业职业技能竞赛，各地广电机构举办区域性技能大赛，选送优胜者参加全国竞赛。此外，广电机构认真做好技术人才表彰、技能鉴定等工作。

（三）持续开拓培养培训思路

1. **网络培训、网络直播学习已成为广电系统大规模、高效高质教育培训，特别是面向基层和老少边贫地区开展支援帮扶培训的强有力抓手。**截至2019年3月，总局网络远程培训平台已有有效注册学员36万多人，累计186万人次参训。通过网络培训，总局开展了两轮覆盖全系统的习近平新时代中国特色社会主义思想和党的十九大精神专题培训，组织了融媒体内容与运营等专题培训。各地广电机构用好各类网络培训资源，特别是注重运用网络直播、“两微一端”等新媒体技术手段，开发多元生动的网络课程、知识竞赛等在线学习模式，提高从业人员思想与业务素质。2018年，中广联合会在吉林首次运用网络直播举办创优创新获奖节目宣介会，总观看量达到64.3万人次，4天累计在72个“两微一端”平台推送600余次，点击量超过 1200 万。

2. **重视优秀经验分享推介，注重发挥优秀人才的引领示范作用，不断推动青年人才与人才团队成长**。近三年以来，中广联合会在全国举办了 14 场创优创新获奖节目宣介会，邀请了数百位导师，线上线下学员达数万名。广电媒体积极探索人才梯队“传帮带”培养办法，如央视探索导师培养模式，选取 15 名“十佳人物”和业务骨干，与新员工组成培训小组，共同完成融媒体作品；宁夏台从一线各专业岗位选拔 54 名培养对象，与首批选聘的 5 名全国导师、20 名台内导师结对，进行为期一年的培养。

3. **组织海外培训，学习创新理念与技术已成为广电机构的共识**。2018 年，山东台、浙江广电集团、江西广电传媒集团等多家广电媒体选派业务骨干、节目团队赴美国、英国进修，学习借鉴国外同行节目创意理念，孵化节目模式，有力提升队伍原创和制作能力。

4. **用好外脑，注重挖掘智库与知名高校资源优势**。各级广电机构主动与各类智库建立联系，探索专家人才库建设，广泛开展人才培训、咨询服务。2018 年，总局发展研究中心组织召开“一带一路”沿线国家广电智库协作机制工作研讨会，介绍分享广播电视“走出去”经验与成效，通过智库协作机制为国内外广电机构持续提供信息服务与智力支持。

三、以改革促进人才管理，以机制建设激发广电队伍活力

2018 年 7 月，习近平总书记在全国组织工作会议上发表重要讲话，强调“要深化人才发展体制机制改革，最大限度把广大人才的报国情怀、奋斗精神、创造活力激发出来。要完善人才培养机制，改进人才评价机制，创新人才流动机制，健全人才激励机制。”2018 年，广播电视系统积极落实中央部署，总局和各省（区、市）广播电视管理部门机构改革工作顺利完成。以此为新起点，各级广电机构更加积极、更加开放、更加有效地推动各项人才管理制度改革，不断优化人才机制建设，努力破解人才流失、人才紧缺等瓶颈，为实现“聚天下英才而用之”，为广播电视事业向新高度发

展注入不竭动力。

（一）加强职业资格管理与职业道德建设，规范从业秩序

全国广电系统贯彻落实中央关于严格新闻工作者职业资格制度和习近平总书记在党的新闻舆论工作座谈会上的重要讲话精神，进一步健全广播电视、网络视听从业人员职业资格管理体系。落实持证上岗规定，加强监督检查，进一步提高持证率。积极探索建立网络视听从业人员职业资格制度。同时，促进行业自律，加强职业道德建设，推动从业环境公平、健康、有序发展。

1. **扎实做好2018年全国广播电视编辑记者、播音员主持人资格考试组织工作**。2018年，全国共有28018人报名参加考试，其中17793人参加编辑记者考试，10225人参加播音员主持人考试。考试内容紧密围绕党的十九大精神，突出体现习近平新时代中国特色社会主义思想的理论特色和实践要求，突出社会主义核心价值观和中华优秀传统文化，突出习近平总书记对加强和改进新闻舆论工作提出的新观点新论断新要求，取得了良好反响。

2. **进一步加强行业准入管理**。严格执行广播电视编辑记者、播音员主持人持证上岗和执业注册制度，规范从业行为，全面提升广播电视从业人员的思想政治素质，打造政治强、业务精、纪律严、作风正的专业技术人才队伍。总局督促各广播电视播出机构按照《广播电视编辑记者、播音员主持人资格管理暂行规定》和《关于进一步加强广播电视主持人和嘉宾使用管理的通知》要求，加强新闻记者证和播音员主持人证的注册管理，及时做好执业证书注册、变更与注销工作，推动持证上岗，规范从业秩序。

3. **强化职业道德建设，促进行业自律**。2018年，总局不断加强对追星炒星、泛娱乐化、高价片酬、收视率（点击率）造假等行业问题的规范引导。组织丰富多元的思想信念与职业素养培训；推动行业协会组织会员单位签署抵制收视率造假等自律承诺书，严格执行电视剧网络剧制作成本配置比例等自律规定；推动建立省级卫视协作机制；进一步健全监管制度，推动建立违规惩戒机制。通过一系列举措，坚决遏制行业乱象，不断推进职业理想塑造、职业道德建设，为人才队伍创造一个更加公平、干净的从业环境。

（二）深入推进人事管理制度改革，提升全系统队伍凝聚力

2018 年，广播电视管理部门机构改革工作顺利完成。总局和各省（区、市）广播电视管理部门认真落实《深化党和国家机构改革方案》精神，扎实推进、稳步完成机构改革工作落地落实，制定组织实施方案，成立机构改革工作小组，建立工作台账，按照时间节点完成各项工作。在这一关键时期，各级广播电视管理部门毫不动摇抓管理，毫不松懈抓导向，全国广播电视系统统一思想、深化认识，保证了思想不乱、工作不断、队伍不散、干劲不减。当前，根据新的“三定”方案，各部门机构设置、人员配置基本到位，履职尽责全面有序开展。机构改革成为广播电视队伍更有担当、更有作为、更有凝聚力的契机。

1. **广播电视管理职能不断优化，推动队伍工作作风深入转变**。总局深入贯彻落实党中央国务院推进审批服务便民化、实行政务服务“一网、一门、一次”改革部署，对行政审批程序、审批方式进行重大调整。2018 年 11 月 1 日，总局政务服务中心正式试运行，29 项许可事项全部进驻政务服务大厅。同时，总局正在加快推进政务服务网上平台建设。

2. **深入开展职称制度改革，拓宽人才队伍选拔渠道**。总局深入贯彻落实中央《关于深化人才发展体制机制改革的意见》和《关于深化职称制度改革的意见》精神，改革广播电视专业技术人员职称申报条件、优化评审标准，突出政治、品德、能力、业绩导向，克服唯论文、唯学历、唯奖项倾向。同时，探索进一步健全符合广播电视专业技术人才特点的评价考核体系，注重考察专业性、技术性、实践性、创造性，突出对创新能力和实践应用能力的评价。探索鼓励行业协会组建社会化的职称评审机构，积极畅通非公有制经济组织、社会组织、自由职业专业技术人员、新文艺群体职称申报渠道。

3. **不断探索人事管理制度创新**。“双轨制”仍是制约广电事业发展的主要瓶颈。2018 年，各级广电媒体积极推动人事管理制度改革，如总台事业体制的用工形式将实现统一，编制外员工均应与总台直接签订劳动合同，启动劳务派遣人员考核录用为合同制员工工作；山东台开展电视频道管理运营改革试点，公开招募管理运营团队，改变了多年来的劳务派遣用工制度；贵州台制定公司聘转台聘积分制管理办法，在积分制评审中突出业绩导向，并首次为公司聘用人员申办新闻记者证；海南台对优秀聘用干部提供同等平台和相关任职待遇，促进系统良性循环。这些举措着力解决了两套用人体制、两种人员身份带来的同岗不同责、同工不同酬等现实问题，有力提升人才队伍的事业心、凝聚力。

（三）不断推动人才机制改革创新，激发队伍创造活力

1. **创新人才流动机制**。当前，随着媒体融合向纵深发展，采编发流程再造和融媒体中心建设成为广电媒体推进内部机制改革的有力抓手。通过大刀阔斧的内部机构改革、资源重新配置，极大地促进了媒体内部人才流动，打通人才成长通路。2018 年，“频道+公司”、独立制片人制、工作室制、首席制等，已成为广电媒体普遍实行的融媒化市场化用人机制。而产业规划、薪酬管理、职业发展管理等一批新兴广电部门正在组建，不断盘活广电人才资源。湖南台芒果超媒以集团化改革为契机，大胆推行传统电视和互联网人才齿轮型配置，实施内容制作团队工作室制、芒果合伙人及青年 CEO 等制度，建立了开放、创新的人才流动机制，2018 年打造了 16 支自有内容制作团队。

2. **健全人才评价激励机制**。各级广电媒体积极探索优秀人才、团队表彰奖励机制，不断完善绩效考核薪酬管理制度，激励有突出贡献的、一线重要岗位人员。如总台设立总台特别奖，激励干部职工更好地履职奉献；浙江广电集团实施“多通道岗位管理及 KPI 绩效考核”“金牌制片人”“创新项目孵化基金”等创新举措；安徽广电集团形成向一线倾斜的激励机制，对部分高尖端骨干人才试行协议工资制；天津台电视新闻中心淡化行政色彩，突出业务导向，构建向一线倾斜的薪酬体系，激发团队活力。

3. **完善人才培养引进机制**。各级广电媒体积极探索不拘一格的育才观念、聚才措施，制定专门政策与渠道，培育、引进各类紧缺人才。如上海台首次召开人才工作会议，推出涵盖领军人才选拔、人才带教津贴、高层次人才引进等10项人才新政，安排年度专项资金2000万元用于推进各项人才措施落地。

（四）推动重大人才工程实施，开拓新时代聚才用才渠道

围绕新时代广播电视高质量、创新性发展需求，广电系统以重大人才工程为牵引，建立健全人才引进、选拔、培养、使用、评价、激励保障等各项措施。总局积极推动“全国广播电视和网络视听行业领军人才工程”和“全国广播电视和网络视听行业青年创新人才工程”的各项筹备工作，进一步加强调研，制定两大工程实施方案并广泛征求意见建议，为工程实施、遴选首批人才并开展相关工作做足做好准备。各级广电机构认真做好2018年度文化名家暨“四个一批”人才、“千人计划”“万人计划”哲学社会科学领军人才、百千万人才工程等各类国家级人才工程推荐选拔工作，组织开展好各级先进集体先进工作者和劳动模范的系统内评选活动。地方广电管理部门积极履职，将广电人才发展与各地政府人才工作计划紧密衔接，用好地方资源，推动“两个一百”“百名人才”等地方广电人才工程建设；一些广电媒体也积极实施“双百人才工程”“菁帅计划”等内部人才培养工程。通过打通系统内外、中央地方、东中西部人才学习交流提升通道，广电事业正在吸引、汇聚一支矢志爱国奉献、勇于创新创造的优秀人才队伍。

新时代，新征程，新作为。广播电视人才队伍建设始终坚持以党的政治建设为统领，坚持把党管人才的原则和要求贯彻到底、落实到位。深刻把握新时代广播电视工作的职责使命，要不断加强人才队伍教育培训和实践锻炼，创新人事体制机制改革，更好地为阵地管理、行业环境优化提供智力服务，为广播电视不断满足新时代人民群众美好生活需要贡献力量。

第十三节　电影创作与产业发展

国家广播电视总局广播影视发展研究中心　孙　晖

提要：2018 年 3 月，在党和国家机构改革中，电影管理职能由原国家新闻出版广电总局划归中央宣传部。这里，我们重点总结 2018 年中国电影发展状况。这一年，电影创作硕果累累，电影管理工作明显加强，行业生态明显好转，对外交流日趋活跃。全年共生产故事片 1082 部，票房收入达 609.76 亿元，同比增长 9.06%，稳居全球第二大电影市场地位；国产电影票房占总票房 62.15%，创近年来新高①；影院建设保持快速增长态势，全国共有影院 10438 家②，银幕 60079 块，其中 2018 年新增 9303 块，银幕数量稳居全球第一③。

2018 年，全国电影界深入贯彻习近平新时代中国特色社会主义思想和党的十九大精神，认真落实电影机构改革决策部署，进一步健全电影管理体制，进一步规范市场秩序，电影创作水平稳步提升，电影事业产业实现了新的跨越，展现出积极健康、蓬勃发展的良好局面。

---

① 数据来源：《中国电影报》2019 年 1 月 9 日，第 2 期第 1 版。

② 数据来源：中国电影发行放映协会。

③ 数据来源：《中国电影报》2019 年 1 月 9 日，第 2 期第 1 版。

一、发展概览

2018年，是中国改革开放40周年，是电影界深入学习贯彻习近平新时代中国特色社会主义思想和党的十九大精神的开局之年，也是国家电影部门转隶中宣部的第一年。在近年来高速发展的基础上，中国电影步入高质量发展新时代，电影创作繁荣发展，电影产量持续增长，现实题材影片获得市场认可，多类型多样化创作格局进一步凸显。2018年，中国电影票房突破600亿元，实现了9.06%的增幅，超过全球电影7%和北美地区电影2.7%的票房增速，作为世界第二大电影市场的地位更加巩固。从全球范围来看，2018年中国内地票房产出约89亿美元，占国际票房[①]的30%，占全球总票房[②]的21%，成为全球电影票房实现增长的重要推动力。[③] 2018年，国产电影票房超过总票房6成；电影票房过亿元的有82部，其中国产电影44部。全国电影银幕突破6万块，持续领跑全球电影市场。大中小城市影院布局日趋合理，县级影院银幕数占比36%[④]。《红海行动》凭借精良制作和较好口碑，票房收入超过36.5亿元；现实题材影片《我不是药神》票房收入超过30.9亿元。与此同时，电影创作多类型多品种健康发展，政策管理与市场规范进一步加强，中国电影观众需求提高及口碑作用凸显等，这些因素有力推进中国稳步迈向世界电影强国行列[⑤]。

二、电影管理与政策进一步完善

（一）电影管理职责划转，电影管理工作明显加强

2018年3月，国务院机构改革方案经两会审议通过，原总局电影局改为国家电影局，划归中宣部管理。由中宣部统一管理电影工作体现党和政

① 国际票房：除美国本土之外的市场票房收入。

② 全球总票房：世界上所有国家全部电影的票房收入。

③ 数据来源：《中国电影报》2019年1月9日，第2期第1版。

④ 数据来源：中国电影发行放映协会。

⑤ 数据来源：《中国电影报》2019年1月9日，第2期第1版。

府对于电影工作的重视，对更好地发挥电影在宣传思想和文化娱乐方面的特殊重要作用有着深远意义。2018 年 4 月 16 日，国家电影局正式揭牌。一年来，国家电影局加强规划指导，制定电影创作三年行动计划，明确未来三年电影创作的目标重点项目，同时加强影片立项备案和审查把关，提前介入前一关口，国家电影局和各省电影局共审核 5424 部电影。

2018 年 4 月 13 日，中共中央政治局委员、中宣部部长黄坤明在北京主持召开电影创作调研座谈会，强调要深入学习贯彻习近平新时代中国特色社会主义文艺思想，推动中国从电影大国向电影强国迈进。11 月 8 日，国家电影局下发了《国产电影复映暂行规定》，明确了复映影片的规范、管理办法，审查办法以及放映规模，进一步丰富电影市场产品供给，规范和完善电影复映管理。12 月 11 日，国家电影局下发《关于加快电影院建设，促进电影市场繁荣发展的意见》。意见指出，到 2020 年，全国加入城市电影院线的电影院银幕总数达到 8 万块以上。

2019 年 2 月 27~28 日，全国电影工作座谈会在北京召开，中宣部常务副部长、国家电影局局长王晓晖出席会议并讲话，对 2018 年中国电影发展做了总结，指出当前发展存在的问题，明确电影工作的正确方向，鼓励全国电影工作者团结奋进、开拓进取，以更加优异的成绩迎接新中国成立 70 周年。

（二）加强市场规范和管理，净化行业生态

2018 年，国家电影局强化电影市场规范治理，与国家版权局建立联动机制，加强电影市场调控管理，打击盗版和票房造假行为，规范互联网售票平台的业务，维护公平合理的市场秩序。

全国各省（区、市）电影管理部门常态化地开展电影市场秩序的监管工作，全年累计警示及处罚了 500 多家电影放映单位。依据法律法规和行政规定，根据情节轻重分别给予告诫、停片、曝光、追缴违约金等处理。对严重违法违规的电影单位，通过中国电影发行放映协会曝光了三批共 14 家，停供片两批共 9 家。

2018 年 6 月 15 日，《国家税务总局关于修改部分税务部门规章的决定》下发。以此为依据，7 月，中央宣传部、文化和旅游部、国家税务总局、国家广播电视总局、国家电影局等联合印发通知，要求加强对影视行业天价片酬、“阴阳合同”、偷逃税等问题的治理，控制不合理片酬，推进依法纳税，促进影视业健康发展。9 月 18 日，中国电影发行放映协会发布《关于电影票“退改签”规定的通知》，要求各院线、影院投资公司、影院与第三方购票平台要完善电影票“退改签”规定。通知发出后，猫眼、淘票票等电商平台，“中国电影一卡通”等平台积极落实，数千家影院已实现电影票可退可改。

（三）强化人才扶持，助力电影新力量迅速崛起

中青年电影人才业已成为中国电影产业的中流砥柱。2018 年，中国电影新力量培养与扶持力度继续加大。国家电影局持续开展“夏衍杯电影文学剧本奖”和“扶持青年优秀电影剧作计划”，发现培养编剧人才，为中国电影事业的蓬勃发展储备力量。中国电影导演协会主办的“CFGD 中国电影导演扶持计划（简称青葱计划）”、中国电影家协会主办的“华语青年影像论坛”、中国电影评论学会主办的“FIRST 青年电影展”、中国传媒大学主办的“中国纪录片学院奖”，坏猴子影业的“坏猴子 72 变计划”，香蕉影业的“香蕉新导演掘地计划”，以及腾讯、阿里、优酷等影视企业发起的选拔与扶持青年电影人的节展、创投计划等，都为青年电影人提供了更多的交流平台与展示窗口。

2018 年 9 月 8 日，国家电影局在第 14 届长春电影节期间组织召开第四届中国电影新力量论坛，对青年电影人才的健康成长给予关怀和扶持。论坛以“信仰、情怀、担当”为主题，黄渤、陈思诚、郭帆、文牧野等青年电影创作者与资深出品人、导演、编剧、专家学者共同分析新形势，总结新经验，研究新问题，探讨新对策。在 2018 年中国电影票房突破 600 亿元背后，这批新生代电影人正在迅速崛起，他们执导的电影在年度票房前 20

的影片中贡献了41%的票房份额①。

2018年12月26日，中影集团、北京师范大学戏剧与影视学科人才培养（教学）实践基地揭牌。著名电影国企和著名影视艺术学科“双一流”高校强强联合，探索电影人才培养新模式，对产学研一体化建设具有标志性示范意义。

三、电影创作生产繁荣发展

（一）电影产量突破千部

2018年，国产电影创作生产保持向上向好发展态势，电影产量持续稳定增长。全年生产电影故事片902部，动画电影51部，科教电影61部，纪录电影57部，特种电影11部，合计1082部，同比增长11.5%（见表1），增幅较上一年有较大提高。整体来看，2018年国产电影坚持文化自信，创作题材丰富、类型多元，市场供给结构趋于合理，实现社会效益与经济效益的双赢。

表1　2014~2018年国产电影数量

年份 电影种类	2014	2015	2016	2017	2018
故事片	618	686	772	798	902
动画影片	40	51	49	32	51
纪录影片	25	38	32	44	57
科教影片	52	96	67	68	61
特种影片	23	17	24	28	11
合计	758	888	944	970	1082

数据来源：国家电影局。自2012年起，供电视播出的数字电影生产数量并入故事片类计算。

（二）创作质量显著提升

1. **优秀影片不断涌现**。2018年，中国电影市场涌现出不少佳作。春节

① 数据来源：《中国电影报》2019年1月9日，第2期第4版。

档上映的《红海行动》高扬爱国主义和英雄主义旗帜，以国际化的制作理念和叙事方式，实现口碑和票房双丰收，以 36.51 亿元票房和 0.93 亿观影人次引领年度电影市场，成为国产电影的突出亮点。《我不是药神》《无名之辈》《找到你》《来电狂响》等现实题材影片在主题和内容上直面现实和社会问题，触摸社会脉搏和人性肌理，获得观众广泛关注和热议。以《唐人街探案 2》《西虹市首富》《捉妖记 2》等为代表的主流商业片不断创新与尝试，均获得了市场和观众的认可。

2. **献礼影片获得好评**。2018 年，为庆祝改革开放 40 周年和庆祝中国共产党成立 97 周年，《春天的马拉松》《照相师》《大路朝天》《闽宁镇》《信仰者》《李保国》等多部重点献礼作品相继推出，从不同角度反映出时代发展和社会进步，取得了显著的社会效益，有力地配合了主题主线宣传和庆祝活动。

3. **多类型多品种影片满足多样化的观影需求**。2018 年，电影供给侧结构性改革成效突出，多题材、多类型、多样化的创作格局更加巩固。全年电影票房排名前十的国产电影包括动作、喜剧、爱情、魔幻等多种类型。《无双》《动物世界》《邪不压正》《一出好戏》等类型片，《无问西东》《江湖儿女》《爆裂无声》《阿拉姜色》等艺术片，《厉害了，我的国》《四个春天》等纪录片，以及《昨日青空》《风语咒》《大世界》等动画电影在中国电影市场展现出各自独特的质感与风采。

（三）制作企业多方并举

以中影股份、上影集团为代表的国有制片单位肩负着“国家队”的责任和使命，2018 年创作了《春天的马拉松》《照相师》《大路朝天》《闽宁镇》《中国合伙人 2》等一批庆祝改革开放 40 周年的献礼影片。中影股份出品的《厉害了，我的国》作为十九大精神宣传的影像读本，不仅多次登上央视《新闻联播》，成为两会上代表、委员交口推荐的优秀作品，而且一举刷新国产纪录电影的票房纪录。与此同时，国有制片单位也在商业片方面进一步探索，拍摄出《捉妖记 2》《欧洲攻略》等电影。

民营企业发挥着不可替代的作用。2018 年，博纳影业、万达影视、华谊兄弟、光线影业等传统民营电影企业不断探索，创作了《唐人街探案 2》《红海行动》《我不是药神》《一出好戏》等优质影片。猫眼微影、淘票票、腾讯影业、阿里巴巴影业、爱奇艺影业等托生于互联网公司的电影企业也逐步走向专业化发展之路，出品了许多颇具影响力的电影，如《无双》《西虹市首富》《来电狂响》等。此外，欢喜传媒、真乐道文化等电影企业也在逐步壮大，彩条屋、追光人等动画电影公司不断探索国产动画创新发展之路。

四、电影产业发展稳中有进

（一）电影市场活力进一步增强

1. **电影票房增速放缓，国产电影大获青睐**。2018 年，全国上映 487 部中外影片，同比增长 2 部，合计票房 609.76 亿元，较 2017 年增长 50.56 亿元，同比增长 9.06%，增速进一步放缓。2018 年，全年票房过亿影片 86 部，票房合计 55.76 亿元，占全年总票房九成以上。国产电影票房占总票房 62.15%，成为近 5 年来国产电影票房最高占比（见表 2）。在全年超 5 亿元票房的 33 部影片中，国产影片占 20 部，在超 10 亿元的 17 部影片中，国产影片占 9 部，占比完胜进口影片。在票房超 20 亿元的 6 部影片中，国产影片占 5 席，其中《红海行动》《唐人街探案 2》和《我不是药神》包揽年度影片三甲，分别为 35.29 亿元、32.38 亿元和 28.85 亿元（见表 3）。

表 2　2014～2018 年国产电影和进口电影市场份额情况

类别	年份	2014	2015	2016	2017	2018
国产	票房（亿元）	161.55	271.36	287.47	301.04	378.97
	票房比例	54.51%	61.58%	58.33%	53.84%	62.15%
进口	票房（亿元）	134.84	169.33	205.36	258.07	230.79
	票房比例	45.49%	38.42%	41.67%	46.16%	32.85%

数据来源：国家电影局，《中国电影报》2019 年 1 月 3 日，第 1 期第 1 版。

表 3　2018 年全国票房收入前 10 名影片

排名	片名	观众人次（万人）	票房收入（万元）
1	《红海行动》	9610	352893
2	《唐人街探案 2》	8915	323779
3	《我不是药神》	8904	288507
4	《西虹市首富》	7267	236245
5	《复仇者联盟 3：无限战争》	6252	223810
6	《捉妖记 2》	5868	213103
7	《海王》	5084	171405
8	《毒液：致命守护者》	5141	166568
9	《侏罗纪世界 2》	4751	158171
10	《前任 3：再见前任》	4695	152953

数据来源：中国电影发行放映协会。

2018 年，全国城市院线观影人次达到 17.18 亿，同比增长 5.93%①，电影已是深受人民群众喜爱的文化娱乐方式，成为人民群众精神文化生活的“主食”。近年来，国产电影迈入高质量发展阶段，电影观众对电影的满意度也逐步提升。由中国电影资料馆联合艺恩咨询开展的“中国电影观众满意度调查”结果显示，2018 年年度观众满意度得分 82.5 分。三大指数当中，观赏性、思想性得分分别达到 84.7 分、84.1 分（见表 4），同比保持稳定增长趋势。可见，国产影片综合品质提升有目共睹，得到了观众较高的认可。

表 4　2015~2018 年年度满意度及三大指数对比

指数 / 年份	满意度	观赏性	思想性	传播度
2015	81.2	80.5	78.8	86.4
2016	81.0	80.4	80.5	83.4
2017	83.3	83.6	83.3	82.4
2018	82.5	84.7	84.1	75.0

数据来源：《中国电影报》2019 年 1 月 9 日，第 2 期第 1 版。

① 数据来源：中国电影发行放映协会。

2. **粤苏浙稳坐三甲，区域市场趋于平衡**。2018 年，全国 31 个省（区、市）电影票房整体呈现稳步上涨之势。广东、江苏、浙江三大传统票仓蝉联年度三甲，三省年度票房占比达 31.18%。票房冠军广东省票房接近 80 亿元，比第二名江苏省高出 26.7 亿元（见表 5）。除前述三省之外，上海、北京、四川、湖北、山东、河南 6 省（市）年度票房均突破 20 亿元。北京、上海票房增速持续减缓，分别为 4.16% 和 2.75%，但在口碑大片上映时，两地依旧展示出强大市场助推力，京沪市场在饱和的同时，观众成熟度走在了全国前列。除此之外，票房大省湖北增速持续放缓，市场趋于饱和。增幅明显的是四川、山东、河南三地，尤其是四川，与前一名北京的年票房差距正在逐渐缩小（见表 5）。

表 5　2018 年全国票房收入前 10 名地区

排名	省（市）	票房（万元）	票房占比（%）
1	广东省	791226	13.98
2	江苏省	523737	9.26
3	浙江省	449188	7.94
4	上海市	341472	6.04
5	北京市	330860	5.85
6	四川省	325253	5.75
7	湖北省	258624	4.57
8	山东省	243653	4.31
9	河南省	220815	3.90
10	福建省	185915	3.29

数据来源：中国电影发行放映协会。

（二）电影放映布局进一步优化

1. **影院建设再创新高**。中国作为全球银幕数量最多的国家，电影院线市场持续蓬勃发展。截至 2018 年年底，共有影院 10438 家、银幕 60079 块，全年新增影院 1145 家，新增银幕 9303 块①（见表 6）。2018 年平均每天增

① 数据来源：《中国电影报》2019 年 1 月 9 日，第 2 期第 1 版。

加银幕约 25 块。尤其值得关注的是，影院建设进一步向中小城市，特别是县级城市延伸。2018 年，全国县级银幕占全国总银幕数量的 36%①。反映出市场结构进一步“下沉”，布局更加合理。

表 6　2014~2018 年影院建设情况一览表

指标＼年份	2014	2015	2016	2017	2018
院线（条）	47	48	48	49	48
银幕数（块）	23592	31627	41179	50776	60079
新增银幕数（块）	5397	8035	9552	9597	9303
新增影院数（家）	1015	1042	1612	1435	1145
观影人次（亿人）	8.34	12.6	13.72	16.2	17.18
平均票价（元）	35.54	34.98	35.92	34.51	33.08
单银幕票房产出（万元）	125.63	139.34	119.68	110.11	101.49

数据来源：国家电影局、中国电影发行放映协会。

2018 年，万达电影院线以 76.9 亿元票房和 2 亿次观影人次位列全国院线票房收入榜首，位列第二、第三的是广东大地电影院线股份有限公司和上海联和电影院线有限责任公司。排名前 10 的院线票房贡献约占全年总票房的 63.79%（见表 7）。

表 7　2018 年票房收入排名前 10 的院线情况

排行	院线名称	票房（万元）	影院数（家）	银幕数（块）	场次（万）	人次（万）
1	万达	769020	573	5114	894.80	20014
2	广东大地	558268	1046	6117	1154.93	17831
3	上海联和	452599	566	3606	564.95	12992
4	中影南方新干线	420114	783	4663	734.97	12835
5	中影数字	412188	836	5150	936.80	13039
6	中影星美	362161	534	3358	609.05	10883
7	广州金逸珠江	277336	385	2336	386.26	8285

① 数据来源：中国电影发行放映协会。

续表

排行	院线名称	票房（万元）	影院数（家）	银幕数（块）	场次（万）	人次（万）
8	浙江横店	246050	403	2448	507.30	7915
9	华夏联合	197578	391	2258	371.78	6196
10	江苏幸福蓝海	194608	305	1892	302.55	6061

数据来源：中国电影发行放映协会。

2. **院线改革进一步深化**。2018 年 12 月 11 日，国家电影局下发《关于加快电影院建设 促进电影市场繁荣发展的意见》，就院线改革影院建设出台了相关政策措施。此意见明确指出，到 2020 年，中国电影银幕将达到 8 万块，鼓励企业积极投资建设电影院，鼓励电影院积极采用先进技术，对放映环境和设备设施进行升级改造，提高放映质量，开展电影院星级评定工作，引导电影院提升建设质量和服务水平。意见提出加快特色院线发展，按有关规定予以资助。加快组建“人民院线”并启动试运行，更好地推动主旋律电影的发行放映；加快发展艺术电影放映联盟，为优秀艺术影片提供更大放映空间；鼓励发展校园院线等特色院线，面向特定观众群体发挥积极作用。

（三）中国电影“走出去”和国际合作不断拓展

1. **利用国家重大外事外交平台，拉紧人文交流合作纽带**。中国电影对外交流日趋活跃，中国电影海外推广已成为服务国家外交和外宣工作大局的重要手段。中国已与 21 个国家签署了电影合拍协议，成功举办首届上合组织国家电影节、第 2 届金砖国家电影节、第 21 届上海国际电影节、第 8 届北京国际电影节、第 5 届丝绸之路国际电影节、首届海南岛国际电影节等，中国电影已成为国家形象宣传和中华文化软实力输出的重要载体，拉紧了人文交流合作的共同纽带。《滚蛋吧！肿瘤君》《红海行动》《战狼 2》《捉妖记》《大鱼海棠》《中国合伙人》等优秀中国电影在阿联酋、葡萄牙等国的中国电影周上展映，“中国电影普天同映”海外发行平台持续建设，推动更多优秀影片“走出去”，中国电影的海外影响力进一步扩大。

2. **龙头企业加强国际交流，展开多领域深度合作**。中影集团积极配合大国外交及“一带一路”倡议，“中国电影走出去”工作亮点纷呈，成果显著。2018 年 8 月，中影集团与老挝新闻文化旅游部电影局在北京签署电影全面合作备忘录；中影集团开罗中国文化中心电影厅正式落成并投入使用，这是中影集团与中外文化交流中心共建“海外中国文化中心电影放映联盟”首个示范点。2018 年 7 月，在国务院新闻办公室和国家广播电视总局于南非开普敦举办的“中国与南非影视合作项目启动仪式”上，华夏电影公司与南非博斯沃德影业公司签署了关于影院投建、发行放映、合拍等多领域的合作意向书，活动期间还与南非国家电影基金会签署了关于影院投资、电影发行放映及合拍领域的框架协议。

五、推动中国由电影大国向电影强国迈进的对策思考

2018 年，中国电影产业总体保持稳中有进的发展态势。但与此同时，也存在着发展不均衡的问题，如创作质量与观众期待还有不小差距，行业治理和市场规范有待改善，高素质人才比较缺乏，国际影响力亟待进一步提升等。下一步，应统筹规划，采取更有效的措施，大力推进电影强国建设，为实现中华民族伟大复兴中国梦提供强有力的精神支撑。

一是坚持守正创新，推动电影创作由高原向高峰迈进。一方面，要坚持以人民为中心的创作导向，在现实题材创作上实现突破，坚持扎根人民，观照人民生活，表达人民心声。另一方面，要弘扬中国传统价值和当代价值，讲好中国故事，把中国精神、中国价值、中国力量阐释好。全面提升中国电影创作质量，进一步彰显综合国力、提升文化自信，推动中国从电影大国向电影强国迈进。

二是强化管理和服务，打造风清气正的发展环境。电影产业的繁荣发展，需要健康有序的发展环境。要认真落实促进电影发展的各项政策措施；围绕健全现代电影产业体系和市场体系，加强制度建设和政策保障，加强道德行风建设；加大执法力度，严厉打击盗录盗播和偷漏瞒报票房等行为，规范互联网售票平台，促进行业和市场健康发展。

三是进一步夯实基础，推动电影产业高质量发展。当前中国电影市场增速快、有活力，给电影产业改革带来良好局面，我们要深化供给侧结构性改革，坚持电影产业高质量发展的方向。鼓励电影企业整合行业资源，形成规模优势，提高产业集中度，着力提升核心竞争力与品牌影响力。健全完善电影工业体系，因地制宜发展影视基地，提高后期制作能力、高科技制作能力与服务保障水平。加快科技创新驱动，加紧研发前沿性、基础性和关键性技术，抢占技术创新高地，提高技术运用能力。

四是积极推动中国电影走向世界，提升文化软实力和影响力。要继续加强中外电影交流，推动中国电影“走出去”。首先，利用好平台，围绕外交，扩大中国电影的影响力，进一步提高在中国海外电影节展输送优秀中国影片的能力。其次，重视发挥商业渠道的作用，持续推动中国电影普天同映计划，依托商业渠道建立海外电影发行网络。最后，量身定制，选好题材和角度，突破文化差异，努力做到中国故事国际表达，让外国观众从电影故事中更好地了解中国。

第三章
发展亮点报告

第一节　2018 年中央广播电视总台创新发展亮点

一、高举旗帜 守正创新 开创中央广播电视总台融合传播新格局

中央广播电视总台副台长　阎晓明

2018 年是贯彻落实党的十九大精神的开局之年，是改革开放 40 周年，是决胜全面建成小康社会、实施“十三五”规划承上启下的关键一年，也是中央广播电视总台（以下简称总台）诞生之年。一年来，中央广播电视总台深入宣传贯彻习近平新时代中国特色社会主义思想，树牢“四个意识”，坚定“四个自信”，做到两个“维护”，忠实履行职责使命，坚持守正创新，传播力引导力影响力公信力不断增强，在新闻宣传、创新创优、融合发展、国际传播、人才管理、产业经营等六个方面工作中，呈现新亮点，取得新成效。

（一）高举旗帜，把握导向，做优做强时政和主题主线报道

2018 年，总台坚定不移地贯彻落实习近平总书记关于宣传思想工作的重要讲话，“自觉承担起举旗帜、聚民心、育新人、兴文化、展形象的使命任务”，初步发挥了总台作为党的宣传舆论主阵地的作用。始终把学习宣传贯彻习近平新时代中国特色社会主义思想作为首要政治任务，坚持多种形式学习、深入持久宣传、不折不扣贯彻，形成示范带头作用。举办多种形式培

训班、专题讲座，建设学习平台，编发学习资料，实现学习分层次全覆盖。

一是时政报道全面发力，着力推进总台“头条工程”建设。中宣部副部长、总台台长、党组书记慎海雄同志亲自抓“头条工程”，建立头条工程策划统筹机制，提出领袖的高度就是宣传报道追求的高度的工作标准，实现全台首页首屏头条同频共振、集中发力，做到习近平新时代中国特色社会主义思想和领袖风采“天天见”“天天新”“天天深”。精心打造《平“语”近人——习近平总书记用典》《传习录》《人民领袖》《梁家河》《习声回响》《声漫》《新闻联播+》《春风习习》《学习有道》《时政新闻眼》等生动阐释新思想的视频创新节目、广播纪实文学和融媒体产品，《平“语”近人》首轮播出覆盖观众规模4.41亿，《新闻联播》头条全年播出习近平总书记重要思想和时政活动报道350余条，“央视快评”“国际锐评”“央广时评”“CGTN快评”等一批评论品牌成为时政评论“轻骑兵”，“央视快评”全年发布178篇，在总台自有新媒体平台和两微平台总阅读量超17亿次。

二是新思想在互联网平台持续“刷屏”。精心制作推出《鼓岭！鼓岭！》《美丽中国说》《习近平和母亲》《窑洞里的读书人》《习近平彝家火塘话脱贫》《家国情怀》《有一种精神叫马上就办》《历史时刻——中国国家主席宪法宣誓纪实》等时政微视频、时政纪录片和时政特稿。《习近平和母亲》全网阅读量突破10亿，港珠澳大桥开通仪式报道实现2秒钟内发出文字快讯。《学习有道》多语种系列动画短视频在海内外各平台总点阅量超过5000万、互动量超过20万次，融媒体产品《春风习习》以40余个语种联合推出。

三是重大宣传报道主题突出，影响广泛。全力做好庆祝改革开放40周年宣传，圆满完成庆祝大会直播报道，打造《必由之路》《我们一起走过》《壮阔东方潮·奋进新时代》《我们的四十年——庆祝改革开放40周年文艺晚会》《黄土高天》《中国的伟大实践》《听，习总书记论改革开放》《听，这40年》等纪录片、专题专栏、电视剧、文艺节目、新媒体产品和系列广播报道。短视频平台开设的“必由之路”账号互动量、播放量超过 48 亿次。围绕两会、博鳌亚洲论坛、上合组织青岛峰会、中非合作论坛北京峰会、首届进博会等重大活动，宪法修改、机构改革、“一带一路”、脱贫攻坚、长江经济带建设等重大主题，发挥统筹谋划一体化机制作用，统筹内宣外宣、网上网下，整合频道、频率和各新媒体平台资源，统筹谋划，融合传播。2018 年两会首次使用 40 种语言对人大开幕会进行多媒体直播，博鳌亚洲论坛报道作为总台组建后的第一场重大报道，首次统一标识呼号，首次组建总台报道团队，首次三台同屏亮相，累计触达观众 22.45 亿。

（二）守正创新，价值引领，不断推出精品力作

2018 年，总台坚持节目创新创优，突出价值引领，效果导向，使得优秀传统文化、正能量等主流思想得以广泛深入传播。总台 2019 年春晚坚持守正创新，深化融合传播，海内外观众总规模达 11.73 亿，比去年提升 4200 万人，通过新媒体平台收看春晚的用户规模达 5.27 亿，较去年增加 9600 万人，新媒体互动人次创历史新高。春晚整体美誉度达 96.68%，成为近年来观众最喜欢的春晚之一。《朗读者》《国家宝藏》《记住乡愁》《奔跑中国》《小鬼当家》《最美孝心少年》《赢在博物馆》《经典咏流传》《挑战不可能》《魅力中国城》《谢谢了，我的家》《中华文化探源》等一批精品节目广受欢迎。在广播平台，相继推出清明、五月、七夕与丰收等主题诗会。

与教育部共同打造“中小学语文示范诵读库”，被称为高标准、高品质的“有声语文教材”，深化提升“广告精准扶贫”项目和“国家重大工程公益传播”项目，投入广告资源价值超过 10 亿元，精准扶贫省份增至 13 个，各频率频道制作播出 447 支公益广告，总频次近 50 万次，总时长近 6600 小时。

主旋律影视剧叫好叫座。《最美的青春》《岁岁年年柿柿红》《右玉和她的县委书记们》《不忘初心：寻找张人亚》等多部电视剧、广播剧与特别节目取得良好社会反响。《医道无界》《创新中国》《大国重器》《不朽的马克思》《如果国宝会说话》《坚持发展“枫桥经验”》等纪录片，夯实纪录片行业旗舰平台地位。《新大头儿子和小头爸爸3·俄罗斯奇遇记》《丝路传奇特使张骞》《丝路传奇大海图》等原创动画被誉为属于孩子们的文化精品。

（三）技术驱动，三台融合，媒体融合实现跨越式发展

2018年，总台坚持创新为要、以变应变，以总台组建为契机，以先进技术为引领，在融合发展中赢得新优势、开辟新空间，形成总台融媒体传播新格局。

一是探索5G、4K、VR等技术创新，为总台发展赋能。牢牢抓住5G时代来临的历史机遇，与中国电信、中国移动、中国联通和华为公司启动建设中国首个国家级“5G新媒体平台”；2019年总台春晚分会场彩排时，历史性地实现了4K超高清内容和VR内容的5G网络传输；基于5G网络的移动制作、VR制作和家庭收视环境系统也已基本成型。建成国内首个基于IP架构的全4K超高清直播演播室，开播国内首个超高清上星频道CCTV-4K，累计覆盖人群达1.34亿。

二是积极探索融合发展新路径。坚持“台网并重、先网后台”，投入财力人力向互联网倾斜，新媒体平台提质增效。打造《等着我在行动，我会找到你》《体育咖吧》《银河之声》《角儿来了》《今夜谈》等一批融媒体节目和产品。建设总台新闻节目素材共享池，机构改革加快三台在信息内容、技术应用、平台终端、管理服务的共享融通。

三是逐步搭建三台融合报道机制。重大报道展开宣传统筹协调联动，调动三台资源优势，全盘策划，深度融合，共同发力，统一标识，同屏亮相，打造了多层次、多平台、全媒体、立体化的传播格局。像“心连心”慰问演出，《筑梦新时代》、“六一晚会”、《大手牵小手》《全球中文音乐榜上榜》等节目，三台联合策划、录制、主持、采访、参演、传播。参与主办北上广等地的电影、电视节和传播论坛，提升品牌形象。

四是升级建设自主平台，形成融合传播新格局。升级建设“一网（中央重点新闻网站）+一端（移动客户端）+新媒体集成播控平台（IPTV、手机电视、互联网电视）+市场端口连接”的全新传播格局，为总台最大化连接用户、聚集用户、服务用户。截至2018年12月，央视网多终端月度全球覆盖用户达14.53亿，较2017年增长29%。“央视影音”累计用户下载量超过7.5亿，较2017年同期增长23%，是中央主流媒体中下载量最大的新媒体产品。IPTV总平台目前已与全国27个地区的分平台及运营商实现对接，截至2018年12月，IPTV总平台用户数1.07亿，为全球最大IPTV平台。互联网电视激活终端达1.07亿台，居行业首位。与中国移动合作建设的4G手机电视播控平台也是国内唯一，累计独立用户数超2亿。央视新闻新媒体全平台累计用户数近4亿，央广网全平台累计覆盖用户3.2亿，国广多语种社交账号粉丝总量1.4亿。

（四）扩大覆盖，创新表达，国际传播能力建设稳中求进

总台深入贯彻习近平总书记致中央电视台建台暨新中国电视事业诞生60周年贺信和中国国际电视台（CGTN）开播贺信的重要指示，牢牢抓住国际传播事业发展的重大机遇，固化成果，稳中求进，推动国际传播影响力再上新台阶。

一是讲好中国故事，更好地向世界展示真实、立体、全面的新时代中国。“国际锐评”全年发布300多篇，平均每篇被海外20家以上媒体采用，在主要西方国家全部实现突破。编译制作《梁家河》《春风习习》等领袖报道品牌产品，通过43种语言推送至40多个国家110多家媒体，海外阅读量超过8000万。CGTN客户端翻译制作的《习近平的故事》海外平台总阅读量2.7亿。国际视频通讯社（国际视通）发布习近平总书记时政新闻素材被1367家境外媒体频道采用5.24万次。组织出版图书、制作纪录片引起国际舆论好评。

二是积极深化合作传播。国际视通签约用户覆盖全球131个国家和地区的336个媒体机构共1954个电视频道和1188个新媒体平台。中美经贸摩擦相关内容被1600家境外电视台、频道采用21.13万次，创重大持续性报道外媒采用量最高纪录。大力发展“中意”“中日通”“中西通”等多语种移动客户端，欧亚新闻共享交换平台正式运行，借助“一带一路”倡议契机，不断扩大新闻合作联盟与影视文化进出口合作。进一步深耕非洲国家，《中国剧场》数量连续两年大幅增长。继续保持对非洲和丝路国家供片。使用英语、法语、斯瓦希里语等 15 个语种，译配完成 1285 集影视剧。

三是海外落地取得突破。全年新增整频道用户 3300 万，在 100 多个国家和地区实现整频道落地。长城平台及央视国际频道海外落地共发展全球收费用户约 4550.62 万，CGTN 英西法阿俄多个国际频道已在全球多个国家和地区落地播出。国际台在文莱、巴拿马、巴布亚新几内亚、波兰、秘鲁等国首次实现合作落地，截至 2018 年 12 月底，国际台与全球合作媒体达到 161 家，落地传播稿件超过 1.2 万篇。

（五）从严治党，深化管理，展现总台新面貌新气象

2018 年，总台以习近平新时代中国特色社会主义思想为指导，深入学习贯彻党的十九大和十九届二中、三中全会精神。学深悟透习近平总书记系列重要讲话精神，旗帜鲜明坚持党管宣传、党管意识形态。扎实推进全面从严治党，严格落实意识形态工作责任制，锤炼让党和人民放心的干部职工队伍，加强人才建设和内部管理。

突出抓好作风建设，加强意识形态责任制落实，强化落实中央八项规定精神监督检查，举办全台警示教育大会，开展“点对点”送课上门，参观警示教育基地。深入开展马克思主义新闻观学习教育，举办习近平新时代中国特色社会主义思想培训班、庆祝建党 97 周年大会、主题党日活动、重温入党志愿书等各项活动，选派员工到基层轮岗锻炼，着力增强总台员工的脚力、眼力、脑力、笔力。

总台完善节目排查流程，制定内容审核、制播管理、编排管理、播音员主持人播读差错等管理规定。强化新媒体建设，切实把好内容关、嘉宾关、播出关。加强阵地管理专项检查，制定实施整改措施 329 条，加强舆情动态监测处置，有效应对各类舆情事件，维护总台品牌形象。加大播出技术保障力度，启动新闻演播室高清化、网络化升级改造，完成网络化智能化工程、应急广播体系等相关建设；内部管理提质增效，积极推行“互联网+服务”，全台管理运行效率显著提高；为员工落户、工作居住证等问题排忧解难办实事。

（六）拓宽思路，机制创新，推动广告产业经营转型升级

2018 年，总台不断深化经营理念和机制创新，推动广告产业经营转型升级，实力不断壮大，取得历史性突破。

央视建立头部媒介资源一站式购买平台，创立合作品牌战略联盟，开启品牌服务新时代。大力开拓新媒体阵地及产业化领域，2018 年俄罗斯世界杯经营创收、春晚新媒体资源销售等方面创下历史纪录。央视成功实现《国家宝藏》《朗读者》等优秀节目模式版权的海外输出，音像资料馆继续保持为世界上最大的视音频数据库。多个台属企业经营稳中有进，中国国际电视总公司连续第十届获评“中国文化企业 30 强”，央视网大力发展 IPTV 和互联网电视等业务。

央广广告 2018 年签约新客户 158 家，全年共实现营业同比增长 28%，净利润同比增长 104%。传统业务板块继续保持逆势增长，推出“央广中国品牌联盟”，初步实现“广播+互联网+客户端”融媒体广告整合营销。新型业务板块持续增长。央广视讯公司着重加强业务造血能力，加快业务转型。银河互联网电视公司用户规模、市场份额保持强劲增长势头，运营商计费用户超 2350 万。媒体零售业务板块发展平稳，以“国家媒体平台助力国家品牌铸造”为理念，新增大型户外直播、原产地直播及工厂直播，全年覆盖总户数近 1.6 亿。

2018 年，总台全体员工勠力同心，克服困难，做了许多开创性工作，各项事业发展都取得了良好开端。2019 年，总台将紧紧围绕学习宣传贯彻习近平新时代中国特色社会主义思想这个首要任务，围绕庆祝新中国成立 70 周年这条主线，加速融合发展，坚持稳中求进，锐意改革创新，勇于担当作为，努力打造具有强大引领力、传播力、影响力的国际一流新型主流媒体，为实现“两个一百年”奋斗目标、实现中华民族伟大复兴的中国梦作出总台人新的贡献！

第二节　2018年总局直属单位创新发展亮点

一、创新思路 合作共赢 紧跟“智慧广电”战略 加快推动广电网络转型升级

中国广播电视网络有限公司董事长　赵景春

广电网络是党和政府声音传向千家万户的主渠道，是重要的宣传思想文化主阵地，在传播主流舆论和先进文化中发挥着重要作用。2018年，在总局党组的正确领导下，中国广播电视网络有限公司（以下简称中国广电）以习近平新时代中国特色社会主义思想为指导，深入学习宣传贯彻党的十九大精神，进一步加大工作力度，创新工作方法，实施“智慧广电”战略，落实总局党组部署的工作任务，按照“着力加强党的建设，聚焦网络整合发展这一主线，打造融合业务平台、产业平台、控股企业管理平台”的工作思路，加快广电网络转型升级。

（一）唯新唯变、用户至上，通过“全国一网”整合强化广电网络主流舆论传播主渠道作用

“全国一网”整合对于广电网络行业至关重要，中国广电正是应“全国一网”整合而组建，也将随之而发展壮大。在构建全媒体传播体系的背景下，“全国一网”整合发展显得更加重要和紧迫。2018年，“全国一网”整合工作实现了质的突破。中央领导同志就“全国一网”整合工作多次作出

重要批示，中宣部牵头组织各相关部委成立了全国有线电视网络整合发展领导小组，领导小组成员单位将联合印发《全国有线电视网络整合发展实施方案》，并召开全国性电视电话会议部署有关工作。这标志着网络整合“行政推动”的层级大大提升，力度和强度大大强化，网络整合的“市场运作”也峰回路转，光明在前。在坚持正确方向和双效统一的前提下，“全国一网”整合发展，一是积极采用新技术，改造升级广电网络，提高网络承载能力。全国有线电视网络互联互通平台建设扎实推进，启动了“五横五纵”网络建设，加快部署了 IPv6 的网络升级，有线电视网络与三大电信运营商实现历史性互联互通，并签订了骨干网网间互联互通协议。二是紧扣市场需求，唯新唯变，开发新产品、创造新业态、实现全业务，拓展广电网络发展空间。研发打造了以涌泉 TV 为品牌的宽带电视产品体系。着力提升网络内容建设水平，打造了“中国广电融媒云”平台，开设“头条”工程和“十九大专栏”，做好全国广电网络宣传统筹工作。三是坚持用户至上，着重建设完善运营、服务体系，提高服务水平，让用户有新体验、有获得感。自主研发的机顶盒、遥控器操作简单、反应灵敏，支持电视、宽带、通信等全业务，并且任何状态下都可以一键回央视一套，突出广电网络主业主渠道功能。研究打造融合电视，即以电视机分屏实现广播电视媒体融合发展的新业态，以期带来“轻松时刻、边看边聊”的广播电视收视新景观。

（二）借梯登高、借船远航，通过引进战略投资者打造企业合作双赢共赢的新范例

“全国一网”的广播电视网络的发展目标，是要转型升级打造一张新型的媒体融合传输网、数字文化传播网、数字经济基础网、国家战略资源网。中国广电研究制定了“有线+无线+国际传播+内容”协同发展的战略规划，初步建立了总部控股、子公司运营的有线无线融合、内容平台渠道终端一体化的集团化运营管理架构，先后投资、设立的 13 家控（参）股企业经营情况总体良好。但中国广电也意识到依靠现有的体制机制，难以实现自身的转型迭代，因此要引入新的血液和新的造血机制，依靠新的动能、新的理念实现破局发展。其重要举措是积极申请混改试点，与中信集团和阿里集团等大型国企、互联网企业建立了战略合作关系，增加了广电网络“全国一网”整合发展的胜算系数。通过战略合作伙伴的引入，不仅引资金、引人才、引产品，还要引好的管理经验和经营模式，创新体制机制，努力使广电网络在“全国一网”整合中实现转型发展。

（三）创新思路、担当作为，通过增强斗争精神、焕发改革朝气，探索发展新路径

中国广电很多工作的特点是大、难、见效周期长。所谓大，要么是国家战略部署，如三网融合；要么是关系广电系统全局，如网络整合、全国有线电视网络互联互通平台建设、基础电信业务经营许可和5G牌照申请，等等。因此，思考工作、谋划工作、推动工作、落实落细工作，都坚持站位全局，服从全局，公转加自转，对总局党组的部署、要求坚决贯彻执行，从不打一点折扣。所谓难，是因为绝大部分工作是不可控、半可控的，主动权不在自己手里，但在坚持做好可控工作的同时，超强度超负荷地努力争取把不可控、半可控的工作做好。中国广电工作之难，还因为没有先例可援，工作上条件也都是动态的、不完备的。在这样的背景下，缘木求鱼、照方抓药行不通，坐等条件成熟也行不通，只有静下来潜心思考，围绕如何克服困难干起来、创造条件干起来、加快步伐干起来、弯道超车干起来，强调担当作为、善作善成才能把工作干好、干出色。所谓见效周期长，因为大、因为难，效果效益的显现就要有一定时间周期，所以更要能够做到难不住、难不倒，越是困难越向前，越挫越勇，有韧劲、弹性和定力。中国广电不仅精心设计实施了台账制、专责制、配合协调机制等工作调度机制，还对工作部署采取硬约束，集体决定的就要狠抓落实、说了就要做，坚决维护工作的严肃性、实效性。

2019年，中国广电将和全国广电网络企业一道，进一步提高认识、转变作风、创新思路、奋发作为，认真落实总局党组部署的各项重点工作任务，努力将广电网络建设成为“智慧广电”战略的重要支撑，全力以赴把全国广电网络整合好、改造好、运营好，使广电网络真正成为方向正确、可管可控的正能量网络，真正成为技术构架先进、产品优、服务好、用户满意、市场竞争力持续做强的新型网络。

二、以信息化手段提升广播电视安全播出智慧化管理水平

无线电台管理局分党组书记、局长　黄晓兵

习近平总书记在全国宣传思想工作会议上指出，宣传思想战线进入了守正创新的重要阶段，要推动宣传思想工作不断强起来。2018 年 11 月，总局印发了《关于促进智慧广电发展的指导意见》，提出深化广播电视供给侧结构性改革，推动广播电视在新时代取得高质量新发展。无线电台管理局（以下简称无线局）积极贯彻中央和总局党组要求，切实增强“四个意识”、坚定“四个自信”、做到“两个维护”，坚决贯彻落实党中央重大决策部署，在思想上政治上行动上同以习近平同志为核心的党中央保持高度一致。紧紧把握“守正创新”这一导向，不断加大信息化投入，一方面积极运用信息化手段，不断提高广播电视安全播出保障能力，大力巩固党的广播电视意识形态主阵地；另一方面积极推进云计算、大数据、物联网等新技术的应用，加快适应广播电视改革发展的新方向，以守正促创新，以创新强守正。

（一）优化调度管理，深入挖掘广播电视传输保障潜力

通过新建无线局智能运行管理系统，完善调度机制，加强分析研判，深入排查风险，细化措施预案，有效提高调度管理能力。实现了全局播出资源的统筹管理，将发射机、节传、天线等播出设备的实时运行状态纳入播出调度、台际代播等工作中，在不增加传输发射硬件设备的情况下，有效提升了无线局安全播出指挥调度的时效性，提高了局台安全播出自动化运行一盘棋管理、一体化联动的水平。2019 年，无线局将继续组织实施播出调度执行反馈链路系统项目建设，建立无线局安全传输发射自动调度反馈体系，进一步提升完善全局播出调度的科学化、智能化、一体化水平。

（二）探索新技术，积极推进管理模式创新

积极开展大数据、云计算等技术的应用，先后完成了 16 个台站云平台

的建设，实现了台站自动控制平台的虚拟化，利用无线局大数据中心，完成了数据资源查询服务系统、数据资源综合展示服务的开发，深化了数据资产的管理和应用。2019~2020 年还将再组织 5 个台站数据采集应用项目的建设工作。

响应中央“互联网+”战略，不断探索思考事业管理和发展的新模式。近年来，无线局推进了网络党建系统、教育管理系统、高清视频会议、视频指挥系统等行政管理系统的建设与应用，同时升级改造了安全播出等技术业务管理系统，实现网络+党建、网络+教育、网络+应急指挥的广泛应用，2019 年还将建设网络+财务的管理系统，以现代化信息化网络化的手段，不断创新传统安全播出和事业管理的模式。

（三）提升防范能力，筑牢无线局网络安全防线

经过近 15 年的信息化建设，网络和应用已经成为无线局安全播出和事业管理的核心途径和手段，网络安全的重要性更加凸显。无线局一直以习近平总书记的网络安全观思想为指引，不断加强网络安全防范能力建设，全局网络安全建设工作稳步推进。目前，已建成业务内网日志审计系统，完成全局系统内单位广域网传输加密等系统建设，通过有效的基础设施保障和科学谋划管理，全面增强了网络安全防御能力。

2019 年，将组织推进无线局数据灾备中心建设项目和发射台信息网络安全系统升级改造项目，建设无线局信息机房同城数据备份中心，构建无线局业务内网网络安全漏洞防范体系，更新老旧网络设施，初步建立无线局全天候全方位的网络安全态势感知监测系统，以进一步提升无线局网络安全防护能力。

面对新时代新使命，无线局将继续认真贯彻习近平总书记提出的“以信息化培育新动能，用新动能推动新发展，以新发展创造新辉煌”的重要讲话精神，按照总局党组确定的“智慧广电”整体战略发展方向，顺应媒体融合传播的新要求，积极探索技术新应用、拓展传播新渠道，因势而谋、应势而动、顺势而为、创新发展，不断推动广播电视事业强起来。

三、守正创新 两轮驱动 推动新时代广播电视监测监管开创新局面

国家广播电视总局监管中心分党组书记、主任　陶嘉庆

2018 年，监管中心以习近平新时代中国特色社会主义思想为统领，树牢“四个意识”、坚定“四个自信”，切实做到“两个维护”，全面推进了广播电视监测监管能力提升、手段创新、事业发展，充分发挥“千里眼、顺风耳、防洪坝”的作用，为总局决策部署提供了重要依据，为把党和国家的声音传下去、把中国的声音传出去提供了有力支撑。

（一）确保精准高效、坚决到位，日臻完善的广播电视技术监测体系为意识形态责任制提供有力保障

切实保障春节、全国两会、上合组织青岛峰会、中非合作论坛北京峰会、首届中国国际进口博览会、庆祝改革开放 40 周年大会等重大活动的安全播出保障任务，强化重保期安全播出管理和重大事件事故全流程闭环管理，提高突发事件应对效率；广播电视质量效果监测和频率调度精准高效，忠诚守卫党和国家的声音；稳步推进有线数字电视前端监测站点安装，保持海外站点安装维护数量持续增长；积极开展等级保护测评服务，推动行业网络安全管理再上台阶；有序推进、积极协调，确保工程项目管理科学、有序、高效。

（二）坚持正确政治方向、舆论导向、价值取向，全面提升广播电视内容质量监管能力

一是聚焦广电行业管理，改版《国家广电总局监管日报》、创办《国家广电总局监管周报》《国家广电总局监管专报》，提升监管刊物质量和效能，全面展示总局的新担当新作为；二是坚持问题导向，重点加强有害节目的排查，坚决维护习近平总书记在党中央的核心地位、全党的核心地位，坚决维护党中央权威和集中统一领导；三是坚持正面引导为主，加强对优秀

节目的点评，聚焦主题主线，营造奋进新时代、砥砺新征程的浓厚宣传舆论氛围；四是落实“广告宣传也要讲导向”总要求，有效推动广播电视由数量规模增长为主向质量效益提高为主转变；五是服务行业管理，推动全国广播电视播出机构运行秩序进一步规范；六是继续办好《广电时评》，积极放大正向声音，延展监管成果、延伸监管效果；七是电视剧备案、审看和投诉处理工作保障有力。

（三）坚持守土有责、守土尽责，切实保障网络视听空间天朗气清

坚决遏止网上政治敏感节目传播扩散，压缩网上黑色地带，净化网络视听舆论生态；及时回应党中央和社会关切，全力清查网上灰色地带，推进网络视听弘扬社会主义核心价值观；深入贯彻网上网下“同一标准、同一尺度”要求，加强网络原创节目监看，推动网络视听文艺讲品位、讲格调、讲责任；坚持依法依规，切实加强传播秩序监看，保障视听新媒体行业健康发展。

（四）坚持创新驱动，不断完善监测监管技术体系，“智慧广电”、智慧监管再上台阶

建立加强监测监管能力项目台账，科学谋划监测监管业务布局；建设智慧化广播电视指挥调度体系，加强有线网域维护信息化管理，推进广播电视节目智慧监管，加强网络视听监管业务大数据积累；与北京大学高文院士团队合作承担科技部云计算与大数据重点专项中的“大规模视频节目的实时检测分析系统与示范应用”课题；依托国家科技支撑项目，应用云计算、大数据及多项音视频智能化处理技术，形成覆盖全国，具有自动监测、语音智能评估、海量广播数据综合分析、结果多维立体呈现、高效支撑决策等特点的智能化广播监测网。多项智能化技术成果转化为国家广播电视监测监管工程的核心技术，为中国广播电视监测监管由点到面、由轮巡到全时段、由局部频道抽查到全覆盖提供了有力的技术支撑和数据支撑。2018年，监管中心共13个项目获得中国广播电影电视社会组织联合会、中国电影电视技术学会的科技创新奖，16篇论文获得王选新闻技联科技论文奖。

新时代，新总局，新气象。加快推进“智慧广电”建设、智慧监管，是其中的关键环节、重要任务。监管中心将继续以习近平新时代中国特色社会主义思想为指导，坚持稳中求进、守正创新，聚焦阵地建设和行业管理，充分发挥科技创新对优化管理的支撑作用，以智慧化发展为监管能力现代化赋能，不断提升广播电视监测监管的科学性、精准性、有效性，积极推进监测监管系统的网络化、智能化、协同化，努力实现跨业务、跨网络、跨平台、跨终端的全方位、全过程、全覆盖、全天候智慧化监管。

四、坚持守正创新　推动直播卫星公共服务高质量创新性发展

国家广播电视总局广播电视卫星直播管理中心主任　杨一曼

2018年，总局广播电视卫星直播管理中心（以下简称卫星直播中心）深入学习习近平新时代中国特色社会主义思想和党的十九大精神，深入贯彻全国宣传思想工作会议精神，按照广播电视高质量创新性发展的部署要求，坚持稳中求进、守正创新，坚定贯彻新发展理念，扎实推动直播卫星公共服务提质增效，在参与精准扶贫、推动“智慧广电”发展、深化融合创新等方面呈现新亮点，取得新成效。

（一）持续扩大广播电视公共服务覆盖，积极参与乡村振兴战略

按照习近平总书记提出的“提高基本公共文化服务的覆盖面和适用性”要求，卫星直播中心扎实开展直播卫星公共服务补短板、强弱项、提质量，全国累计发展用户近1.4亿户，根本解决了长期困扰中国农村广播电视覆盖“难、贵、差”的问题，有效提升了中国农村广播电视覆盖质量、水平和收视效果。充分发挥直播卫星“覆盖广、成本低”的优势，积极参与国家精准扶贫、乡村振兴战略、兴边富民工程等，利用直播卫星实施精准扶贫广播电视户户通工程，确保贫困地区百姓正常收听收看广播电视，努力满足贫困地区百姓精神文化生活需求，进一步巩固党的宣传思想阵地。

（二）推进直播卫星关键技术应用，推动“智慧广电”发展

科技创新是广播电视实现高质量创新性发展的重要支撑和保障。按照总局推进全国“智慧广电”建设现场会议部署，卫星直播中心重点推动直播卫星公共服务终端设备融合创新，着力打造新一代广播电视直播卫星技术系统。新一代广播电视直播卫星技术系统创新应用了三项关键技术：一是TVOS2.0智能电视操作系统，进一步提升了用户体验；二是基于北斗导航卫星的定位管理技术，进一步实现了精准管理；三是DCAS可下载条件接收技术，进一步提升了业务保护的灵活性。未来，新一代直播卫星智能终

端可以具有扩展接收 4K 超高清节目等功能，将更好推进直播卫星公共服务提质增效升级，实现直播卫星业务融合、智慧、创新发展。

（三）充分认识推动媒体融合发展、建设全媒体的重要意义，深化广播电视融合创新发展

习近平总书记多次强调，“人在哪儿，宣传思想工作的重点就在哪儿”。卫星直播中心在立足基本公共服务的基础上，积极探索直播卫星平台多元化发展新途径，打造新型传播平台，努力让党的声音传得更开、传得更广、传得更深入。利用直播卫星与宽带网、移动互联网、卫星通信的混合组网，拓展直播卫星服务新业态，实现广播电视公共服务由户户通向人人通、移动通升级。开展了“工友乐”试点项目、“移动接收”试点项目、“党建下乡”试点项目，为农民工、大巴车乘客、基层党员等特定用户，提供直播卫星广播电视节目，推送安全教育培训、影视娱乐节目、党员教育培训等信息。用户可以通过 WiFi 接入，用手机、PAD、电视等智能终端收听收看。

五、2018年广播电视科学研究院创新发展亮点——统一思想、坚定信心，善谋实干、守正创新

国家广播电视总局广播电视科学研究院党委书记、院长 邹 峰

2018年，中国迎来了改革开放40周年，总局广播电视科学研究院（以下简称广科院）也在金秋十月迎来了60岁生日，秉承“弘扬科学精神，引领科技创新”的建院理念，广科院善谋实干、守正创新，深入学习贯彻习近平新时代中国特色社会主义思想，深入贯彻落实党的十九大精神，紧紧围绕总局的中心工作，根据国家和总局“十三五”规划做好学科战略布局，夯实科技基础，强化战略导向，围绕行业发展重大需求和科技应用关键领域，聚焦科技创新、技术服务、成果转化等重点工作，为中国广播电视行业的发展发挥了积极作用。

（一）开展“智慧广电”总体架构及技术体系研究，推动“智慧广电”发展战略实施

广科院依托总局“广播影视智慧化发展研究”和“智慧广电总体架构及技术体系研究与应用试验示范”项目，开展“智慧广电”总体架构、发展战略及技术和标准体系研究，有针对性地突破融合媒体智慧化内容生产、智慧化融合传输覆盖网络、智慧化服务业态、智慧化监测监管等核心共性关键支撑技术，构建“智慧广电”的技术支撑平台，通过应用试验示范提升内容生产、网络传输、业态服务、监测监管的智能化、智慧化能力，打通“智慧广电”的产业链条，拓展延伸广播影视的发展空间。

（二）开展5G融合网络架构重大专项研究，推动融合网络架构纳入5G标准

广科院牵头承担了国家无线领域重大专项“5G广播电视网与移动通信网融合架构方案研究”课题，在总局科技司的指导下，成立了“无线交互广播电视工作组”，重点围绕业务需求、频率规划、系统架构组织开展研究

工作，完成无线交互广播电视技术需求白皮书和总体架构设计；积极参与国际标准制定，成功加入 3GPP 工作组，5G 地面广播提案已成功立项；广泛开展与华为、中兴、诺基亚等企业的交流合作，积极推动融合网络架构纳入 5G 标准，为广播电视技术在 5G 标准中的布局进行前期谋划。

（三）开展超高清技术及标准研究，支撑中国超高清电视产业发展

持续开展超高清电视技术演进、标准制定、产业发展等领域的研究工作，并通过起草发展战略、行动计划、实施指南等文件，为上级决策提供了坚实的技术支撑，为行业应用提供了可行的指导建议。继续深入开展 4K 超高清标准体系研究，完成 HDR 和 3D Audio 基础标准的编制；在总局科技司的指导下完成了《4K 超高清应用实施指南（2018 版）》；参与广东省超高清产业发展战略制定并为频道开播提供技术支撑，助力北京市 8K 超高清显示产业发展推进工作，并与四川传媒学院共建 4K 超高清制作基地。

（四）开展广播电视公共服务标准体系建设，推动公共服务提质增效

积极响应“全国基层应急广播工作推进会”工作部署，持续推动广播电视公共服务标准体系建设，修订完成 11 项应急广播技术标准规范，开展应急广播运行管理体系研究、TVOS 应急广播解决方案研究，有序推进标准宣传贯彻落地；完成新一代直播卫星终端的研发工作及相关测试工作，通过第六代加密模块的研发，有效提升了直播卫星定位管理的安全性。

（五）持续推进“走出去”工程，助力国内厂家拓展海外市场

积极响应国家“一带一路”建设和总局“走出去”发展规划，继续深化与缅甸在频率规划、数字音频广播等领域的技术合作，积极推进华语广播电视节目落地缅甸，并围绕中国数字版权保护 ChinaDRM、OTT 等多个专题开展技术推广；第三次与北京局携手组织北京广电科创企业赴美参展 NAB2018，助力北京广电科创企业开拓海外市场，创造了良好的社会和经济效益。

（六）成功举办 CCBN2018，全方位助力广播影视行业转型升级

成功举办第二十六届中国国际广播电视信息网络展览会（CCBN2018），

展会以“新智慧 新生态 新视听”为主题，汇聚了30余个国家和地区的近1000家企业和机构，接待专业参观观众10.8万人，展会意向成交额再创新高，达11.88亿元；继续强化平台聚合效应，积极搭建行业内外资源汇聚共享平台，举办了主题报告会、BDF论坛、新产品发布会、高端研讨会等专题会议累计21场，为广播电视行业实现转型升级、提质增效提供了强大的平台支撑。

六、广播电视规划院：开拓创新 助力行业高质量创新性发展

国家广播电视总局广播电视规划院院长　余　英

2018年，广播电视规划院（以下简称规划院）以习近平新时代中国特色社会主义思想和党的十九大精神为指导，认真贯彻执行总局的决策部署，秉承“支撑政府决策、助力政府监管、服务行业发展”的工作宗旨，围绕总局重点工作精准发力，开拓创新，攻坚克难，切实为广电行业高质量创新性发展做好支撑工作。

（一）创新建设收视综合评价大数据系统

为贯彻落实中央决策部署，强化对广播电视和网络视听节目收视数据的规范管理，规划院在开展千万级用户的小规模技术试验基础上，承担了总局收视综合评价大数据系统的建设工作。2018年12月，汇集4000万有线电视和IPTV用户收视数据的广播电视节目收视综合评价大数据系统基本建成并开通试运行。建设广播电视节目收视综合评价大数据系统，是广电部门落实国家大数据战略、培育发展新动能、促进广播电视高质量发展的重要举措，对于建立科学、真实、有效的收视评价体系，提升广电领域大数据应用能力具有重要意义。

（二）积极支持“智慧广电”和融合媒体建设

研究未来“智慧广电”网络架构和业务形态，完成贵州广电网络雪亮工程、智慧城市等可行性研究报告，为云南广电和黑龙江省网制定网络转型升级规划。在融合媒体领域，创新性地研发拓展了融合媒体云平台4项基准性能指标的检测能力，并应用于江苏“荔枝云”、浙江“新蓝网”等多个广播电视融媒体云平台的验收测试，取得了用户的一致认可和好评，填补了行业在此技术领域的空白。

（三）多方位助力广电网络升级改造

面向全国有线电视网络整合，规划院组织开展了新形势下有线电视网络标

准体系研究，制定发布了《全国有线电视网络云数据中心技术规范》等标准。组织开展全国700M频段地面数字电视广播频率迁移实施方案研究，为后续广电特色5G网络建设做好技术准备。完成全国地面电视广播全数字规划方案优化和广播电视频率协调中心的各项工作，为合理规划频率资源，促进广播电视公共服务开展和中央广播电视节目无线数字化覆盖工程建设提供技术支撑。

（四）持续推进超高清电视标准研究

2018年，规划院完成4K超高清标准体系的修订，启动了8K超高清规划与标准研究。针对4K业务开展，完成了有线电视网络4K超高清节目传输技术要求研究。连续两年向国际电信联盟提交中国自主研制的高清、超高清测试图像序列，其中，17项超高清HDR图像序列被国际电联采纳，数量居各国之首，充分体现了中国在该领域的国际竞争力和影响力。

（五）积极开展安全播出与网络安全技术研究

开展广播电视安全播出保障能力评估技术研究，制定了省级电视中心、光缆传输干线网、无线发射台站的安全播出保障能力评估指标体系和评估方法方案并开展了试评估工作，为广播电视相关机构落实总局安全播出管理要求，全面提升安全播出保障能力提供技术支撑。针对融合媒体云平台技术特点，研发了漏洞检测、风险评估、渗透测试、威胁分析相关工具软件和测试方法。完成了收视综合评价大数据系统的网络安全防护能力建设和总局直属单位91个网站业务系统的季度安全检测，保障了总局重要网络信息系统和业务系统的安全稳定运行。

（六）纵深拓展认证业务服务能力

规划院自2016年创建“中国广电认证”业务以来，自愿性产品认证业务发展态势良好，获得行业广泛认可，2018年新增GPON产品及信息安全产品认证项目。在稳步推进产品认证的同时，积极向服务认证领域拓展。2018年，服务认证业务获得国家认证认可监督管理委员会批准，成为广播影视行业唯一一家获批的服务认证机构。服务认证业务的开展，将助力广播电视相关机构完善其服务体系和能力，全面提升行业的服务保障能力。

七、守正担当 改革创新 以工程科技全面支撑广播电视高质量发展

中广电广播电影电视设计研究院党委书记、院长　许秀中

2018年，中广电广播电影电视设计研究院（以下简称设计院）围绕中心、服务大局，守正担当、改革创新，以工程科技全面支撑广播电视高质量发展，在服务国家、服务总局、服务行业和服务社会等方面取得了显著成绩和重大突破。

（一）牢记职责使命，全力保障党和国家重大政治任务，全面支撑主流媒体舆论阵地传播力、引导力、影响力和公信力建设

始终坚持以政治建设为统领，2018年圆满保障了全国两会、青岛上合组织峰会音响及扩声系统、国新办新闻发布厅音视频及灯光工程、“智慧广电”、全国应急广播系统、全国有线电视网络互联互通平台建设等一批重大政治任务和重点工程任务。

一是编制县级融媒体标准规范。在中宣部和总局指导下，设计院作为牵头主编单位，组织精干力量圆满完成了五项标准规范的编制任务，兼顾公平包容、移动优先、实用性、与其他标准衔接原则，贯穿了县级融媒体中心建设全生命周期，为各地融媒体中心建设提供标准化、基础性和关键性指导。

二是完成了一系列行业重点工程任务。承担完成了无线局网络信息安全系统升级改造、播出调度和几十项广播电视发射台站迁建和军民融合建设任务；有效开展了成都音乐厅、北京电影制片厂、八一电影制片厂和中影二期工程建设任务；积极推动了青岛、重庆、蚌埠等地影视基地建设。同时，开拓性承接了金湖县广播电视塔迁建和北京市延庆区融媒体中心专项工程总承包任务，产业链条不断延伸，行业影响力和知名度进一步提升。

三是推动广播影视文化“走出去”。2018年，设计院再次入选“国家文

化出口重点企业”。全年承担了南苏丹、老挝、亚美尼亚、斯里兰卡等十多个中国援助亚非拉国家和地区的广播电视工程建设任务，推动了玻利维亚、乌兹别克斯坦、摩尔多瓦等国家信息通信网、传输网、城市安全系统建设，其中斯里兰卡塔成为中国走出国门承建的第一高塔和当地新地标；玻利维亚城市安全监控系统推动其成为南美最安全的国家之一。广电对外援助工程和经贸项目的实施，有力增强了中国文化的对外传播力和影响力，进一步塑造了中国负责任大国形象。

（二）坚持科技守正和自主创新，围绕智慧广电融媒体建设，推动重点核心技术研究及应用实现重要突破，以工程创新实践引领行业提质升级

加大核心技术创新研究力度，更好地服务智慧广电融媒体发展。2018年，设计院紧跟新一代信息技术发展趋势，在“智慧广电建设”“融合媒体技术”“有线电视网络互联互通建设”“全国应急广播体系建设”“地面数字广播电视无线覆盖建设”等方面积极研究，提供系统、全面、具有核心竞争力的工程建设全过程解决方案，如编制《4K超高清电视技术应用实施指南》、组建《面向5G的移动交互广播电视工程设计研究》课题组等，对5G网络架构等进行基础性研究和提供相应解决方案。全年荣获省部级、行业及协会的科技创新奖、工程技术奖8项，其中“中央广播电视节目无线数字化总体方案”获亚洲—太平洋广播联盟唯一绿色工程奖。

强化技术成果应用示范，全面助力广电高质量发展。搭建塔桅检测大数据平台，全面服务广电塔桅检测、维修、运维等业务；组建电磁环境实验室，系统开展广播电视无线发射电磁环境数据的分析和研究；深耕新一代信息技术下音响扩声技术研究，为提升主流舆论传播力做好技术储备。2018年，设计院获中国合格评定国家认可委员会（CNAS）颁发的广播通信铁塔及桅杆产品检测中心实验室认可资格和检验机构认可资格。

以县级融媒体中心建设为突破口，引领行业提质升级、做强做大。2018年，设计院增设“融媒体研究中心”，开展相关应用技术研究，采取设计、技术软件开发、EPC总承包和参与运营等商业模式进行推广布点，全面参与全国各省区市县级融媒体中心建设，并承担了北京、浙江、广东、新疆、云南等地县级融媒体中心建设任务；先后与安徽、青海、甘肃、河北等省网签订融媒体战略合作协议，共同加快推进媒体融合事业、产业的转型升级及融合发展。

（三）以转企改制为契机，从智慧广电融媒体再出发，打造新型文化科技信息工程集团，全面助力广播电视转型升级

作为总局系统唯一一家经营类事业单位，落实好中央和总局关于经营类事业单位转企改制部署是必须要完成的政治任务，也是推动国有资本做强做大做优、实现设计院更好更快发展的必然要求。2018 年，设计院在总局党组的正确领导下，启动了转制工作，上报了转企改制工作方案，同时按照现代企业制度要求，紧跟广电融媒体发展大势，积极稳妥开展企业架构、产业结构、运营结构、管理结构、人才结构和文化结构的梳理调整，不断巩固拓展核心优势、增强研发创新实力，加速设计院转型升级，以有效持续经营为转企改制奠定基础、做好准备。

下一步，设计院将在总局党组的正确领导下，紧紧围绕总局中心工作，从智慧广电融媒体建设任务出发，以“守正创新、改革转制，推动设计院做大做强”为目标，打造新型文化科技信息工程集团，更好地服务总局中心工作，支撑服务行业发展。以设计院创新发展产业实践，助推广播电视行业转型升级，助力广播电视事业产业协调一体化发展。

八、坚持守正创新 服务改革大局 着力增强广电行业干部教育培训的时代性、针对性、有效性

国家广播电视总局研修学院分党组成员、副院长 刘 颖

2018年，研修学院始终坚持高举习近平新时代中国特色社会主义思想伟大旗帜，深入贯彻落实全国宣传思想工作会议精神，紧密围绕高质量发展大局，严格贯彻落实中央和总局干部教育培训的方针政策和工作部署，坚持守正创新、聚焦主责主业，牢牢把握正确的培训导向，培训规模实现持续增长、培训影响力不断扩大，有效发挥了总局干部教育培训主阵地、主渠道作用。

（一）旗帜鲜明讲政治，严守教育培训工作的政治方向

2018年，研修学院坚持举旗定向，坚持一切教学活动、一切办学活动在政治立场、政治方向、政治原则、政治道路上与党中央保持高度一致，以实际行动和实际成效确保习近平新时代中国特色社会主义思想系统权威进教材、生动有效进课堂、刻骨铭心进头脑。坚持“党校姓党”，抓牢主课主线、坚持党性原则、突出熔炉作用，持续深入开展习近平新时代中国特色社会主义思想教育，不断强化行业管理中党的政治建设统领作用。坚持政治引领，严格贯彻落实总局党组统一部署，举全院之力圆满完成总局深入学习贯彻习近平新时代中国特色社会主义思想和党的十九大精神培训班等各类政策轮训、各司局专题培训项目共24期。覆盖范围合计达3000人次，行业培训使强化政治思想武装的基础性、先导性作用得到有效发挥。

（二）聚焦主责主业，全力服务好行业高质量发展大局

充分重视总局机构改革重大契机，紧密围绕总局改革后新的职能定位和工作重点积极谋划、部署、落实学院全年的教育培训工作。一是严格落实《2018~2019年全国文艺业务骨干培训计划》，全年共完成覆盖500人次的文艺骨干系列培训项目，为广播电视内容建设培养汇聚了人才。二是积

极落实总局进一步强化网络视听节目指导和监管的决策部署，高质量完成相关培训项目 5 期，1100 余名网络视听审核人员通过学院组织的培训考核持证上岗。三是主动强化与省级广电管理部门合作办训的力度，不断增强针对基层一线的专业素质岗位培训和知识更新培训。扎实开展针对贫困地区、西部地区的公共服务和专业技术人才培育帮扶培训项目，彰显了广电行业文化扶贫特色和优势。

（三）持续做强做优，继续发挥好国际传媒研修讲故事、展形象的独特作用

紧密契合中国特色大国外交新局面和总局国际传播能力建设，组织开展国际研修项目，截至 2018 年年底，共有来自五大洲 148 个国家的 4274 名广播电视部长级官员、中高层管理者、节目制作人员、记者、编辑和技术人员参加了研修学院组织的各类国际研修项目。国际研修规模持续扩大、渠道平台不断丰富、影响力显著提升。一是在“展形象”方面的独特作用得到充分发挥。深度参与“海外大 V 中国行”“丝路青年点赞中国”等节目策划与制作，推动各国参训媒体人士在各自主流媒体和社交媒体上发表大量积极正面报道。首期“赞比亚媒体智库研修班”，在当地掀起“报道中国热”，受到中国驻赞比亚使馆发来的明传电报肯定。二是助力“主场外交”成效显著。一方面，强化“多边培训搭平台”，精心组织完成了 2 期专门针对丝路国家媒体人员的研修班，营造有力的舆论环境，推动“一带一路”各项媒体合作计划达成意向、落地落实。另一方面，深化“双边培训重实效”，紧跟“南南合作”，共完成双边项目 12 期，涵盖非洲、拉美和中国周边国家。针对刚与中国复交的布基纳法索开展的双边项目获得显著成效。“马达加斯加新闻媒体人员研修班”促成了政府、媒体间达成多项双边合作意向，并于中非媒体合作论坛上签署政府间协议，成为中非媒体合作论坛的重要成果之一。三是赴境外培训迈出新步伐。承办 2018 年中国—埃塞俄比亚高级专家顾问项目，为埃塞俄比亚广播电视媒体提供有效的行业解决方案，努力搭建中埃媒体“利益共同体”。

（四）强化培训能力建设，在服务行业人才队伍建设方面迈出新步伐

主动转变传统教育培训方式，积极探索与高质量、创新性发展相适应的教育培训模式。在文艺骨干轮训中，专题设置“政治课、政策课、业务课、案例课”，组织带动参训学员开展“导学、比学、研学、治学”，创造性地构建起“四课四学”教育培训模式。在总局人事司的指导和支持下，承担全国广播电视、网络视听行业首次开展的领军人才和青年创新人才工程这两项国家级人才培养工程的调研、遴选和培训培养工作。配合总局人事司承担广播电视教育培训规划的草拟工作，实现从干部队伍建设的参与者到管理者的转变。同时，还参与深化广播电视播音职称制度改革调研和教材编写，承担全国广播电视系统先进集体先进工作者和劳动模范评选等具体筹备工作。

（五）突出专业化、科学化、智能化，持续提升培训基地的软硬件保障水平

一是将从严从实强化培训管理的要求贯穿培训各个方面，编制完善《培训纪律“八不准”》和《进一步加强学员管理的规定》，做到标准更加严格、措施更加具体、纪律更加严明。二是积极推进基地无线网络改造工作，初步搭建一张实用、快捷、具有前瞻性的现代化网络。制定并实施“美丽基地、智慧校园”计划，对基地教学设施、住宿餐饮、绿化条件等进行集中改造升级，在实现绿色、低碳、智能化基地建设方面取得显著成效。三是教学生活条件进一步改善，以公开招标的形式，先后完成了供暖、中控、消防等改造工程，妥善解决痼疾隐忧，确保各类培训安全可控、保障完善、运转有序。

九、人才交流中心：不忘初心 牢记使命 奋力开创人事人才工作新局面

国家广播电视总局广播影视人才交流中心党委书记、副主任　李晓东

总局广播影视人才交流中心（以下简称人才中心）立足为广电行业改革发展服务，为广电人事服务的宗旨，始终坚持“为总局机关服务，为直属单位服务，为广播影视行业服务”的总体思路，在总局党组的领导下，紧紧围绕广电事业发展大局和改革发展的实际，把中心核心业务和改革过程中的难点和热点作为党建工作的重点，把促进改革、促进发展作为党建工作的出发点和落脚点，2018 年，人才中心党建工作进一步加强，为推动总局人才队伍建设作出了积极贡献。

（一）以理想信念为主线，以活动为载体，发挥党员先锋模范作用，凝聚力战斗力进一步加强

一是组织全体党员和入党积极分子赴上海、嘉兴开展“不忘初心、牢记使命”主题党日活动，在“一大”会址庄严宣誓，重温入党誓词。二是赴河北冉庄、白洋淀开展“重温红色历史感受抗战精神”主题教育活动。三是开展“不忘初心重温入党志愿书”活动。四是组织参观中国科学院最新科技成果展、改革开放 40 周年成就展等。形式多样的主题党日活动，丰富了党建工作内涵，党组织的凝聚力和战斗力进一步加强，党员领导干部在推动发展、凝聚人心、促进人才中心事业和谐发展中作出突出贡献。

（二）围绕中心、服务大局，强化服务理念，人事代理业务服务质量进一步提高

人才中心人事代理服务 140 家单位，近两万名服务对象均属于广电战线。作为专业的人才服务机构，人才中心深知政治意识的重要性，在档案管理岗位上的员工均为中共党员，政治素质过硬。人才中心在管理水平和服务质量上狠下功夫，对业务实行程序化、规范化管理。建立以人事档案

为纽带，人才招聘、人才派遣、社会保险代理、职称评定、户籍管理、流动党员管理等功能齐全、流程规范的一条龙服务。引进人事管理软件，提高服务效率。对大客户提供针对性服务。根据中央关于开展核查失联党员工作的要求，三个月内核查档案12871份。配合各单位开展“重温入党志愿书”活动，复印近6000份入党志愿书，保质保量完成各项任务。

（三）积极承担教育培训、资格考试等工作，以扎实工作促业务发展，使人才中心再上新台阶

以媒体融合作为培训工作的主线，加强培训项目开发，提高实践性，突出主题、形成特色，满足广电一线人员需求，在行业赢得良好口碑和认同。2018年，人才中心共组织培训班59期，培训人员3000多人。其中，承担总局培训项目4期，参训人数448人。

一是“走出去”培训模式以定制式内训的针对性，赢得地方广电机构充分认可。2018年为湖北省广电局开展资格考试培训和电视技术能手竞赛培训，累计380人次；完成新疆新闻出版系统五期系列培训；为央视网定制编辑记者内训；为河北广播电视台定制媒体融合系列讲座等。大力推进传媒精品课产品开发和市场拓展，与国家信息中心中经网合作，将面授培训班等课程资源开发成版权课程。

二是总局网络远程培训平台平稳运行，圆满完成人事司交办的3个网络培训项目，新增46门课程，共92学时，全年共62789人在线学习。截至2018年年底已有有效注册学员36万多人，累计186万人次参训，成为总局开展大规模岗位教育培训的有力抓手。

三是“传媒云苑”服务于全国广电系统，为地方广电机构提供集硬件、平台和课程的网络培训一揽子解决方案，自建成以来共约4万余人在线完成学习，2018年累积培训2132人次，在线教学模式取得良好效果。

四是作为广电行业特有工种北京职业技能鉴定站，完成9个批次200多人职业技能鉴定工作。

五是承办总局交办的高级职称评审工作，接受各系列高级职称申报

1000 多人。

六是圆满完成总局交办的全国广播电视编辑记者、播音员主持人资格考试征题、组卷、巡考工作。

2019 年是新中国成立 70 周年，是决胜全面建成小康社会第一个百年奋斗目标的关键之年。人才中心要继续围绕中心，服务大局，加强服务手段，提高服务水平，充分发挥在广电人事制度改革中的资源配置功能、助手和参谋作用，为繁荣广电事业作出新贡献，以优异的成绩迎接新中国成立 70 周年。

十、2018年中广联合会创新发展亮点

国家广播电视总局广播电视规划院党委书记
（中国广播电影电视社会组织联合会原秘书长） 吕松山

2018年，中国广播电影电视社会组织联合会（以下简称联合会）在总局的领导下，围绕中心，服务大局，深入学习宣传贯彻习近平新时代中国特色社会主义思想，贯彻落实全国宣传思想工作会议精神，以党建工作为统领，夯实“自律维权、评奖宣介、学术研究、行业帮扶”四个平台，各项工作取得了新成绩、新进展。

（一）进一步加强党建工作“两个全覆盖”，创新拓展党团工作

认真落实“三会一课”制度，对领导班子和党员干部、普通党员分类管理，开展讲党课、举办培训班、组织学习教育等活动，引导广大党员职工爱我中华、听党指挥、爱国奉献、岗位建功；创新党建形式，“走出去”举办党性教育培训班，通过现场教学、情感式体验和课堂教学相结合的方式，进一步增强党员职工党性修养。组织签订《中广联合会全面从严治党责任书》，学习习近平新时代中国特色社会主义思想和新修订的《中国共产党纪律处分条例》，充分利用联合会网站、微信公众号、党建QQ群等党建信息平台，强化党风廉政教育，在节假日等重要节点，通过多种形式、多种平台，宣传“八项规定”内容，遵守廉洁政治纪律。

（二）增强理论指导实践、服务行业能力

2018年，联合会行业调研和学术论坛紧扣行业所需，通过调研走访，获取创办精品活动的工作经验，探寻解决问题的办法。组织开展获中国新闻奖的《我们的更路簿》纪录片研讨会、举办新时代“一带一路”海洋文化传播高端论坛等活动，开展“城市广播电视改革发展”等6个主题征文活动，出版《中国广播电视学》《中国广播电视节目评估体系研究》《中国视频媒体生态考察报告（2018）》《广播电视改革与创新（2018）》“全国

电视法制宣传改革创新”专刊，学术研究长短结合、内外结合，学术理论质量和水平进一步提高。

（三）发挥广播电视行业组织作用，强化行业自律管理

与中国音乐著作权协会就音乐付酬开展谈判，协调解决全国广播行业 2016 年至 2020 年五年播放音乐付酬问题。召开广播自治权研讨会，开展字体、字库著作权问题课题研究，通过多种形式加强会员自律、规范行业行为。

（四）深化广播电视优秀作品宣介工作，引导优秀作品创作

2018 年，共组织开展 4 场宣介会，共 33 位导师，1 万多名学员线上线下参加了宣介会的课程学习。吉林广播电视台所有频率、频道所属的栏目以及中国吉林网报道推送宣介会与导师团，4 天累计 72 个“两微一端”平台推送 600 余次，点击量超过 1200 万次。吉林台派出 3 个新媒体直播团队进行了新媒体网络直播，点击量 11.2 万，最高实时观看量 10.8 万人，总观看量 64.3 万人次，官方微博话题人数达 145.5 万人。

（五）创新活动形式，拓展行业影响

联合会各委员会活动精彩纷呈，先后推出“畅行中国·精彩故事”《狗年八方齐贺岁》《交警同行》《2018 全国百城百台爱心送考》《大美龙江》《走进环塔》《丝路明珠 魅力银川》《魅力广西》《戈壁水乡，丝路明珠》《园艺江苏》等主题采访活动，深受各地欢迎。还在全国城市广播电台主要频率及“两微一端”新媒体平台全方位、多角度、立体式报道“改革开放四十年”系列融媒体项目《路标——改革从这里出发》，总结创优创新方面的优秀案例，引导行业发展。

十一、中国广播电视国际经济技术合作总公司2018年度创新发展亮点综述

中国广播电视国际经济技术合作总公司党委书记、总经理 赵 刚

2018年，中国广播电视国际经济技术合作总公司（以下简称中广公司）全体同志继续深入学习贯彻习近平新时代中国特色社会主义思想和党的十九大精神，认真学习领会习近平总书记在全国宣传思想工作会上的重要讲话精神，坚持党对企业的绝对领导，围绕中心，服务大局，精心为广播电视"走出去"、国际传播能力建设等重点工作任务提供优质服务，进一步加强制度建设，提升管理水平，精心开展党建工作，取得了较好的工作业绩和经营效益。公司年度营业收入2.6亿元，利润总额1344万元。整体经营稳定，财务指标健康，继续实现国有资产保值增值的目标。

（一）坚守阵地，服务大局的能力进一步提高

一是守住马里短波阵地，马里租机大修项目在2018年10月正式开工，进一步提高坚守阵地的能力。二是对广电"走出去"和国际传播能力建设等重点项目的运维保障水平进一步提升。2018年，中广公司技术组执行了多个中国广电节目在海外落地项目的巡检维护和抢修任务，对落地项目实施了全覆盖，保障了我广播电视节目的播出，服务广电重点项目能力进一步增强。三是成功举办第二十七届北京国际广播电影电视展览会（BIRTV2018），平台作用进一步提升。本届展览会是BIRTV举办30周年以来的再出发和新起点，以"品质融媒体、智享新生活"为主题，重点展示了4K、8K超高清技术、媒体融合、网络全IP化制播技术、"智慧广电"和中国数字电影技术等一年来广电领域的最新发展成果。共有海内外520家装备制造商和服务提供商参展，国际展商占40%，全面展示广电行业的新技术、新产品和新应用。国家广播电视总局、中央广播电视总台领导对本届展览会给予大力支持，并明确了总局指导、总台主办、中广公司承办的组

织结构。通过多年的精心打造，BIRTV 不仅是广电专业设备技术展览会，现已成为展览展示与技术交流并重、报告会、研讨会、评奖、大赛等系列活动相济的行业盛会，和国际同行们交流洽商的广播影视国际商贸平台。四是历经四年艰辛，克服建设过程中遇到的诸多困难，成功完成巴基斯坦长波台（125）项目中中广公司的施工任务。五是成功承办总局和商务部委托的 5 期对发展中国家的广播电视培训班，共培训了 37 个国家的 187 名学员。同时，在课程设置、培训内容上做了进一步优化调整，受到学员好评。六是继续为总局户户通工程配套智能卡提供进口和销售服务。七是中广公司设计院坚守广电设计传统阵地，发挥广电专业特长，连续三年实现了稳定的收入和利润。

（二）优化内部机构，改革成效进一步显现

一是工程板块改革收到成效。2018 年是工程事业部合并后的第一年，各个环节高效衔接，运转良好，形成了合力，发挥了潜力，在解决历史遗留问题和市场开拓等各项工作中体现出了坚强的战斗力，成功实现 1+1+1>3 的改革目标。

二是仓储业务转型产生效益。“广园”一期项目在 2018 年 2 月底通过政府各项验收，现有了实际收益。立足于东郊土地资源开发，改造旧库房出租给文化企业，把原有的仓储业务向经营出租物业管理转型升级，极具战略意义。同时，积极谋划、稳步推进保定仓库转换经营模式，组织制定了《保定仓库转换经营模式的规划意见》，为保定仓库今后经营管理模式的创新调整制定了路线图。

（三）完善办法，制度管理进一步健全

2018 年，陆续制定出台了一系列管理办法，夯实制度基础，延伸管理半径。按照国家有关规定和公司实际情况制定出台了《劳务用工管理办法》《延迟退休工作细则》，修订《工资管理办法》，继续规范和加强公司的管理，依法依规办事的制度管理效能不断增强。

2019 年，中广公司将继续以习近平新时代中国特色社会主义思想为指导，全面贯彻全国宣传思想工作会议精神，紧紧围绕总局中心工作，坚持新发展理念，坚持推动高质量发展，坚持深化改革，为广播电视事业产业的发展贡献力量。

十二、抓成果出思想 立足贡献智慧 打造国家级广电智库

国家广播电视总局广播影视发展研究中心党委书记、主任　祝燕南

2018年，总局广播影视发展研究中心（以下简称发展研究中心）在总局党组领导下，紧紧围绕学习宣传贯彻习近平新时代中国特色社会主义思想和党的十九大精神，紧紧围绕认真学习贯彻全国宣传思想工作会议精神，紧密围绕党组中心工作，以政治建设为统领，落实意识形态工作责任制，全面加强思想建设、作风建设、业务建设，切实发挥广播电视智库作用，努力建设中国特色广播电视新型智库，履职尽责，立足为总局和全行业提供思想产品的服务定位，一年来以接近满负荷的工作量，高质量完成了一系列工作。

（一）聚焦广播电视和网络视听节目主业，以扎实的研究成果，提升服务能力

2018年，发展研究中心继续深入研究广播电视和网络视听领域的新情况新进展新趋势，圆满完成一系列研究项目。高质量完成中宣部委托的包括全国干部学习培训第五批教材《推动社会主义文化繁荣兴盛》有关章节等在内的一系列课题，牵头成立了“一带一路”沿线国家广电智库协作机制，其中视听传媒数据库建设项目列入中宣部和总局“走出去”重点工作项目并获得扶持。发展研究中心为总局党组提供多篇高质量的政策性文稿，完成《电影产业五年发展态势报告》；协助总局办公厅完成《改革开放30年中国广播影视工作研究》、2018年度部级社科研究项目评审工作；协助宣传司完成动画片、纪录片、少儿节目、创新创优栏目的4个扶持项目的评审工作，组织召开“改革开放40周年”少儿节目规划创作策划会；协助电视剧司完成2018年电视剧引导扶持专项资金剧本扶持项目、电视剧精品发展扶持专项资金电视剧评论项目、优秀电视剧创作研讨等；协助国际司开展丝绸之路影视桥工程一、二、三期项目评估，当代翻译工程二、三期项目

评估，国际传播项目评审、2018 年总局“走出去”重点项目论证评审、中非影视合作创新提升工程课题；承担网络司网络视听管理政策历程回顾编写；协助人事司完成《深入推进广播影视行业领军人才工程》《网络视听节目主持人岗位相关政策梳理》课题；完成总局社科课题《视听新媒体监管体系建设研究》《视听新媒体内容创作生产与引导研究》，推进《县级城市数字影院发展面临的问题及对策研究》社科课题；完成《中国电视剧六十年大系·法规卷》编撰。完成了《加强广电全系统党建指导的政策建议》《主旋律电影如何塑造国家形象》《推进文化节目传承创新，增强文化自信》《学习宣传贯彻党的十九大精神，打造新型国家广电智库》《乡村振兴战略，广电如何助力》《中非媒体合作发展报告》等委托或自选课题，服务总局工作的智库作用显著提升。

（二）强化蓝皮书等一系列刊物政策权威性和资料准确性

2018 年，发展研究中心进一步加强与总局机关各部门、各直属单位、各省广播电视局、各媒体单位和市场主体的合作互动，创新系列蓝皮书编撰与审稿工作机制，加强政治把关、内容审核，强化质量管理。《中国广播电影电视发展报告（2018）》《中国视听新媒体发展报告（2018）》等系列蓝皮书如期编撰出版，进一步受到业内外好评，服务行业能力持续增强。

同时，继续办好两本内刊，服务总局决策。2018 年，发展研究中心先后编辑印发《国外广播影视动态》20 期和《新媒体动态》21 期，内容上更加注重紧密结合国内外广播电视和网络视听新发展新热点，提供前沿资讯和案例分析。

（三）办好“国家广电智库”微信公众号，搭建广电政策宣传和研究成果转化新平台

“国家广电智库”是发展研究中心主办的公益性公众号平台，致力于及时深入地解读广电行业政策，发布领导讲话、行业观察、发展规划、广电法规、研究报告等，重点推送广电创新发展、体制机制改革、媒体融合、新兴媒体建设方面的最新政策解读、动态述评、案例分析和重大节展报道，

等等，其中大部分文章都来自于中心原创，开办以来获得总局领导高度重视和业界的肯定好评。发展研究中心通过公众号完成了总局一系列重大会议和活动的宣传报道，几乎每次都组成专门工作组，进行专题策划，有力传播了总局党组工作决策、工作部署、工作要求，展现了广播电视和网络视听行业取得的最新成就。2018 年全年发表公众号文章 585 篇，围绕解读党的十九大报告、庆祝改革开放 40 周年、纪念马克思诞辰 200 周年等多篇主题稿件，多次获得人民网、求是网、国际在线等众多平台的肯定和转载，影响力日渐提升，为行业展示发展新动向、解读广电发展政策、引领舆论导向、分析行业发展新问题新挑战新趋势等及时提供了思想成果和理论参考。

（四）加强行业内外合作，为地方广电提供智力支持

2018 年，发展研究中心完成了与地方广电局和业内外其他单位部门的系列合作项目。继续与广东省广电局、清远市委市政府联合举办 2018 全国广电公益广告大会暨论坛，为扩大总局影响力作出了积极努力，取得一定的社会效益。2018 年 6 月，总局正式批复同意在湖南设立中国（长沙）马栏山视频文创产业园，这是迄今全国第一家国家级广播电视园区，是全国具有比较优势的视频文创产业集聚地。为进一步促进落实该项合作，马栏山视频文创产业园与发展研究中心已经完成正式合作协议的签订工作，双方将共同落实省部共建协议内容，着力打造新型广电创新发展园区，推动新一代信息技术与视听媒体产业深度融合发展。

第三节　2018 年全国各省（区、市）广播影视管理与发展亮点

一、适应发展新常态 把握发展主动权 谱写首都广播电视工作新篇章

北京市广播电视局党组书记、局长　杨　烁

2018 年是贯彻落实党的十九大精神的开局之年，是实施“十三五”规划和推进结构调整、转型升级的关键之年，北京广播电视系统深入学习贯彻习近平总书记在全国宣传思想工作会议、中央文艺座谈会上的讲话精神，牢固树立“四个意识”，坚定“四个自信”，做到“两个维护”，不忘初心，牢记使命，以贯彻落实体制机制调整改革为龙头，以“五提升一保障”为主线，抓改革促稳定，转作风求突破，抓精品出成效，北京广播电视工作取得了显著成绩。

（一）舆论引导精准有力，阵地管理成效明显

坚持传统媒体新媒体同频共振、内宣外宣共同发力，对习近平新时代中国特色社会主义思想和党的十九大精神进行深度宣传解读。开设改革开放 40 周年专栏，圆满完成全国和北京市两会、中非合作论坛北京峰会等宣传报道，推出了“壮阔东方潮 奋进新时代——庆祝改革开放 40 周年”等专题专栏。深入推进“清源、净网、秋风、护苗”等专项行动，关闭违规视

听节目账号近2万个，清理下线有害视听内容和低俗视频207万条、网络电影175部、网络剧7部、网络综艺21档，收缴违法设备29套。

（二）政策引导全面辐射，服务效能有力提升

制定《关于推动北京影视业繁荣发展的实施意见》（即影视“京十条”）且以北京市委市政府名义下发。该意见聚焦“高精尖”转型升级，从文化+科技、“投贷奖”衔接等角度提出了10方面重点工作。签订《京津冀广电科技协同发展项目合作协议》，全面落实《关于建设北京（承德）影视产业基地的框架协议》，引入北京银行50亿元意向性表内外授信额度支持。制定优化营商环境三年行动计划，精简政务服务事项59项，超额完成“一网通办”年度任务。点众科技等有关企业成功上市。

（三）产业规模稳步扩大，创作生产持续繁荣

北京影视机构总量和产业规模居全国前列。2018年，北京市广播电视节目制作经营许可证持证机构共9895家；持有信息网络传播视听节目许可证机构125家。生产电视剧51部2315集，电视动画片16部494集5196分钟；网络剧备案343部，网络电影备案3073部，网络动画片备案24部，网络综艺备案155档，网络纪录片备案3部。2018年北京影视出版创作基金扶持广播电视项目39个7230万元，扶持引导工作成效显著。

（四）品牌活动高潮迭起，市场主体活力增强

精心打造文化活动品牌。持续提升春、秋两季北京电视节目交易会影响力，2018春、秋两季北京电视节目交易会参展节目2200多部11.67万集。第二届北京纪实影像周首次承办总局的“记录新时代——第六届国产纪录片及创作人才推优活动”，纪录片签约交易额近2亿元。圆满完成第四届中非媒体合作论坛承办工作，论坛人员规模、承办规格、取得成果等均高于往届，为中非合作论坛的成功召开奏响了序曲。

（五）“智慧广电”步伐加快，媒体融合纵深推进

制定《推动北京市4K/8K超高清电视应用和产业发展的实施意见》，聚焦内容创作生产基地、内容集成分发交易平台等六大任务，推进产业转型升级。贯彻落实《京津冀广电科技协同发展项目合作协议》，促进资源优化配置、形成聚合效应。推动2022年北京冬奥会8K超高清赛事转播试点落地。加大区级融媒体中心建设支持力度，积极为各区融媒体中心提供业务服务和技术支撑。16个区和亦庄经济技术开发区融媒体中心挂牌成立。2018年年底，北京市高清交互数字电视用户数逾524万户，较2017年增加24万户；有线电视4K超高清用户50万户，较2017年增加43.5万户。

（六）“走出去”拓展新格局，国际传播与服务国家战略水平实现双提升

制定《关于贯彻落实中央〈意见〉精神推动北京影视出版对外交流的工作思路》，统筹“走出去”工作格局。持续开展“北京优秀影视剧海外展播季”系列活动，北京市领导出席希腊展播季、孟买“北京电影之夜”活动，与多个城市签订影视合作谅解备忘录。制定提升广播影视业国际传播力奖励扶持专项资金管理办法，建立项目库，入库项目106个，43个项目获得4407万元奖励扶持。开展首批“走出去”示范企业评选，增强企业“走出去”动力。北京市属企业参展法兰克福书市、戛纳电视节、2018美国广播电视（NAB）展览会等国际节展会，达成多项合作，有力推动了产品和服务走向国际市场。

二、天津市2018年度广播电视管理与发展亮点

天津市广播电视局局长　游庆波

2018年，在总局的正确指导和天津市委市政府的坚强领导下，天津市广播电视系统全面贯彻落实习近平新时代中国特色社会主义思想和党的十九大精神，以习近平总书记在全国宣传思想工作会议上的重要讲话为指引，认真落实全国广电工作会议部署，牢记职责使命，围绕主题主线，奋力开拓创新，各项工作迈出了新步伐。

（一）庆祝改革开放40周年主题宣传有声有色

紧密围绕庆祝改革开放40周年，积极引导广播电视播出机构和互联网视听节目服务机构开展正面宣传，推出优秀广播电视和网络视听节目。天津广播电视台《锋狂实验室——少年强，中国强》《童年童话——红领巾好声音》分获总局“庆祝改革开放40周年”优秀少儿节目二等奖、三等奖；天津津云融媒体中心开设改革开放40周年融媒体大型专题，开办《将改革进行到底》《40城，40人》等多个专栏；天津网络广播电视台推出《庆祝改革开放40周年》主题新闻版块，集中播映了《温州一家人》《我们生活的年代》等一批庆祝改革开放40周年的影视剧，在全社会营造了提振精气神、改革开放再出发的浓厚氛围。

（二）广播电视精品力作不断涌现

制定出台《天津市促进影视剧繁荣发展扶持奖励办法》。电视剧《换了人间》作为央视开年大剧播出，创下央视单集收购价和电视剧收视率两项第一，获第29届中国电视金鹰奖优秀电视剧奖，被专家誉为“重大革命历史题材高峰之作”；农村现实题材电视剧《啊，父老乡亲》在全国4个卫视频道播出，各主要视频网站同步热播，腾讯视频播放量达2.7亿次；电视剧《妈妈别走》入选总局“2018～2022年百部重点电视剧选题规划”；重大革命历史题材电视剧《永远的战友》通过总局审查；电视动画片《梦娃》《豆

小鸭》荣获总局2017年度优秀国产电视动画片一等奖；电视新闻作品《百姓问政》荣获总局第二季度广播电视优秀新闻作品。

（三）广播电视播出安全持续强化

天津市广播影视监测中心全面实施全市广播电视监测、广播电视安全播出指挥调度、网络视听节目监管。圆满完成元旦、春节、两会等重要保障期及重大活动、重点时段、重要节目的广播电视宣传报道任务，营造了良好的社会舆论氛围。编发《天津收听收看报告》51期，其中7期得到天津市委宣传部领导批示。开展了广播电视领域网信技术和设备应用情况专项检查，有效确保了广播电视的阵地安全和播出安全。

（四）传媒机构和网络视听监管更加有力

积极推进媒体融合发展，支持市级融媒体平台取得网络视听业务资质，天津IPTV用户约170万户，基本实现了与天津联通、移动、电信三大运营商的对接。网络视听节目传播秩序进一步规范，集中整治了网上非法剪拼改编视听节目，进一步加强了网络直播服务管理，有效规范了网络视听节目传播秩序，维护健康清朗的网络空间。组织开展了违规广告专项整治，全年查处存在违法违规问题频率频道15个。联合开展非法卫星电视接收设施专项整治督查工作，在全国评定中名列前茅。

三、凝心聚力 守正创新 不断推动河北广电事业繁荣发展

河北省广播电视局党组书记、局长　王离湘

2018 年，在河北省委省政府的正确领导下，河北省广电局坚持以习近平新时代中国特色社会主义思想为统领，以学习宣传贯彻党的十九大精神为主线，围绕中心、服务大局，勠力同心、真抓实干，扎实推进广播影视领域改革发展，各项工作取得较好成效。

（一）全力推进习近平新时代中国特色社会主义思想和党的十九大精神学习宣传

组织专题研讨 8 次，采取多种形式确保党员干部学懂弄通做实。认真组织《习近平谈治国理政》第二卷和《习近平新时代中国特色社会主义思想三十讲》等重要文献发行工作；认真学习总局简报精神，得到总局领导批示并在全国通报表扬。

（二）着力抓好意识形态阵地管理，营造良好舆论氛围

指导河北全省各级媒体圆满完成庆祝改革开放 40 周年、双创双服、作风建设、生态环境保护、扶贫攻坚、扫黑除恶等重要宣传任务。电视类系列报道《好民警吕建江》《潮起京津冀》入选总局推优作品，《大道太极》《中山国》被总局通报表扬，《周总理与娃娃剧团》在央视播出。首次将播出机构所属新媒体管理列入检查重点，确保网上网下导向管理一个标准、一把尺子、一条底线。组织召开宣传例会 40 余次，编发《宣传指要》13 期，发布宣传提示 127 条，圆满完成重要保障期安全播出保障任务。组织重点新闻单位召开宣传管理工作会议，对加强广播电视和网络视听文艺节目管理提出要求，坚持政治家办台、办网、办节目，把好内容关、导向关、人员关、片酬关，讲品格、讲格调、讲责任，抵制低俗、庸俗、媚俗，切实承担起启迪思想、滋养心灵、涵育审美、成风化人的重要使命。

（三）集中力量打造精品力作

《太行赤子》《最美的青春》《远方的家》等 3 部电视剧在央视一套黄金

时间首播，创近年来河北影视作品央视播出最高纪录，播放频次、剧集数量、时间档期均创历史新高。电视剧《海棠依旧》荣获第31届中国电视剧"飞天奖"和第29届金鹰奖最佳电视剧奖。同时，组织召开了河北省广播电视创新创优培训暨座谈会，推动广播电视创新创优。对电视剧《时间的果实》《青春中国》《最美乡村》《人民的选择》《养老也疯狂》等重点剧目的策划创作进行调度。

（四）构建现代公共文化服务体系，加快推进事业产业发展

2018年，组织举办党员干部读书、全民阅读"七进"等一批惠民文化活动；户户通工作累计开通65万户；农村电影共放映58.4万场，观影人次近9000万。河北省广电局党员干部按照要求全员入户走访。其中，驻村工作队作为河北省7000多驻村工作组唯一代表，在全省扶贫脱贫驻村工作动员大会上作典型发言。支持主流媒体深度融合发展，研究制定了《河北省应急广播建设实施方案》，完成全省13个地市媒体融合发展情况督导和考察评估。支持冬奥会工作，河北广电网络集团与北京歌华网络公司共同被认定为冬奥会有线电视专网唯一承建赞助商，完成有线网络干线网建设4020公里。依法加强行业监管，"剑网2018"专项行动主动监管网站3000余家，国家督查组对河北省工作高度评价。

（五）平稳推进机构改革，全面落实从严治党要求

2018年11月2日，河北省广电局举行挂牌仪式。挂牌后，在全局组织开展"不忘初心、牢记使命——守正创新"主题实践活动。同时，以巡视整改专题民主生活会为契机，扎实开展纠正"四风"和作风纪律专项整治工作，坚持问题导向，认真对照检查，扎实推进整改，中共河北省直机关工委综合简报刊发河北省广电局经验。

四、山西广播电视工作守正创新、稳中有进

山西省广播电视局党组书记、局长　李海渊

2018 年，山西省广播电视系统深入学习贯彻习近平新时代中国特色社会主义思想和党的十九大精神，坚持守正创新、稳中求进，各方面工作取得新成绩。

（一）做优做强正面宣传

山西省广电媒体深入学习宣传习近平新时代中国特色社会主义思想，强化媒体“头条”建设和“首页首屏首条”建设，着力深化主题宣传。高质量完成习近平总书记视察山西一周年、全国两会、省两会的宣传报道，完成 2018 年太原能源低碳发展论坛等重大活动宣传报道，在宣传山西改革发展、讲好山西故事上推出一批好专栏、好作品，营造了良好舆论氛围。

（二）内容生产持续繁荣

2018 年立项备案电视剧 8 部，拍摄完成电视剧 5 部 145 集，讲述右玉县人民坚持不懈植树造林故事的电视剧《右玉和她的县委书记们》在央视一套首播。动画片《奇奇怪怪》在腾讯视频的播放量破亿并登陆北京卡酷少儿频道。广播电视节目《走进大戏台》《国乐大典》获得全国表彰。纪录片《山路弯弯》在央视播出并荣获第 24 届中国纪录片长片好作品奖。公益广告《尊重知识，保护知识产权》等 3 部作品获总局公益广告扶持。开展 2018 年山西省优秀网络视听作品评选活动，《高原上的心愿》等 4 部作品入选全国网络视听节目内容建设扶持项目。

（三）事业产业协同推进

山西省 IPTV 用户突破 400 万户。农村广播电视直播卫星用户突破 350 万户。2018 年年底，全省广播综合人口覆盖率为 98.80%，电视综合人口覆盖率为 99.57%。山西媒体智慧云平台、山西广电“晋视界”智慧融媒体平台等项目相继建成并运行。60 多家市、县播出机构开展“两微一端”“智

慧广电”业务，39 个县级融媒体中心挂牌成立。启动实施深度贫困县应急广播体系建设工程，落实中央资金 6813 万元，分两年对全省 15 个贫困县给予补助，偏关、静乐、平顺三县已经开始实施。

（四）阵地管理不断强化

坚持按季度开展意识形态分析研判、及时应对处理。严格执行宣传纪律，严格内容审核把关，出台网络视听节目内容审查实施办法。有效提升广播电视节目内容和信号质量监管，建成技术先进的省级综合监管平台。净化网络视听环境，查处关停违法传播视听内容网站 4 个。完成 54 天重要保障期安全播出保障任务。打击非法卫星电视接收行为，收缴非法设施 5880 套件。加大违规播放广告处罚力度，共受理 48 起广告投诉，下发 35 份整改通知，停播违规广告 3650 条次。

（五）队伍建设全面加强

坚持以党的政治建设为统领，全面推进党的建设，管党治党更加有力。山西省级广电机构改革工作顺利完成，实现机构设置、职能配置和服务水平的优化提升。在全省广电系统组织开展马克思主义新闻观、文艺观教育，进一步加大对广播电视编辑记者、播音员主持人、文艺骨干、新媒体从业人员的培训力度，引导广大干部职工严把正确政治方向、舆论导向、价值取向。

五、内蒙古广电：履职尽责守阵地 创新发展促繁荣

内蒙古自治区党委宣传部副部长，
自治区广播电视局党组书记、局长　姜伯彦

2018 年，内蒙古广电系统坚持以习近平新时代中国特色社会主义思想为指导，深入贯彻落实党的十九大和十九届二中、三中全会精神，履职尽责、稳中求进、守正创新，广播电视发展载体拓展升级、发展方式破题启航、发展潜能有效释放。

（一）聚焦政治责任，宣传引领主动有力

围绕深入宣传贯彻习近平新时代中国特色社会主义思想和党的十九大精神这条主线，实施“新闻舆论质量提升工程”，重点抓好庆祝改革开放 40 周年等重大宣传活动，组织内蒙古全区广播电视播出机构开展 87 项专题宣传和主题宣传，开展广播电视新闻节目季度评优、优秀广播剧创作展播、乌兰牧骑活动影像资料征集等活动，巩固壮大主流思想舆论，为推动全区经济社会发展营造了良好舆论氛围。

（二）聚焦内容建设，精品创作更加繁荣

保高原攀高峰，一批人民群众喜闻乐见、讴歌新时代的音视频精品力作获中国广播电视大奖、第 25 届电视文艺“星光奖”提名奖、全国优秀少儿广播精品栏目、“庆祝改革开放 40 周年”优秀少儿节目、全国优秀原创网络视听节目等奖项，电视剧本《父亲的草原母亲的河》获国家重点扶持。2 个项目被总局列为“丝绸之路影视桥工程”2018 年重点项目，中国影视剧在蒙古国所占份额从 2014 年的 7%提升到 2018 年的 20%。

（三）聚焦公共服务，民生短板有效补齐

始终将满足人民日益增长的美好生活需要作为奋斗目标，着力解决发展不平衡不充分问题，广播电视公共服务向标准化、均等化、优质化迈进。全面完成广播电视村村通向户户通升级，建成全国最长的微波传输干线共

计 8485.97 公里，内蒙古全区广播、电视综合覆盖率分别达 99.24% 和 99.22%，内蒙古自治区广电局在 2018 年全国直播卫星公共服务工作座谈会上作典型发言。累计投资 5.66 亿元在边境省区中率先实施广播电视固边工程，推进贫困旗县、边境地区嘎查村、农牧户、口岸和军营哨卡广播电视服务的全覆盖。建设蒙古语广播电视节目传输服务平台，每天可为基层免费编辑推送 3.5 个小时的蒙古语节目。

（四）聚焦行业监管，阵地管理全面加强

牢固树立总体国家安全观，着力提升安全保障法制化网络化智能化水平。牵头制定的《内蒙古自治区广播电视管理办法》以政府令形式予以颁布实施，填补了内蒙古广播电视史上法制化建设的一项空白。投资近 1 亿元完成 67 个局属发射台站标准化建设任务，同步推进硬件、软件建设，实现重要保障期零秒停播。推进广播电视综合监管平台建设，坚持网上网下一个标准，深入开展境外卫星电视传播秩序专项整治，“三俗”广播电视节目、网络视听节目和广告乱象专项整治等专项行动，有力维护了意识形态阵地安全。

（五）聚焦科技创新，融合发展稳步迈进

把握新技术革命机遇，挖掘行业潜能，编制内蒙古“智慧广电”实施方案，与相关部门合作开展的全新智能电视操作系统技术应用及产业化推广研究、有线无线融合网试验项目均已通过总局鉴定。盟市级以上广播电视台网站、“两微一端”宣传矩阵基本形成，为多屏多端收看广播电视节目提供了渠道和手段。全区微波电路综合应用试点工程建设走在全国前列，结束了东风航天城及周边近 4000 平方公里、3.2 万军民 60 年来无法收听收看内蒙古自治区和阿拉善盟、额济纳旗广播电视节目的历史，为政务运转、安全播出、行业监管、文物保护、旅游景点监控等提供多项智慧服务。

六、深入贯彻落实党的十九大精神 全力推进辽宁广播电视事业繁荣发展

辽宁省广播电视局党组书记、局长　刘向阳

2018 年，辽宁省广播电视战线深入学习贯彻习近平新时代中国特色社会主义思想，深入贯彻落实党的十九大精神，树牢“四个意识”，坚定“四个自信”，坚决做到“两个维护”，紧紧围绕新时代辽宁全面振兴、全方位振兴，以“党的十九大精神贯彻落实年”为主线，担当作为，守正创新，全面推进各项工作取得新成绩。

（一）机构改革任务圆满完成

全系统坚决贯彻党中央深化机构改革部署和辽宁省委省政府要求，把组织实施机构改革作为重大政治任务，不折不扣抓好改革任务落实。辽宁省广电局按时完成机关“三定”编制落实和直属单位重组、转隶等工作，高标准、高质量完成机构改革任务。各市县（区）广播电视机构改革在当地党委政府领导下稳步推进、成效明显。在机构改革面前，全系统广大干部职工坚决把思想和行动统一到党中央部署和省委省政府要求上来，顾全大局、敢于担当，确保了导向安全、播出安全、网络安全。

（二）意识形态工作责任制全面落实

各级广电媒体和视听新媒体坚持唱响主旋律、弘扬正能量，聚焦学习宣传习近平新时代中国特色社会主义思想和党的十九大精神，围绕庆祝改革开放 40 周年、新时代辽宁全面振兴等重大主题，全方位、多层次开展宣传，推出一批主题报道、专题专栏，形成强大宣传声势，发挥了舆论主阵地作用。同时，全系统切实加强意识形态阵地管理，认真落实导向安全责任。积极推进意识形态工作制度建设，出台《意识形态工作责任制任务清单及落实方案》《意识形态管理分级分类警示警告及表扬制度》《意识形态分析研判制度》等规范性文件。各级广电管理部门与广电机构全面签订意

识形态安全责任书，严格落实广播电视节目三审制、重播重审制和电视剧审查制度，加大对违规广告等重点领域整治力度。

（三）精品创作生产持续繁荣

健全扶持引导机制，完善创作生产规划，组织制定《辽宁省广播电视剧目创作生产2018~2022年选题规划》，确定了一批重点广播剧、电视剧，给予重点扶持。强化创新创优工作，效果明显。全省共有5档节目获得国家广播电视精品节目专项资金扶持，10档节目受到总局点名表扬。重大革命历史题材电视剧《三八线》荣获第31届中国电视剧“飞天奖”优秀电视剧大奖。电影《毛丰美》获第17届中国电影华表奖优秀故事片提名奖。辽宁广播电视台电视栏目《中国好家庭》和电视综艺节目《“辽宁好人”2016年度盛典》荣获第25届电视文艺“星光奖”提名作品。主旋律故事影片《黄玫瑰》后期制作工作顺利推进。

（四）惠民服务和改革发展工作有序推进

推进农村广播电视公共服务向数字化、户户通升级，启动实施中央广播电视节目无线数字化覆盖二期工程，完成全部48座发射台站建设任务。启动辽宁省深度贫困县应急广播体系建设工程，积极争取中央财政资金，对阜蒙等6县给予补助。加强行业发展规划指导，制定全省广播电视业、影视剧三年工作计划，出台《产业基地（园区）创建及管理办法》，推进产业规范有序发展。加快推进融媒体建设，部分市县广播电视台与党报实现机构整合、业务融合。紧紧抓住东北全面振兴、辽吉两省深化合作契机，与吉林省广电局签订两局战略合作协议，作为两省战略合作重要内容，为推进两省广播电视行业交流合作、优势互补奠定坚实基础。

（五）全面从严治党不断强化

全系统深入学习贯彻习近平新时代中国特色社会主义思想和党的十九大精神，认真组织学习习近平总书记在辽宁考察时和在深入推进东北振兴座谈会上的重要讲话精神，深入开展解放思想推动高质量发展大讨论。各级党组织以政治建设为统领，认真落实全面从严治党要求，坚持抓党建带队伍，不断加大行业人才队伍建设力度，以高层次人才培养为重点，组织开展理论学习和业务培训。

2019 年，继续深入学习贯彻习近平总书记关于宣传思想工作的重要指示精神，自觉承担举旗帜、聚民心、育新人、兴文化、展形象的使命任务，以庆祝新中国成立 70 周年为主线，以抓党建、强政治，抓导向、强责任，抓精品、强节目，抓项目、强民生，抓发展、强产业，抓监管、强规范，抓人才、强队伍“七抓七强”工作部署为抓手，推动辽宁广播电视事业踏上新征程、实现新发展、树立新形象、开创新局面。

七、以改革促发展 以创新促提升 吉林广电开启新征程

吉林省广播电视局党组书记、局长 王成胜

2018 年，吉林省广播电视系统在省委、省政府、省委宣传部的正确领导下，坚持以习近平新时代中国特色社会主义思想为统领，围绕中心、服务大局，各项工作取得新成效。

（一）重大主题宣传积极有力

统筹协调吉林省广播电视媒体，围绕学习宣传贯彻习近平新时代中国特色社会主义思想、庆祝改革开放 40 周年等重大主题以及全国全省两会、“人才新政”、“三抓三早”、冰雪旅游、生态环保、脱贫攻坚等全省重点工作，进行广泛深入的宣传报道。开展了全省优秀广播电视新闻作品征集展播活动、“中国梦”主题原创网络视听节目评选大赛和广播影视公益广告大赛。

（二）精品创作生产成果丰硕

制定庆祝改革开放 40 周年主题文艺创作和重点宣传项目规划，确定重点项目 40 个。吉林广播电视台的纪录片《黄大年》荣获第 25 届电视文艺“星光奖”电视纪录片大奖；广播专题《地质宫不熄的灯光》获得中国新闻奖三等奖；纪录片《追逐雪线》《雁南飞・过年》登陆央视。组织实施的中俄广播合作传播项目入选总局“丝绸之路影视桥工程”。

（三）公共服务成果惠及民生

中央广播电视节目无线地面数字覆盖工程、广播电视无线发射台站基础设施建设稳步推进。广播电视村村通设备升级改造步伐加快。完成了大喇叭工程的验收工作。协调吉林省财政厅将通榆、汪清县列入 2018 年国家财政补助深度贫困县建设名单，争取应急广播建设经费 900 万元。

（四）行业优化升级明显加快

在全系统持续开展“管理创新，提效兴业”专项活动，以“促创新，

促发展”主题评议为载体，遴选优秀项目，鼓励创先争优。与江苏、广东合作单位对接合作协议及意向项目 98 项。吉林省高清制播能力建设不断推进。吉视传媒公司承担的覆盖全省 320 万农村家庭用户的广电光纤信息网络基础设施建设如期完成。

（五）阵地管理能力不断提升

圆满完成重要保障期广播电视安全播出任务。2018 年监播网络视听节目 91985 个，核查处理违规网站 17 家，停播整改违规广告 336 条。争取总局支持，协调优秀电视剧资源，供延边州作为朝鲜语翻译内容推向韩国和朝鲜等国家。组成联合督察组对延边、长春“清卫”工作进行督查，规范境外电视传输秩序。开展网络视听“健网行动”，与吉林省内各地区广电管理部门签订《全省网络视听节目管理责任书》。吉林省广电局连续 5 年被吉林省政府评为安全生产目标责任制考核优秀等次。

（六）人才队伍建设持续加强

通过组织开展“学、练、赛”活动、“吉林传媒讲堂”和安全播出、安全生产、技术能手竞赛等业务培训，广播电视从业人员素质得到新提升。2018 年组织各类培训 37 期，全行业累计培训 4836 人次。

（七）法治规范建设深入推进

2018 年制定出台了全局工作规则、督查工作规则、政务公开实施方案以及加强行业监管实施细则。《吉林省广播电视设施保护条例》修订项目被纳入省政府立法计划，已提交吉林省司法厅审定。取消、下放行政权力事项 93 项，梳理部门“只跑一次”办事事项 84 项。

（八）机构改革工作圆满完成

吉林省广电局机构改革工作从 2018 年 10 月正式启动，按挂牌交接、机构转隶、起草“三定”、定岗定员四个阶段有序推进。全局上下识大局、守纪律、敢担当，心不散、劲不减、队不乱，于 2018 年 12 月 25 日前实现了岗位和业务稳妥交接，提前完成机构改革任务。

面对新形势，立足新职责，吉林省广电局提出“围绕一条主线、提升五个能力”的总体工作思路，即把庆祝新中国成立70周年这条主线贯穿到工作的全过程，着力在提升“五个能力”上下功夫：一是抓导向，着力提升舆论引导力；二是出精品，着力提升品牌影响力；三是促创新，提升事业产业竞争力；四是保安全，提升阵地管控力；五是强素质，提升队伍创造力。

吉林省广电局将以高度的政治自觉、崭新的精神风貌、务实的工作作风，履职尽责、勇于担当、锐意改革、不断创新，推动广播电视工作不断强起来，为吉林全面振兴全方位振兴作出新的更大贡献。

八、黑龙江广电：机构改革新起点，广电发展新气象

黑龙江省广播电视局党组书记、局长　李己华

2018年，黑龙江省广播电视战线以机构改革为契机，适应新形势，承担新使命，担当新作为，坚决贯彻落实中央和省委的决策部署，牢固树立“四个意识”，坚定“四个自信”，做到“两个维护”，高举旗帜、服务大局、守正创新，圆满完成了各项工作任务，取得了新进展新成效。

（一）主流思想舆论阵地建设有新提高

聚焦学习宣传习近平新时代中国特色社会主义思想和党的十九大精神这一主线，围绕庆祝改革开放40周年和习近平总书记考察黑龙江这一重大主题，在荧屏声频唱响了黑龙江振兴发展和改革开放的时代最强音，黑龙江广播电视台《秋日春潮》主题系列报道获总局通报表扬。聚焦全省经济社会发展实践开展了成就宣传和典型宣传，营造了浓厚的发展氛围。加强“首页首屏首条”建设。组织开展了主题公益广告和网络视听节目征集推选活动，黑龙江广播电视台、佳木斯广播电视台、齐齐哈尔市正点影视公司制作的《有规矩没侥幸》等5个公益广告，明水县明视传媒有限公司制作的《第一书记》等2个网络视听作品获总局奖励。

（二）内容创作生产有新突破

黑龙江广播电视台的《一起传承吧》《致敬英雄》等节目获总局表彰奖励和通报表扬。黑龙江广播电视台、牡丹江人民广播电台制作的《播播龙的故事口袋》等3个少儿节目获总局专项资金扶持。《拉林河畔》作为党的十九大献礼片和庆祝改革开放40周年国家重点项目，先后于重要时间节点在央视纪录频道黄金时段播出，引发社会热烈关注和积极反响，被评为2017年中国最具影响力的十大纪录片和“改革开放四十年优秀纪录片”。《国家情怀》《绝境》2部电视剧入选总局内容创作重点题材，黑龙江广播影视传媒集团创作的电视剧《林海雪原》获“飞天奖”和金鹰奖优秀电视

剧提名奖。

（三）事业建设产业发展有新亮点

如期完成“贫困村通广播电视”的行业扶贫任务。全面完成中央广播电视节目无线数字化覆盖工程建设任务。继续实施广播电视发射台站基础设施建设工程，稳步推进省级应急广播系统建设，启动2个深度贫困县应急广播体系建设。推进落实黑龙江省广电局承担的文化体制改革任务。与广东省、吉林省签订合作协议，开展交流合作。三网融合步伐明显加快。制定了行业《改革发展项目库评审办法》，审核推荐11个项目入选国家改革发展项目库。

（四）严格依法行政有新作为

组织开展“法治建设年”活动，为行业发展提供法治保障。做好重要保障期安全播出工作，2018年未出现重大安全播出事故。黑龙江省广电局全年下达广告核查整改通知36个，核查处理各类违规广告112条，形成了广告从严管理的长效机制。持续开展专项整治行动，黑龙江省共没收拆除非法销售和安装使用的卫视接收设施1480余件，坚决关停违规频率频道，进一步规范了广播电视管理秩序。

（五）全面从严治党有新气象

各级广电部门的党组织认真履行主体责任，制定了全面从严治党主体责任清单和廉政风险防控机制，充分运用“四种形态”，推动党的建设向更高水平更深层次拓展。深入开展深化机关作风整顿优化营商环境工作，积极推动流程再造，进一步梳理权力事项，优化办事流程，提高服务质量，积极营造广播电视行业良好发展环境。

九、上海广电：守正创新 打造精品 推动广播电视高质量发展

上海市广播电视局局长　于秀芬

2018 年，上海广电系统以习近平新时代中国特色社会主义思想为指引，全面贯彻落实党的十九大精神，牢牢把握正确的政治方向、舆论导向和价值取向，抓重点、补短板、强弱项，承担新使命，落实新要求，全面推进广播电视各项工作。

（一）严格落实意识形态责任制，把握正确导向

一是持续推进宣传贯彻习近平新时代中国特色社会主义思想和党的十九大精神。深入实施广播电视“节目质量提升计划”和舆论引导能力提升工程，指导广播电视、新媒体深化“头条”和“首页首屏首条”建设。积极推出有特色有影响的特色报道，精心策划成系列创品牌的专题节目，创新推进理论节目建设。二是严格管理广播电视阵地。严明政治纪律和政治规矩，落实新闻节目播前三审和重播重审制度，确保导向把控不出差错。严格落实上星综合频道结构化管理要求和调控措施，加强娱乐类、军事类、情感类、医疗养生类等节目管理。

（二）提升广播电视节目原创能力，推出精品佳作

2018 年，上海广播电视台 5 件作品荣获第 28 届中国新闻奖，其中一等奖 3 件、二等奖 2 件，继 2017 年再次名列省级广播电视播出机构前茅。公益扶贫节目《我们在行动》、广播节目《给 90 后讲讲马克思》、纪录片《急诊室故事》等多档节目获评总局创新创优节目，公益扶贫节目《我们在行动》还荣获“2018 年全国脱贫攻坚奖组织创新奖”，为上海首次获得该奖项。6 件作品获得总局 2017 年度广播电视公益广告扶持，其中一等奖 1 件、二等奖 2 件、三等奖 3 件。

（三）加强网络视听产业全方位扶持，促进行业发展

一是制定出台《关于促进上海网络视听产业发展的实施办法》，从精品

内容创作、产业空间布局优化、公共服务平台建设等各方面全方位促进网络视听产业发展。二是研究制定《上海网络视听品牌建设三年行动计划（2018~2020）》，创新推进市区两级联动机制，形成重点视听企业“一事一议”机制。三是成功举办第十届中国网络视听产业论坛，紧紧围绕网络视听内容发展和产业升级，多角度、全方位把握行业发展态势，深入探讨行业健康发展方向。

（四）优化电视剧生产指导服务，推动品质提升

推动电视剧制作向质量型发展转变。一是产量稳中有增。2018 年上海共核发电视剧发行许可 51 部 2185 集，位居全国第二位，同比增长 27.5%。通过总局备案公示项目共 160 部 6101 集，分别占全国的 13.8%和 13.3%，位列全国第三。二是播出品牌凸显。2018 年共有 32 部沪产电视剧首轮播出。一线卫视黄金档共播出的 52 部电视剧中，沪产电视剧达 12 部，占 23.1%，居全国第二。《大江大河》《大浦东》《外滩钟声》《幸福一家人》4 部上海出品的优秀现实主义题材电视剧作为纪念改革开放 40 周年压轴之作，相继热播，赢得好口碑和高收视。三是质量精品迭出。《大浦东》《大江大河》《外滩的钟声》等 8 部沪产剧入选总局“2018~2022 年百部重点电视剧选题规划”名单。总局“2018 中国电视剧选集”目录中，《大江大河》《天盛长歌》《爱情的边疆》等 5 部上海出品电视剧榜上有名。上海柠萌影视传媒有限公司出品的《小别离》获第 31 届中国电视剧“飞天奖”优秀电视剧大奖。

电视剧组织管理取得成效。一是抓好创作规划，加强优秀项目储备。围绕庆祝改革开放 40 周年、庆祝新中国成立 70 周年、全面建成小康社会、建党 100 周年等重要时间节点，制定电视剧创作生产规划，遴选出具有引领性、标杆性的重点作品，掌握创作进展，予以指导，确保按时保质完成。二是把好立项审查两道关口，坚持正确创作导向。紧扣题材备案和内容审查环节，严格内容管理，切实做到“讲导向不含糊、抓导向不放松”。三是加强全流程服务，致力做好“店小二”。加大前期介入力度，通过选题研讨、立项辅导、先期预审等方式，协助影视制作企业把握方向，降低投资风险。建立重点制作机构联席会议机制，加强行业服务和指导，为电视剧精品创作提供良好的发展空间。健全培训交流机制，定期组织开展行业培训，多批次多层次举办面向上海全市影视制作机构的电视剧拍摄制作和内容管理培训。坚持走访调研影视企业，听取意见建议，帮助解决困难，不断完善工作方法。

十、坚持守正创新 勇于担当作为 着力推动江苏广播电视业高质量发展

江苏省广播电视局党组书记、局长 缪志红

2018 年，江苏广播电视工作始终坚持正确导向，聚焦高质量发展，在改革中前进、在创新中发展、在融合中提升、在管理中规范，各方面取得新进展新成效。

（一）推动主题宣传高质量

统筹网上网下，引导推动广电媒体聚焦学习宣传贯彻习近平新时代中国特色社会主义思想和党的十九大精神，围绕庆祝改革开放 40 周年、江苏高质量发展走在前列生动实践等重大活动、重要会议、重大主题，深化“头条”建设，加强主题宣传，推出《厉害了，我们的新时代》《马克思是对的》《改革政策 e 解读》等一系列有分量的专题专栏和新媒体产品。

（二）推动内容生产高质量

深化广播电视内容创作生产，推出《江河水》等电视剧、《你所不知道的中国（第三季）》等纪录片、《可爱的中国》等动画片、《阅读·阅美》等文化类广播电视节目、《那些花儿》等网络视听作品、《一朝上岛一生卫国》等公益广告，优秀作品入选全国重要奖项、重点项目数量位居各省区市前列。2018 江苏百人纪录片扶持计划遴选扶持的《归潮》等 5 部作品在国内外专业平台展播。

（三）推动公共服务高质量

江苏省地面数字电视覆盖网建成投入使用，中央、省、市、县四级 15 套地面数字电视节目覆盖率达 90% 以上。江苏省制定的全国首个地面数字电视机顶盒地方标准颁布实施。应急广播省级调度控制平台建成投用，县级应急广播体系建设全面推开，新增完成 2161 个行政村应急终端覆盖。率先建成县级广播电视台节目共享平台，县级台节目供给、公共服务能力进

一步提升。

（四）推动融合发展高质量

2018 年，江苏省广播电视收入 373.72 亿元，同比增长 12.90%。坚持项目带动，省广播电视发展专项资金扶持 50 个重点项目达 6430 万元。深化创新驱动，“荔枝云”平台荣获广播影视科技创新奖突出贡献奖，“荔枝新闻”客户端下载用户突破 2000 万。加强示范引领，组织开展县级广电媒体融合创新案例评选推介活动。加快高清发展，苏州、常州和徐州 3 个市级台实现全频道高清化，全国 5 个县级高标清同播频道均在江苏。全省有线电视高清用户突破 700 万户。强化队伍建设，新增 106 名广电专业高级技术人才。

（五）推动行业管理高质量

《江苏省广播电视管理条例》正式实施。深入推进审批制度改革，认真落实“双随机一公开”。加强社会信用体系建设，发布行业首批红名单，省级传媒机构广告领域信用审查项目获“创新奖”。突出关键环节，进一步加强广播电视和网络视听文艺节目管理。依法强化网络视听节目服务平台管理，注销关闭违法违规网站 140 余家。加强安全播出保障体系建设，创新开展安全播出千分制考核。加强广播电视播出、制作、传输机构和境外卫星电视监管，行业市场秩序进一步规范。

下一步，江苏广播电视工作将立足新起点，牢记新使命，把“建设广播电视强省、推动广播电视业高质量发展走在前列”作为今后一个时期的奋斗目标，具体在“舆论宣传质量高、引领力显著增强，精品生产质量高、创作力显著增强，公共服务质量高、供给力显著增强，融合发展质量高、传播力显著增强，行业监管质量高、法治力显著增强，队伍建设质量高、支撑力显著增强”这“六高六强”上展开工作布局，常抓不懈、久久为功，不断推动广播电视工作强起来、事业产业发展质量高起来。

十一、浙江广电：扎实推进广播电视强省建设

浙江省广播电视局党组书记、局长　张伟斌

2018 年，浙江省广播电视战线高举习近平新时代中国特色社会主义思想伟大旗帜，聚焦高质量，勇担新使命，展现新作为，扎实做好各项工作，推动全省广播电视事业产业发展迈上了新台阶。

（一）抓主线、举旗帜，服务大局主动有为

浙江省广播电视单位紧扣主题主线，加强重大主题宣传创作，为党和政府中心工作营造了浓厚的舆论氛围。实施影视精品献礼工程，19 部电视剧入选总局“2018~2022 年百部重点电视剧选题规划”，4 部电视剧入选总局改革开放 40 周年重点选题。全省广电系统把安全视为生命线，圆满完成各重要保障期的广播电视安全播出和网络信息安全保障任务。

（二）强监管、正导向，阵地管理扎实有效

浙江省广电局持续加强内容和机构监管，确保广播电视坚持正确的政治方向、舆论导向和价值取向。建立广电媒体和网络视听舆情季度分析研判通报机制，改进视听评议工作。持续推进和扶持新闻立台和节目创新创优，16 件作品（作者）获国家新闻奖等重要奖项。落实 7 项工作举措，抓好广播电视、网络视听文艺节目治理。

（三）推精品、攀高峰，内容创作成果丰硕

浙江广电系统大力实施精品战略，电视剧产量和质量迈上新台阶，2018 年共生产电视剧 52 部 2361 集、动画片 54 部 19393 分钟，其中电视剧产量首次居全国各省（区、市）第一。3 部电视剧获中国电视剧最高奖“飞天奖”，4 部电视剧分别在央视一套和八套黄金档播出，2 部动画片获年度优秀国产动画片二等奖，4 部网络视听作品获评“弘扬社会主义核心价值观共筑中国梦”主题原创网络视听节目优秀节目。

（四）优服务、促发展，事业产业优化升级

以服务基层、服务企业、服务三农为重点，提升服务能力，促进产业

发展。中央广播电视节目无线数字化覆盖工程二期中数字音频广播完成率为100%、地面数字电视完成率达99%。浙江省影视制作机构达3368家，居全国第2位。横店影视文化产业集聚区建设稳步推进，中国（浙江）影视产业国际合作实验区杭州总部正式启用。成功举办第十四届中国国际动漫节、第二届戛纳电视节中国杭州高峰论坛等重要节展活动，行业集聚效应更加凸显。

（五）抓改革、提效率，责任作用更加突出

坚决贯彻中央和浙江省委机构改革部署，按时完成机关部门和直属单位人员转隶、“三定”编制、内设机构调整等工作，实现了机构设置、职能配置和服务水平的优化提升。深化广电领域体制机制改革，省、市、县三级88个主项、104个办事子项全部实现“最多跑一次”。

（六）抓党建、固基础，从严治党落实有力

浙江省广电局发挥省局党组理论中心组龙头示范作用，引导全系统兴起学习贯彻习近平新时代中国特色社会主义思想和党的十九大精神热潮。把习近平新时代中国特色社会主义思想纳入各级各类培训必修主干课，加大对广播电视采编播人员、新媒体从业人员的培训力度，2018年举办各类培训班58期，参训5900人。各地各级党组织抓党建带队伍，持之以恒贯彻落实中央八项规定及实施细则精神，坚决反对“四风”特别是形式主义、官僚主义，全省广电系统的凝聚力、创造力、战斗力进一步增强。

十二、安徽广播电视高质量发展谱新篇

安徽省广播电视局党组书记、局长 陈 烨

2018年，安徽省广电系统认真学习贯彻习近平新时代中国特色社会主义思想和党的十九大精神，紧紧围绕“两个巩固”的根本任务，牢牢把握高质量发展这个根本要求，不断推动广播电视繁荣兴盛，在新起点上为建设现代化“五大发展”的美好安徽提供了有力的思想保证、舆论支持、精神动力和文化条件。

（一）抓导向举旗帜，舆论引导坚强有力

积极拓展安徽省各类广电媒体“头条”建设和新媒体“首页首屏首条”建设，开设“在习近平新时代中国特色社会主义思想指引下——新时代 新作为 新篇章”专栏，推出国内首档政论题材综艺脱口秀《理响新时代》节目。纪录片《小岗纪事》作为总局庆祝改革开放40周年5部纪录片之一，登陆央视纪录频道黄金档。电视剧《黄土高天》作为央视综合频道献礼改革开放40周年首部重点剧目隆重播出。将电信IPTV直播信号源全面割接至省级集成播控分平台，实现直播节目的可播可控。协调推进落实IPTV三方合作协议，三网融合取得重大进展。对全省100多个广播电视频率频道实现监听监看全覆盖，发布预警信息近400条，顺利完成庆祝改革开放40周年大会等重要播出期和重点时段的安全播出工作，安全播出实现“零事故”。

（二）抓改革兴文化，产业发展纵深推进

持续推进“互联网+政务服务”，推动政务服务“一网、一门、一次”改革，2018年窗口共办理各类事项16037件，办结事项满意度100%。深入实施安徽省五大发展行动计划，新增8家省级广播影视产业园区（基地），加快国家广播影视科技创新实验基地建设，“广播电视台融合媒体内容数据安全防护技术应用规范研究”成为融合媒体内容数据安全课题研究全国唯一获批省份。成立安徽广电（县域）融媒体联盟，覆盖全省60多家县级广

播电视台。大力实施广播电视直播卫星户户通工程，累计投资 1.68 亿元，为 81.32 万户农村群众解决了收听收看广播电视的问题。完成中央投资 3000 余万元，建成无线数字化覆盖二期工程 40 个台站。投入近 2000 万元，建成应急广播省级调度控制平台（一期）。

（三）抓机制固阵地，行业监管从严规范

坚持把党管意识形态的要求落实到行业管理的各方面、各环节和全过程，综合运用会商研讨、宣传提示、创作引导、备案管理、创优推优、展播展映、行政处罚等多种手段，强化行业意识形态领域管控，让主旋律和正能量主导音频荧屏，主导网络空间、移动平台等传播载体。建成安徽省 IPTV 监测监管平台二期，落实监管月报制度，进一步提高监测监管能力，严格规范卫星电视和广播电视台（点）传播管理秩序。

（四）抓队伍展形象，党的建设全面加强

坚持以党的政治建设为统领，建立全面从严治党“年初定责、年中督责、年底述责”机制，深入开展大学习、大培训、大调研活动，组织基层党组织书记和兼职纪检干部集中培训，持之以恒贯彻落实中央八项规定及实施细则精神，坚决反对“四风”特别是形式主义、官僚主义，全系统的凝聚力、创造力和战斗力进一步提升。坚决贯彻党中央和安徽省委深化机构改革部署，按时完成安徽省广电局“三定”规定制定，稳妥做好机构人员转隶工作，坚持统筹好改革工作与日常工作，做到两手抓、两促进，确保机构改革期间思想不乱、工作不断、队伍不散、干劲不减。

十三、稳中求进 守正创新 推动福建广播电视工作高质量发展

福建省广播电视局党组书记、局长 李 强

2018 年，福建省广播电视系统深入学习宣传贯彻习近平新时代中国特色社会主义思想和党的十九大精神，守正道、创新局，各项工作扎实推进、成效明显。机构改革后新组建的福建省广电局于 2018 年 10 月 30 日挂牌成立，总局对进一步做好广播电视工作提出具体要求。

（一）宣传舆论引导主动有为

围绕习近平总书记在福建工作期间的理论创新、探索实践和贯彻党的十九大精神，举办全省广播电视系统“学习新思想 我说新福建”主题活动，近 3000 人参与，采写选题上百个。庆祝改革开放 40 周年系列宣传教育浓墨重彩，“壮阔东方潮、奋进新时代”主题宣传声势强大，相继推出《奋进新时代 建设新福建》《坚持高质量发展落实赶超八闽行》等专题专栏，协助央媒推出一批重要宣传报道，引起热烈反响。

（二）精品创作生产有声有色

电视剧《彭德怀元帅》《绝命后卫师》获第 31 届“飞天奖”优秀电视剧大奖，《一代名相陈廷敬》《姥姥的饺子馆》等 8 部作品在央视播出。纪录片《过台湾》在台湾 TVBS 播出。《丝路情・中国融——2017 丝路春晚》获第 25 届电视文艺“星光奖”。《从井冈山到闽西》等 8 部纪录片被总局评为优秀国产纪录片，6 部作品获评总局主题原创网络视听优秀作品，获奖数居全国第 3 位。

（三）事业产业发展稳中有进

福建省广播电视创收 116. 25 亿元，2018 年新增广播电视节目制作经营机构 149 家。县级融媒体中心全部挂牌成立。福建广电网络集团连续 6 年保持收入两位数以上增长。2018 年完成高清频道 7 个、县级台高清化改造 25 个。有线数字用户 716. 23 万户、数字化率 100%。海峡卫视“今日海峡”

脸书账号在台湾地区传播成效显著，出台《支持平潭加快影视产业开放开发先行先试的十条意见》。与菲律宾有关机构合办的菲中电视台综合频道实现开播。

（四）行业阵地管理扎实有效

意识形态管理坚决有力，2018 年发送安全播出预警信息 49472 条次，开展广告专项整治和网络视听节目监测巡查，实现重要保障期安全播出“零事故”。强化卫星地面接收设施管理，在总局考评中位列第 1 档，连续 6 年获得满分。全面实施“证照分离”改革，福建省网上办事大厅办件评价很满意率达 100%。

（五）全面从严治党落实有力

开展“一支部一品牌”党建品牌创建，福建省广电局一个党支部获评福建省省直机关敢于担责“十佳”典型。全省广电系统 10 个书画类作品在总局“庆祝改革开放 40 周年书画摄影作品展”获奖。推动全省网络视听互联网企业党的组织和工作全覆盖。举办新思想专题培训班，加强干部人才队伍建设，全系统“四个意识”不断增强、“四个自信”更加坚定、“两个维护”更加坚决。

2019 年，福建省广电局将围绕庆祝新中国成立 70 周年这条主线，统筹抓好广播与电视、传统媒体与新兴媒体、事业与产业、内宣与外宣、服务与监管等各项工作，倾力打造主流广电、精品广电、“智慧广电”、惠民广电、高效广电，做大做强做优“广电闽军”，推动广播电视工作高质量发展。

十四、江西广电：推动全省广播电视高质量跨越式发展

江西省委宣传部副部长，省广播电视局党组书记、局长　杨六华

2018年，江西广播电视战线深入学习宣传贯彻习近平新时代中国特色社会主义思想和党的十九大精神，认真落实江西省委省政府决策部署，增强“四个意识”，坚定“四个自信”，坚决做到“两个维护”，各方面工作取得了新成绩。

（一）新闻宣传塑造了江西发展新形象

聚焦学习宣传贯彻习近平新时代中国特色社会主义思想和党的十九大精神，深化广播电视“头条”工程和网络视听“首页首屏首条”建设，努力做到习近平新时代中国特色社会主义思想“天天见”“天天新”“天天深”。深入开展“庆祝改革开放40周年基层行”活动和“新时代新气象新作为”主题报道，推出了“壮阔东方潮 奋进新时代”等专题专栏。圆满完成了2018世界VR产业大会、第十一届绿博会等重大宣传，营造了良好舆论氛围。2018年江西新闻上央视《新闻联播》总数300条，上央广中国之声《新闻和报纸摘要》《全国新闻联播》总数165条，分别同比增长1.6%、5%；4件广电作品荣获第28届中国新闻奖，进一步唱响江西声音、展示江西形象。

（二）文艺创作展现了创新创优新活力

健全文艺创作生产扶持引导机制，会同江西省委宣传部、省财政厅等部门印发了《关于支持江西省电视剧繁荣发展若干政策的通知》，与省财政厅、文旅厅、文联共同出台《关于印发江西文化艺术基金章程和办法的通知》，将电视剧创作生产纳入省艺术基金扶持范围。《毛泽东在寻乌》等4部作品入选总局“2018～2022年百部重点电视剧选题规划”；电视剧《初心》《天下粮田》《大浦东》先后在央视播出；《初心》荣获第29届金鹰节电视剧奖。开展“记录新时代”全省广播电视台新闻故事联播展播和“中

国梦·美丽江西”微电影、电视纪录片大赛；电视动画片《可爱的中国》播出后反响强烈，被总局列为2018年重点电视动画片向全国推荐播出；电视动画片《红游记》入选了总局优秀国产电视动画片和2018年“网络视听节目精品创作传播工程”。

（三）产业发展迈出了优化升级新步伐

高清电视发展加快，南昌、上饶、抚州、九江、鹰潭、新余市等设区市台完成主要频道高标清同播硬件建设。完成江西省有线电视双向化改造，建设开通“智慧江西”综合信息服务平台，全省有线网络高清机顶盒达到217.6万台，同比增长15.2%。新增调频频率和无线发射点62个，扩大了无线广播电视节目覆盖。江西广播电视台公共频道、影视频道分别增加农业定位和旅游定位，搭建了实施乡村振兴战略和旅游强省战略的优质宣传平台。

（四）公共服务构建了提质增效新机制

超额完成江西省140万户直播卫星户户通任务并通过总局验收。全面完成中央广播电视节目无线数字化覆盖工程建设，同步推动全省广播电视台第1套电视节目无线覆盖数字化，全省141座发射台开播了15套左右的数字电视节目，19座发射台试播了3套数字广播节目。争取国家有关项目资金800万元，支持“智慧江西”平台、新时代文明实践中心平台等建设。

（五）阵地管理营造了规范发展新环境

坚持多级审查、重播重审制度，进一步强化了广播电视宣传管理。坚持24小时监听监看制度，各重要安全播出保障期安全播出工作继续保持零差错，连续两年无重大播出事故，在总局安全播出电视电话会议上受到通报表扬。严格落实总局政令要求，对违规播出广告的频道进行严肃处理，并向全省通报。深入开展卫星地面接收设施专项整治和宾馆违法接收境外卫星电视集中整治行动，在总局考核中位列第一方阵。

（六）党的建设提升了保障发展新水平

坚持以政治建设为统领，以落实意识形态责任制、基层党建责任制、党风廉政建设责任制为抓手，深入推进全面从严治党工作。持之以恒贯彻落实中央八项规定及实施细则精神，坚决反对“四风”特别是形式主义、官僚主义，全系统党风政风行风进一步好转。江西省广电局撰写的经验文章在总局《广电党建》刊载，并被评为年度优秀稿件。全省广播电视行政管理部门坚决贯彻党中央和江西省委深化机构改革部署，严格按照时间节点推进机构改革，并把机构改革与深入推进“放管服”改革、转变政府职能相结合，2018 年办理“一次不跑”和“只跑一次”事项 15000 多件，为群众办事提供了极大便利。

十五、牢记使命 守正创新 山东广电迈出高质量发展新步伐

山东省委宣传部副部长，省广播电视局党组书记、局长 李昌文

2018年，山东广电系统紧紧围绕“举旗帜、聚民心、育新人、兴文化、展形象”的使命任务，认真贯彻落实总局部署要求，大力实施新旧动能转换重大工程，深入推进体制机制改革，聚焦聚力抓好舆论引导、精品创作、公共服务、阵地监管，高质量发展迈出新步伐。

（一）舆论引导正确有力

深入学习宣传贯彻习近平新时代中国特色社会主义思想和党的十九大精神，深化拓展“头条”“首页首屏首条”建设，推出“新时代、新作为、新篇章”“高质量发展在山东”等专题专栏，唱响时代最强音。精心完成庆祝改革开放40周年、上合组织青岛峰会等重大活动主题宣传，形成强大舆论声势。强化舆论监督，《今日聚焦》《直播民生》等节目广受好评。

（二）创作生产生机蓬勃

山东省政府出台《山东省影视产业发展规划（2018~2022年）》，进一步激发创作生产活力。2018年备案公示电视剧22部，核发广播电视节目制作经营许可证240余个，审查发行电视剧7部254集、动画片4部。《安居》《欢乐颂》获“飞天奖”，《家有儿女》《金色少年》等获全国优秀扶持栏目，《喊破天送匾》《谁动了我的故事》入选中国梦优秀作品，文化纪录片《稷下学宫》完成拍摄制作，《大浦东》《阳光下的法庭》《海上嫁女记》《金陵往事》等在央视和一线卫视播出，《国学小名士》《美丽中国》等原创节目渐成品牌。

（三）公共服务提质增效

深化“放管服”改革，审批事项进驻山东省级政务大厅，全部纳入“一次办好”范围。聚焦广播电视精准扶贫，16个省定贫困村通有线电视任务全部完成，累计为76.8万户建档立卡贫困户接入数字电视信号。中央广

播电视节目无线数字化覆盖工程运行良好，启动了省级电视节目无线数字化覆盖工程。

（四）改革创新深入推进

启动“媒体融合推进计划”，青岛、烟台等地融媒体中心陆续启用，“闪电”新闻客户端、“轻快”云平台影响力持续增强。实施县级台标准化建设，95家县级台均确定为公益二类以上事业单位，94家达到一级标准、1家达到二级标准，县级台建设水平大幅提升。加快新技术、新业态、新模式应用，8个电视频道实现高清播出，广电网络9套4K超高清节目上线发布。

（五）行业监管规范有序

强化阵地意识，出台落实意识形态工作责任制实施意见。加强广播电视内容专项监测，核查处理问题39件次，完成上星综合频道节目备案37件，审批境外艺人参与节目录制65次。深入开展专项整治，停播擅自开办的频率频道280余套、违规广播电视节目40套，对18家市县播出机构负责人进行诫勉谈话，停播养生类节目41档，关闭违规视听节目网站286家。圆满完成重要保障期安全播出任务。上合组织青岛峰会期间，广播电视信号规范有序、电磁环境良好可控，中国民用航空局给予高度评价。

（六）管党治党全面加强

引导全系统旗帜鲜明讲政治，增强“四个意识”、坚定“四个自信”、做到“两个维护”，不断增强政治定力、锤炼坚强党性。聚精会神抓党建，基层组织规范建设年活动有效开展。严格落实中央八项规定及其实施细则精神，查摆廉政风险点158个。加强能力素质建设，到复旦大学举办“不忘初心 走在前列”专题培训班，举办两期“山东影视新力量”培训。按要求完成机构改革任务，进一步明确了任务、优化了职能、提升了效率。

2019年，山东广电系统将按照总局部署要求，聚精会神抓改革、求创新、谋发展，着力实施“舆论引导能力提升工程”“新时代精品工程”“智慧广电建设工程”“改革推进工程”“管理优化工程”“公共服务工程”，开展“作风建设年”“能力提升年”“工作落实年”活动，推动各方面工作提质量、见成效，努力实现事业产业的新跨越、新发展。

十六、河南繁荣发展广播影视事业产业取得新成效

河南省广播电视局党组书记、局长　李宏伟

2018 年，在总局的有力指导下，河南省广播电视系统深入学习宣传贯彻习近平新时代中国特色社会主义思想和党的十九大精神，树牢“四个意识”，坚定“四个自信”，坚决做到“两个维护”，坚持稳中求进、守正创新。全年工作中，高扬思想旗帜、奏响出彩旋律，全省广播电视宣传形成新声势；狠抓内容生产、推动精品创作，全省广播电视创优结出新硕果；抓好办台方向、管好办网导向，意识形态阵地建设得到新巩固；实施“智慧广电”、加快媒体融合，事业产业优化升级迈上新台阶；补齐短板弱项、助力脱贫攻坚，广电公共服务水平得到新提高；聚焦行业管理、治理突出问题，广电依法行政能力得到新加强；深化机构改革、加快职能转变，广播电视地位作用得到新强化；突出政治统领、全面从严治党，广电系统党的建设实现新提升。全省广播影视各方面工作取得新成绩，有力服务了全省工作大局。尤其是河南省广电局一手抓电影内容精品生产、一手抓电影票房倍增计划，繁荣发展影视事业产业取得明显成效。2018 年全省电影票房由 2017 年的 19.01 亿元增加到 22.08 亿元，净增 3.07 亿元，同比增长 16%，增幅高于全国平均水平，做法和经验在全国具有示范带动效应。

（一）一手抓内容生产 走精品之路拍大片

2018 年，由河南省广电局、商丘市委市政府等单位联合摄制的正能量电影故事片《李学生》，遵循艺术规律，塑造“平常时候看得出来，关键时刻站得出来，危急关头豁得出来”、可亲可敬可信的平民英雄形象，是一部感人至深、彰显正能量的主旋律电影，对缅怀英雄事迹，培育和践行社会主义核心价值观具有重要意义。该片于 2018 年 8 月 28 日至 11 月 28 日全国公映，引起了较好反响，观影人数达 60 余万人次，掀起了学习平凡英雄李学生的观影热潮，实现票房收入 2000 万元。中宣部对该片高度关注，国家

电影局明确表示对影片予以大力支持。该片被评为河南省中原文艺精品工程重点项目。

（二）一手抓电影票房倍增计划 实现“十三五”翻一番

河南省广电局采取四大措施，大力实施电影票房倍增计划，即由2015年全省电影票房15亿元发展到2020年突破30亿元。

一是全省影院数量翻一番。全省影院数量计划由2017年年初的400余家发展到2020年800家左右。2017年已新建影院81家，2018年新建影院72家。

二是电影票与福利彩票结合，拉动票房增长。通过在郑州荥阳影城试点三个月，福利彩票、电影院线票房互动，拉动了5%～10%的票房增长。在此基础上，河南省广电局支持河南奥斯卡院线200万元与福彩合作，2018年春节档河南奥斯卡院线票房首次突破了1亿元。

三是试点影视综合体建设，推动市县级电视演播大厅和影院建设有机结合。在市县电视广告收入大幅下滑、发展面临严重困境的情况下，河南省广电局支持200万元，在商丘市广播电视台进行试点，建成可容纳800人的演播大厅，同时也可作为巨幕影城。2018年以来，每月营业收入100多万元，成功拉动票房增长，实现互利共赢，创造了一个影城、一部电影救活一个电视台的经验。

四是开展打击偷逃瞒报票房专项整治行动。河南省广电局专门印发了《打击偷逃瞒报电影票房专项治理实施方案》，从2018年4月1日到12月31日，各省辖市、省直管县（市）电影主管部门围绕专项治理采取了监管执法培训、组织所辖影院负责人集中教育宣传、进行专项执法检查、收集涉案线索、推进案件查办等多项措施，专项治理行动取得了初步成效，切实规范了当地电影市场的经营秩序。在全国电影行业管理中，河南省是第一家开展打击偷逃瞒报电影票房专项治理行动的省份，也是第一家举行电影市场监管执法培训会议的省份。

实践证明，河南省广电局一手抓精品生产、一手抓票房倍增，措施实、效果好，为电影事业产业发展提供了一条可借鉴的路径。

十七、以习近平总书记视察湖北重要讲话精神为指导，奋力谱写湖北广播影视高质量发展新篇章

湖北省委宣传部副部长，
湖北省广播电视局党组书记、局长 邓务贵

2018 年，湖北省广电系统深入学习宣传贯彻习近平新时代中国特色社会主义思想、党的十九大精神和习近平总书记视察湖北重要讲话精神，在改革中发展，在发展中提升，各项工作取得重要进展和显著成效。

（一）主题宣传力度持续加强

紧扣学习宣传贯彻习近平新时代中国特色社会主义思想和党的十九大精神这条主线，多层次、多角度开展阐释解读，推动习近平新时代中国特色社会主义思想常学常新。引导全省各级媒体做好全国、全省两会，马克思诞辰 200 周年、庆祝改革开放 40 周年等重大活动的宣传报道。深入开展“新时代新气象新作为——改革开放四十周年 · 荆楚行”大型采访活动，推出专题专栏、系列报道等 5000 余条。

（二）意识形态管理成效明显

加强对意识形态风险点进行分析研判，重点做好两会、上合组织青岛峰会等重要保障期及敏感时间节点安全保障工作。着力营造清朗网络视听空间，湖北省 7500 多个视听网站、913 万个节目纳入监管范围。大力整治非法卫星接收设施，连续四年取得全国境外卫星电视管理考评满分。《湖北省广播电视条例》正式实施，为牢牢把握意识形态领域的领导权和主导权提供了重要遵循。

（三）精品创作生产硕果累累

加强影视创作重大项目统筹规划，编制 2018~2022 年影视创作生产计划，重点抓好《音乐家》《穿越时空的呼唤》《西柏坡的警钟》《你和我的倾城时光》等影视剧的创作生产。《长江大桥》《童子国学馆》《创业红娘》

《我的环卫姐》等10余部剧本、少儿节目、纪录片、网络视听作品获总局重点扶持；《新万家灯火》等剧本获曹禺杯特别奖；动画片《木奇灵之绿影战灵》在央视少儿频道黄金时段播出。

（四）科技创新工作亮点纷呈

广电融媒体建设提速，“长江云”致力打造云融媒体集群，构建省市县三级信息资源共享、互联互通的全媒体融合生产系统；湖北广电网络与启迪云计算有限公司签署战略合作协议，围绕智慧城市、人工智能、物联网等领域全面合作。“掌上武汉”“见微”“黄鹤云”等全媒体平台立足本地，辐射全国，新媒体矩阵初具规模。大力推进新一轮有线数字电视整体转换，网络双向化、智能化改造和互联网宽带增值业务开发步伐加快。

（五）公共服务能力显著提升

户户通开通142万户，开通率98.11%；村村响建成县级平台91个，村级广播系统2.57万个，安装音柱和喇叭28万只。大力推进广播电视无线发射台基础设施建设和贫困县播出机构制播能力建设。中央广播电视节目无线数字化覆盖工程二期补点工程抓紧推进，省级广播电视节目覆盖工作进展顺利。

（六）国际交流步伐愈加坚实

湖北广电系统抱团出海，连续三年“走出去”，继马来西亚、俄罗斯之后，在埃及和南非成功举办2018非洲“湖北传媒周”。活动期间签署国际合作协议13个，成功开展“湖北传媒展”“湖北影视展映周”等40余项大型活动。专题片《湖北从长江走向世界》向埃及和南非人民展示了优秀的荆楚文化和湖北传媒业融合发展成果。

十八、县级广播电视台的出路在何方？——关于大力推进湖南县级融媒体中心建设的调查与思考

湖南省委宣传部副部长，省广播电视局党组书记、局长　张　严

2018年，湖南省广播电视局以深入学习宣传贯彻习近平新时代中国特色社会主义思想和党的十九大精神为主线，以推动文化强省建设为目标，牢固树立“四个意识”，坚定“四个自信”，坚决做到“两个维护”，坚持稳中求进、守正创新，着力在提高新闻舆论传播力引导力影响力公信力、优化公共服务、推进依法行政、推动文化产业繁荣发展等方面“抓重点、补短板、强弱项”，开展了一系列行之有效的调研活动，工作有特色、创新有亮点。为认真贯彻落实习近平总书记关于“扎实抓好县级融媒体中心建设，更好引导群众、服务群众”的重要指示，切实解决当前县级广播电视台传播力影响力弱化、经营收入下降、专业人才短缺、体制机制制约等突出问题，湖南省广电局调研组立足行业实际，紧紧围绕“如何通过媒体融合扩大传播力，实现自我造血功能”这个课题，展开了深入调研与思考，积极探寻县级融媒体中心建设运行发展的有益方法和路子。

目前，湖南共有各级广播电视播出机构108家，其中县级广播电视台89家，占82.4%。由于缺少顶层设计，同时受近几年各方面因素影响，县级台普遍存在入不敷出、经营困难，发展乏力、缺少竞争力，平台小、待遇低、优秀人才留不住的问题。大力推进县级融媒体中心建设，不仅是巩固舆论阵地、推进文化强省建设的现实需要，也是提升基层媒体传播力引导力影响力公信力，更好地服务群众、满足群众美好生活需要的迫切要求。因此提出几点思考。

（一）抢抓机遇，做大做强做优“广电湘军”

必须尽早谋划，尽快部署，抢占县级融媒体发展领域的制高点，推动县级媒体的发展壮大，做大做强做优“广电湘军”，为推动文化强省建设打

下坚实基础。必须做好顶层设计，引导省级和地市级广播电视台积极投身县级融媒体中心建设，发挥广播电视业务专业优势，打造全省一网。特别是省级广电，一定要抓住机遇主动对接中央关于县级融媒体中心建设改革部署，改善和创新、丰富云平台服务，为县级融媒体中心建设提供云制作、云汇聚、云转播和运营解决方案。

（二）发挥优势，明确县级台的主体地位

注重发挥政治优势。县级台是基层党委和政府重要的政治资源，是宣传中央精神、执行党的政策、巩固基层政权的有力抓手，促进直接有效引导地方舆论，服务当地群众。注重发挥专业优势。县级台有专业的视频采制团队、影像设备、视觉化演播室和视频播控平台，其长期积累的场地设施、专业人才、技术优势为县级融媒体中心建设提供了物质基础和基本保证。注重发挥地域优势。县级台作为县域唯一的广播电视主流媒体，以当地百姓喜闻乐见的视频作品，展示政治经济成就，呈现特色地域文化，具有其他媒体无法替代的地位。以县级台为主体建设县级融媒体中心，是湖南省县级台摆脱困境、创新发展极佳的机会，也是湖南广播电视事业产业补短版强弱项促发展、做大做优做强“广电湘军”的重要举措。

（三）抓住关键，打造全媒体制作生产和传播矩阵

把握正确舆论导向，巩固扩大基层舆论阵地，让党的政策理论和社会主义核心价值观飞入基层百姓家，有效引领基层民众积极投身到中华民族伟大复兴中国梦的伟大实践中，这是县级融媒体中心建设的核心业务，必须始终坚守。抓好新型综合信息服务建设，做好基层媒体服务群众这篇大文章，这是县级融媒体中心建设的基础业务，必须做好做强。打破部门壁垒，创新工作机制，重塑内容生产流程，实行采编经营分开、事业产业分开，全台实行企业化管理，取消事业编员工的体制特权，打破僵化的用人和分配制度，激发全体员工的积极性，切实增强内部活力，这是县级融媒体中心建设的关键所在，必须抓紧抓实。

（四）科学定位，确保县级融媒体中心可持续发展

综观全国各地的探索经验，湖南可借鉴湖北“长江云”模式，将省市县三级媒体纳入集群，逐渐形成全省主流媒体“抱成团、结成片、连成网”的新局面，实现省市县三级媒体融合，资源共享、技术共用、人才共建、数据共通。要努力创新管理机制，激发内生动力，压实各方责任，实现可持续发展。县委县政府应将融媒体中心建设纳入社会经济发展总体规划，加大投入，与整个社会协调发展。国家级行业主管部门应做好顶层设计，并制定实施好市县融媒体中心建设规范和标准；省级党委宣传部和行业管理部门应加强对县级融媒体中心建设的管理和指导，及时总结和推广好的经验，并制定出县级融媒体中心建设的指导性文件。

十九、坚持守正创新，推动广东广电高质量发展

广东省广播电视局党组书记、局长　刘小毅

2018年，广东省广播电视系统紧紧围绕学习宣传贯彻习近平新时代中国特色社会主义思想和党的十九大精神这一工作主线，树牢“四个意识”，坚定“四个自信”，坚决做到“两个维护”，始终坚持正确政治方向、舆论导向和价值取向，顺利完成机构改革各项任务，做到发展和管理两手抓、两手硬，推动广东广电事业产业在新起点上加快高质量发展。

（一）强化行业监管，守好广电意识形态主阵地

一是落实内容生产全流程监管。严格督促落实广播电视节目三审制、重播重审制，在全省播出机构排查200余档栏目，坚决纠正导向偏差、负面新闻比例过高等问题，及时消除问题隐患。严把网络视听节目审核关，全省全年无生产触及政策红线的网络剧；严防意识形态有害信息渗透，依法查处违法违规网站，有力打造清朗洁净网络空间。

二是狠抓安全播出不懈怠。全系统在技术、内容、网络等重点领域层层压实责任，严格落实安全播出责任制，在重要安全防护保障期安排24小时在岗值班，落实舆情研判处置机制，对重大事件、重要舆情和潜在问题，预判在先、反应迅速、处置得当，确保播出安全、生产安全、舆情安全。

三是严格规范行业秩序。通过“双随机一公开”开展对持证影视制作机构的抽查，落实问题整改。严格组织下发中央无线覆盖频率使用许可证，对全省400多个在用广播频率进行核查，开展广播电视广告治理、整治违规设置使用调频广播电台等专项行动，实现广告违规率下降至0.3%以下，有效规范了播出秩序。

（二）狠抓内容生产，精品佳作不断涌现

一是强化规划引导，做好重点选题储备。围绕党和国家重大活动事件、重大时间节点，制定了《广东省2018~2022年重点电视剧选题》，其中《面

向大海》《新外来妹的故事》《镜海长虹》《小康时代》等4部纳入总局“2018~2022年百部重点电视剧选题规划”。23部电视剧、纪录片、动画片、网络视听作品纳入省委宣传部《广东省文艺创作生产重点选题规划（2018~2021）年》，推动更多资源集中到重点项目。

二是加强创优推优，精品力作不断涌现。电视剧《热血军旗》获第31届“飞天奖”优秀电视剧大奖和第29届中国电视金鹰奖优秀电视剧奖。广东台《让梦飞起来》《绝壁长廊》获第25届电视文艺“星光奖”提名，马志丹获年度国产纪录片及创作人才“优秀导演”奖。2018年，全省批准发行国产电视剧23部954集，“红色三部曲”《我的1997》《热血军旗》和《秋收起义》的播出，引起社会热烈反响。2018年共创作生产国产动画片57部、23555分钟，占全国总产量的四分之一；全省动画企业超过300家，广东奥飞、原创动力、咏声动漫、深圳华强方特等一大批国内龙头动画企业已扎根海外发展。2018年全省广电公益广告播出时长579万分钟，播出时间、获得扶持奖励作品数量位居全国前列。

三是健全扶持机制，用足用好政策。全年落实中央与省级宣传文化发展专项扶持资金超过3000万元，扶持各类项目共38个。广东省视听公益广告优秀作品库成为全国首个被纳入国家库的省级库，2018年征集作品超过3万件，向创作者发放奖金超800万元。广东台成为全国首家获得国家一类优秀公益广告传播机构的省级台。

（三）以4K产业为重点，推动行业高质量发展

一是落实部省合作，4K产业发展成效明显。广东综艺4K频道正式开播，成为国内首个开通4K超高清频道的省份。全省4K机顶盒用户达1500万户，同比增长53%；可提供4K节目时长达11031小时，同比增长120%；广东省4K云服务平台已完成一期建设。广东省广电局与总局广科院合编《4K超高清电视技术应用实施指南（2018版）》，组织相关单位编制《4K/8K超高清摄像机研发可行性研究报告》，有力促进了广东4K产业发展。

二是积极参与“粤港澳大湾区文化圈”建设。推动广东国际频道落地澳门播出。2018 中国（广州）国际纪录片节征集到 122 个国家地区的 4542 部（集）作品，达成意向交易额 8.62 亿元，同比增长 66%，再创历史新高。在东莞举办的第十届中国国际影视动漫版权保护和贸易博览会，已成为最具特色的国际化专业版权产业对接平台。中国广电公益广告大会暨全国广电公益广告论坛连续三届在清远举办，成为展示中国广播电视公益广告优秀作品的重要窗口。连续四年在香港国际影视展设立广东馆，建立起粤港影视全方位交流合作机制。

三是广电公共服务进一步提质增效。制定《广东省电视频道高清发展规划》《推动广播电视基础建设提档升级，实施乡村广播影视信息服务振兴计划》，2018 年新增电视频道高标清同播 19 个，完成 33 个频道高标清同播规划任务。扎实推进中央和省节目无线数字化覆盖工程，安排 100 家发射台共计 2979 万元运行维护费，进一步提升服务效能。

四是推进媒体深度融合。全省 IPTV 用户超过 1500 万户，覆盖省内人口超 5000 万。全省用户收视行为大数据分析交互平台建设完成阶段性目标，已融合 380 万有线电视用户、1060 万 IPTV 用户、700 万互联网电视用户数据。广东台初步形成以触电新闻 APP（电视）和粤听 APP（广播）为代表的新媒体传播矩阵。南方新媒体自主研发的云视听 S2 通过总局检测认证，成为业界第一款通过认证的 OTT 终端产品。省网络公司“广电 IPv6 云资源交换中心”已完成部署，实现了全球互联互通。推进县级融媒体中心建设走在全国前列，被定为全国试点单位。

二十、聚焦主题主线 坚持守正创新——2018年广西广播电视工作亮点纷呈

广西壮族自治区广播电视局党组书记、局长 张 虹

2018年，广西壮族自治区广播电视系统坚持以深入学习宣传贯彻习近平新时代中国特色社会主义思想和党的十九大精神为主线，牢固树立“四个意识”，坚定“四个自信”，坚决做到“两个维护”，坚持稳中求进工作总基调，牢牢把握高质量发展这个根本要求，守正创新，各项工作亮点纷呈。

（一）舆论导向正确

全自治区各级电台、电视台和主流新兴媒体围绕庆祝改革开放40周年和自治区成立60周年，推出一批有分量的深度报道；广西人民广播电台、广西电视台开办《讲政策》《八桂新风行》等创新性精品栏目；广西电视台精心制作的《辉煌60年 壮美新广西》《直播广西》等一大批主题专栏和系列报道在央视多个频道重要时段播出。《我为家乡代言》直播活动、《讲政策》《八桂新风行》等栏目分获中宣部、总局肯定和表扬。

（二）精品力作频出

推出电视剧《北部湾人家》、纪录片《壮美广西》、宣传片《相约广西》、广播剧《连心湖》等纪念自治区成立60周年文艺精品项目以及“一带一路”题材的电视剧《沧海丝路》《朱槿花开》等。《记住乡愁》广西篇、《稻之道》《萤火虫》等多部纪录片获得国家级奖项。2018年获总局备案公示动画片20部，较2017年的8部增长1.5倍，审查发放播出许可证4部共79集；摄制完成并送审的电视剧共7部278集。

（三）惠民工程加快推进

新建55个乡镇广播电视无线发射台站，覆盖人口100万；完成20万套广播电视直播卫星户户通设备的发放安装任务，覆盖人口80万。2018年全面完成在全区613座无线台站新增1202部中央广播电视节目数字电视发射

机。加快推进县级应急广播系统建设，自主制定了符合广西实际的应急广播技术标准体系，在全区2383个行政村安装了应急广播器材设备，在隆林县和龙州县建成县级应急广播平台。民族语广播电视节目制播水平稳步提升，2018年全自治区共有35个广播电视播出机构开设了100多档民族语节目。

（四）行业发展活力增强

中国—东盟网络视听产业基地（广西新媒体中心）建设项目累计投资8.51亿元，已完成一期工程。在建的广西人民广播电台技术业务综合楼项目累计投资1.08亿元。广西参与主办第四届“世界电视日”中国电视大会，这是大会首次在北京之外的省份举办，进一步加强和促成了广西电视行业与国内外业内的合作共赢。2018年广西新增广播电视节目制作机构55家，全自治区广播电视节目制作机构突破200家。2018年全区广播电视实际创收收入39.88亿元。

（五）媒体融合发展水平提高

积极推进数字广西“广电云”村村通户户用工程，推进广西广电融合媒体云平台建设，建成广西人民广播电台、广西电视台的媒体私有云平台、融媒体指挥中心以及广电专属云的大数据机房，推动全区10家地市级广电媒体入驻“广电云”，广西广电融合媒体云平台正式上线运营。市级广电的媒体融合工作也成效显著。

（六）国际传播能力得到拓展

广西人民广播电台、广西电视台、南宁电视台等媒体继续开展与东盟国家媒体的合作，开办固定栏目，合拍、译配优秀中国影视剧、纪录片并在对方平台播出，共同举办文艺晚会等。广西电视台首次在印尼、柬埔寨、马来西亚、泰国等四个东盟国家举办了“中国电视周春节特辑”。广西广电新媒体公司打造以东盟国家为主要落地对象的“华丽播”网络视听节目专区，并与菲律宾、印尼、老挝等国的新媒体签订合作协议，面向东盟网络空间传播中华优秀影视节目。

二十一、服务新海南 创新促发展

海南省旅游和文化广电体育厅党组书记 林光强

2018年，海南广播电视系统深入学习宣传贯彻习近平新时代中国特色社会主义思想和视察海南重要讲话精神，在总局和省委、省政府的坚强领导下，围绕建设中国（海南）自由贸易试验区和中国特色自由贸易港等中心工作，锐意进取，开拓创新，工作取得新进展新成效。

（一）强化导向，舆论引导出新出彩

圆满完成学习宣传贯彻党的十九大精神和习近平总书记在庆祝海南建省办经济特区三十周年大会上的重要讲话、社会主义核心价值观、海南自贸区（港）建设等宣传报道任务。海南广播电视台推出大型党建理论节目《光荣的追寻》获中宣部和总局专题点评、高度评价，并在北京召开有中宣部、总局、中央党校等国内理论专家教授学者出席的研讨会，反响强烈，获总局“全国创新创优节目”；庆祝改革开放40周年特别报道《幸福都是奋斗出来的》获得总局专题点评；扶贫公益广告《钢琴课》被总局确定为选送参加2019年戛纳国际广告大赛作品。

（二）突出特色，国际传播拓展有力

三沙卫视建成了北京、上海、海口、三沙永兴岛、琼海潭门、三亚6地联动、4大演播室新闻格局；继入驻外交部、国家发展和改革委员会、自然资源部、商务部、农村农业部、旅游和文化部等国家部委新闻发布会之后，获批入驻国防部新闻发布会；积极参与上海合作组织青岛峰会、中非合作论坛北京峰会等10多项国家涉外重大新闻事件报道；信号在老挝、柬埔寨、印度尼西亚部分地区及中国澳门特别行政区等地落地，覆盖人口近740万；纪录片《寻访三沙绿海龟》获中美电视节最佳纪录片“金天使”奖。海南广播电视台旅游卫视授权麒麟电视在美洲、欧洲、非洲、日本及东南亚地区传送节目信号，已在50多个国家和地区落地，成为推进中国文化向世界传播的重要平台；《海南岛纪事》通过凤凰卫视欧洲台播出节目52期。

（三）夯实基础，公共服务水平不断提升

三网融合工作扎实推进，中国移动海南分公司与海南IPTV集成播控分平台签署合作协议，成为按照中央、省两级架构与移动公司三方规范合作开展IPTV业务的第二个省份。全省、市县、乡镇、村共建立广播电视技术维护服务站点255个，无线数字电视补点站210个，完成“百县万村”示范工程206个行政村应急广播建设任务；完成省新闻广播同步广播网升级改造，实现全省地域87.6%、人口92%、高速路段92.8%的信号覆盖率。至2018年年底，全省广播、电视综合人口覆盖率分别达到99.06%和99.08%。圆满完成2018年安全播出重要保障期的安全保障工作，全省播出系统全年平均可用度大于99.995%。

2019年是海南全面深化改革开放、决胜全面建成小康社会、高标准高质量建设自由贸易试验区、探索建设中国特色自由贸易港的关键之年，全省广电系统将在总局和省委省政府的坚强领导下，严格落实意识形态工作责任制，以更加坚定的政治担当、历史担当、责任担当，以优异成绩迎接新中国成立70周年！

二十二、重庆广电：守正创新，建功建业新时代

重庆市文化和旅游发展委员会党委书记、主任 刘 旗

2018年，重庆广播电视系统全面贯彻习近平新时代中国特色社会主义思想和党的十九大精神，紧紧围绕习近平总书记对重庆提出的“两点”定位、“两地”“两高”目标和营造良好政治生态、做到“四个扎实”的重要指示要求，坚持正确政治方向、舆论导向、价值取向，唱响主旋律，传播正能量，奋力谱写广电事业改革发展的新篇章。

（一）聚焦“四力”筑阵地

深化主题主线宣传，着力提高新闻舆论传播力、引导力、影响力、公信力。全市广播电视主频率频道开办新闻类栏目达到179档。推出《把党的十九大精神全面落实在重庆大地上》《在习近平新时代中国特色社会主义思想指引下——新时代新作为新篇章》等7项大型主题报道、系列报道和《扎实推进重大项目落地见效》等重点专栏，深入浅出，生动鲜活，强化主流舆论引导；策划《创新驱动促发展》《纵深推进脱贫攻坚》等专题报道，聚焦“8+3行动计划”，服务重庆发展大局。其中，《“百鸟朝凤”，哀曲还是新生?》等3件作品获得第27届中国新闻奖，全国两会期间重庆广播、电视、网络等共同组成的融媒体宣传报道矩阵获得中宣部表扬。

（二）坚持“二为”强创作

坚持以人民为中心的创作导向，大力弘扬社会主义核心价值观，打造一批特色鲜明、质量上乘的广播影视作品。重庆广电集团（总台）开办栏目节目252档，其中，《谢谢你来了》栏目得到中央领导和总局领导的批示肯定。《大头小当家》《叽里呱啦我爱画画》《小小见闻家——科普基地巡礼季》获得总局优秀少儿节目精品扶持。电视剧《革命者》、纪录片《守望》分获总局电视剧精品发展扶持和国产纪录片及创作人才扶持。重庆市参与制作的3部革命历史题材电视剧《海棠依旧》《绝命后卫师》《热血军旗》

分别入选“飞天奖”和“金鹰奖”，纪录片《记住乡愁（第三季）》入选“星光奖”。《爸爸的滋味》获评总局年度优秀网络电影短片，5部微视频作品获评总局优秀网络视听节目，4件作品获得总局优秀广播电视公益广告二、三类扶持。

（三）紧扣“双化”惠民生

广电公共服务体系建设从城乡二元分割向城乡一体化转变，公共服务标准化、均等化取得新进展，群众获得感不断增强。建设光缆21000公里，实现5700个行政村有线数字电视村村通；投入358万元，为全市18个深度贫困乡镇建卡贫困户配送直播卫星设备1.33万套；启动实施7.6万套直播卫星工程建设；实施14座无线发射台站基础设施改造。广播、电视综合覆盖率分别达99.04%和99.27%。全面启动全市应急广播体系建设，承办全国基层应急广播工作推进会。初步建成“智慧梁平”“智慧万盛”；智慧社区加快推进，新建成“忠县中博”“潼南太安”等20个智慧社区，在建30个；在全市13个区县启动“雪亮工程”试点建设工作，覆盖农村用户90多万户。

（四）瞄准“四全”促融合

把握全程媒体、全息媒体、全员媒体、全效媒体发展趋势，催化融合质变，放大一体效能，积极打造新型主流智慧媒体。建成以视频APP“第1眼”、音频APP“逗听FM”为龙头的移动传播矩阵，移动端实现1252万人次的总阅读量，PC端日均页面浏览量500多万人次，手机台月浏览量3000万。重庆广电集团（总台）初步建成“两江云”，媒体智慧化水平加速提升。持续推进IPTV业务发展，用户数达到300万。启动13个区县融媒体中心建设试点工作。加快推进下一代广播电视网NGB建设，新增覆盖42万户。广播电视有线无线卫星一体化融合试验项目获得全国广播影视科技创新一等奖。中国（西部）动漫节成为全国知名动漫节展之一，2018年首次实行完全市场化运作，展馆面积超5万平方米，参与人次超100万，现场展销金额超2.2亿。

（五）践行“五为”抓监管

全面深化广电系统“放管服”改革，为促进就业创业降门槛、为各类市场主体减负担、为激发有效投资拓空间、为公平营商创条件、为群众办事生活增便利。全市广电 39 个行政审批项目网上办理全覆盖，实行“不见面审批、网上预约、快递送达”，审批总时限压缩 35%。行政许可标准化体系和市、区县、乡镇广电一体化政务服务体系逐步成型，61 个服务事项上线“渝快办—掌上办”政务平台，便民利企提速。扎实开展“双随机一公开”“红黑名单库”等后续监管工作，完善数字电视频率手续 100 个、数字音频广播频率手续 16 个，关停违规使用调频频率 3 个。

二十三、四川广电：守底线、促发展、谋新篇

四川省委宣传部副部长，省广播电视局党组书记、局长　李　酌

2018 年是全面贯彻党的十九大精神开局之年和改革开放 40 周年，四川广电系统围绕“举旗帜、聚民心、育新人、兴文化、展形象”使命任务，坚持守底线、促发展、谋新篇，以机构改革为契机、为动力，在改革中前进、在发展中提升、在转型中成长。

（一）夯实发展基础，事业产业取得新成效

全省广播电视系统高举习近平新时代中国特色社会主义思想旗帜，唱响学思想、用思想的时代最强音，讲好“一干多支、五区协同”“四向拓展、全域开放”发展的四川故事。落实省委“振兴影视”战略，狠抓内容创作生产，《彝海结盟》获得第 31 届电视剧“飞天奖”，《我的 1997》和《记录四川 100 双手》获得“飞天奖”提名，8 部原创网络视频点击量超过 500 万，全网点击量过亿次。围绕保障和改善文化民生，大力推进广播电视民生工程建设，全省广播、电视综合覆盖人口分别达到 8939.31 万人和 9025.96 万人，广播覆盖率由 97.42% 提高到 97.84%，电视覆盖率由 98.54%提高到 98.79%，贫困村实现广播全覆盖、脱贫户全部通电视，连续两年在全省文化惠民扶贫政策省级补助资金支出绩效第三方评价中名列第一，会同 7 家单位投入 1400 余万元帮扶石渠县减贫 6364 人，超额完成年度任务。围绕“高清四川 · 智慧广电”建设，深化改革创新，新获批高清频道 14 个，全省高清频道总数达 22 个、居全国第三，四川台成为全国第三家全部频道高清化的省级台，国内首个超高清内容制作生产基地落户成都。认真落实意识形态工作责任制，加强行业监管，荧屏声频和网屏得到进一步净化，安全播出能力大幅提升。坚持把政治建设摆在首位，以“大学习、大讨论、大调研”活动为抓手，党的建设、作风建设和干部人才队伍建设取得新的成效。

（二）以机构改革为契机，展现广电发展新气象

2018 年 11 月 5 日，四川省广播电视局挂牌组建后，一手抓机构改革、一手抓事业产业，把四川省委省政府和总局的“作战图”细化为工作“施工图”“实景图”。蹄疾步稳推进职能划转、人员转隶、“三定”编制、人员定岗等工作，确定了“13+1”的内设机构和 90 名机关行政编制，顺利完成机构改革。聚焦广播电视主责主业，围绕广播电视高质量创新性发展、做大做强产业、管好守住阵地等课题开展调查研究，形成 12 个课题报告，为今后一个时期工作理清思路。坚持局、台、网一盘棋，落实总局“智慧广电”建设最新部署，加快全省超高清视听产业布局，推动“成都影视硅谷”、网络视听产业园区项目建设。把打赢脱贫攻坚战作为重大政治任务，深入石渠县开展定点扶贫，研究谋划 2019 年精准脱贫工作，会同省农业农村厅推动四川台“公共 · 乡村频道”开播，以实际行动助力乡村振兴。积极争取总局和省委省政府支持，创新四川电视节和中国网络视听大会办会举措，提升“一节一会”影响力。坚持防范化解重大风险，召开全省广播电视安全工作电视电话会议，对广播电视内容安全、播出安全、网络安全、生产安全作出全面部署，全系统安全意识和行动更加坚决。坚持以赛代训，举办全省广播电视和网络视听节目十佳主持人大赛，开展“名记者、名主持人四川边界行”走基层大型采访活动，14 路记者和主持人深入全省 52 个边界县（区）基层一线，不断增强从业人员脚力、眼力、脑力、笔力，努力打造一支政治过硬、本领高强、求实创新、能打胜仗的广播电视工作队伍，为广播电视高质量创新性发展厚植根基。

二十四、在实践中创新 在改革中奋进 不断开创贵州广电工作新局面

贵州省委宣传部副部长，省广播电视局党组书记、局长　耿　杰

2018年，贵州广电系统始终坚持以习近平新时代中国特色社会主义思想为指导，树牢“四个意识”，坚定“四个自信”，做到“两个维护”，牢记嘱托、感恩奋进，不断在实践中创新、在改革中奋进，奋力开创贵州广电工作新局面。

（一）强化舆论引导抓宣传，唱响主旋律汇集正能量

贵州广电系统聚焦习近平新时代中国特色社会主义思想，充分利用广播电视和微博、微信、微视频、客户端等新媒体传播手段，以及云上讲习所、新时代学习大讲堂等传播平台，推出“新时代新气象新作为”“新时代新气象新篇章”“牢记嘱托·感恩奋进”等一批有特色有影响的专栏、专版及系列报道。聚焦庆祝改革开放40周年，以及贵州省实施的大扶贫、大数据、大生态三大战略行动等重大主题，策划推出《壮阔东方潮 奋进新时代——庆祝改革开放四十年》《脱贫攻坚春风行动》《来一场振兴农村经济的深刻的产业革命》《新时代奋斗者》《脱贫攻坚群英谱》等专题专栏，生动展现了贵州贯彻落实习近平新时代中国特色社会主义思想和党的十九大精神的创新实践。

（二）强化意识形态抓监管，阵地建设管理坚决有力

制定印发《关于落实意识形态工作责任制的意见》《关于贯彻落实网络意识形态工作责任制的实施意见》等文件，有力推动意识形态工作责任制落地落实。着力加强广播电视和网络视听节目管理工作，严格审查黄金时段播出电视剧和境外人员录制播出节目，网络视听节目巡查、违规广告治理、卫星电视传输秩序整治等专项行动扎实有效，监测监管平台建设工作扎实推进，监测监管智能化水平不断提升，全年重大宣传保障期实现了安全播出零事故。

（三）强化功能拓展抓创新，“智慧广电”建设取得新突破

建成一张贯通省、市、县、乡、村五级的数字化、双向化、智能化基础信息网络，与24家政府部门和企事业单位签署了合作协议，共同运用“智慧广电”服务政务民生，构建了一条以广电网络为承载的“广电+”全新生态链。截至2018年年底，全省数字电视终端用户达740万户，建成乡镇广播影视综合服务站971个，提供有194套高标清电视节目、11套数字广播节目、4K超高清、可视通话、科技课堂、远程医疗、数字电视图书馆、1600余款各类应用等基本和新型公共服务。2018年8月28日，总局批复同意在贵州省建设中国（贵州）智慧广电综合试验区，这是迄今为止全国广电行业第一个、也是唯一一个综合试验区，并于2018年11月22日至23日在贵州召开推进全国“智慧广电”建设现场会。

（四）强化精品意识抓生产，推出一批高质量广播电视文艺作品

大型纪录片《绿水青山尽开颜》被总局和省委列为庆祝改革开放40周年重点项目；电视剧《中国天眼》入选总局“2018~2022年百部重点电视剧选题规划”，《花繁叶茂》获国家电视剧剧本专项资金扶持，《星火云雾街》完成拍摄并在央视8频道黄金档热播；《连心湖》《塘约道路》在央广播出；电视节目《关键时刻》入选总局2018年第一季度创新创优栏目，《船头山上“引路人”》被评为第二季度全国优秀新闻作品；《红帆船》获得“庆祝改革开放40周年”全国优秀少儿广播节目一等奖；《雄关漫道从头越·不忘初心新长征》《血铸河山》获得中国广播影视大奖。2018年央视春晚黔东南分会场精彩纷呈，3个节目高居收视率前5名。

（五）强化公共服务抓提质，群众获得感幸福感不断提升

多彩贵州“广电云”户户用工程建设任务超额完成，全省全年新增用户144.64万户，为全年任务数100万户的144.64%。贫困地区民族自治县村综合文化服务中心覆盖工程广播器材配置工作扎实推进。基层应急广播体系建设有序开展，截至2018年年底，贵州已有12个贫困县应急广播建设工作获得中央财政资金支持。

二十五、云南广电：强管理 抓落实 促发展

云南省广播电视局党组书记、局长 李 涛

2018年，云南省广电局认真落实党中央、国务院和省委省政府的决策部署，发展改革各项任务全面完成，各方面工作取得新进展新成效。

（一）行业监管扎实有效，意识形态工作责任进一步落实

严格依法行政，“放管服”改革深入推进。推行行政审批标准化服务，行政审批服务零投诉，群众满意率达100%。稳步推进“证照分离”改革试点和“互联网+政务服务”。按照党的十九大安播工作标准，优质完成2018年度广播电视安全播出任务，完善了IPTV安全播出保障机制。加大虚假违法广告治理，下发《播出广告违规整改通知书》15份，责令停播广告24条，整改29条，行政约谈3次。依托云南省广电信息网络视听节目监管平台，对违规网络视听节目进行查处。规范广电行业设台用频管理，加强重要时间节点及重要宣传期宣传监管。

（二）公共服务质量提升，惠民工程项目全面发挥作用

全面完成“百县万村示范工程”广播项目两批共959个示范点广播器材配置建设任务，完成云南省贫困地区民族自治县、边境县村综合文化服务中心覆盖工程3169个点广播项目建设任务并通过省级验收。中央广播电视节目无线数字化覆盖工程550个台站建设任务全部完成。启动云南省应急广播体系建设总体规划编制和列入中央财政补助的元阳等3个深度贫困县应急广播体系试点建设。积极参加广播电视应急抢险，先后赴通海、墨江地震灾区抗震救灾，向灾区捐赠价值70万元广播电视设备。行业扶贫积极作为，牵头对全省8502个贫困村特别是新增的4225个贫困村行业扶贫情况进行摸底排查。统筹使用广播电视事业发展专项资金或自筹资金，为约2.6万户建档立卡贫困户免费购置直播卫星户户通设备。

（三）宣传引导主动有为，精品创作持续向好

指导全省各级媒体深入阐释党的十九大提出的新思想、新论断、新要

求，大力宣传习近平新时代中国特色社会主义思想。建立广播电视新闻作品季度推优评析活动机制，先后通报表扬44件优秀广播电视新闻作品。开展首届云南省新闻出版广播影视奖评选表彰活动，对全省7个类别76件广播影视优秀作品进行表彰。获总局国产纪录片及创作人才扶持项目优秀组织机构类表彰。4部原创微电影被评为2018年主题原创网络视听节目优秀节目。开展公益广告展播，全省各级播出机构共计制作公益广告9667条，播出325.9万条（次）。

（四）对外交流合作不断深化，“走出去”取得新进展

主动融入“一带一路”建设，全力推动DTMB老挝全国网项目落地，促进云南省影视作品在南亚、东南亚国家传播。组织协调塞拉利昂、几内亚新闻官员和媒体记者研修班到云南交流座谈。云数传媒公司成功举办亚太地区地面数字电视技术管理人员高级研修班。为广电企业争取到2018年度“走出去”项目扶持资金1000万元。

（五）机构改革顺利推进，广播电视作用进一步强化

组建云南省广播电视局，并举行挂牌仪式。按时完成《云南省广播电视局职能配置、内设机构和人员编制规定》《云南省广播电视局事业单位机构编制方案》审核报批工作。配合省委宣传部完成新闻出版和电影职能划转、人员转隶等工作。全省16个州市全部单设广电局，县（区）广电局挂牌在宣传部，广播电视行政管理机构健全完备。

（六）不断完善党管人才工作机制，加大高层次人才选拔培养力度

深化干部教育培训，研究人才工作常态化制度化。将人才工作列为综合实绩考核内容。开展专业技术人员评聘情况统计分析，深化职称制度改革。重新组建2018届播音专业高级评审委员会，按程序共推荐40名评委人选。举办46批次内容丰富、形式多样的培训班，全系统1150多人参加了培训。

二十六、西藏广播电视工作开创崭新局面

西藏自治区广播电视局党组副书记、局长　韩　辉

2018年，在总局的有力指导下，在自治区党委、政府的坚强领导下，全区广电战线深入学习贯彻习近平新时代中国特色社会主义思想和党的十九大精神，树牢“四个意识”，坚定“四个自信”，坚决做到“两个维护”，切实提高政治站位，履职尽责、砥砺前行，推动广播电视工作实现新突破，有力服务了全区发展稳定大局。

（一）宣传工作大提升

把深入学习宣传贯彻习近平新时代中国特色社会主义思想和党的十九大精神作为主线贯穿全年宣传工作，做好庆祝改革开放40周年重大主题宣传，深化习近平总书记关于治边稳藏的重要论述宣传，推出《脱贫攻坚西藏纪事》等节目栏目，全区发展稳定宣传亮点纷呈。繁荣创作生产，《幸福西藏人》《珠峰欢乐汇》等节目栏目掀起收视热潮，拍摄制作《西藏故事》《从小帐篷走向大世界》《幸福生活“转”出来》等纪录片、电视剧、网络视听节目。

（二）公共服务大优化

完成11.8万户广播电视村村通项目，中央广播电视节目无线数字化覆盖工程进展顺利，全区广播电视综合人口覆盖率分别达到97.14%和98.21%。落实贫困地区县级广播电视播出机构制播能力建设等项目，做好百县万村综合文化服务中心示范工程广播器材配置工作，西藏广播电视台译制广播节目12000小时、电视剧1091集。

（三）事业产业大发展

开展“十三五”行业规划中期评估，县级广电中心、广播电视覆盖等项目陆续建成使用。阿里地区电视台正式更名为阿里地区广播电视台并开播广播频率，实现全区市（地）、县播出机构广播电视频率频道全覆盖；中

国西藏之声网、“爱特西藏”“看那曲”等新媒体平台影响力进一步扩大。新组建自治区广播电视局。影视制作经营机构发展到146家，全区广播电视总收入约14亿元，广播电视在周边国家落地覆盖成果切实巩固。

（四）阵地安全大巩固

加强广播电视节目采、编、译、制、播各环节管理，办好广播电视上星频率频道，做好纪录片、电视剧审查备案工作，完善网络视听节目服务单位节目内容总编辑负责制。抓好影视听节目和广告播出监管，依法打击非法销售安装卫星地面接收设施行为。严格安全播出日常管理，圆满完成庆祝改革开放40周年大会、全国两会、自治区两会等重要保障期间的安播任务。

（五）党的建设大加强

旗帜鲜明讲政治，以做好广播电视工作的实际行动践行对党的忠诚，认真履行主体责任、“一岗双责”。西藏自治区广电局党组理论学习中心组开展学习18次、各级党组织集体学习300余次，开展政治纪律教育和践行“三个表率”、建设“模范机关”活动，033台成为全区基层党建先进示范点。严格落实中央八项规定及其实施细则精神，开展行业大调研，加强对作风建设、项目资金、事业产业等领域的监督检查，巩固优良党风政风。

二十七、守正创新，谱写陕西广播电视工作新篇章

陕西省广播电视局党组书记、局长　王福豹

2018年，陕西省广播电视战线深入学习宣传贯彻习近平新时代中国特色社会主义思想和党的十九大精神，树牢“四个意识”，坚定“四个自信”，坚决做到“两个维护”，紧扣追赶超越和“五个扎实”要求，坚持稳中求进、守正创新，在壮大主流舆论、加强阵地建设管理、做亮广播电视品牌、提升广播电视公共服务等方面出实招、求实效，各方面工作取得新成绩，有力服务了陕西追赶超越工作大局。

（一）围绕中心服务大局，新闻宣传舆论引导有力

全年主要广播电视机构在央视《新闻联播》发稿222条，其中重点报道22条；在央广播发302条，在央视新闻移动网播发突破9000条，稳居全国省级前列。全年有近60件广播电视节目获国家级奖励扶持，特别是广播系列报道《我的脱贫路》荣获中国新闻奖，《秦声飞扬》《丝路情 中国融——2017年丝路春晚》获第25届电视文艺“星光奖”提名。

（二）围绕改革开放40周年，文艺创作再续新篇

全省共备案公示电视剧39部1599集，发行许可电视剧10部412集。《黄土高天》《岁岁年年柿柿红》《西京故事》3部作品入选全国庆祝改革开放40周年推荐剧目，《共和国血脉》等9部作品入选“2018～2022年百部重点电视剧选题规划”。《白鹿原》《那年花开月正圆》《长征大会师》《好先生》等8部作品11次荣获中国电视剧“飞天奖”“中国电视金鹰奖”和上海电视节最佳中国电视剧奖等全国性大奖。同时，《黄土高天》《岁岁年年柿柿红》等4部作品在央视相关频道黄金时段播出，《恋爱先生》《西京故事》等一批优秀作品登陆有关省级卫视频道。

备案公示动画片11部601集，发行许可4部184集。《蓝田白鹿魂》《陕北话》入选全国优秀纪录片，《先辈的足迹》《孟姜女》入选全国优秀

电视动画片，《江河上的陕西》等5部作品入选全省重大文化精品项目。开展“弘扬社会主义核心价值观共筑中国梦”主题原创网络视听节目和优秀微电影征集活动。

（三）围绕公共服务建设，行业安全保障能力不断增强

扎实推进广电基础设施建设，完成二期10个发射台的20部地面数字电视发射机系统的联调和开播工作。全年完成18个贫困县县级播出机构制播能力建设和6座发射台基础设施建设项目，进一步提升了贫困地区县级广播电视播出机构制作播出能力和覆盖水平。

坚持深化“放管服”改革，完成省级审批服务事项梳理19项、流程再造27项（其中市级审批项目1项），所有行政审批事项全部纳入省政务“一网通办”。新发放广播电视节目制作经营机构许可证195家，发放境外电视接收许可9家。同时编印广电节目评议、宣传提示34期，组织广播电视宣传工作例会48次，确保了广播电视宣传导向正确，安全播出无责任事故。

发挥广播电视行业作用，助力脱贫攻坚。与省扶贫办联合举办脱贫攻坚公益广告创作与展播活动，3部作品获全国脱贫攻坚公益广告优秀奖。省广播电视台实施广告精准扶贫项目，投入9000多万元广告资源，为全省贫困县拍摄农产品公益扶贫广告并在全台多个频道展播，成效明显。各级广播电视台陆续推出近80档脱贫攻坚类广播电视栏目，为我省脱贫攻坚提供了强有力的舆论支撑。立足行业职能，培训脱贫攻坚重点地区广播电视业务骨干，举办脱贫攻坚题材电视培训班，电视剧《黄土高天》《岁岁年年柿柿红》的热播助推了当地的产业发展。研究制定提升公共服务能力、助力脱贫攻坚的意见，省民乐团深入一线开展“文化助力脱贫攻坚”惠民演出，省广播电视台《秦之声》送戏下乡，丰富广大群众精神文化生活，深受群众欢迎。

2019年，陕西广播电视将坚持“守正创新”，牢记“举旗帜、聚民心、育新人、兴文化、展形象”使命任务，扎实工作，不断开创陕西广电事业新局面。

二十八、甘肃广电：强化引导 凝聚共识 推动广播电视公益广告创作宣传出新出彩

甘肃省委宣传部副部长，省广播电视局党组书记、局长　彭鸿嘉

2018年，甘肃省广播电视系统深入学习贯彻习近平新时代中国特色社会主义思想和党的十九大精神，全面贯彻落实全国宣传思想工作会议精神，始终从严格落实意识形态工作责任制、弘扬社会主义核心价值观、推动精神文明建设的大局出发，把公益广告创作和宣传工作作为广播电视新闻舆论宣传的重要组成部分，唱响主旋律、传播正能量，公益广告创作水平、制播数量、作品质量大幅提升，制作播出了一批优秀公益广告作品，在宣传党的路线方针政策、普及科学文化知识、弘扬主流价值观等方面起到了积极的促进作用。

（一）强化监督管理，着力规范公益广告创作宣传行业秩序

始终坚持正确的政治方向、舆论导向、价值取向，坚决落实意识形态工作责任制，严格遵循属地管理、分级负责原则，加强广播电视播出机构、节目制作机构、网络传输机构、网络视听节目服务机构的监督管理，落实落细行业监管政治责任、管理责任、主体责任，严肃宣传纪律，加强指导审核，严格备案审批，建立了“日监测、旬整改、月通报”的监管长效机制，通过约谈警示、公开通报、限期整改、行政处罚等措施，有力维护了公益广告传播秩序，公益广告创作宣传呈现出积极健康的发展态势，助推全省广播电视新闻舆论宣传传播力、引导力、影响力、公信力持续提升，为建设幸福美好新甘肃营造了良好舆论氛围。

（二）树牢精品意识，着力推动公益广告创作宣传繁荣发展

积极组织实施精品发展战略，集中资源要素，引导和鼓励全省各级广播电视媒体认真做好公益广告创作宣传工作，采取鼓励自主创作、扶持集中创作、委托设计创作、公开征集作品等方式，推出了一批贴近生活、贴

近实际、贴近群众的原创优秀作品，全省广播电视公益广告数量快速增长、质量显著提升、影响持续扩大。每年会同省文明办联合开展全省广播电视“讲文明树新风”公益广告制作宣传活动，积极组织开展公益广告作品的征集评选活动，先后举行了禁毒、保护知识产权、防治艾滋病、安全生产、敬老养老、生态环保、勤俭节约、文明出行等主题展播活动，组织建立了甘肃省广播电视公益广告作品库，搭建了全省传统媒体和新媒体免费下载播出平台，为全省公益广告宣传展播活动提供了节目源和内容支撑。

（三）健全体制机制，着力夯实公益广告创作宣传工作基础

全省广电系统将公益广告创作宣传工作纳入广播电视新闻舆论宣传工作总体部署，思想上高度重视，政策上全力支持，手段上不断创新，形成了“省局总抓、部门主抓、行业齐抓”的良好工作局面。甘肃省文明委出台了《甘肃省公益广告宣传管理实施办法》，甘肃省广电局制定了《广播电视广告管理试行办法》，成立了全省广播电视公益广告评审委员会，每年对全省公益广告作品和项目进行评审认定。专门组建了全省广播电视公益广告创意制作中心，加强创作生产，打造推出更多有深度、有温度、有精度的优秀公益广告。设立了广播电视公益广告专项扶持资金，每年开展优秀广播电视公益广告作品征集评选奖励活动，对优秀作品和项目进行奖励扶持，近年来共投入专项扶持奖励经费数百万元。

二十九、守正创新 奋发有为 谱写青海广播电视工作新篇章

青海省广播电视局党组书记、局长　申红兴

2018年，在总局和青海省委、省政府的坚强领导下，青海省广播电视局深入学习宣传贯彻习近平新时代中国特色社会主义思想和党的十九大精神，树牢“四个意识”，坚定“四个自信”，坚决做到“两个维护”，坚持稳中求进、守正创新，各方面工作取得新进展新成效，有力服务了全省改革发展稳定大局。

（一）高举旗帜、凝聚民心，新闻舆论宣传基调平稳

指导全省各级播出机构，创新宣传方式，聚焦学习宣传习近平新时代中国特色社会主义思想和党的十九大精神，强化新闻媒体“头条”建设和新媒体“首页首屏首条”建设，组织开展“新时代新气象新作为”主题采访活动和原子城“两弹一星”主题纪录片、动画片精品创作采风活动。办好“学习贯彻党的十九大精神专栏”，重点策划抓好中央和省委关于政治建设、生态文明建设及脱贫攻坚等宣传，推出了一批有分量的深度报道，为建设新青海、奋进新时代营造了浓厚舆论氛围。

（二）强化监管、守土负责，安全保障能力稳步提升

一是建立安全播出长效机制。出台了《广播电视安全生产例会制度》等五项制度，多次召开广播电视安全生产和安全播出专题会议，强化广播电视安全播出生命线政治意识。以松贵年省级劳模技术能手创新工作室为平台，加强技术防范建设和关键岗位、重要部门人员培训，营造学习技术、推动发展的氛围。

二是加强监测监管。投资140万元建设了节目内容监测系统，对全省20套广播电视节目进行24小时不间断监测。建立广播电视监测周报制度，定期对安全播出、虚假违法广告情况进行通报。

三是强化阵地管理。开展虚假违法广告专项整治工作，下发整改通知

10份，对39批次虚假违法广告进行了停播。2018年，青海省广播电视重大安全事故与2017年相比次数降低63%，停播时长降低15%，做到重要时间节点重要保障期广播电视安全播出零事故。

（三）集思广益、主动作为，影视精品创作日趋繁荣

一是建立扶持机制。出台了《青海省广播电影电视“六个十”精品工程实施方案》，多次召开影视创作座谈会、优秀作品赏析座谈会等专题会议，对7部广播电视优秀公益广告、2部广播电视优秀纪录片进行了重点扶持。发挥文化产业扶持专项资金“四两拨千斤”作用，2018年重点扶持《海之北》《拉面王子》《镜头下的记忆》《格萨尔王——王之崛起》《天慕》等电影、动画片、专题片制作拍摄。

二是加强民族语影视节目译制。2018年省民族语影视译制中心完成译制节目1010小时1525集，为州县提供丰富的影视资源，同时扶持果洛、玉树等州县译制工作，并合作完成多部译制精品节目。在全国11家省级译制中心影视译制节目评选活动中，节目质量和合格率均达到优秀等级。

（四）夯实基础、稳中求进，广播影视事业不断壮大

一是重点项目建设稳步推进。2018年争取落实广播电视台站基础设施改造更新项目资金8000万元，实施全省10座高山无线发射台基础设施改造和25个县广播电视台采编播等设备购置项目；落实囊谦县等3个深度贫困县应急广播体系建设项目资金1341万元；抓紧抓实投资7450万元的藏区数字音频广播建设项目。

二是扎实做好广播电视公共服务工作。大力实施投资1890万元的政府购买直播卫星户户通维护服务项目和投资1342万元的贫困地区民族自治县村综合文化服务中心购置广播器材等惠民工程。发挥农村牧区251个公益电影放映队的作用，完成农村牧区公益电影放映50030场，观影人数达400万人（次）。

（五）发挥优势、精准发力，助力脱贫攻坚成效显著

聚焦全省民生福祉，大力实施广电惠民工程，全年广电脱贫攻坚项目投资约达6984万元。充分发挥广电职能，配合制作“生态环境保护”“精准扶贫、脱贫攻坚”等宣传片，利用农村公益电影放映队播放扶贫工作纪实宣传片《不破楼兰终不还——青海省六盘山区精准扶贫工作纪实》，大力宣传扶贫领域先进典型事迹。组织开展广电助力脱贫攻坚“广播电视进万家”活动，将1.5万台收音机、1000余台电视机和3000套村村通设备发送到农牧民贫困户家中，切实保障广大农牧区贫困群众听好广播看好电视。

三十、守正创新 担当作为 宁夏广播影视工作实现新发展

宁夏回族自治区党委宣传部副部长，
自治区广播电视局党组书记、局长 马宇桢

2018年，宁夏广播电视系统以习近平新时代中国特色社会主义思想和党的十九大精神为指导，全面贯彻落实宁夏回族自治区第十二次党代会部署要求，按照贯穿一条主线、坚持一个中心、提升四大工程、抓好五个一批、办好四件大事的“11454”发展思路，认真履职尽责，积极主动作为，全面完成了全年工作目标，广播影视工作迈上了新台阶。

（一）持续加强宣传引导，壮大主流思想舆论取得新成效

协调指导主流媒体以学习宣传贯彻习近平新时代中国特色社会主义思想为主线，围绕党的十九大，十九届二中、三中全会，自治区第十二次党代会，全国全区两会，自治区成立60周年，改革开放40周年等重要会议、重大活动和重要时间节点，全方位、多层次、多媒体浓墨重彩地开展宣传报道，为全区经济社会发展提供了有力思想保证和舆论支持。精心组织了中央广播电视总台“心连心”艺术团来宁慰问演出并协调在央视一套、三套播出，拉开了自治区成立60周年大庆重点宣传的序幕；创新拍摄了10集短视频《宁夏故事》在人民网等67家新媒体展播，浏览量达1.7亿人次，开创了新媒体宣传宁夏的新尝试；成功举办了第二届中国银川互联网电影节、第三届宁夏公益广告大赛等活动。

（二）持续加强风险管控，维护意识形态安全取得新成效

认真做好广播影视制作机构年审核验工作，审查通过电影5部、电视剧2部。查处违规广告48条，约谈频道1次。扎实开展广播电视设施安全保护和网络安全工作，深入开展安全大检查、隐患大整治，强化监听监测、值班值守，全面加强广播电视安全保障，实现了重要保障期广播电视安全播出“零事故”。

（三）持续加强阵地建设，公共服务体系建设取得新成效

成功举办了自治区成立60周年优秀电影展映活动。累计放映农村电影4.2万余场，完成4万场任务的105.06%。加强广播电视频率管理，完成宁夏广播电视台广播节目在全区15个市县区频率规划。启动实施贫困地区村综合文化服务中心提档升级工程，采购配置广播器材设备459套。落实并下达资金5300万元，实施文化旅游提升工程项目27个，贺兰县等12个新华书店建设项目全部开工；同心县、海原县广播电视播出机构制播能力建设项目全面完成；同心县、海原县广播电视无线发射台站基础设施建设项目全部完成，红寺堡区、西吉县等11个广播电视无线发射台站基础设施建设项目年底前基本完成。

（四）持续加强精品创作，文艺创作生产取得新成效

紧紧围绕自治区成立60周年，创作拍摄了电视剧《灵与肉》《我拿什么奉献给你》、纪录片《六盘山》《走进宁夏》、电影《闽宁镇》《这一道沟那一道梁》等一批影视精品，并密集登陆央视、部分省级卫视及人民网、新华网等主流媒体，为自治区历年来影视作品数量最多、质量最好、播出平台最高、播出频次最密集的一年。电视剧《灵与肉》两次在央视八套播出，夺得上半年全国电视剧收视率冠军；《我拿什么奉献给你》在部分城市地面频道及网络平台热播。纪录片《六盘山》在央视十套黄金时间播出，引发社会较好反响，入选总局2018年“记录新时代”纪录片精品项目并获资金支持，被列为庆祝改革开放40周年8部重点纪录片第6位、2018年优秀国产纪录片集锦，向全国各级广播电视播出机构、各大网站进行推介，并作为中国对外交流礼品；《走进宁夏》在央视十套《地理中国》栏目播出，是该栏目创办8年来第一次将镜头聚焦宁夏。电影《闽宁镇》被中宣部、国家电影局确定为庆祝改革开放40周年重点献礼影片之一，于2018年12月6日全国公映；《四十年》入选2018年度电视剧引导扶持专项资金剧本扶持项目。

新时代开启新征程、新使命呼唤新作为。2019年，全区广电系统将一如既往地保持昂扬向上、奋发进取的精神状态，把握新形势，找准新坐标，聚焦新使命，建功新时代，为实现经济繁荣民族团结环境优美人民富裕、确保与全国同步建成全面小康社会目标，为建设美丽新宁夏、共圆伟大中国梦作出新的更大贡献！

三十一、以“四个加强”为抓手 全面提升新疆广播电视服务水平

新疆维吾尔自治区党委宣传部副部长、统战部副部长，
自治区广播电视局党组书记　徐贵相

2018 年，新疆广播电视系统聚焦服务新疆社会稳定和长治久安总目标，全方位加强工作力度，全面提升广播电视服务水平。

（一）加强新闻宣传，提升舆论引导能力

坚持把学习宣传贯彻习近平新时代中国特色社会主义思想摆在首位，扎实推进广播电视“头条”建设和网络视听新媒体“首页首屏首条”建设，让党的主张成为时代最强音。发挥自治区广播电视台表率作用，全方位多角度创新性开展主题主线宣传报道，深入宣传党中央决策部署和在新疆贯彻落实的生动实践，推出“全国两会特别报道”“脱贫攻坚进行时”“访惠聚”“民族团结一家亲”“走基层·精准扶贫看南疆”“新疆是个好地方”等多个有分量专栏专题，确保习近平总书记的思想和风采“天天见”“天天新”“天天深”。大力支持广播电视“走出去”，译配完成的电视剧先后在哈萨克斯坦、吉尔吉斯斯坦、塔吉克斯坦、乌兹别克斯坦电视机构完成本土化语言播出。

（二）加强内容生产，提升精品创作能力

坚持以人民为中心的创作导向，以弘扬主旋律、传播正能量、讴歌新时代为方向，制定《2018 年~2022 年文艺创作规划》，力推全区广播电视节目出“高原”、攀“高峰”。加大精品创作生产扶持力度，涌现出《向总书记报告》《新疆潮涌中国梦》《向洪的心愿》《米提卡的大家庭》等多个优秀广播作品；审查完成了《海上繁花》《精诚的心》《航勒村的故事》等 9 部电视剧；受理并公示国产动画片 1 部，实现了“零”的突破；6 部网络视听作品在总局举办的原创网络视听节目征集推选和展播活动中获奖；天山

网“民族团结一家亲”原创系列微视频活动入选总局 2018 年度网络视听节目内容建设专项资金扶持重点推广项目。

（三）加强惠民服务，提升公共服务能力

聚焦打赢脱贫攻坚战，大力实施广播电视惠民工程，促进公共服务提质增效。2018 年，实施了贫困地区县级广播电视播出机构制播能力项目，11 个县完成了整体技术验收，9 个县完成了设备安装调试；完成了 22 个深度贫困县 173 万套设备的建档立卡工作和 24 个深度贫困村 5007 户通广播电视建设任务；完成了喀什地区、和田地区 95%农村广播大喇叭设备的升级改造；完成了中央广播电视节目无线数字化覆盖工程。

（四）加强改革创新，提升产业发展实力

扎实推进“放管服”改革，下放行政审批事项 5 项，将影视企业广电许可证审批权下放喀什、霍尔果斯经济开发区。聚焦媒体融合发展，加快打造智慧融媒体，成立了新疆石榴融媒科技股份有限公司，利用互联网、大数据、云计算、4K 等先进技术搭建了“石榴云”平台，实现了 TV 端、手机端、PAD 端、户外大屏、室内教育小屏“五端六屏”全媒体多功能服务，引导新供给、新消费、新业态。

三十二、新疆生产建设兵团广播电视稳中求进抓好落实

新疆生产建设兵团文化体育广电和旅游局党组书记、局长　王子彬

2018年，新疆生产建设兵团广播电视系统深入学习宣传贯彻习近平新时代中国特色社会主义思想和党的十九大精神，认真贯彻落实全国宣传思想工作会议精神和总局各项广电工作任务，树牢“四个意识”，坚定“四个自信”，坚决做到“两个维护”，在改革中前进、在发展中提升，取得了新进展。

（一）围绕中心，让主流舆论引领社会思潮

围绕习近平新时代中国特色社会主义思想和党的十九大主题主线，聚焦新疆工作总目标，聚焦兵团职责使命，充分发挥主流媒体阵地作用，全力做好新闻宣传工作。深入开展了“新时代新气象新作为”主题报道，推出了“在习近平新时代中国特色社会主义思想指引下——新时代新气象新作为”专栏，圆满完成了全国两会、庆祝改革开放40周年、“丰收中国”、兵团深化改革、兵团向南发展和第六届中国—亚欧博览会等重大新闻报道，营造了良好舆论氛围。

（二）温润心灵，让精品佳作遍地开花结果

坚持以人民为中心的创作导向，打造兵团精神、老兵精神等文化品牌，以文化自信铸就兵团精神高地。围绕庆祝改革开放40周年，推出了《大牧歌》《无罪》《这个冬天不太冷》《我的阿恰》《杰米拉》等影视剧，《改革开放天地宽》《筑梦昆仑》等纪录片，《兵团英模系列》公益广告，《为时代放歌》文艺栏目，弘扬了伟大改革开放精神。纪录片《兵团人》荣获第25届电视文艺“星光奖”、《孟为强的春天》荣获第24届中国纪录片学术盛典纪录片长片好作品奖。

（三）举旗亮剑，让意识形态责任落地有声

贯彻落实中央治疆方略，深化意识形态工作责任制，强化监督管理责

任。圆满完成了元旦、春节、两会、上合组织峰会等重要保障期安全播出工作。坚持问题导向，开展了节日排查，安全生产和安全播出大检查以及违规广告治理专项行动，对存在导向问题的节目和安全生产、播出中发现的问题坚决整改。兵团广播电视系统实现全年安全优质播出无事故，连续两年优质零秒无事故。

（四）补齐短板，让公共服务体系不断完善

积极推进重点惠民工程，提升兵团广播电视公共服务水平。2018 年，规范使用中央补助地方公共文化购置资金，用于解决兵团偏远连队、牧业点职工看电视难的问题和南疆少数民族、贫困及边境团场广播电视设备维修和设备购置。兵团综合广播扩大覆盖至兵团辖区，并获新增 35 个调频广播发射点，对提升兵团主流媒体传播力，开拓思想主战场具有长远的积极意义。

（五）夯实基础，让机构改革迈出坚实步伐

积极承接自治区新闻出版广电局转交兵团广电系统行政职能 37 项（行政许可类 14 项，行政处罚类 23 项），梳理完成 37 项行政职能的权责清单、授权目录、办理指南、流程图及电子表单。健全和完善广播电视类行政许可和行政执法工作规章制度，加强业务学习，理顺业务流程，积极主动与总局、自治区有关部门沟通对接，抓紧抓好、落细落实。

附　　录

附录一　2018年中国广播电影电视发展大事记

1月

1月3~4日　2018年全国新闻出版广播影视工作会议在京召开。中宣部副部长、总局党组书记、局长聂辰席代表总局党组在会议上作工作报告，时任总局党组成员、副局长田进主持会议并作总结讲话。

1月12日　“2017中国—中东欧国家媒体年闭幕式暨2018中国—中东欧国家地方合作年开幕式”在北京举行。

1月16日　时任总局副局长田进在全国有线电视网络互联互通平台指挥调度安全播控中心召开现场会，考察了互联互通平台业务运营情况，听取了国网公司关于全国有线电视网络整合、互联互通平台建设运营的工作汇报。

2月

2月8日　总局联合地方新闻出版广电局等重拳出击，严肃整治网上出现的歪曲演绎红色经典、恶意拼接经典卡通形象散布血腥暴力、低俗炒作明星绯闻隐私和炫富享乐类视听节目。

2月8日　江苏省吴江区广播电视台正式开通全国首个县级高清同播频道。至此，江苏省、市、县三级播出机构的高清频道数量已达19套。

2月12日 中央宣传部、中央网信办、文化部、原国家新闻出版广电总局、全国“扫黄打非”工作小组办公室近日作出部署，2018年2月上旬至4月下旬开展针对网络直播平台传播低俗色情暴力等违法有害信息和儿童“邪典”动漫游戏视频的集中整治行动。

2月14日 总局网络视听节目管理司联合原北京市新闻出版广电局，约谈17家开办网络直播答题活动的视听网站代表，严肃指出当前网络直播答题活动中出现的导向偏差和违规问题，就进一步规范网络直播答题活动提出工作要求。

3月

3月22～24日 第二十六届中国国际广播电视信息网络展览会（CCBN2018）在北京举行。展会以“新智慧、新生态、新视听”为主题，设置主题报告会及论坛和诸多创新技术专业展区，展出面积达到60000平方米，汇集全球范围内广播电视领域数字化、网络化、高清化、信息化的创新成果。

3月28日 中国超高清视频（4K）产业发展大会在广州召开。大会以“超清视界·智享未来”为主题，旨在推动国内超高清视频产业创新发展，加快部署广东4K超高清视频产业示范区和4K电视全国广播影视产业示范区建设。

3月29日 内蒙古自治区经总局批准成为全国第二家在直播卫星上实现省区本级广播电视节目全部上星的省区。

3月25～28日 2018北京电视节目交易会（春季）在北京会议中心举办。

4月

4月3日 第31届电视剧“飞天奖”暨第25届电视文艺“星光奖”颁奖典礼在宁波举行。

4月16日　新组建的国家广播电视总局正式挂牌。

4月19~20日　第17届全国互联网与音视频广播发展研讨会暨第26届中国数字广播电视与网络发展年会（NWC 2018）在济南举办。会议以"新时代、新变革、新媒体、新发展"为主题，会议期间发布了《中国广电有线网络技术年度发展报告（2017）》。

4月25日　广东省印发落实总局和广东省政府《推动广东省4K超高清电视应用与产业发展合作备忘录》工作方案。方案明确，要将广东省打造成以促进4K超高清电视应用与产业发展为重点的全国广播影视产业试验田和示范区，为全国4K超高清电视发展和广播影视业转型升级积累经验、探索路径。

4月26日~5月1日　第十四届中国国际动漫节在杭州举办。本届动漫节有246家国内外企业参展，实际成交及达成签约交易、意向合作项目1291项，涉及金额138.35亿元。

5月

5月3日　四川率先开通电视地震预警功能。2018年5月3日，四川召开中国开通首批市州电视地震预警新闻发布会，宣布德阳市、宜宾市、绵阳市平武县、凉山州德昌县、成都崇州市、大邑县、蒲江县等11个市县开通电视预警功能。在地震发生时，通过有线电视地震预警服务的机顶盒发出预警。

5月8日　总局广播电视科学研究院成功加入国际移动通信标准化组织——第三代合作伙伴计划（3GPP），将充分利用会员身份不断输出创新成果，全面参与5G标准制定各项工作，重点推动广播电视与5G通信融合技术标准制定，助力实施"智慧广电"战略。

5月10日　第十四届中国（深圳）国际文化产业博览交易会在深圳开幕。本次博览交易会围绕改革开放40周年、"一带一路"倡议等，集中展示中国文化体制机制改革成果和文化产业发展成就，共有2308个政府组团、企业和机构参展。

5 月 17 日 第十五届中国国际影视节目展在北京开幕。本届展会主题为“新时代新作为新篇章”，集中展示影视行业在新时代取得的巨大成果和行业工作者的新作为，以及媒体融合发展开启的新篇章。展会展出面积达 2 万平方米，参展公司超过 300 家并包括来自 50 多个国家和地区的国际展商，展出节目共约 8 万部集。

5 月 26 日 成都影视硅谷 · 超高清视听制作研发基地成立暨项目签约仪式在成都举行。本次仪式共有总局广科院与四川传媒学院联合共建的国家广播电视网工程技术（四川）研究中心等 10 个校企基地和联合实验室挂牌，未来影像实验室、超高清游戏视觉重点实验室等 8 个项目签约。

5 月 28 日~6 月 1 日 “上海合作组织成员国媒体北京论坛暨北京行”活动在京举行。来自哈萨克斯坦、乌兹别克斯坦、巴基斯坦等八国的十三家主流媒体高管和记者受邀来京参加文化、科技、奥运等不同主题的访问、交流，加深对中国的认知。中外媒体代表围绕“融合创新 · 合作共赢”展开充分交流并发布《上海合作组织成员国媒体北京论坛联合倡议》。

6月

6 月 6 日 在习近平主席与吉尔吉斯斯坦总统热恩别科夫见证下，总局局长聂辰席与吉尔吉斯斯坦外交部部长阿布德尔达耶夫签署《中华人民共和国国家广播电视总局与吉尔吉斯斯坦共和国文化信息旅游部广播电视领域合作协议》。根据该协议，中吉两国将在广播电视节目交流、人员互访、技术培训等领域开展积极合作。

6 月 6~7 日 第二届法国戛纳电视节中国（杭州）国际影视内容高峰论坛在杭州举行。本届主题论坛升级为“培训课程”，内容涵盖节目策划、制作、发行、投资等各个环节领域。

6 月 12 日 工信部信管局近日正式印发《关于推进中国广电与其他骨干网单位网络互联互通相关工作的通知》。通知明确了中国广播电视网络有限公司成为互联网骨干网单位的身份，中国广播电视网络有限公司与其他互联网骨干网单位本着技术可行、经济合理、公平公正、互相配合的原则实现网间互联互通，通过工信部京沪穗互联网交换中心（NAP 点）和全国 13 个骨干直联点与其他骨干网单位进行网间互联。

6 月 12 日 受总局委托，由中国国际电视总公司承办的“中国联合展台”首次亮相法国安纳西国际动画电影节。展台汇集中国国际电视总公司、央视动画等 17 家机构，展出 100 多部中国动漫作品，并成功举办中国动漫专场推介会，重点推介 18 部代表作品。

6 月 12 日 由总局牵头指导，中国广播影视出版社联合中国传媒大学和中国广播电影电视社会组织联合会，组织国内权威专家，历时四年策划编撰的《中国电视剧 60 年大系》在上海电视节“中国电视剧 60 年主题展”上发布。

6 月 13 日 由国家广播电视总局、中央广播电视总台和菲律宾国家电视台联合主办的菲律宾“电视中国剧场”开播仪式在马尼拉举行。电视剧《鸡毛飞上天》、电影《北京爱情故事》、动画片《大侠山猫和吉咪（第一季）》和纪录片《马可波罗——从历史到现代》等四部中国影视作品被译制为菲律宾他家禄语，于每周一至周五晚 7 点至 8 点黄金时段，通过菲律宾国家电视台与观众见面。

6 月 15 日 第 24 届上海电视节“白玉兰绽放”颁奖典礼顺利举行。此次白玉兰奖吸引了来自世界各地 50 多个国家和地区的 800 多部优秀节目报名，共入围 55 部作品。

6 月 22 日 总局广科院与上海局、江苏局、浙江局、安徽局及科大讯飞股份有限公司共同签署《长三角区域智慧广电与人工智能语音技术融合创新战略合作协议》。根据协议，各方将围绕“智慧广电”战略，研发人工智能核心技术以及先进的音视频技术，为长三角区域打造安全的“广电专属语音云”。

6 月 26 日 第四届中非媒体合作论坛在北京开幕。本届论坛旨在配合将于2018年9月在京召开的2018年中非合作论坛北京峰会，进一步落实2015年中非合作论坛约翰内斯堡峰会成果。中非政府部门、媒体机构共400多名代表参加了相关活动。

7月

7月5日 总局印发《国家广播电视总局关于学习宣传贯彻〈中华人民共和国英雄烈士保护法〉的意见》。意见要求，广播电视领域要广泛宣传英雄烈士精神和事迹，保护英雄烈士合法权益，引领全社会崇尚、学习、捍卫英雄烈士的良好风尚。

7月5~6日 第七届广电传媒产业论坛暨第五届中国广播电视紫金论坛在南京召开。本届论坛以“传媒·产业·技术 融合创新发展”为主题，围绕传媒、产业、技术发展热点深入研讨，共同探索广电传媒发展的融合创新之路。

7月13日 总局宣传司和发展研究中心在云南昆明、甘肃兰州召开“纪念改革开放40周年”少儿节目创作策划会，就推动少儿节目创作工作调研指导。

7月23日 广东省印发《广东省新一代人工智能发展规划》（粤府〔2018〕64号），明确要推动人工智能与广电产业融合发展。

7月29日 第十届中国电视南方论坛暨第八届中国电视满意度博雅榜发布会在哈尔滨举办。本届论坛以“新时代 新跨越 新格局”为主题，论坛期间，中国电视满意度博雅榜第八次发布了卫视十强、地面频道十强等11个奖项。

8月

8月3~9日 第二届北京纪实影像周成功举办。主体活动主要包括“纪念改革开放40周年纪实影像大事记”特展、“经典国产纪录片优秀海报展”“专业纪实设备展”、纪实影像论坛等。

8 月 20 日 《广播电视设备器材入网认定管理办法》（国家广播电视总局令第 1 号）正式施行。

8 月 22 ~ 25 日 第二十七届北京国际广播电影电视展览会（BIRTV2018）在北京国际展览中心举行。本届展览会以“品质融媒体，智享新生活”为主题，重点展出超高清和 HDR（高动态范围视频）、传统媒体与新媒体融合发展、全 IP 化网络制播技术、3D 音频、云计算、大数据、人工智能等。展览会汇聚 500 多家广播影视生产厂家和运营机构，展出规模超 5 万平方米。

8 月 24 日 总局发布《未成年人节目管理规定（征求意见稿）》（以下简称《规定》），面向社会公开征求意见。该《规定》提出，防止未成年人节目出现商业化、成人化和过度娱乐化倾向。

9月

9 月 1 日 总局负责组织编制的两项推荐性国家标准《有线电视网络工程设计标准》和《有线电视网络工程施工与验收标准》正式实施，标准编号分别为 GB/T50200-2018 和 GB/T51265-2018。原国家标准《有线电视系统工程技术规范》（GB50200-94）同时废止。

9 月 6 日 中国国家广播电视总局、中国驻葡萄牙使馆和葡萄牙独立电视台在里斯本举办“影像中国”播映活动启动仪式暨中国电视剧《鸡毛飞上天》开播仪式。这是“影像中国”播映活动的全球首站，也是中国影视节目首次与葡萄牙观众见面。之后，一批译制成葡萄牙语的中国影视作品陆续在当地播出。

9 月 7 日 江苏省中央广播电视节目无线数字化覆盖工程（电视）技术平台通过专家组验收，标志着该项工程取得阶段性成效。江苏省率先同步推动中央、省、市、县四级电视节目无线数字化，为全省常住居民免费提供 15 套中央、省、市、县四级数字电视节目，节目地域有效覆盖率达到 90%以上。

9月20日 总局发布《境外视听节目引进、传播管理规定（征求意见稿）》，面向社会公开征求意见。

9月27日 第三届丝绸之路（敦煌）国际文化博览会在敦煌开幕。本届文博会以“展现丝路风采，促进人文交流，让世界更加和谐美好”为主题，邀请乌克兰担任主宾国，共有近100个国家和地区及国际组织的代表，1000多名国内外嘉宾出席会议。

10月

10月10日 广东广播电视台《今日广东》栏目正式落地德国本土电视台，在法兰克福市、埃尔富特市、门兴格拉德巴赫市等多家电视台黄金时段播出。截至2018年10月，《今日广东》栏目已在30多个国家和地区、50多个频道播出，旨在让世界了解中国经济社会日新月异的发展，让中华优秀传统文化走近西方观众。

10月10~12日 2018秋季北京电视节目交易会开幕，本届交易会以“不忘初心，推动电视文艺高质量发展”为主题，举办了节目交易、发展论坛、新剧发布会、看片会、专项推介会等多项活动。本届交易会共推出参展项目1122部，54600余集，其中电视剧节目近800部。

10月12~14日 第十二届中国金鹰电视艺术节在长沙举办，期间举行了金鹰论坛、金鹰奖颁奖晚会暨闭幕式等主体活动。

10月13日 总局与湖南省人民政府在长沙举行中国（长沙）马栏山视频文创产业园建设合作协议签约仪式。根据部省合作协议内容，各方将从五个方面入手，把中国（长沙）马栏山视频文创产业园打造成为具有全国和国际影响力的广电产业园。

10月14~18日 法国戛纳秋季电视节（MIPCOM）正式举行。中国作为本次电视节主宾国，以“精彩故事 源自中国”为主题，向世界推介中国优质影视节目内容，介绍中国影视行业最新发展成果。

11月

11月11日　浙江卫视与美国IOI（Is or Isn't Entertainment）公司签署《我就是演员》原创节目模式销售协议，授权其及合作伙伴HMP（Hollow Men Productions）公司在美国、英国、加拿大等英语地区制作《我就是演员》国际版《I AM THE ACTOR》。这是首档将原创节目模式版权输出到欧美主流市场的国内综艺节目。

11月14~15日　全国直播卫星公共服务工作座谈会议在南宁召开，总局党组成员、副局长张宏森出席会议并讲话。会上，5个省（区）广播电视局介绍了整省推进直播卫星公共服务户户通工程的经验做法，与会人员就直播卫星公共服务提质增效融合发展的路径方法，实施直播卫星户户通工程、固边工程、精准扶贫、售后服务体系建设等相关议题展开了讨论。

11月14~16日　“中国联合展台”亮相在南非约翰内斯堡举行的2018非洲电视节DISCOP AFRICA。

11月15~18日　第十届中国国际影视动漫版权保护和贸易博览会在东莞开幕。本届博览会以“新时代、新动漫”为主题，以搭建动漫文化平台为导向，以版权保护和贸易为核心，以优质影视动漫内容为特色，以提升产业对接合作和辐射带动产业升级为着力点。

11月22~23日　总局在贵州贵阳召开推进全国“智慧广电”建设现场会，总局党组书记、局长聂辰席出席并讲话，总局党组成员、副局长张宏森主持会议。会议安排部署推进全国“智慧广电”建设工作，强调要强化创新思维，把“智慧广电”建设作为新时代广播电视创新发展的战略选择，摆上更加重要的位置，进一步加大推进力度。

11月22~23日　第四届“世界电视日”中国电视大会暨首届中国—东盟国际影视季在南宁举行。本次大会以“从电视到大视频”为主题。

11月28日　总局在北京召开全国广播电视与网络视听文艺节目管理工作电视电话会议，贯彻落实习近平新时代中国特色社会主义思想和全国宣传思想工作会议精神，部署落实《国家广播电视总局关于进一步加强广播电视和网络视听文艺节目管理的通知》，推动广播电视和网络文艺高举旗帜、守正创新，进一步唱响主旋律，传播正能量。

11 月 28 日~12 月 1 日 第六届中国网络视听大会在成都举行。本次大会以“凝心聚力 创造美好新视界”为主题，举办论坛、展交会、年度盛典等活动 40 余场，有 2000 余家机构、6000 多位嘉宾参与，共同探讨中国网络视听行业的发展现状和未来趋势。

12 月

12 月 10~13 日 2018 中国（广州）国际纪录片节在广州举行。来自 122 个国家和地区的 4542 部/集作品参评参展，其中，境内作品 2073 部/集、境外作品 2469 部/集。

12 月 11~13 日 由总局发展研究中心、广东省广播电视局、清远市人民政府联合主办，中共清远市委宣传部、清远广播电视台承办的 2018 中国广电公益广告大会暨全国广电公益广告论坛在广东清远召开。本次公益广告大会以“公益广告 更优更强”为主题，总局党组成员、副局长范卫平参观了广电公益广告大会展区并在大会主论坛作主旨演讲。

12 月 13~14 日 2018 中国影视艺术创新峰会暨第六届中国影视产业推介会在杭州举行。

12 月 25 日 由总局发展研究中心组织的“一带一路”沿线国家广电智库协作机制工作研讨会在京召开。本次研讨会聚焦多个重要话题，通过协作机制搭建起政策咨询、拓展合作、沟通交流平台，在“一带一路”建设中发挥独特作用。中宣部有关直属机构、中央广播电视总台有关机构、总局国际司及总局有关直属单位、地方广电机构、高校等 30 多家成员单位的 40 多位代表出席会议。

12 月 26 日 总局在北京举行新闻发布会，宣布国家广播电视总局广播电视节目收视综合评价大数据系统基本建成并开通试运行。此次开通试运行的广播电视节目收视综合评价大数据系统，主要通过建立与网络传输机构之间的安全通道，汇聚大样本用户收视行为数据，经清洗、转换、分析与挖掘，输出开机用户数、观看用户数、收视率、市场占有率等 30 项核心指标。

附录二　2018年全国各省、自治区、直辖市广播电视发展基本数据一览表[①]

地区	2018年发展基本数据
北京市	广播、电视综合人口覆盖率均为100%。持《广播电视节目制作经营许可证》机构共9895家，持《信息网络传播视听节目许可证》机构125家。电视剧备案345部13800集，电视动画片备案41部2090集16830分钟；生产电视剧51部2315集，电视动画片16部494集5196分钟；网络剧备案343部，网络电影备案3073部，网络动画片备案24部，网络综艺备案155档，网络纪录片备案3部。有线广播电视实际用户594.55万户，其中数字电视实际用户571.46万户，高清交互数字电视用户500.66万户。广播电视总收入1785.99亿元，其中创收收入1473.61亿元。
天津市	广播、电视综合人口覆盖率均为100%。有线广播电视实际用户352.89万户，其中数字电视实际用户347.99万户。2018年，电视剧剧本立项60余部，新审批设立广播电视节目制作机构167家，实现了京津冀IPTV集成播控平台技术上的互联互通。广播电视总收入55.36亿元，其中创收收入37.89亿元。
河北省	广播、电视综合人口覆盖率分别为99.36%、99.29%。户户通用户65万户。电视剧备案11部380集，审查完成剧6部230集（含引进剧），发放《国产电视剧发行许可证》6个。有线广播电视实际用户734.62万户，其中数字电视实际用户653.17万户。广播电视总收入93.10亿元，其中创收收入65.90亿元。
山西省	广播、电视人口综合覆盖率分别为98.80%、99.57%。户户通用户257万户。持《信息网络传播视听节目许可证》机构8家、备案视听网站13家，广播电视节目制作经营机构252个。备案电视剧6部，完成5部。有线广播电视实际用户382.01万户，其中数字电视实际用户311.81万户。IPTV用户超过400万户。广播电视总收入68.49亿元，其中创收收入38.67亿元。

① 本节数据来源于国家广播电视总局规划财务司、全国省级广播影视行政部门及部分播出运营机构所提供的材料。

续表

地区	2018年发展基本数据
内蒙古自治区	广播、电视人口综合覆盖率分别为99.24%和99.22%。户户通用户216万户。持《广播电视节目制作经营许可证》机构164家，持《信息网络传播视听节目许可证》机构4家。拍摄电视剧20部218集。有线广播电视实际用户228.40万户，其中数字电视实际用户216.09万户。广播电视总收入49.46亿元，其中创收收入19.08亿元。
辽宁省	广播、电视综合人口覆盖率分别为99.09%、99.17%。有线电视实际用户732.84万户，其中数字电视实际用户666.43万户。2018年备案电视剧13部，发证1部，电视剧备案数量创历史新高。全省直播卫星户户通用户已有209万户。广播电视总收入69.93亿元，其中创收收入45.73亿元。
吉林省	广播、电视综合人口覆盖率分别99.01%、99.10%。户户通用户12.5万户。持《电视剧制作许可证（甲种）》持证机构2家，持《信息网络传播视听节目许可证》机构5家，备案机构19家。生产完成并获准发行电视剧3部133集。有线电视实际用户453.53万户，其中数字电视实际用户440.73万户。广播电视总收入57.01亿元，其中创收收入33.54亿元。
黑龙江省	广播、电视综合人口覆盖率分别为99.04%、99.07%。户户通用户20.6万户。持《广播电视节目制作经营许可证》机构135家，持《信息网络传播视听节目许可证》机构3家。生产完成并获准发行电视剧3部139集，动画片3部111集958分钟。有线广播电视实际用户591.64万户，其中数字电视实际用户568.76万户。高清付费用户150万户。宽带用户89.6万户。广播电视总收入59.78亿元，其中创收收入38.04亿元。
上海市	广播、电视综合人口覆盖率均为100%。持《广播电视节目制作经营许可证》机构2476家，持《信息网络传播视听节目许可证》机构32家。生产完成电视剧51部2185集，动画片26部8348分钟。有线广播电视实际用户484.03万户，其中数字电视实际用户451.50万户。宽带用户近81万户。广播电视总收入572.00亿元，其中创收收入478.00亿元。
江苏省	广播、电视综合人口综合覆盖率均为100%。广播电视节目制作经营机构1013家，其中民营企业949家。批准发行电视剧12部533集，生产原创电视动画片16部5530分钟。有线广播电视实际用户1640.55万户，数字电视实际用户1566.71万户。广播电视总收入达到373.72亿元，其中创收收入352.69亿元。
浙江省	广播、电视综合人口覆盖率分别为99.73%、99.80%。电视内容制作单位3368家，网络视听节目持证单位45家。生产电视剧52部2361集，动画片54部19393分钟。有线广播电视实际用户1434.67万户，其中数字电视实际用户1405.62万户。IPTV用户510万户。广播电视总收入531.35亿元，其中创收收入488.47亿元。
安徽省	广播、电视综合人口覆盖率分别为99.84%、99.83%。持《广播电视节目制作经营许可证》498家，持《信息网络传播视听节目许可证》7家。电视剧备案立项29部1106集，通过公示14部545集，取得发行许可证电视剧3部142集；动画片申报备案7部，审查发行4部。有线广播电视实际用户796.01万户，其中数字电视实际用户589.68万户。广播电视总收入97.18亿元，其中创收收入69.35亿元。

续表

地区	2018 年发展基本数据
福建省	广播、电视综合人口覆盖率分别为 99.04%、99.19%。有线数字实际用户 716.23 万户，数字化率 100%。2018 年，海峡卫视官方微博总阅读量超过 2.8 亿，IPTV 用户近 600 万。广播电视总收入 140.18 亿元，其中创收收入 116.25 亿元。
江西省	广播、电视综合人口覆盖率分别为 98.54%、99.09%。户户通用户 144.6 万户。持《广播电视节目制作经营许可证》180 家。持《信息网络传播视听节目许可证》机构 15 家。备案电视剧选题 11 部；备案电视动画片 8 部，审查国产电视动画片 2 部，获准发行 2 部；备案电视纪录片 11 部。有线广播电视实际用户 618.23 万户，其中数字电视实际用户 576.74 万户。广播电视总收入 52.25 亿元，其中创收收入 37.25 亿元。
山东省	广播、电视综合人口覆盖率分别为 99.12%、99.09%。村村通覆盖率达到 99%以上。广播影视播出机构 710 家，网络视听节目网站 26 家。备案公示电视剧 22 部，审查发行电视剧 7 部 254 集、动画片 4 部，创作网络视听节目 5200 余部。有线广播电视实际用户 1684.23 万户，其中数字电视实际用户 1567.69 万户，其中付费数字电视实际用户 612.70 万户。IPTV 用户 1029 万户。广播电视总收入 170.28 亿元，其中创收收入 131.89 亿元。
河南省	广播、电视综合人口覆盖率分别为 99.05%、99.04%。有线广播电视实际用户 974.89 万户，其中数字电视实际用户 811.71 万户。IPTV 用户近 1500 万户。广播电视总收入 76.55 亿元，其中创收收入 51.43 亿元。
湖北省	广播、电视综合人口覆盖率分别为 99.68%、99.58%。户户通开通率 98.02%。持《广播电视节目制作经营许可证》机构 339 家，持《信息网络传播视听节目许可证》机构 11 家。生产完成并获准发行的电视剧 4 部。有线广播电视实际用户 1082.77 万户，其中数字电视实际用户 1060.83 万户。IPTV 用户超过 500 万户。广播电视总收入 139.64 亿元，其中创收收入 105.20 亿元。
湖南省	广播、电视综合人口覆盖率分别为 99.02%、99.64%。建成 101 个县级播控平台、1742 个乡镇广播站、27411 个村级广播室。有线广播电视实际用户 1014.58 万户，其中数字电视实际用户 874.84 万户。广播电视总收入 295.48 亿元，其中创收收入 270.56 亿元。
广东省	广播、电视综合人口覆盖率分别为 99.98%、99.98%。广播电视节目制作经营机构 1462 家，网络视听节目单位 64 家。经审查同意发行许可的国产电视剧 23 部 954 集；备案国产电视动画片 120 部 5831 集，完成制作发行 57 部 1926 集。公益广告创作数量 2.3 万条，播出时长 560 万分钟。有线广播电视实际用户 1844.92 万户，其中数字电视实际用户 1760.68 万户。IPTV 用户超过 1500 万户。广播电视总收入 452.21 亿元，其中创收收入 384.24 亿元。
广西壮族自治区	广播、电视综合人口覆盖率分别为 97.56%和 98.78%。户户通覆盖人口 80 万。2383 个行政村安装应急广播器材设备。广播电视节目制作机构超过 200 家。完成并送审电视剧 7 部 278 集；备案公示动画片 20 部，审查发放播出许可证 4 部。有线广播电视实际用户 689.31 万户，其中数字电视实际用户 605.68 万户。广播电视总收入 73.29 亿元，其中创收收入 39.88 亿元。

续表

地区	2018 年发展基本数据
海南省	广播、电视综合人口覆盖率为 99.06%、99.08%。户户通用户超过 42 万户。持《广播电视节目制作经营许可证》机构计 210 家，持《信息网络传播视听节目许可证》机构 10 家。有线广播电视实际用户 226.66 万户，其中数字电视实际用户 151.97 万户。IPTV 用户 110 万户。广播电视总收入 17.66 亿元，其中创收收入 11.81 亿元。
重庆市	广播、电视综合人口覆盖率分别为 99.04%、99.27%。户户通用户 91.33 万户。持《广播电视节目制作经营许可证》单位 401 家，持《信息网络传播视听节目许可证》证单位 10 家。有线广播电视实际用户 736.80 万户，其中数字电视实际用户 557.00 万户。直播卫星户户通用户 91.33 万户。双向网络覆盖用户超过 700 万户。广播电视总收入 72.49 亿元，其中创收收入 55.12 亿元。
四川省	广播、电视综合人口覆盖率分别为 97.84%、98.79%。基本实现数字电视户户通全覆盖、行政村广播村村响全覆盖，建成 94 个县级应急广播平台。广播电视节目制作经营机构 718 家。网络视听持证机构 24 家。电视剧备案申报 33 部，审查公示 24 部，发行许可 5 部 238 集。动画片备案申报 4 部，审查公示 3 部，发行许可 1 部 13 集。有线广播电视实际用户 1181.63 万户，其中数字电视实际用户 1123.83 万户。宽带用户 270 万户。IPTV 用户超过 1400 万户。广播电视总收入 210.55 亿元，其中创收收入 113.38 亿元。
贵州省	广播、电视综合人口覆盖率从分别为 93.92%、96.76%。持《广播电视节目制作经营许可证》机构 94 个，持《信息网络传播视听节目许可证》机构 6 个、备案 1 个。备案公示电视剧 3 部 116 集。有线广播电视实际用户 702.92 万户，数字化率 100%。广播电视总收入 105.51 亿元，其中创收收入 93.59 亿元。
云南省	广播、电视综合人口覆盖率分别为 98.69%、98.90%。户户通用户 767.6 万户，持《广播电视节目制作经营许可证》机构 183 家。完成国产电视剧（动画片）备案公示 13 部，完成内容审查 6 部，已发证 4 部，其中国产电视剧 2 部、国产电视动画片 2 部。有线广播电视实际用户 460.34 万户，其中数字电视实际用户 434.60 万户。广播电视总收入 67.04 亿元，其中创收收入 41.60 亿元。
西藏自治区	广播、电视综合人口覆盖率分别达到 97.14% 和 98.21%。户户通用户 11.8 万户。816 座新通电寺庙舍舍通项目。影视制作经营机构 146 家。译制广播节目 12000 小时、电视剧 1091 集。有线广播电视实际用户 24.15 万户，其中数字电视实际用户 21.52 万户。广播电视总收入 13.16 亿元，其中创收收入 0.85 亿元。
陕西省	广播、电视综合人口覆盖率分别为 98.84%、99.34%。村村通累计完成 92.15 万套，户户通 182.19 万套。持《信息网络传播视听节目许可证》机构 10 家。备案公示电视剧 39 部 1599 集，发行许可电视剧 10 部 412 集；备案公示动画片 11 部 601 集，发行许可 4 部 184 集。有线广播电视实际用户 730.75 万户，数字化率 100%。广播电视总收入 86.84 亿元，其中创收收入 66.14 亿元。

续表

地区	2018 年发展基本数据
甘肃省	广播、电视综合人口覆盖率分别为 98.45%、98.81%。户户通用户 538 万户。持《广播电视节目制作经营许可证》机构 333 家。持《信息网络传播视听节目许可证》机构 12 家，广播电视台备案网站 7 家。电视剧备案 11 部。有线广播电视实际用户 191.62 万户，其中数字电视实际用户 144.49 万户。IPTV 用户 170 万户。广播电视总收入 35.75 亿元，其中实际创收收入 13.87 亿元。
青海省	广播、电视综合人口覆盖率分别为 98.62%、98.65%。持《广播电视节目制作经营许可证》机构 103 家，持《信息网络传播视听节目许可证》机构 3 家。有线广播电视实际用户 95.85 万户，其中数字电视实际用户 94.74 万户。NGB 覆盖用户 71.14 万户。数字高清电视用户 13.8 万户。互动电视用户 3.8 万户。广播电视总收入 14.26 亿元，其中创收收入 4.01 亿元。
宁夏回族自治区	广播、电视综合人口覆盖率分别为 98.98%、99.79%。有线广播电视实际用户 105.70 万户，其中数字电视实际用户 104.58 万户。高清电视用户 53 万户。互动电视用户 29.79 万户。广播电视总收入 13.96 亿元，其中实际创收收入 6.21 亿元。
新疆维吾尔自治区	广播、电视综合人口覆盖率分别为 97.83%、98.07%。译制优秀影视剧 6200 集，受理国产电视剧 42 部 1512 集，受理国产动画片 1 部。持《信息网络传播视听节目许可证》机构 10 个、备案机构 4 家。制作公益广告 14340 余条，播出公益广告 1227029 余条。有线广播电视实际用户 285.80 万户，其中数字电视实际用户 282.35 万户。高清互动电视用户 75 万户。宽带用户 55 万户。IPTV 用户 220 万。全网双向化覆盖率达到 98.81%。广播电视总收入 347.28 亿元，其中创收收入 316.51 亿元。
新疆生产建设兵团	广播、电视综合覆盖率分别是 98.70%和 99.60%。有线广播电视实际用户 39.29 万户，其中数字电视实际用户 30.57 万户。有线电视入户率 70%，兵团卫视覆盖接收人口达到 8.05 亿。广播电视总收入 4.01 亿元，其中创收收入 1.92 亿元。

附录三 2018 年全国广播电视发展主要指标一览表①

2018 年全国广播电视发展主要指标一览表(一)

	宣传情况				覆盖情况				有线电视发展情况				
	广播节目播出时间	电视节目播出时间	广播节目制作时间	电视节目制作时间	广播综合人口覆盖率	电视综合人口覆盖率	无线广播综合人口覆盖率	无线电视综合人口覆盖率	有线广播电视实际用户	数字电视实际用户	付费数字电视实际用户	有线电视用户占本地区总户数比重	有线广播电视网络传输干线总长(不含县级前端以下)
	万小时	万小时	万小时	万小时	%	%	%	%	万户	万户	万户	%	万公里
全国合计	1,526.74	1,925.03	801.76	357.74	98.94	99.25	97.85	97.46	21,832.41	20,143.68	7,729.94	49.01	225.27
中央直属	17.98	24.15	31.39	20.00	—	—	—	—	—	—	—	—	4.00
北京市	18.11	13.71	12.94	15.75	100.00	100.00	100.00	99.81	594.55	571.46	116.52	109.48	20.72
天津市	15.18	16.19	9.82	2.05	100.00	100.00	100.00	100.00	352.89	347.99	121.60	91.62	0.39
河北省	80.05	86.05	40.17	17.63	99.36	99.29	98.43	97.72	734.62	653.17	187.33	30.40	8.01
山西省	50.63	64.04	24.71	11.24	98.80	99.57	98.58	99.36	382.01	311.81	65.86	29.34	6.97
内蒙古自治区	66.39	64.90	31.21	7.83	99.24	99.22	99.02	97.32	228.40	216.09	150.66	23.34	2.72
辽宁省	68.89	77.54	39.25	16.44	99.09	99.17	99.00	98.13	732.84	666.43	165.94	47.91	3.12
吉林省	55.08	52.40	28.24	12.01	99.01	99.10	98.71	96.42	453.53	440.73	230.57	43.99	1.09
黑龙江省	58.80	59.34	24.52	10.51	99.04	99.07	99.04	99.07	591.64	568.79	202.63	38.56	7.58
上海市	15.06	17.92	9.01	7.59	100.00	100.00	100.00	100.00	484.03	451.50	194.34	88.56	4.78
江苏省	77.81	75.78	56.58	20.90	100.00	100.00	100.00	100.00	1,640.55	1,566.71	668.88	66.43	4.35
浙江省	77.08	74.44	52.98	19.49	99.73	99.80	99.71	99.74	1,434.67	1,405.62	550.45	85.81	7.85
安徽省	55.86	64.62	18.74	7.89	99.84	99.83	99.82	99.68	796.01	589.68	136.13	37.06	3.09
福建省	52.88	39.54	26.63	6.23	99.04	99.19	98.05	96.76	716.23	716.23	411.30	65.22	19.21

① 附录及全书主要数据由国家广播电视总局财务司依据 2017 年 11 月国家统计局批准的最新《广播影视行业统计报表制度》调查统计得出。

续表

	宣传情况				覆盖情况				有线电视发展情况				
	广播节目播出时间	电视节目播出时间	广播节目制作时间	电视节目制作时间	广播综合人口覆盖率	电视综合人口覆盖率	无线广播综合人口覆盖率	无线电视综合人口覆盖率	有线广播电视实际用户	数字电视实际用户	付费数字电视实际用户	有线电视用户占本地区总户数比重	有线广播电视网络传输干线总长（不含县级前端以下）
	万小时	万小时	万小时	万小时	%	%	%	%	万户	万户	万户	%	万公里
江西省	37.12	66.51	16.25	9.24	98.54	99.09	98.24	98.84	618.23	576.74	224.06	48.06	9.97
山东省	96.96	141.81	55.91	24.38	99.12	99.09	98.73	98.58	1,684.23	1,567.69	612.70	52.99	44.06
河南省	69.35	95.89	30.40	14.99	99.05	99.04	99.01	98.99	974.89	811.71	44.76	29.86	4.96
湖北省	53.53	72.04	24.30	10.37	99.68	99.58	99.41	99.30	1,082.77	1,060.83	554.41	51.61	2.82
湖南省	47.14	75.66	22.69	12.33	99.02	99.64	97.92	98.52	1,014.58	874.84	234.43	47.89	11.36
广东省	80.84	84.85	60.35	25.70	99.98	99.98	98.92	97.93	1,844.92	1,760.68	747.08	71.09	32.60
广西壮族自治区	42.64	60.46	23.52	7.30	97.56	98.78	95.90	97.15	689.31	605.68	280.10	43.48	1.15
海南省	14.20	10.13	7.36	2.10	99.06	99.08	99.06	99.08	226.66	151.97	29.02	85.66	0.23
重庆市	17.49	30.87	8.58	6.42	99.04	99.27	93.04	92.35	736.80	557.00	130.69	58.43	5.76
四川省	71.08	115.78	30.39	16.54	97.84	98.79	96.22	96.94	1,181.63	1,123.83	528.03	36.50	2.75
贵州省	25.65	45.15	14.61	4.65	93.92	96.76	83.95	74.90	702.92	702.92	412.17	53.19	0.91
云南省	38.01	89.44	20.02	13.72	98.69	98.90	96.61	96.77	460.34	434.60	303.29	32.95	2.88
西藏自治区	15.25	30.67	3.74	2.04	97.14	98.21	95.81	96.35	24.15	21.52	1.41	30.60	0.47
陕西省	46.71	61.16	24.48	12.19	98.84	99.34	97.97	98.26	730.75	730.75	176.09	56.20	3.74
甘肃省	37.93	55.26	14.87	7.26	98.45	98.81	94.79	95.20	191.62	144.49	83.01	22.69	1.67
青海省	21.14	29.59	5.46	1.67	98.62	98.65	98.55	98.31	95.85	94.74	36.72	53.90	0.74
宁夏回族自治区	14.00	17.02	5.39	2.53	98.98	99.79	98.91	96.40	105.70	104.58	52.17	48.42	0.51
新疆维吾尔自治区	87.87	112.10	27.27	8.74	97.83	98.07	97.67	97.81	285.80	282.35	77.60	43.15	3.49
新疆生产建设兵团	—	—	—	—	—	—	—	—	39.29	30.57	—	—	1.31

2018年全国广播电视发展主要指标一览表（二）

	从业人员	总收入	实际创收收入	广告收入	广播广告收入	电视广告收入	网络媒体广告收入	网络收入	有线电视收视维护费收入	付费数字电视频道收入	三网融合业务收入	新媒体业务收入	网络视听节目服务收入	资产总额
	万人	亿元	亿元	亿元	亿元	亿元	亿元	亿元	亿元	亿元	亿元	亿元	亿元	亿元
全国合计	97.90	6,952.14	5,639.61	1,864.49	140.37	958.86	491.88	779.48	368.38	56.85	111.41	467.76	223.94	18,617.92
中央直属	5.48	750.40	636.92	337.10	8.72	319.43	7.71	5.03	0.48	0.28	0.31	54.57	0.97	2,321.14
北京市	8.91	1,785.99	1,473.61	568.62	8.60	73.38	314.60	26.21	10.37	1.14	6.24	201.53	183.55	3,530.84
天津市	0.85	55.36	37.89	8.26	3.48	4.48	0.00	10.42	4.02	1.07	2.07	3.03	—	173.60
河北省	3.88	93.10	65.90	16.95	5.39	9.83	0.27	20.54	11.06	0.43	3.74	4.46	0.00	251.84
山西省	2.71	68.49	38.67	9.12	3.24	5.30	0.15	8.47	6.04	0.20	0.32	1.13	0.00	157.13
内蒙古自治区	1.78	49.46	19.08	3.92	1.27	2.57	0.00	13.98	7.82	1.52	—	0.79	—	128.43
辽宁省	2.74	69.93	45.73	15.84	5.52	9.65	0.08	22.80	17.38	0.48	1.67	1.16	0.09	240.24
吉林省	2.01	57.01	33.54	9.57	2.68	6.83	0.00	19.50	10.70	3.46	1.19	1.51	—	330.63
黑龙江省	2.75	59.78	38.04	13.08	4.47	8.21	0.01	18.02	13.04	1.07	2.07	0.56	0.01	198.05
上海市	2.66	572.00	478.00	139.07	6.48	50.19	78.01	37.30	13.47	4.39	8.12	27.59	0.22	1,382.31
江苏省	5.96	373.72	352.69	92.90	11.87	61.69	2.15	78.84	34.44	4.75	8.47	16.63	1.20	1,561.37
浙江省	5.86	531.35	488.47	124.58	12.74	94.94	4.17	77.24	29.50	6.28	13.96	21.13	8.61	2,211.01
安徽省	3.21	97.18	69.35	30.22	3.70	21.94	2.15	14.20	8.01	0.95	0.63	1.97	0.14	184.51
福建省	2.84	140.18	116.25	21.12	3.26	8.11	6.78	32.50	9.61	2.95	4.54	9.64	0.19	273.34
江西省	1.88	52.25	37.25	13.81	1.85	11.07	0.28	15.12	9.09	1.04	0.92	0.81	—	124.01
山东省	5.26	170.28	131.89	48.63	8.65	32.93	3.80	45.13	23.09	2.77	4.63	6.84	0.01	475.90

续表

	从业人员	总收入	实际创收收入	广告收入	广播广告收入	电视广告收入	网络媒体广告收入	网络收入	有线电视收视维护费收入	付费数字电视频道收入	三网融合业务收入	新媒体业务收入	网络视听节目服务收入	资产总额
	万人	亿元	亿元	亿元	亿元	亿元	亿元	亿元	亿元	亿元	亿元	亿元	亿元	亿元
河南省	4.90	76.55	51.43	19.35	4.88	11.32	0.03	14.70	10.26	0.79	1.16	3.01	—	246.97
湖北省	3.73	139.64	105.20	19.62	4.78	13.22	0.58	40.21	19.05	2.76	7.16	25.17	0.25	432.49
湖南省	4.42	295.48	270.56	140.36	5.65	103.38	25.54	26.92	14.52	2.05	3.47	24.26	9.17	660.01
广东省	7.11	452.21	384.24	113.93	10.41	47.78	38.73	80.92	43.34	4.17	15.30	31.15	7.98	1,009.32
广西壮族自治区	1.72	73.29	39.88	6.64	1.60	4.61	0.08	24.08	8.63	0.84	3.09	2.25	—	194.70
海南省	0.61	17.66	11.81	3.23	0.20	2.53	0.50	4.37	2.41	0.21	0.29	0.34	0.04	45.71
重庆市	1.38	72.49	55.12	10.98	1.62	8.17	0.41	21.78	8.84	1.83	5.08	2.36	0.11	148.81
四川省	4.70	210.55	113.38	22.09	5.22	11.65	1.45	38.49	15.23	2.67	7.89	6.92	0.81	531.08
贵州省	1.88	105.51	93.59	20.33	3.33	11.54	0.00	28.75	9.05	3.06	2.92	1.69	—	248.83
云南省	1.90	67.04	41.60	14.99	3.49	10.87	0.16	15.49	8.19	1.27	1.65	1.23	0.00	229.93
西藏自治区	0.44	13.16	0.85	0.38	0.02	0.36	0.00	0.43	0.38	0.01	—	—	—	20.21
陕西省	1.93	86.84	66.14	10.25	3.59	5.86	0.44	19.95	11.25	1.79	3.49	2.23	0.09	281.43
甘肃省	1.56	35.75	13.87	3.60	1.08	2.36	0.02	6.05	3.28	0.37	0.55	0.72	—	168.25
青海省	0.42	14.26	4.01	1.16	0.34	0.81	0.00	2.13	0.86	0.32	—	—	—	30.63
宁夏回族自治区	0.47	13.96	6.21	2.12	0.27	1.50	0.01	2.38	1.13	0.60	0.21	0.23	—	58.14
新疆维吾尔自治区	1.93	347.28	316.51	22.18	1.97	1.88	3.78	7.03	3.31	1.31	0.25	12.82	10.50	767.03
新疆生产建设兵团	—	4.01	1.92	0.46	—	0.46	—	—	—	—	—	0.01	—	—

附录四　2018 年全国广播电视总收入构成情况图表

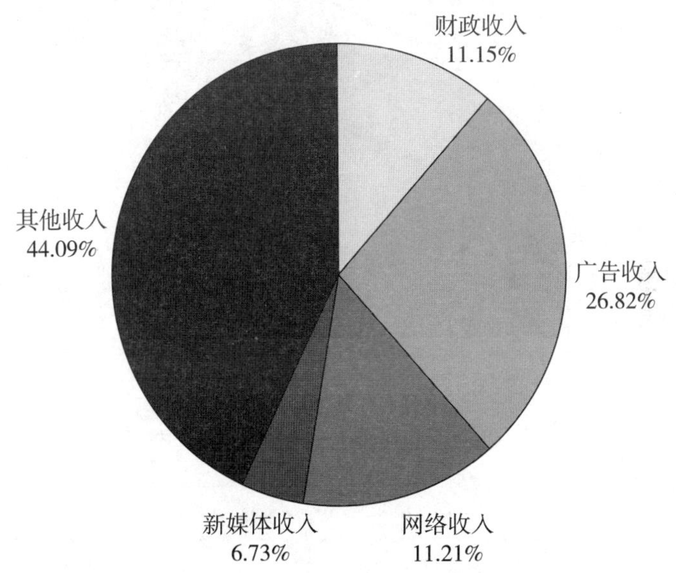

2018 年全国广播电视总收入分类构成情况

指标	总收入（亿元）	占全国广电总收入比重（%）
财政收入	774. 99	11. 15
广告收入	1864. 49	26. 82
网络收入	779. 48	11. 21
新媒体收入	467. 76	6. 73
其他收入	3065. 43	44. 09
全国总收入	6952. 14	100. 00

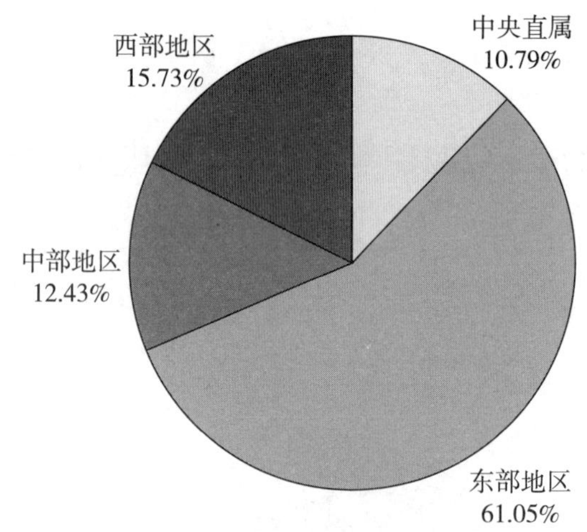

2018 年全国广播电视总收入区域构成情况

地区	总收入（亿元）	占全国广电总收入比重（%）
中央直属	750.40	10.79
东部地区	4244.12	61.05
中部地区	864.02	12.43
西部地区	1093.61	15.73
全国合计	6952.14	100.00

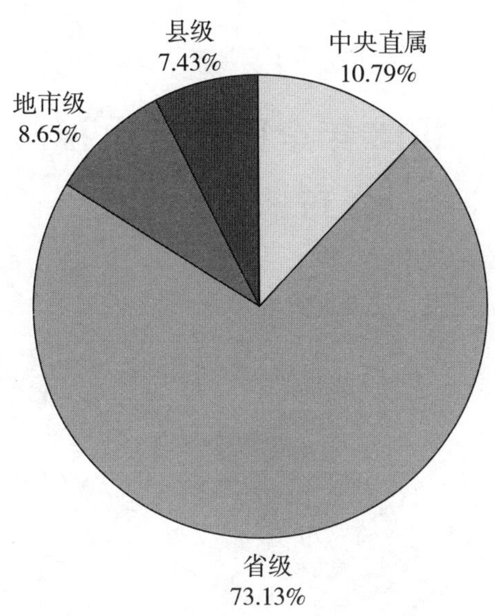

2018 年全国广播电视总收入分级构成情况

地区	总收入（亿元）	占全国广电总收入比重（%）
中央直属	750. 40	10. 79
省　级	5083. 84	73. 13
地市级	601. 26	8. 65
县　级	516. 64	7. 43
全国合计	6952. 14	100. 00

附录五　2018 年全国广播电视广告收入分布情况图表

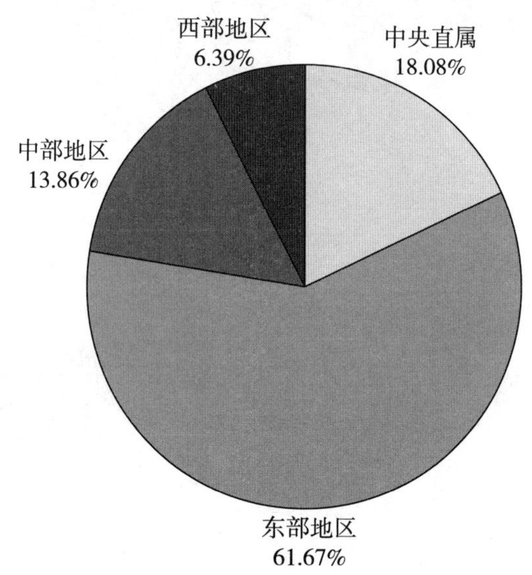

2018 年全国广播电视广告收入区域构成情况

地区	广告收入（亿元）	占全国广告总收入比重（%）
中央直属	337. 10	18. 08
东部地区	1149. 90	61. 67
中部地区	258. 38	13. 86
西部地区	119. 11	6. 39
全国合计	1864. 49	100. 00

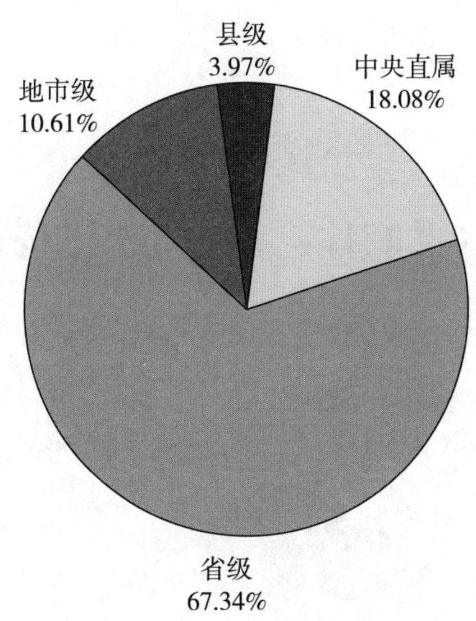

2018 年全国广播电视广告收入分级构成情况

地区	广告收入（亿元）	占全国广告收入比重（%）
中央直属	337.10	18.08
省　级	1255.51	67.34
地市级	197.86	10.61
县　级	74.02	3.97
全国合计	1864.49	100.00

附录六　2018 年全国公共广播电视制作、播出情况图表

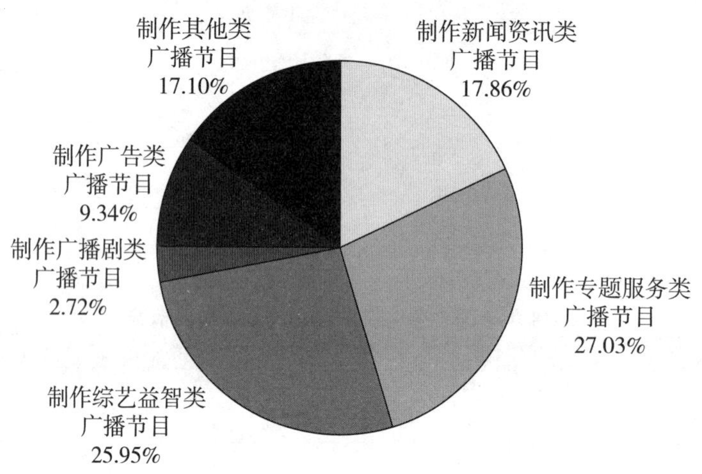

2018 年全国公共广播节目按类别制作时间情况

制作广播节目类别	时间（万小时）	占全年制作广播节目时间比重（%）
制作新闻资讯类广播节目	143. 21	17. 86
制作专题服务类广播节目	216. 69	27. 03
制作综艺益智类广播节目	208. 02	25. 95
制作广播剧类节目	21. 80	2. 72
制作广告类广播节目	74. 92	9. 34
制作其他类广播节目	137. 12	17. 10
全年制作广播节目时间合计	801. 76	100. 00

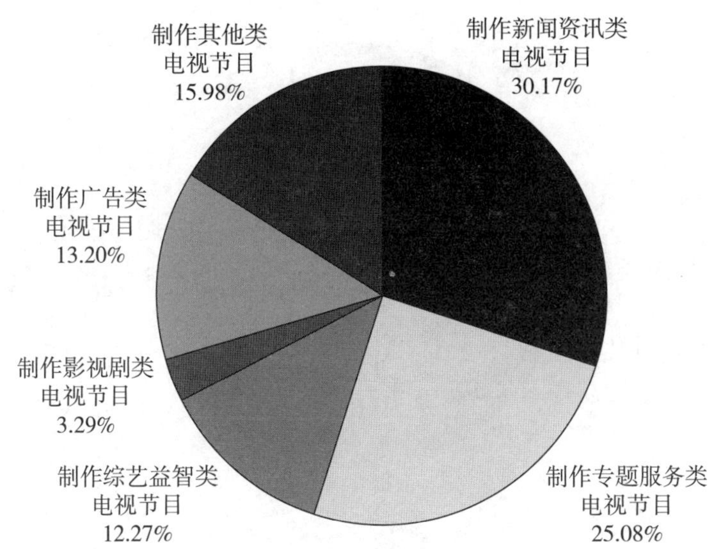

2018 年全国公共电视节目按类别制作时间情况

制作电视节目类别	时间（万小时）	占全年制作电视节目时间比重（%）
制作新闻资讯类电视节目	107.95	30.17
制作专题服务类电视节目	89.72	25.08
制作综艺益智类电视节目	43.91	12.27
制作影视剧类电视节目	11.78	3.29
制作广告类电视节目	47.22	13.20
制作其他类电视节目	57.16	15.98
全年制作电视节目时间合计	357.74	100.00

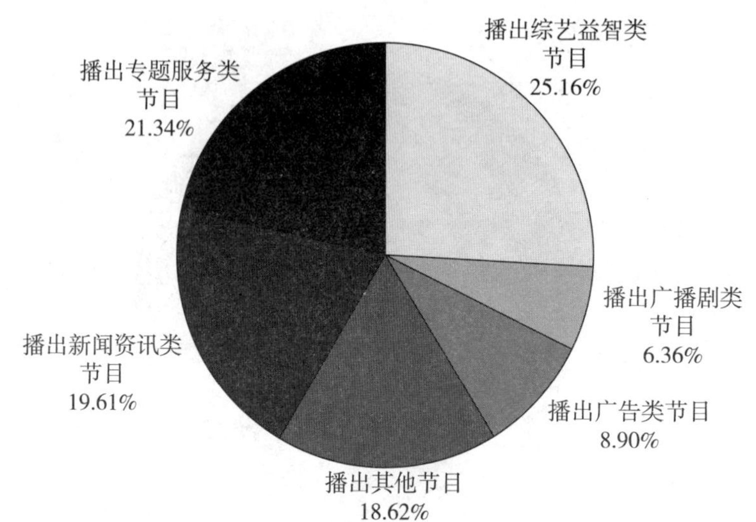

2018 年全国公共广播节目按类别播出时间情况

广播节目播出类别	时间（万小时）	占全年广播节目播出时间的比重（%）
播出新闻资讯类节目	299.44	19.61
播出专题服务类节目	325.79	21.34
播出综艺益智类节目	384.16	25.16
播出广播剧类节目	97.16	6.36
播出广告类节目	135.92	8.90
播出其他节目	284.26	18.62
全年公共广播节目播出合计	1526.74	100.00

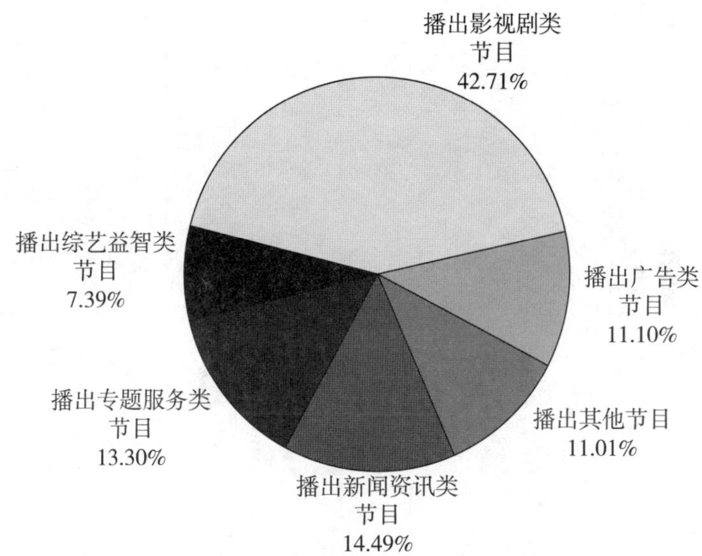

2018 年全国公共电视节目按类别播出时间情况

电视节目播出类别	时间（万小时）	占全年电视节目播出的比重（%）
播出新闻资讯类节目	278.98	14.49
播出专题服务类节目	256.12	13.30
播出综艺益智类节目	142.17	7.39
播出影视剧类节目	822.09	42.71
播出广告类节目	213.67	11.10
播出其他节目	212.00	11.01
全年公共电视节目播出时间合计	1925.03	100.00

附录七　2018 年全国广播电视人才队伍情况图表

2018 年全国广播电视行业从业人员情况一览表（一）

单位：人

	从业人员				从业人员按职业划分							
		长期职工	女	党员	管理人员	专业人员						其他人员
							编辑、记者	播音员、主持人	工程技术人员	艺术人员	经营人员	
全国合计	978974	912732	402585	315654	160362	513765	167792	30962	152859	27217	71656	304847
中央直属	54789	50590	26513	16096	7159	33160	10755	752	9712	1935	2819	14470
北京市	89122	82662	43015	14388	14650	41501	9661	1272	10730	4306	9642	32971
天津市	8462	6927	3882	3170	1271	5720	2215	249	1302	311	295	1471
河北省	38846	35938	16463	13247	5913	18697	6418	1560	5138	1328	1302	14236
山西省	27088	23278	11202	8571	4148	14967	7393	988	4146	357	909	7973
内蒙古自治区	17805	15555	7878	6448	1560	12497	4719	985	3026	185	204	3748
辽宁省	27411	26770	11144	12145	4949	15857	4376	1158	5437	709	1800	6605
吉林省	20136	19284	7208	7554	3189	14283	4700	912	3754	303	4257	2664
黑龙江省	27518	26853	10199	10206	5202	13542	4962	859	4274	598	2267	8774
上海市	26603	25688	11920	6738	3973	14252	2937	645	4135	2715	2042	8378
江苏省	59604	57328	23541	20812	8289	33008	9857	1962	9100	1458	6127	18307
浙江省	58648	52949	24385	16371	10066	29677	8549	1697	10072	1288	5184	18905
安徽省	32135	29069	13173	10501	5689	17467	4356	1156	4197	730	6094	8979
福建省	28405	26653	11335	8698	4946	12587	4534	765	3503	417	1512	10872
江西省	18817	17674	6736	6967	4159	7639	2628	693	2174	152	480	7019

续表

	从业人员				从业人员按职业划分							
		长期职工	女	党员	管理人员	专业人员						其他人员
							编辑、记者	播音员、主持人	工程技术人员	艺术人员	经营人员	
山东省	52608	49168	20139	18638	7336	32710	12135	2498	10946	981	3123	12562
河南省	48966	47420	19956	18349	7589	22469	10090	1799	6967	302	1418	18908
湖北省	37254	35870	14628	15707	6437	18667	6093	1047	5941	572	3549	12150
湖南省	44245	41262	17861	15714	7852	21761	6916	1014	6662	966	2526	14632
广东省	71127	65749	26145	19555	12191	33142	7698	1713	10652	2475	5348	25794
广西壮族自治区	17174	16311	6357	6651	3196	9306	3731	707	3040	511	574	4672
海南省	6144	5941	2536	2128	819	3538	1632	215	963	28	613	1787
重庆市	13761	12844	5122	3588	2304	6118	1892	402	1945	534	878	5339
四川省	46989	43548	18153	17302	9457	22796	7039	1508	6234	1641	3988	14736
贵州省	18828	17073	7225	5328	3490	8296	3348	680	2088	188	403	7042
云南省	19023	18573	7385	7384	2607	11905	4805	720	4470	252	1018	4511
西藏自治区	4437	3810	2043	2333	665	2631	943	268	935	62	15	1141
陕西省	19278	18047	7828	6762	3570	11407	3712	788	4041	734	1588	4301
甘肃省	15565	14355	6142	5724	3330	7683	3216	561	2101	364	924	4552
青海省	4168	3203	1696	1267	441	2570	1067	305	1026	97	28	1157
宁夏回族自治区	4734	4474	1977	1702	782	2694	1263	228	859	97	104	1258
新疆维吾尔自治区	19284	17866	8798	5610	3133	11218	4152	856	3289	621	625	4933

2018 年全国广播电视行业从业人员情况一览表(二)

单位:人

	合计	按学历分			按年龄分			按专业技术职务分			
		研究生	本科及大专	高中及以下	35 岁及以下	36 岁至 50 岁	51 岁及以上	正高级	副高级	中级	初级
全国合计	978974	50839	745864	182271	445100	417210	116664	10470	39548	136866	409520
中央直属	54789	7563	39628	7598	26799	22364	5626	1230	3316	7834	28612
北京市	89122	10796	71237	7089	62335	22280	4507	802	1615	6006	22359
天津市	8462	659	7041	762	3686	3635	1141	217	702	1433	4017
河北省	38846	1026	28758	9062	15152	19463	4231	401	1608	5452	16146
山西省	27088	627	20303	6158	9918	13338	3832	242	1097	4760	10440
内蒙古自治区	17805	592	14211	3002	5481	8938	3386	481	1615	4025	7453
辽宁省	27411	1146	21398	4867	7614	14838	4959	486	1640	6090	11765
吉林省	20136	809	14741	4586	6060	10171	3905	415	1659	3597	11191
黑龙江省	27518	914	20845	5759	8229	14859	4430	646	2196	5446	8326
上海市	26603	2915	19759	3929	13588	9974	3041	359	1260	5318	9615
江苏省	59604	2999	45674	10931	27225	25316	7063	417	2172	7452	26723
浙江省	58648	2369	46504	9775	29939	22193	6516	502	2222	8086	25043
安徽省	32135	1215	24213	6707	13589	13904	4642	166	861	3813	11627
福建省	28405	706	22121	5578	12893	12208	3304	195	1077	3187	10735
江西省	18817	504	13058	5255	6043	9617	3157	155	586	2234	7195

续表

	合计	按学历分			按年龄分			按专业技术职务分			
		研究生	本科及大专	高中及以下	35岁及以下	36岁至50岁	51岁及以上	正高级	副高级	中级	初级
山东省	52608	1753	41414	9441	22313	23916	6379	481	2662	9204	26532
河南省	48966	973	31479	16514	19841	23780	5345	159	1272	7050	19330
湖北省	37254	1394	26962	8898	13534	18426	5294	291	1223	6473	19141
湖南省	44245	1573	32886	9786	21186	18381	4678	194	959	5396	23374
广东省	71127	4256	54175	12696	37087	26730	7310	1146	2376	8333	28683
广西壮族自治区	17174	813	14121	2240	7113	7481	2580	111	681	2828	10072
海南省	6144	205	4651	1288	2755	2574	815	15	159	450	1964
重庆市	13761	540	11030	2191	6762	5606	1393	98	508	1464	7365
四川省	46989	1694	35523	9772	20560	20346	6083	253	984	4888	17746
贵州省	18828	298	14630	3900	9593	7370	1865	70	530	1944	5996
云南省	19023	421	15768	2834	7130	9413	2480	241	1268	4065	7309
西藏自治区	4437	168	3231	1038	2305	1847	285	57	146	600	2492
陕西省	19278	683	14635	3960	7619	8839	2820	146	737	2921	10306
甘肃省	15565	422	11939	3204	5974	7311	2280	149	677	2082	5372
青海省	4168	88	3512	568	2191	1437	540	57	337	696	2107
宁夏回族自治区	4734	165	4111	458	1745	2321	668	96	311	828	2733
新疆维吾尔自治区	19284	553	16306	2425	8841	8334	2109	192	1092	2911	7751

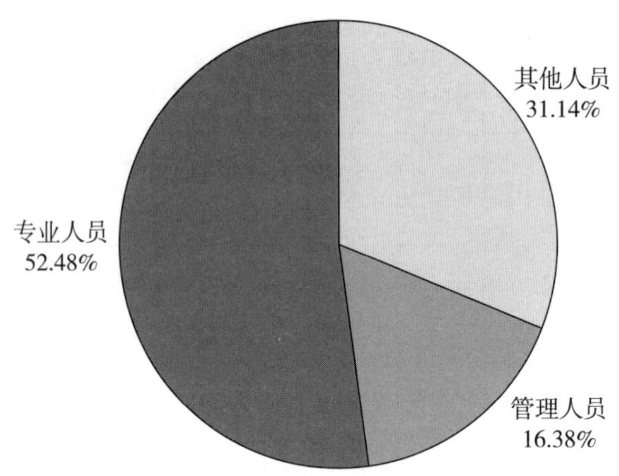

2018 年全国广播电视行业从业人员分类构成情况

类　别	人数（万人）	占全国广电从业人员比重（%）
管理人员	16. 04	16. 38
专业人员	51. 38	52. 48
其他人员	30. 48	31. 14
从业人员总计	97. 90	100. 00

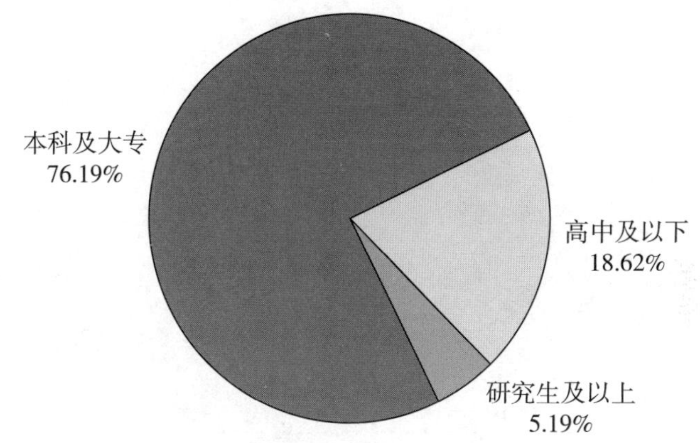

2018 年全国广播电视行业从业人员学历构成情况

学　历	人数（万人）	占全国广电从业人员比重（%）
研究生及以上	5.08	5.19
本科及大专	74.59	76.19
高中及以下	18.23	18.62
从业人员总计	97.90	100.00

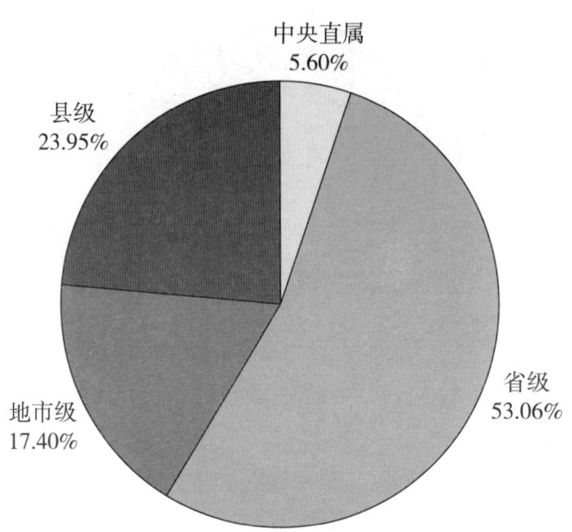

2018 年全国广播电视行业从业人员分级构成情况

地　区	从业人员（万人）	占全国从业人员比重（%）
中央直属	5. 48	5. 60
省　级	51. 94	53. 06
地市级	17. 03	17. 40
县　级	23. 45	23. 95
全国合计	97. 90	100. 00

《中国广播电影电视发展报告（2019）》编写工作机构

编　审　组

祝燕南　杨明品　崔承浩

编　撰　组

吕岩梅　于秀娟　李秋红　李　岚　陈　林　朱新梅
刘汉文　王德慧　沈雅婷　戚　雪　王小溪　刘继生
周　菁　王　羽　胡　祥　张苗苗　莫　桦　黄田园
赵京文　周力上　贺　涛　孙　晖　高　星

编　辑　部

主　任：张苗苗
成　员：戚　雪　王小溪

统计分析组

王高峰　姚宁洲　李学伟

保　障　组

宋　锋　陈秀敏　李亚飞　曹淑芹　余　进　王　东

靳　丹　吉　京　董潇潇　彭　锦　顾　芳

《中国广播电影电视发展报告（2019）》提供材料单位

国家广播电视总局办公厅

国家广播电视总局政策法规司

国家广播电视总局宣传司

国家广播电视总局电视剧司

国家广播电视总局传媒机构管理司

国家广播电视总局网络视听节目管理司

国家广播电视总局媒体融合发展司

国家广播电视总局科技司

国家广播电视总局安全传输保障司

国家广播电视总局规划财务司

国家广播电视总局公共服务司

国家广播电视总局国际合作司（港澳台办公室）

国家广播电视总局人事司

中央广播电视总台

中国广播电视网络有限公司

国家广播电视总局无线电台管理局

国家广播电视总局监管中心

国家广播电视总局广播电视卫星直播管理中心

国家广播电视总局广播影视发展研究中心

国家广播电视总局广播电视科学研究院

国家广播电视总局广播电视规划院

中广电广播电影电视设计研究院

国家广播电视总局研修学院

国家广播电视总局广播影视人才交流中心

中国广播电影电视社会组织联合会

中国广播电视国际经济技术合作总公司

北京市广播电视局

北京广播电视台

天津市广播电视局

天津广播电视台

河北省广播电视局

河北广播电视台（集团）

山西省广播电视局

山西广播电视台

内蒙古自治区广播电视局

内蒙古广播电视台

辽宁省广播电视局

辽宁广播电视台

吉林省广播电视局

吉林广播电视台

黑龙江省广播电视局

黑龙江广播电视台

上海市广播电视局

上海广播电视台

江苏省广播电视局

江苏省广播电视总台（集团）

浙江省广播电视局

浙江广播电视集团

安徽省广播电视局
安徽广播电视台
安徽广电传媒产业集团
福建省广播电视局
福建省广播影视集团
江西省广播电视局
江西广播电视台
山东省广播电视局
山东广播电视台
河南省广播电视局
河南广播电视台
湖北省广播电视局
湖北广播电视台
湖南省广播电视局
湖南广播电视台
广东省广播电视局
广东广播电视台
广西壮族自治区广播电视局
广西广播电视台
海南省旅游和文化广电体育厅
海南广播电视总台（集团）
重庆市文化和旅游发展委员会
重庆广播电视集团（总台）
四川省广播电视局
四川广播电视台
贵州省广播电视局
贵州广播电视台

云南省广播电视局

云南广播电视台

西藏自治区广播电视局

西藏广播电视台

陕西省广播电视局

陕西广播电视台

甘肃省广播电视局

甘肃省广播电视总台

青海省广播电视局

青海广播电视台

宁夏回族自治区广播电视局

宁夏广播电视台

新疆维吾尔自治区广播电视局

新疆广播电视台

新疆生产建设兵团文化体育广电和旅游局